기술혁신과 경영전략

기술혁신과 경영전략

1쇄 발행 | 2013년 2월 20일

지은이 | 박희준 · 오정석 · 이정훈 · 박종우
발행인 | 유재성
발행처 | (주)피어슨에듀케이션코리아
등 록 | 제13-579 호(1999. 3. 31.)

판매처 | 한티미디어
전 화 | (02)332-7993 ~4(주문 및 고객지원)
팩 스 | (02)332-7995
이메일 | hantee@empal.com

ISBN | 978-89-450-1074-2

값 28,000원

기술혁신과 경영전략

박희준 · 오정석 · 이정훈 · 박종우 지음

PEARSON

머리말

2013년 현재, 2007년 시작된 미국발 금융위기와 2011년 시작된 유럽발 재정위기로 글로벌 경제는 또 한 번의 위기에 직면해 있으며 대부분의 국가들은 위기의 탈출구를 찾지 못하고 있다. 또한 둔화되는 성장률과 높은 실업률, 커져 가는 소득 격차로 인한 사회의 양극화 현상은 민주 자본주의 경제의 틀을 흔들고 있다.

글로벌 경제의 위기를 극복하고 민주 자본주의 경제를 지속적으로 성장시키기 위해서 기업들은 혁신 활동을 통해 새로운 시장과 일자리를 창출해야 한다. 혁신은 기업에 주어진 시대적인 소명일 뿐 아니라 기업 스스로 시장에서 살아남기 위한 유일한 수단임을 인식해야 한다.

정보통신기술의 발전을 통해서 하나의 네트워크 속에 묶인 글로벌 경제 주체들은 급속한 과학기술의 발전으로 세계 각지에서 일어난 정치, 경제, 사회, 문화 각 분야의 급속한 변화로부터의 영향 속에서 경제 활동을 하고 있다. 우리와의 교역규모도 크지 않고 글로벌 경제에서 차지하는 비중도 크지 않은 그리스의 재정위기가 우리 경제에 작지 않은 영향을 미치는 것도 같은 맥락에서 이해할 수 있다. 그만큼 기업의 경영 활동에 수많은 변수가 존재함으로써 경영 환경의 불확실성이 높아지고 있다는 증거다.

과거의 경영 활동과 경영 환경으로부터 만들어진 자료를 분석하여 미래를 예측하고 계획을 수립한 후, 수립된 계획에 따라서 철저한 통제 아래 기업을 경영하던 시대는 저물고 있다. 이제는 예측에 의한 경영보다 발견에 의한 경영이 요구되는 시대가 되었다. 지속적으로 환경과 소통하면서 환경에서 발생하는 변화를 감지하고 감지된 변화를 분석하여 기회를 만들기 위한 노력이 필요하다. 이제는 환경의 불확실성을 낮추려는 노력보다는 불확실성이 높은 환경에 적응해 가려는 노력이 필요하다.

과거에는 기업의 평균 생존 기간이 한 세대에 이르렀지만 최근에는 5년을 넘지 못하고 있다. 기업이 지속적으로 성장해 가면서 시장에서 살아남기 위해서는 경영 환경에 적응하기 위한 지속적인 혁신이 필요하다.

저자들은 기술혁신이 기업의 경영전략에 미치는 영향을 연구하는 모임을 만들어 정기적으로 만남을 가지던 중에, 기술을 전략적으로 개발하고 관리하여 기업의 성장을 도모하는 방법론을 고민하게 되었다. 하지만 현재 기술혁신경영을 체계적으로 소개하는 교과서가 부재함을 인식하고 이 책을 집필하게 되었다.

이 책은 먼저 혁신을 정의하고 혁신의 유형과 원천을 소개함으로써 혁신에 대한 이해를 돕고, 혁신을 위한 기술 개발 및 관리방법론을 하이테크 산업 중심으로 소개한다. 그리고 개발된 기술의 상업화 과정에서의 자금 및 마케팅전략 등을 다루고, 혁신 결과물을 기반으로 한 벤처 창업전략과 방법론도 소개한다. 이 책의 기술혁신경영 교육을 통해 혁신 역량을 갖춘 많은 인재가 배출되어 그들이 기업의 성장은 물론 국가 경제 성장을 견인하기를 바란다.

2013년 2월

저자 일동

차례

Part 01 혁신

Part 02 기술 개발 및 관리

Part
03
기술 사업화

Part

01 혁신

Chapter 01

혁신

Oticon 보청기의 혁신

Oticon은 1904년에 설립된 덴마크의 보청기 제조업체다. 설립 이후 수십 년 동안 생산량의 90%를 전 세계로 수출하며 세계 보청기 시장을 선도했다. 승승장구했던 Oticon이 위기를 맞게 된 것은 1980년대에 들어서면서부터다. 경쟁업체가 귓속에 들어가는 소형 보청기를 최초로 출시하면서 시장에서 큰 호응을 얻기 시작했고 상대적으로 Oticon은 뒤처지게 되었다. 경쟁사에서 출시한 제품은 Oticon의 귀걸이형 보청기보다 사람들 눈에 잘 띄지 않는다는 장점을 지니고 있었는데, 당시 Ronald Reagon 미국 대통령이 이 보청기를 사용하기 시작하면서 인기를 더해 갔다.

Oticon은 시장의 반응이 이렇게 불리하게 돌아가고 있음에도 별다른 자각을 하지 못했다. Oticon의 엔지니어들은 자신들의 전통적인 제품이 음질 면에서 훨씬 우수하다는 믿음을 확고하게 갖고 있었다. 오히려 새로운 기술에 맞서 예전 방식을 더욱 고수하며 고집을 이어 갔다. Oticon 특유의 고도로 공학적인 귀걸이형 보청기를 계속해서 생산했고 기존의 유통채널을 통해 판매했다. 하지만 Oticon이 기존 방식을 고집할수록 시장 상황은 더욱 나빠지기만 했다. 결국 Oticon은 전 세계 보청기 시장 점유율의 절반을 빼앗기고 말았다.

1980년대 말, 최악의 위기를 맞게 되자 Oticon의 이사회는 Oticon을 위기에서 구해 낼 새로운 최고경영자를 물색하기에 나섰다. 이때 영입한 인물이 바로 Lars Kolind였다. 그는 덴마크에서 세 번째로 큰 컨설팅 회사를 설립하고 국립과학연구소(National Science Research Laboratory)를 운영했으며, 보이스카우트의 리더로 활동한 경력자였다. Kolind는 취임하자마자 구조조정에 나섰다. 그는 우선 직원 수를 15% 줄여 비용을 절감하고, 환경 변화에 빠르게 대처할 수 있도록 기업 내 의사결정 체계를 단순화하는 데 집중했다.

하지만 그러한 조치는 눈앞의 위기를 넘기는 데 그치는 임시방편일 뿐이었다. Oticon은 이미 경쟁업체들에 시장 점유율과 기술적 우위를 모두 빼앗겨 앞날이 막막한 상황이었다. Kolind는

Oticon이 살아남을 방법은 무엇인지 심각한 고민에 빠질 수밖에 없었다. 이때 그가 내린 결론은 Oticon이 경쟁업체들보다 더 혁신적인 기업이 되는 것이었다. 이에 그는 우선 조직혁신에 나섰다. 고객의 요구를 재빠르게 반영하고 기존의 제품들과 차별화된 신제품을 경쟁자들보다 더 빠르게 내놓을 수 있는 유연한 조직을 만들기로 했다. 기존의 기능별로 구성된 부서 중심의 기업구조를 프로세스별 팀제로 개편하고, 연구 · 개발(R&D) 기능이 구매, 생산관리, 마케팅, 영업 등의 기능과 유기적으로 연계될 수 있도록 했다.

신제품 개발에도 팀제를 도입했다. 어느 한 부서가 중심이 아니라 여러 부서에 속하는 직원들이 하나의 팀을 구성해 신제품 개발을 진행하고 프로젝트가 끝난 후에는 팀을 해산하도록 했다. 이때 신제품 개발을 위한 새로운 프로젝트 제안은 구성원 누구라도 할 수 있게 했다. 만약 프로젝트의 제안이 해당 분야의 전문가와 재무 담당 최고책임자의 지지를 얻어 내고 신제품 개발팀을 구성할 수 있으면 얼마든지 프로젝트를 추진할 수 있도록 했다.

이 밖에 Kolind는 '생각할 수 없는 것을 생각하라'는 제목의 단 사내 정관을 통해 자신의 비전을 구성원들에게 전하며 내부의 변화를 시작했다. 그는 두 달에 걸쳐 직원들과 중간 경영자들에게 조직의 변화를 위해 100% 헌신해야 한다는 점과 변화를 만들어 내지 못하면 회사를 떠나야 한다는 점을 이해시켰다. 무엇보다 Oticon에 만연해 있는 관료주의와 부서 간의 이기주의를 극복하는 것이 급선무라는 것도 더불어 알렸다. 그러자 일부 관리자들을 제외하고 위기의식을 공유한 대부분의 직원은 Kolind가 시도하는 변화에 지지를 표명했다.

이후 Kolind는 Oticon의 낡은 가구를 공개 경매를 통해 판매한 후 그 수익금으로 바퀴 달린 책상, 의자, 캐비닛 등을 사들였다. 직원들이 팀을 옮길 때 가구를 자유로이 옮길 수 있도록 하기 위해서였다. 그리고 1991년 8월, 덴마크 언론사들을 초청해 Oticon이 버려져 있던 Tuborg 맥주 공장으로 새로운 본사를 이전하는 장면을 TV 중계하도록 했다. 당시 새로운 본사는 구성원 간의 협업과 부서 간의 협업을 위한 탁 트인 넓은 작업공간을 제공한다는 명문이 있기는 했지만 제대로 된 사무실이라고는 보기 어려운 상태였다. 그러나 Kolind는 언론의 관심을 끌어냄으로써 전 직원들이 조직의 변화를 이루는 데 온 힘을 다할 수밖에 없는 분위기를 조성했다.

마지막으로, Kolind는 개인 재산으로 Oticon 주식의 17%를 사들이며 대외적으로 Oticon에 대한 자신의 의지와 신뢰를 보여 주었다. 이렇게 Kolind가 주도한 혁신은 1990년대에 접어들면서 상당한 성공을 가져왔다. 프로젝트 기반의 신제품 개발 프로세스를 통해 Oticon은 세계 최초로 마이크로프로세서가 내장된 보청기, 즉 청력 손실 정도에 따라 소리를 자동으로 조절해 주는 보청기를 출시할 수 있었다. Oticon은 1996년에 유럽 디자인상을 받았고, 제품 출시 기간을 50%나 단축했다. 또한 1990~1998년에만 매출액을 3배로 증가시키며 보청기 시장의 기술적 리더로 재부상했다.

Oticon의 현 최고경영자인 Niels Jacobsen은 당시의 혁신에 대해 "설계, 생산, 판매 등의 부서 직원들이 하나의 팀을 구성해서 프로젝트 단위로 신제품을 개발하는 프로세스를 도입하자 새로운 아이디어가 쏟아졌고 시장의 요구에도 능동적으로 대응할 수 있게 되었다."며 "시장에서 경쟁자들과 싸우기 위해서는 늘 새로운 차별화된 신제품이 필요하므로 혁신은 Oticon의 생존에 필수 조건이었다."고 강조했다. 혁신으로 위기를 극복한 Oticon은 2004년 말에 현재의 사옥으로 이전하며 별도의 '혁신 지역(innovation area)'을 만들었다. 회의나 토론을 위한 공간이지만 직원들이 한시도 혁신의 필요성을 잊지 않도록 하기 위해서였다.

혁신 문화가 자리 잡힌 Oticon에는 정해진 출근시간이 없다. 업무에 방해를 받지 않는 범위 내에서 자율적으로 출근하면 된다. 또한 정해진 퇴근시간도 없다. 유럽에서는 보통 직원들이 퇴근시간을 정확히 지키지만, 이 회사에서는 늦은 밤까지 연구 · 개발에 몰두하는 직원을 어렵지 않게 볼 수 있다. 정해진 자리도 없다. "프로젝트별로 업무가 진행되기 때문에 별도로 자리를 지정하는 것이 의미가 없다."는 것이 Oticon의 설명이다. 최고경영자라고 예외가 아니다. 자리가 있기는 하지만 프로젝트를 맡은 직원들이 일할 공간이 없으면 자리를 내줘야 한다.

Jacobsen은 "보청기 시장에는 매달 새로운 제품이 쏟아져 나오기 때문에 자유로운 사고와 유연한 조직 운영으로 대응하지 않으면 생존할 수 없다."고 말한다. 그렇듯 Oticon의 핵심 경쟁력은 보청기 시장의 새로운 수요를 파악해 이를 즉시 신제품 개발로 연결하는 시스템에서 나온다. 이를 위해 Oticon은 덴마크의 병원들과 협력 관계를 유지하고 있다.

생산 · 개발 담당 임원인 Olsen 이사는 "제품 개발 담당자들이 병원에서 소개받은 난청 환자들과 상담하는 과정을 통해 시장의 수요를 파악하고, 그 내용을 즉시 제품 개발에 반영하고 있다."며 "신제품이 나오면 환자들이 써 보게 하고 부족한 부분은 바로 보완해 시장에 내놓는다."고 설명했다. 높은 인건비 부담을 감수하면서도 공장을 해외로 이전하지 않는 것도 연구 · 개발과 생산의 원활한 의사소통을 위해서다. 이에 대해 Jacobsen은 "연구 · 개발 부서와 생산설비가 떨어져 있으면 상시적인 의사소통이 어려워져 제품 경쟁력을 떨어뜨릴 우려가 있다."며 "시장이 원하는 제품을 신속하게 개발하고 생산하는 것이 원가절감보다 훨씬 중요하다고 판단했다."고 말했다.

Oticon의 또 다른 전략은 '새로운 시장을 창조'하는 것이다. 기존 보청기 시장도 중요하지만, 경쟁사들이 아직 생각하지 못한 시장의 요구를 파악해 새로운 제품으로 시장을 공략하는 전략이다. 또한 Oticon은 '사람 우선(People First)'의 가치를 강조한다. 이에 대해 Jacobsen은 이렇게 말한다. "Oticon의 목표는 보청기 업계 1위가 되는 것이 아니라 사람을 최우선으로 생각하는 가치를 실현하는 것입니다. 제품을 많이 파는 데 주력하기보다는 난청으로 어려움을 겪는 고객들이 좀 더 편하고 즐겁게 Oticon 제품을 사용할 수 있도록 하는 것입니다."

개요

기술의 발전과 시장의 변화 속도는 갈수록 빨라지고 있다. 고객의 욕구는 더욱 다양해지고 기업은 더 나은 제품을 더 저렴하게 내놓아야 하는 도전과 경쟁을 벌인다. 전통적으로 기업들은 기존 제품의 디자인과 기능을 개선해 제품을 차별화하고 프로세스를 개선함으로써 원가를 절감하거나 제품 출시 시점을 앞당기는 점진적 혁신을 통해서 경쟁해 왔다. 그러나 이러한 전통적인 방식의 경쟁은 변화의 시대를 맞으면서 서서히 한계를 드러냈다. 이에 기업들은 파괴적 혁신을 통해 혁신적인 제품을 개발하고 이로써 새로운 시장을 만들어 내는 새로운 도전에 직면하게 되었다. 하지만 이 역시도 기업의 성공을 담보하지는 못했다. 시장에 출시되는 제품 대부분은 기업의 이윤 창출에 기여하지 못하는 실정이다. 심지어 제품 개발과 마케팅 비용조차 회수되지 않는 경우가 대부분이다.

3M, Pfizer, DuPont 등 혁신에 성공한 일부 기업만이 오랜 시간에 걸쳐 시장에서 살아남았을 뿐, 대부분의 기업이 한 세대를 넘기지 못하고 시장에서 사라진다. 1970년대에 글로벌 시장을 지배했던 주요 기업 중 40% 이상이 이미 시장에서 사라졌다는 점이 이를 뒷받침해 준다. 시장에서 사라진 기업은 새로운 기술을 통해 새로운 제품을 생산하거나 새로운 시장을 열지 못했다는 공통점이 있다. 이들은 새로운 기술을 받아들이기는 했지만 이를 성숙기에 이른 기존의 제품에 접목해 기존의 시장에서 제로섬 게임(zero-sum game)을 벌이고 말았다. 이는 급속하게 변해 가는 고객의 요구를 능동적으로 대응하지 못하는 결과를 낳았고 급기야 시장에서 사라지게 되었다. 따라서 기업은 급속하게 변해 가는 고객의 요구에 귀를 기울임과 동시에 새로운 기술을 통해 새로운 고객의 요구를 만들어 가는 노력을 해야 한다. 혁신이란 바로 그러한 노력의 중심에 서 있는 덕목이자 방법이다.

1 혁신의 필요성

혁신은 기업들이 생존하고 성장하는 데 빼놓을 수 없는 필수적인 조건이다. 과학과 기술의 진화는 고객 요구의 다양화, 제품수명주기의 단축 등 시장에서의 변화를 만들어 내고 있으며, 기업은 이에 대응하기 위해 내부 환경의 변화를 만들어 내야 한다. 기업 경영에서 변화에 대한 대응은 당연한 과제이지만, 문제는 이와 같은 환경의 변화가 21세기에 접어들면서 더욱 빨라지고 복잡해지고 있다는 점이다. 기업은 더욱 빠르게 환경 변화를 감지하고 변화에 능동적으로 대응하는 혁신적인 경영전략을 벌여야 한다. 특히 1990년대 이후 눈에 띄게 발전하는 기술 분야는 경제성장과 변화를 설명하는 중요한 단서로 인식되고 있다. 또한 기술의 진화는 지속적인 성장을 위한 기업의 경영전략 수립에서도 중요한 변수로 등장했다. 기술의 진화 속도와 가속화된 기술의 진화가 만들어 내는 시장의 변화가 무엇인지 살펴보자.

(1) 기술의 진화

기술은 과거에는 상상할 수 없을 정도의 속도로 빠르게 진화하고 발전하며 경제, 정치, 문화 등 사회의 전역에 영향을 미치고 있다. 이제 기술은 기업과 시장의 성장, 사회와 국가의 발전에서 가장 중요한 요소로 인식되고 있다. 기술은 기업이 경쟁우위를 확보하기 위한 도구로 활용될 뿐만 아니라, 산업구조를 변화시키고 나아가 국가의 흥망성쇠를 가르는 원인이 되고 있다.

〈그림 1-1〉과 같이 기술의 진화 속도는 가히 폭발적이며 기술 진화의 가속화는 노동인구의 생산성을 높이고 산업구조의 변화도 만들어 냈다. 20세기 초만 해도 대부분의 선진국에서 거의 모든 인구가 농업에 종사했으나 기술의 진화에 따라 산업화가 진행되면서 농업에 종사하는 인구가 3%에 불과할 정도로 줄었다. 하지만 농업 생산량은 20세기 초와 비교할 수 없을 정도로 급증했다. 제조업의 경우, 1950년대에 산업화를 이룬 대부분의 선진국에서 인구의 60~70%가 종사했으나 최근에는 20% 미만이 종사하고 있다. 하지만 제조업의 생산성은 60여 년 전과 비교해 엄청나게 향상되었다. 최근에는 첨단 생산기술이 폭넓게 활용되면서 작업자가 없는 무인공장도 일반화되고 있다. 지난 한 세기 동안 농업과 제조업 분야의 생산성이 높아지면서 발생하게 된 잉여 노동력은 서비스업을 중심으로 새로운 산업을 일으켰으며, 현재 선진국의 60~70% 노동력이 서비스업에 종사하고 있다. 이를 통해 세계 대부분의 국가는 새로운 산업구조와 고용시장의 변화를 경험하게 되었다.

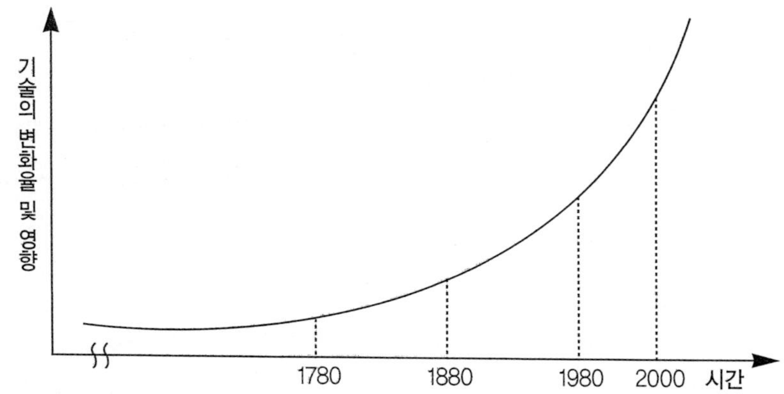

그림 1-1 기술 변화율

과학과 기술의 급속한 발달은 최근 20년간 급속하게 이뤄진 정보통신기술의 발달과 함께 시장의 불확실성을 더욱 가중시키고 있다. 기술의 급속한 진화 덕분에 신제품 출시가 빨라지면서 제품수명주기가 단축되고 기회의 창이 줄어들면서 기업에는 투자비용의 회수기간이 짧아지는 결과를 가져왔다. 또한 정보통신기술의 발달은 시장과 제품에 대해 더욱 많은 정보를 제공하여 기업이 다변화된 고객들의 요구를 더욱 많이 받아들여야 하는 환경을 만들었다.

이러한 환경에서 기업이 경쟁력을 갖추기 위해서는 고객의 다양한 요구를 충족시킬 차별화된 제품을 시장에 빠르게 출시하고, 초기 시장에서 최대한 빨리 많은 고객을 확보해 투자를 회수하고 이윤을 추구해야 한다. 만약 제품 개발 기간이 길어지면 시장 진입이 늦어져 초기 시장을 경쟁자에게 내주고 뒤처질 우려가 있다. 초기 시장을 선점하게 된다 하더라도 기술의 진부화 때문에 기회의 창이 줄어듦으로써 이윤을 만들어 낼 수 있는 충분한 시간을 갖기도 어려워진다. 일반적으로 18~24개월 걸리는 제품 개발을 앞당겨 6개월 먼저 시장에 진입하면 경쟁자보다 3배의 이윤을 더 취할 수 있다. 이 때문에 기술혁신에 대한 이해나 혁신적인 기술의 개발과 활용은 기업의 선택 문제가 아닌 생존의 문제가 되었다.

20세기 후반부터 시작된 기술의 급격한 진화는 금융혁명으로 이어지며 가속화되었다. 미국에서는 1980년대 후반부터 벤처캐피털이 기술혁신의 동력으로서 경제발전을 견인해 왔다. 실제로 2000년에 1,000억 달러에 이르던 벤처캐피털의 투자 규모는 2000년대의 기술혁신을 크게 앞당겼다. 벤처캐피털의 발전이 없었다면 현재 우리가 경험하는 인터넷과 모바일 시대는 훨씬 늦게 다가왔을 것이다. 독일과 일본이 기술혁신을 통한 경제성장의 혜택을 미국보다 상대적으로 덜 누린 이유도 미국 수준의 벤처캐피털을 운용하지 못한 데 있다고 할 수 있다.

이처럼 벤처캐피털은 혁신의 속도를 가속화하고 시장에서 새로운 경쟁을 자극한다. 그러나 벤처캐피털의 투자는 새로운 시장을 만들어 내는 파괴적 혁신을 위한 기초연구보다는 기초연구를 통해 개발된 기술의 상업화에 초점을 맞추고 있다. 기술의 시장성이 확인될 때 그 기술의 활용을 위한 응용연구나 제품 개발에 투자하는 것이 일반적이다. 이는 장기적으로 기초기술을 확보해야 하는 관점에서 볼 때는 일종의 한계가 된다. 따라서 새로운 시장을 만들 수 있는 기술혁신에 필요한 기초기술의 개발에는 비영리단체, 정부, 대학 연구소, 기업 부설 연구소의 투자가 있어야 한다.

(2) 시장의 변화

기술의 급속한 변화는 지금껏 시장을 움직여 오던 기존의 질서를 흔들고 있다. 과학기술의 급속한 발달은 생산성의 향상을 가져왔고 정보통신기술의 발달은 시장 주체 간의 촘촘한 네트워크를 만들었다. 이를 통해 공급자, 소비자, 경쟁자 간의 역학 관계도 빠르게 변화했다. 생산성의 향상은 공급이 소비를 앞지르는 과잉공급의 시대를 열었으며 시장은 공급자 중심에서 소비자 중심으로 옮겨 갔다. 기존의 기술과 산업 간의 융합 · 복합화 현상은 복잡한 가치사슬을 만들어 내면서 기업들은 합종연횡 전략을 통해 시장에서의 생존을 꾀하고 있다. 또한 정보통신기술의 발달은 물리적인 공간과 시간의 개념을 파괴함으로써 기업들은 국내 시장만이 아닌 글로벌 시장에서 경쟁하게 되었다. 기존의 시장보다 더 많은 고객의 요구를 충족시켜야 하며 더 많은 기업과 경쟁하게 된 것이다.

얼마 전까지만 해도 기업들은 원가절감을 통한 가격경쟁력 또는 차별화된 제품과 서비스를 통해서 경쟁우위를 확보했으나 최근에는 제품과 서비스의 다양성과 개발 기간의 단축으로 경쟁력을 확보하고 있다. 시장의 고객들은 높은 품질의 다양한 제품을 저렴한 가격으로 구매하기를 원한다. 특히 최근의 고객들은 규격화된 제품보다는 자신의 요구에 맞는 제품을 선호한다.

그러나 시장에 존재하는 다양한 고객의 요구를 동시에 충족시킬 수 있는 높은 품질의 제품을 낮은 가격에 재빨리 개발하고 생산하는 것은 결코 쉬운 일이 아니다. 즉, 기업의 측면에서 볼 때 양질의 제품을 생산하기 위해서는 더 높은 원가가 들어가고 시장에 출시하는 시간이 늦어질 수밖에 없다. 한편, 제품을 낮은 원가로 시장에 빨리 출시하면서 높은 품질을 유지하기란 어렵다. 이처럼 이윤을 추구하기 위한 전략 간에 상충이 발생하는 경우 기업의 유일한 대안은 시장선점 효과를 만들어 낼 수 있는 새로운 시장을 창출하는 것이다. 하지만 기업이 혁신적인 제품과 서비스를 통해 새로운 시장을 만들어 내는 일은 이득보다 더 많은 위험이 따른다. 이는 몇몇 사례를 통해서도 쉽게 알 수 있다.

먼저 최초의 스프레드시트인 VisiCalc의 예를 보자. VisiCalc는 1979년 개인용 컴퓨터 AppleII에서 사용할 수 있도록 처음 개발되었다. 이후 1981년, IBM PC가 등장하면서 IBM PC용 버전으로도 출시되었으나 1983년 등장한 Lotus1-2-3에 시장을 내주고 사라졌다. 이후 Lotus1-2-3는 GUI(graphics user interface) 기반의 스프레드시트 개발이 늦어지면서 GUI 기반의 Microsoft Excel에 스프레드시트 시장을 내주고 말았다.

Apple의 MessagePad도 이와 비슷한 경우다. 시장에는 필기인식 소프트웨어를 탑재한 최초의 PDA(personal digital assistant)로 PalmPilot이 알려졌지만, 실제로 PalmPilot은 Apple의 MessagePad가 시장에 소개되고 1년 뒤에 출시된 제품이다. MessagePad는 출시 당시 새로운 시장을 만든 혁신적인 제품이었으나 고객의 목소리에 귀를 기울이지 않아 실패하고 말았다. 당시 MessagePad의 개발자들은 검증된 기술을 활용하여 고객들의 문제를 해결하기 위해 기기를 개발하기보다는 제품의 기술적 차별화에만 초점을 맞추었다. 고객들은 지나치게 앞선 기술로 구현된 제품을 활용해 문제를 해결하는 데 어려움을 겪었고 MessagePad는 고객들에게 외면당하고 시장에서 사라지게 되었다.

이 두 가지 사례 외에도 많은 경우, 혁신적인 기술을 통해 새로운 시장을 만들었던 제품 또는 기업이 시장선점 효과를 누리지 못하고 후기 진입자에게 시장을 내주며 사라져 갔다. 그래서 현재 시장을 지배하고 있는 제품과 서비스는 대개 시장 개척자가 아닌 후기 진입자들의 것이다. 또한 많은 사례에서도 알 수 있듯이 대부분의 산업에서 최초가 아닌 최고의 제품과 서비스를 제공하는 것이 경쟁력을 확보하는 길이다. 하지만 최근에는 기술의 발전 속도가 빨라지고 제품의 수명주기가 짧아짐에 따라 새로운 시장을 만들어 초기 시장에서 지배력을 확대해 가는 전략이 효과적이다. 지식 기반 경제에서 네트워크 효과는 초기 시장의 지배력 확대의 중요성을 강조한다.

(3) 네트워킹 시대의 도래

정보통신기술의 발달은 글로벌 경제 주체들을 하나의 네트워크로 연결했다. 기업들은 이러한 네트워크 환경 속에서 협력과 경쟁을 통해 성장하며 기업 활동에 필요한 기능과 제품 개발에 필요한 지식 및 기술을 구하고 있다. GE, Nike, Dell 등 세계 유수 기업들도 연구 · 개발, 마케팅 등 기업의 핵심적인 기능만을 내부에서 운영하고 생산, 유통 등의 비핵심적인 기능은 외부에서 조달하고 있다. 심지어 일부 기업들은 핵심 역량마저도 외부에서 조달하고 있다. 그 결과 현대의 기업은 다양한 기능과 활동의 조정자 역할을 담당하게 되었다.

이와 같은 환경의 변화는 기업들의 혁신 활동에도 영향을 미치고 있다. 기업들은 연구 · 개발 활동과 관련하여 기업, 대학, 연구소 등 외부의 다양한 주체들과 협력을 강화하고 있다. 고객의 요구가 다양해지고 빠르게 변해 가면서 한 기업이 내부의 인력과 기술만을 활용한 연구 · 개발을 통해 시장을 지배할 수 있는 혁신적인 제품을 시장에 공급하기란 쉽지 않다. 기업들은 시장에서 경쟁력을 확보하기 위해 때때로 경쟁사와도 협력해야 한다. 캘리포니아대학교(버클리) 교수 Henry Chesbrough는 이러한 변화를 '개방형 혁신(open innovation)'이라고 명명하고 기술혁신 및 지식 창출을 위한 외부와의 연계성을 강조한다.

과거의 혁신 활동은 개인들이 본인의 창의적인 아이디어를 실행하는 활동으로 인식되었으나 20세기에 들어서면서 그 분위기는 달라지기 시작했다. 조직화한 연구 · 개발 활동의 중요성이 강조되면서 기업 연구소의 시대가 열렸고, 그 이후 수많은 기업이 부설 연구소를 설립 · 운영하고 있다. 그러나 21세기에 들어 고객요구의 다양화, 제품수명주기의 단축, 기술의 융합 · 복합화 등의 현상이 시장에 나타나면서 기업들은 부설 연구소의 역량만으론 기업이 필요로 하는 기술혁신을 이루어 내기 어려워졌다. 또한 기술혁신은 기술 투입(technology push)과 시장 견인(market pull)으로 구분되는 이분법적인 틀 속에서 이루어지는 과정이 아니라 다양한 주체와 분야 간의 상호작용으로 이루어지는 과정(interactive process)으로 인식되고 있다. 이에 따라 혁신 활동에서 다기능 팀과 외부 주체의 연계성은 더욱 중요해지고 있다.

기업은 혁신 네트워크에 참여함으로써 제품 개발에 필요한 원천기술을 획득하기도 하고, 기업이 보유하고 있는 기술의 상품화에 필요한 응용기술을 획득하기도 하며, 공정혁신을 위한 아이디어를 얻기도 한다. 이때 네트워크는 기업이 필요로 하는 지식 창출을 활성화하는 촉매제의 역할을 한다. 네트워크의 또 다른 이점은 네트워크 참여자들이 참여 과정에서 학습된 결과물을 공유하는 데 있다. 다양한 기업들이 네트워크에 참여하고 시너지 효과를 만들어 내기 위해서는 혁신 네트워크 구성 및 운영에 시스템적 접근이 필요하며, 이때는 일정한 비용도 발생한다.

이러한 네트워크는 자발적으로도 구성될 수 있지만, 정부의 지원으로 구성될 수도 있다. 자발적인 네트워크는 기업들이 스스로 필요에 따라 네트워크를 구성하는 것이다. 네트워크 참여를 위한 시스템적인 접근과 비용 지출의 여력이 있는 대기업들은 기업이 필요로 하는 기술을 획득하기 위해 기존의 네트워크에 접근하거나 새로운 네트워크를 구성한다. 반면에 혁신 네트워크의 중요성을 인식하지 못하거나, 중요성은 인식하지만 시스템적인 네트워크로의 접근이 어렵거나, 네트워크를 구성할 수 있는 역량이 부족한 중소기업들은 정부의 지원 네트워크에 참여하는 경우가 많다. 외부로부터의 기술 획득을 통해서 기업의 경쟁력을 높일 수 있는 혁신 네트워크 참여는 대기업과 비교해서 기업의 내부 역량 수준이 낮은 중소기업들에 더욱 많은 효익을 가져다줄 수 있다. 그럼에도 대부분의 중소기업은 혁신 네트워크에 적극적으로 참여하지 못하는 것이 현실이다. 이에 정부에서는 혁신 네트워크 참여를 통한 기술 개발의 중요성을 인식하고 다양한 지원정책을 통해 네트워크에 기반을 둔 혁신 생태계를 구축하는 데 노력을 기울이고 있다. 대표적인 사례로 연구조합 및 협회의 설립 지원, 산학연 협력 활성화, 지역 혁신체제와 국가 혁신체제의 구축 및 활성화 지원 등을 들 수 있다.

혁신 네트워크 참여가 주는 또 다른 이점은 기술 개발에 수반되는 위험도를 낮출 수 있다는 것이다. 최근 기술과 제품의 수명주기가 짧아지면서 기업의 제품 개발주기 또한 짧아지고 있다. 기술 및 제품의 수명주기 단축은 기회의 창을 축소시키고 성공적인 제품 개발을 통해서도 이윤 창출을 어렵게 한다. 결국 기술의 진부화가 가속화되면서 제품으로 상용화되지 못하고 시장에서 사장되고 마는 경우가 비일비재하다. 기업은 개발된 대부분의 기술과 제품으로부터 이윤 추구는 물론 투자액 회수조차 어려운 실정이다.

네트워크에 참여함으로써 기업은 제품 개발 과정의 문제점을 다양한 관점에서 진단하고 해결방안을 제시할 수 있다. 이를 통해 제품 개발의 성공 확률을 높일 수 있고, 제품 개발에 필요한 인력과 자금을 포함한 자원을 공동으로 조달함으로써 제품 개발 실패 시 초래될 재무적 위험도를 낮출 수 있다. 또한 제품 개발에 필요한 기술과 제품 생산 및 판매에 필요한 생산설비, 유통경로와 마케팅 역량을 공유함으로써 상용화된 제품을 더욱 많은 고객에게 더욱 빠르게 제공할 수 있는 환경을 구축할 수 있다.

혁신 네트워크는 특히 자원이 부족한 중소기업들에 매우 유용한 혁신 도구가 된다. 또한 혁신 네트워크를 통해서 구축되는 혁신 생태계는 장기적인 관점에서 기업 혁신 활동을 지속적으로 촉진하는 동인이 될 수 있다. 이미 세계 여러 국가에서 혁신 클러스터의 구축과 같은 방법을 통해 장기적으로 지속할 수 있는 네트워크의 구축을 만드는 데 노력하고 있다. 미국의 실리콘 밸리, 우리나라의 대덕연구개발특구 등이 대표적인 사례다.

2 혁신의 정의

기업들은 앞서 설명한 경영환경 변화에 대처하기 위해 새로운 기술에 대한 공격적인 투자를 통해 경쟁력을 확보하고 있다. 기업들은 제품의 경쟁력을 높이기 위해서 직접 활용할 수 있는 기술로 구성된 부가기능을 기존의 제품에 추가한다. 이때 대부분은, 부가된 기능이 한계비용을 거의 발생시키지 않아 많은 기업이 제품 경쟁력 향상을 위해 선택하는 수단이다. 하지만 부가된 기능은 대개 고객의 욕구를 충족시키기 위한 것이 아닌 기술의 진화 그 자체를 반영하는 경우가 많다. 고객은 진화된 기술 그 자체를 사는 것이 아니라 고객의 문제를 해결할 수 있는 도구로서의 진화된 기술을 산다. 따라서 기업은 제품의 경쟁력을 높이고 제품에 대한 시장 수요를 높이기 위해서 단지 진화된 기술로 구성된 부가기능을 제품에 추가할 것이 아니라, 진화된 기술로 구성된 기능을 고객의 문제를 해결하는 수단으로 기존의 제품에 부가해야 한다. 또한 기업은 제품과 제품에 부가되는 기능의 혁신뿐만 아니라 제품을 생산하는 공정혁신을 통해서 제품의 품질을 높이고 가격을 낮출 때 시장에서 경쟁자들의 추격을 뿌리칠 수 있다.

혁신은 현재 존재하는 제품뿐만 아니라 제품 개발, 생산, 유통방식에 대해서 기업 역량의 한계를 넘어 의문을 제기하는 것으로부터 출발한다. 여기서 주목해야 할 점은 혁신의 필요성과 파괴력은 커 가지만, 제한된 자원, 혁신에 대해 이해가 부족한 문화, 핵심 역량에 대한 지나친 집중, 자기 잠식 효과에 대한 우려 등으로 지속적인 혁신을 만들기는 쉽지 않다는 것이다. 복사기 시장을 지배했던 Xerox, 사진기와 필름 시장을 지배했던 Kodak, Walkman 신화를 만들어 낸 Sony, 대량 주문생산 체제를 최초로 도입한 Dell, 무선통신 시장을 지배했던 Motorola, 휴대전화를 통해 디지털 시대를 선도했던 Nokia 등 한때 혁신의 대명사처럼 여겨졌던 기업들은 더는 혁신적인 제품을 출시하지 못하고 시장에서 쇠퇴의 길을 걷고 있다. 한편, 혁신적인 제품을 선보이고서도 시장과의 소통 부재로 쇠락의 길을 걷던 Apple은 iPod, iPhone, iPad 등으로 이어지는 혁신적인 제품과 혁신적인 사업 모델 iTunes를 만들어 내면서 최고의 혁신기업으로 인식되고 있다. 따라서 오래갈 혁신기업이 되기 위해서는 혁신을 이해하고 지원하는 문화를 만들고 혁신에 필요한 자본을 적절하게 조달해야 한다.

(1) 발명과 혁신

'혁신(innovation)' 이란 '새로운 가치를 창출할 수 있는 변화' 로 정의된다. 혁신과 유사한 개념으로 '발명(invention)' 이 있으나 두 개념 사이에는 확연한 차이가 있다. 발명은 '이전에 존재하지 않았던 새로운 기술 또는 제품을 만드는 것' 이고, 혁신은 '기존의 방식에 변화를 주어 새로운 가치를 만드는 것' 이다. 또한 상업적인 성공 여부를 기준으로 살펴보면 발명은 '새로운 욕구나 문제를 해결하는 기술적인 해법' 을 의미하며, 혁신은 '상업성을 동반한 발명' 으로 정의할 수 있다.

혁신기업이 추구하는 혁신은 크게 비즈니스 모델과 기술을 대상으로 한다. 비즈니스 모델을 대상으로 하는 혁신은 대상 고객, 고객에게 제공되는 가치, 공급사슬의 관리체계 등의 영역에서 변화를 추구함으로써 매출과 수익 증대를 꾀한다. 제품과 서비스를 구매하는 주요 대상 고객을 바꿈으로써 매출과 수익을 높이게 된다. 이와 관련된 사례로는 의류 브

창의적 발명이 늘 혁신으로 연결되는 것은 아니다

세상을 뒤흔든 개인용 컴퓨터를 처음 만든 회사는 Xerox였다. Xerox의 기업 부설 연구소 Palo Alto Research Center(PARC)는 1973년 세계 최초의 개인용 컴퓨터 Alto를 비롯해 사용자와 컴퓨터가 그래픽을 통해 상호작용할 수 있는 GUI 환경, 근거리 통신망의 표준기술 Ethernet 등 오늘날 컴퓨팅 환경의 기반이 되는 핵심적인 원천기술들을 개발했다. 하지만 Xerox는 PARC의 연구 성과를 이용해 새로운 시장을 개척하고 기업의 이윤을 추구하는 데는 실패했다.

Xerox에서 출시한 최초의 상업용 워크스테이션 Star는 지나치게 높게 책정된 가격 때문에 개인용 컴퓨터 시장을 만드는 데 실패했다. 출시 가격이 무려 16,000달러, 한화로 2,000만 원에 달하는 개인용 컴퓨터를 살 사용자는 많지 않았다. 이후 사용자와 컴퓨터가 텍스트가 아닌 그래픽을 통해 상호작용할 수 있는 환경을 제공하는 GUI는 1980년대 출시된 Apple의 개인용 컴퓨터 Macintosh와 Microsoft의 컴퓨터 운영체계 Windows에 의해 상업화되면서 컴퓨터 사용 환경에 혁신을 일궈 냈다.

GUI는 1979년 PARC를 방문하여 GUI의 엄청난 가능성을 발견한 Steve Jobs에 의해서 Macintosh 운영체계의 요소기술로 시장에 소개되었다. GUI 기반의 컴퓨터 운영체계를 활용한 Macintosh는 사용자 중심의 컴퓨팅 환경을 만들어 낸 실리콘 밸리 역사상 가장 혁신적인 제품 중의 하나였다. 최초의 개인용 컴퓨터와 GUI 이외에도 PARC는 근거리 통신망의 표준기술 Ethernet을 개발하여 1970년대에 연구소 내에서 전자메일을 사용했다. Ethernet은 네트워크의 효용성과 중요성을 주장한 Bob Metcalfe에 의해서 1973년에 개발되었다. 1991년에는 Apple의 iPad보다 19년 먼저 태블릿 PC 'PARC Pad'도 개발되었다. PARC Pad는 유비쿼터스 컴퓨팅 환경 연구를 위해서 개발되었으며 연구소 안에서만 실험적으로 사용되었다.

이 밖에도 레이저 프린팅, 유비쿼터스 컴퓨팅, 분산 컴퓨팅, 상용 마우스, 객체지향 프로그래밍 등 현재 사용되는 정보통신기술 상당수가 이곳 PARC에서 개발되었다. 하나의 민간기업 부설 연구소에서 오늘날 컴퓨팅 환경의 기반이 되는 핵심적인 기술들을 개발했다는 것은 매우 놀라운 일이다. 그러나 레이저 프린팅을 제외한 나머지 기술들은 Xerox에 의해서 상업화되지 못했다. Xerox는 복사기 시장에 초점이 맞추어진 기업의 핵심 역량에 지나치게 집중함으로써 PARC의 창의적인 연구 결과물들을 사업 다각화의 동력으로 활용하지 못했다. 창의적인 발명이 혁신으로 연결되지 못한 대표적인 사례다.

랜드 Dockers가 있다. Dockers는 다림질이 필요 없는 바지를 만들어 패션에 별 관심이 없고 저가의류 구매를 선호하는 남성 고객들을 대상으로 마케팅을 펼쳤다. 이러한 시도는 대상 고객을 패션에 관심이 많은 청년층에서 패션에 별 관심이 없는 중년층으로 바꾸는 동시에 시장에서 엄청난 성공을 거두었다.

이 밖에도 기업은 새로운 제품이나 서비스의 출시, 기존 제품이나 서비스의 기능적인 개선 등을 통해 고객에게 새로운 가치를 제공함으로써 매출과 수익을 높일 수 있다. 예를 들면, 치약 생산 기업이 과거 고객들에게 제공했던 가치는 충치 예방과 입 냄새 제거와 같은 것이었으나, 최근에는 치아 미백이라는 가치를 추가로 제공하고 있다. 또 최근 기업들은 원가절감을 위해 핵심적인 기능을 제외한 지원기능 대부분을 아웃소싱을 통해 외부로부터 공급받고 있다. 1980년대 Sun Microsystems는 아웃소싱 비율을 높여 원가를 절감하는 등 외부 업체와의 협력을 강화하여 경쟁우위를 확보했다.

기술을 대상으로 하는 혁신은 제품과 서비스, 공정, 기반 등의 영역에서 변화를 추구함으로써 시장에서 경쟁우위를 확보하는 것을 말한다. 기업들은 제품과 서비스의 개발을 위한 원천기술과 상용화 및 개선에 필요한 응용기술 영역에서 혁신을 벌여 차별화를 만들어 낸다. 기업은 기술혁신을 통해 공정의 효율성을 높여 더욱 값싼 제품과 서비스를 더 빠르게 소비자에게 공급하며 원가절감을 이뤄 가격경쟁력을 만들어 낸다. 더 나아가 기반 관련 기술혁신은 기업의 혁신 수행 역량을 개선함으로써 지속적인 혁신 활동을 가능하게 하는 동력을 만들어 낸다. 이를테면 기업 조직 내의 정보통신체계를 획기적으로 개선하여 정보와 지식의 흐름을 원활하게 만들고, 이로써 제품 개발 기간을 줄여 시장을 선점하는 것이 그 예다. 정보통신체계를 개선하는 작업이 바로 기반 관련 기술혁신에 포함된다.

(2) 오늘날의 혁신 패러다임

혁신의 개념은 시대의 변화에 따라 조금씩 진화해 간다. 과거에는 혁신을 새로운 제품의 디자인과 같은 한정적인 개념으로 정의했지만, 최근 들어 이 개념은 더욱 포괄적으로 정의되고 있다. 단순한 제품 변화만이 아니라 새로운 생산공정을 개발하거나 유통경로를 개발하는 등 혁신의 영역을 확장해 가고 있는 것이다.

시대를 초월해 모든 기업은 혁신을 강조하지만, 시대의 변화에 맞춰 효과적이며 차별적인 혁신전략을 지속해서 확보하기는 쉽지 않다. 과거에 성공을 만들어 냈던 혁신전략의 답습, 기존의 수익 창출원에 대한 집착, 가시적인 재무 성과에 대한 압력 등이 지속적인 혁신을 방해하는 걸림돌로 작용하기 때문이다. 혁신의 필요성은 커지고 있지만, 현실적으로 기업이 보유한 역량과 자원의 한계, 기존 사업 기반의 붕괴 등으로 기업은 혁신을 통한 지속적인 성장을 이어 가기가 쉽지 않다. 따라서 가속화되는 시장의 변화에 대응하며 지속적인 성장을 이루기 위해서는 단일 제품 및 서비스에 대한 일회성 혁신보다는 지속적인

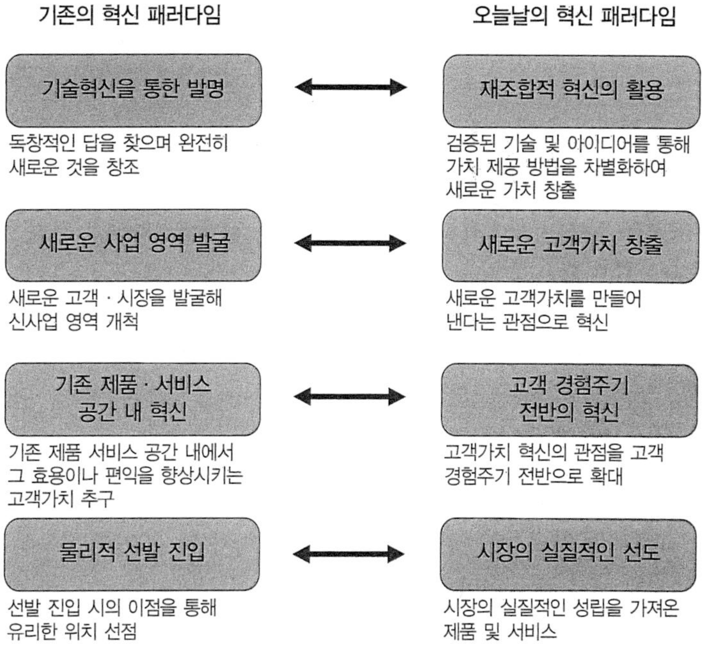

그림 1-2 혁신 패러다임 비교

혁신이 가능한 기업의 역량에 대한 투자가 이루어져야 한다.

1) 재조합적 혁신

전통적으로 혁신은 '발명적 혁신(innovation as invention)'으로 정의된다. 요컨대 혁신이란 유형 · 무형을 막론하고 과거에 존재하지 않았던 아주 새로운 것을 창조함으로써 과거와 단절하고 미래를 여는 것이다. 따라서 기업이든 개인이든 혁신을 위한 독창적인 답을 찾기 위해서는 고정관념을 탈피한 사고방식(think outside of box)이 필요하다. 이러한 관점에서 볼 때 모방과 혁신은 양립할 수 없으며, 모방이 혁신의 장애물처럼 여겨지는 경향도 있었다. 즉, 모방이나 추종 전략을 추구하는 기업은 차별적인 제품 및 서비스를 만들어 시장을 선도하는 것이 불가능하다고 여겨졌다. 그러나 이러한 인식은 점점 희석되고 있다. 수많은 산업과 사업, 그리고 기술 및 제품이 새롭게 소개되고 사라지는 현상이 반복되면서 이전에 존재하지 않았던 새로운 것들을 만들어 내는 일이 점점 더 어려워지고 있다. 더구나 발명적 혁신은 실행 과정에서 엄청난 비용과 시간이 소요되는 문제점도 있었다.

이런 가운데 대두하기 시작한 것이 바로 '재조합적 혁신(innovation as recombination)'

이다. 재조합적 혁신이란 이미 검증된 기술이나 아이디어를 활용해서 새로운 가치를 만들어 내는 것으로 기존의 혁신보다 효과적이고 효율적인 대안으로 여겨졌다. 재조합적 혁신이 성공적으로 수행되기 위해서는 어디에, 어떠한 기술과 아이디어가 존재하는지 감지할 수 있는 검색 능력, 감지된 기술과 아이디어를 이해할 수 있는 역량, 이해된 기술과 아이디어를 혁신의 목적에 맞추어 최적화할 수 있는 능력 등 일종의 '혁신적 모방' 능력이 필요하다. 따라서 재조합적 혁신의 측면에서 보면 모방은 혁신의 장애물이 아니라 혁신의 촉매제로 이해될 수 있다. 오히려 새로운 시장을 만들어 내는 등의 의미 있는 혁신이 모방으로 이루어지는 경우도 많다.

기업은 혁신이든 모방이든 내 · 외부 환경에서 생성되는 정보와 지식을 수집하고 분석하여 사업의 기회를 모색해야 한다. 다양한 비즈니스 모델들을 분석하여 사업의 기회를 만들어 낼 수 있는 유망하고 차별적인 대안을 도출할 수 있어야 한다. 이때 지속적인 창안적 혁신은 발명적 혁신이 아닌 모방 역량을 바탕으로 한 재조합적 혁신으로 이뤄 낼 수 있다. 하지만 모방과 재조합을 통해 지속적인 혁신을 만들어 가기 위해서는 혁신을 통해 고객의 문제를 해결함으로써 고객에게 차별화된 가치를 제공할 수 있어야 한다. 과거에 실패한 제품일지라도 과거와 다른 시장환경에서 고객에게 새로운 가치를 제공할 수 있다면 새로운 기회를 만들어 낼 수 있다.

또한 기업은 기존의 기술과 제품의 모방이나 재조합에서 벗어나, 기존 비즈니스 모델 간의 융합 등으로 혁신의 범위를 확대해 나갈 필요가 있다. 기술 자체를 상품화하기보다는 기술을 기존 비즈니스 모델에 접목해 고객의 문제점을 해결하는 데 활용하는 것도 혁신의 한 방안이 된다.

일례로 GE는 에너지, 항공, 헬스케어 등의 사업 분야에서 가스터빈, 엔진, 정밀의료기기 등에 센서를 부착해 해당 기기에 대한 고객의 실시간 사용 내용과 고장 상태 등의 정보를 수집·분석하고 있다. 이를 통해 해당 기기에 대한 고객의 사용 습관을 분석하여 고객이 원하는 새로운 기기 개발 및 서비스를 선(先)발굴하는 데 활용하며, 기기 고장 위험을 사전에 감지해 능동적으로 대처하고 있다.

영국의 대형 유통 회사 Tesco는 매장 내 위성항법 시스템과 고객의 스마트폰 간 연동을 통해 고객이 편리하게 쇼핑할 수 있도록 도와주고 있다. 예를 들어 스마트폰 애플리케이션을 통한 매장 위치 찾기, 원하는 제품 위치 찾기, 쇼핑 리스트에 최적화된 매장 내 이동경로 찾기, 스마트폰 카메라를 활용한 제품 바코드 스캔으로 진열대에서 즉시 결제하기 등의 서비스를 제공한다. 쇼핑의 편의성과 효율성을 획기적으로 향상한 혁신 서비스인 것이다.

모방과 재조합을 통해 만들어진 제품과 서비스가 혁신으로 이어지기 위해서는 단순한 복제가 아니라 기존 제품 및 서비스와 비교해 차별적이며 독창적 가치를 고객에게 제공할 수 있어야 한다. 즉, 새로운 것의 창안이기보다는 기존의 기술이나 아이디어를 모방하고 재조합하여 차별적인 사후적 고객가치를 제공하도록 해야 한다. 예를 들어 Apple은 MP3 기기 시장에서 후발주자였으나, MP3 기기와 음원 콘텐츠 제공 서비스를 결합한 새로운 비즈니스 모델 iTunes를 선보이며 혁신을 이루어 냈다. 사실 iTunes 서비스는 과거 음원 콘텐츠 다운로드 사이트인 Napster의 서비스 모델을 모방한 것이다. 그러나 Apple은 주요 음원 콘텐츠 사업자와의 계약을 통해 무료로 앨범 카탈로그를 제공하고 음원 감상의 기회를 고객에게 제공함으로써 구독료를 기반으로 운영되던 Napster와의 차별화를 이끌어 냈다. 또한 기기의 성능 향상보다는, 고객이 원하는 음원 콘텐츠를 다양하게 확보하고 MP3 기기에서 편리하게 이용하게 함으로써 MP3 기기 시장의 선발주자들이 제공하지 못했던 차별적인 가치를 고객에게 제공했다.

2) 고객가치 창출을 위한 혁신

전통적으로 혁신은 새로운 고객과 시장을 발굴해 신사업 영역을 개척하는 것으로 인식되었다. 그러나 이는 시간이 흐르면서 혁신의 한 측면만을 보여 주는 데 그친다는 것을 알게 되었다. 이제 혁신의 개념은 신사업 영역을 발굴하는 것에 국한하지 않고 시장 창출 유형에 따라 다음과 같이 세 가지 형태로 분류해 볼 수 있다.

첫째, 새로운 시장을 개척하여 새로운 수요를 만들어 내는 '시장 창출형' 혁신이다. 이는 기존 시장에 유사한 편익이나 효용을 제공하는 제품과 서비스가 없어 아주 새로운 사업 영역을 창출하는 유형이다. 전자 산업을 살펴보면 과거 여가 선용을 위해서 개발된 축음기, 라디오, TV, 카세트, VCR, 카메라, 캠코더 등의 다양한 음향 · 영상 기기, 생활의 편의성 향상을 위해 만들어진 냉장고, 세탁기, 전자레인지, 자동청소기 등의 가전기기, 정보의 생성과 공유를 위해서 만들어진 PC, 전화기, 휴대전화 등을 예로 들 수 있다.

둘째, '시장 세분화형' 혁신으로 시장 창출형 혁신이 만들어 낸 시장을 세분화하여 이를 확대하는 혁신 유형이다. 기존의 제품 및 서비스 기능을 세분화하고 특화하여 전문화된 편익을 고객에게 제공함으로써 기존 시장을 확장해 가는 유형이다. 물론 기존 제품과 서비스를 일부 대체할 수도 있으나 기존 시장을 세분화하여 확장하는 성격이 강하다. 휴대전화 시장을 과거 카메라폰, 뮤직폰, 캠코더폰 등 일부 기능이 특화된 제품을 개발하여 새로운 수요를 만들어 낸 것이 그 사례다.

셋째, '시장 대체형' 혁신이다. 기존 시장에 유사한 편익을 제공하는 제품과 서비스가 존재하지만, 기술 발전에 따른 기능과 성능의 향상이나 사용 편의성의 제고 등을 통해 더욱 고차원적인 편익을 제공함으로써 기존의 제품 및 서비스 시장을 대체하는 유형이다. MP3에 의해서 대체된 CD, 컬러 TV로 대체된 흑백 TV, 디지털카메라로 대체된 수동식 카메라, 휴대전화로 대체된 무선호출기 시장 등을 예로 들 수 있다. 시장 대체형 혁신은 신규 시장 창출형 혁신으로 시장이 완성된 이후, 시간이 지남에 따라 그 시장을 비연속적인 방법으로 대체하거나 재구성하는 특징이 있다.

이들 세 가지 혁신 유형은 유기적으로 연결되어 발전하는 것이 특징이다. 먼저 기존 제품과 서비스로 충족될 수 없는 소비자의 요구가 거세지면 이에 대응하여 시장 창출형 혁신이 일어난다. 여기에 새로운 시장을 창출한 제품과 서비스가 확산하면서 특정 용도에 대한 강한 요구가 새롭게 발생하면 이를 충족시키기 위해 시장 세분화형 혁신이 이어진다. 이후 기존 제품과 서비스가 제공하는 편익의 수준이 향상되는 과정이 이어지면 비연속적 기술의 등장으로 시장 대체형 혁신이 나타나게 된다.

최근 들어 시장에서는 웬만한 기술이나 아이디어 대부분이 상품화되었고, 고객들의 기본적인 요구 또한 대체로 충족되고 있다. 이것은 상대적으로 기존과 전혀 다른 새로운 시장을 여는 시장 창출형 혁신의 발생 가능성을 희박하게 한다. 앞으로의 혁신은 기존의 시장에서 세분되어 가는 고객의 다양한 요구를 충족시키는 시장 세분화형 혁신과 기술의 진부화에 의한 시장 대체형 혁신이 동시에 진행될 가능성이 높아 보인다. 따라서 혁신의 범위를 전통적인 시장 창출형에 국한하기보다는, 기존의 시장을 세분화하고 대체하는 혁신을 포함하여 더욱 폭넓게 인식해야 한다. 즉, 물리적인 혁신 유형과 관계없이 새로운 고객의 가치를 만들어 낸다는 관점에서 혁신을 이해하는 것이 바람직하다. 기존 제품과 서비스가 해결하지 못하는 일상생활과 업무상의 문제점을 해결하는 것이 고객의 가치 창출이며, 이것이 바로 혁신이다.

3) 고객 경험주기 전반에 걸친 혁신

전통적으로 소비자들은 해당 제품과 서비스가 가진 본래의 특징 또는 용도의 차별화에 관심을 두었다. 기업들은 주로 기존의 제품과 서비스의 범위 내에서 그 효용이나 편익을 향상하는 방향으로 고객가치 혁신을 추구해 왔다. 그러나 최근 가속화되는 고객가치의 변화를 생각할 때 기존 제품과 서비스의 영역에 머물러서는 새로운 고객의 가치를 창출하는 데 한계가 있다. 고객의 관심사가 기존의 제품과 서비스가 제공하는 본질적인 용도에 머물지 않고 관련된 다른 부분으로 옮겨 가면서 새로운 가치체계를 만들어 내고 있기 때문이다. 따라서 기업이 고객의 생활 속으로 들어가 그들이 직면한 문제를 파악하고 그 문제를 해결하는 과정에서 고객이 만들어 가는 가치가 무엇인지를 규명하는 것이 중요하다. 고객의 가치를 창출하기 위해서는 혁신의 대상을 고객의 경험주기 전반으로 확대하는 것이 대안이 될 수 있다.

소비자들은 업무를 수행하거나 일상생활을 영위하는 과정에서 발생하는 욕구를 충족시키기 위해서 제품과 서비스를 구매하고 사용한다. 이후 소비자들은 제품과 서비스에 대한 욕구가 발생하는 단계부터 해당 제품과 서비스에 대한 일련의 과정을 경험하게 된다. 즉, 제품과 서비스의 탐색 · 구매, 배송, 사용, 보완, 유지 · 보수, 폐기 · 처분에 이르는 6단계로 구성된 경험주기가 그것이다. 이러한 6단계의 경험주기를 분석하면 각 단계에서 고객이 직면하는 문제점과 잠재적 애로 사항 또는 추구하는 가치 등이 무엇인지를 규명할 수 있고, 이를 통해 진정한 혁신 기회를 만들어 낼 수 있다.

예를 들어 탐색 · 구매 단계에서 고객이 추구하는 가치를 살펴보면, 최근에는 정보 획득의 속도와 편의성을 중시하는 경향을 보이고 있다. 또한 체험을 바탕으로 전달되는 실효성 있는 정보 획득을 선호하는 경향도 늘어나고 있다. 일례로 최근 e-Marketplace를 통한 소비자들의 구매가 폭발적으로 늘어나고 있는 것은 이러한 고객 요구를 잘 반영한 시스템을 구축했기 때문으로 풀이된다. 즉, e-Marketplace에서는 제품에 대한 풍부한 정보를 효율적인 검색 시스템이 포함된 사용자 중심의 메뉴 구조를 통해 제공하고, 제품 간의 체계적인 비교가 가능하도록 함으로써 소비자의 정보 탐색이 쉽다. 또한 사용 후기를 활성화함으로써 소비자들이 제품과 서비스를 간접적으로 경험할 기회를 제공하고 있다.

정밀의료기기 사업을 수행하는 GE Medical Systems는 사용 단계와 유지 · 보수 단계에서 문제점이 발생하여 혁신의 기회를 찾아낸 사례다. GE는 주요 고객인 병원의 주된 관심사가 의료기기의 정밀도나 성능보다는 지속적이며 안정적인 의료 서비스 제공에 있다는 점을 포착하고 문제점 분석에 나섰다. 실제로 의료기기를 사용하는 병원에서는 정밀의료기기의 복잡한 사용법 때문에 업무 생산성이 떨어지거나 갑작스러운 의료기기의 결함 발생으로 어려움을 겪고 있었다. 이에 GE는 병원이 사용 단계에서 겪는 문제점을 해결하기 위해 복잡한 의료기기 사용법을 지속적으로 교육하는 컨설팅 서비스를 제공했다. 또한 유지 · 보수 단계에서 발생하는 문제점을 해결하기 위해서 의료기기의 오작동으로 발생하는 의료사고에 대한 지식공유 시스템을 구축하고 의료기기에는 센서를 부착하여 온라인 모니터링이 가능하도록 했다. 이로써 기기의 결함이나 문제점, 성능 변화 등을 실시간으로 계속 감시하면서 기기 고장 등의 위험을 사전에 진단하고, 문제 발생 시 능동적 · 즉각적으로 대응할 수 있도록 했다.

과거 Apple의 iPod, iTunes 모델도 고객의 경험주기에서 발생하는 문제점을 해결하는 관점으로 혁신을 재해석해 볼 수 있다. Apple은 MP3 기기를 사용하는 고객의 관심사가 MP3 기기의 획기적인 기능과 성능의 향상보다는 자신이 원하는 다양한 음악을 신속하게 구하는 데 있다는 점을 포착했다. 즉, 사용 단계에서 구매한 콘텐츠를 MP3 기기로 다운로드하는 절차가 복잡하다는 점, 보완 단계에서 선호하는 음악을 확보하기 위해 수많은 음원 사이트를 검색해야 한다는 점 등이 고객들이 겪는 애로 사항이었다. Apple은 보완 단계에서의 고객 문제를 해결하기 위해 Sony, EMI 등 주요 음원 콘텐츠 회사와의 장기 계약을 통해 저렴한 가격으로 다양한 음악을 확보하는 한편, 온라인 사이트 iTunes를 개설하여 음원을 고객에게 직접 제공하는 서비스 모델을 만들었다. 또한 사용 단계에서의 혁신을 위해 iTunes 사이트와 MP3 기기 간의 동기화 프로그램을 구축하여 고객들이 원 클릭(one click)으로 원하는 음원 콘텐츠를 자신의 MP3 기기로 전송할 수 있도록 했다.

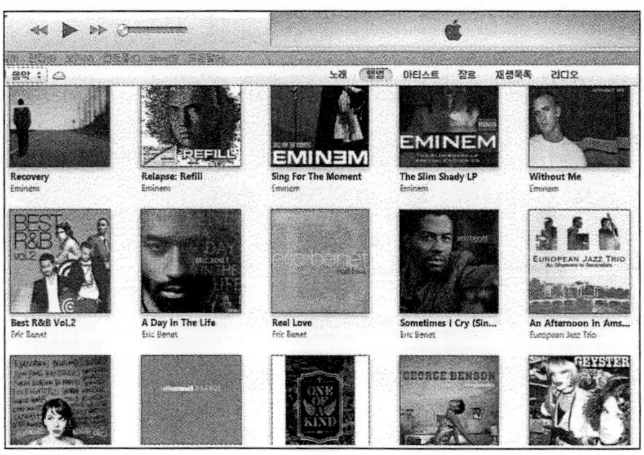

4) 시장을 지배하는 혁신

기술혁신이 가속화되면서 시장에서는 시장의 초기 진입자가 곧 혁신자로 인식되는 경향이 있다. 그러나 최근에 들어와 이러한 인식이 깨지고 있다. 후기 진입자도 기존 제품과의 차별성을 선보이면 혁신자이자 초기 진입자로 인식하기 시작한 것이다. 대표적인 예가 바로 Apple이다. Apple은 iPod, iPhone, iPad 등의 혁신적인 제품들을 시장에 소개한 후기 진입자였다. 하지만 차별성 덕분에 사람들은 Apple을 그 시장의 초기 진입자이자 혁신자로 인식하게 되었다. Apple의 사례에서도 알 수 있듯이 혁신 제품은 단순히 가장 먼저 출시되어 시장에 먼저 진입한 제품이 아니라, 시장을 확장하는 동력을 제공하고 실질적으로 시장을 지배하는 제품을 의미한다. 단순한 기술의 진보가 아닌, 고객에게 가치를 제공함으로써 더욱 많은 수요를 만들어 내는 기술의 진보가 혁신을 만들어 낸다는 의미다.

선발 · 후발 제품 중 어느 것이 시장에서의 지배력을 확대해 가는 데 유리한가에 대해서는 그동안 많은 논란이 있었다. 산업의 특징, 진입 시기에 고객의 수용도, 해당 제품이 활용될 수 있는 사회기반시설과 기업의 역량 등에 따라 다른 결과를 만들어 낼 수 있다. Coca-Cola, Scotch Tape, Heineken, 하버드대학교처럼 시장을 개척한 초기 진입자가 지속해서 시장을 지배하는 때도 있지만, 시장을 지배하는 대부분의 기업은 시장을 개척한 초기 진입자가 아닌 후기 진입자다. 개인용 컴퓨터 시장의 개척자는 Apple이었으나 IBM에 의해서 지배되었으며, VCR을 개척했던 Ampex는 후기 진입자 JVC에 시장을 내주었다. 비디오게임 시장에서의 Atari와 Nintendo, 온라인 서점에서의 Charles Stack과 Amazon, 일회용 기저귀 시장에서의 Johnson & Johnson과 P&G, PDA 시장에서의 Apple Newton과 Palm Pilot 등도 마찬가지 사례다. 스마트폰은 1993년 IBM이 소개한 Simon이 최초였고 Nokia도 1996년 Communicator 9000을 출시했지만, 2002년 출시된 RIM의 Blackberry에 의해서 시장이 만들어지기 시작했다. 이후 2007년에 출시된 Apple의 iPhone에 의해서 스마트폰 시장이 본격적으로 성장하게 된다.

제품과 서비스의 수명주기가 짧아지고 많은 후발 기업들이 모방을 통해 유사한 제품을 시장에 쏟아내는 상황에서, 시장을 개척하고 초기 시장에서의 경쟁력을 기반으로 산업 생태계의 주도권을 확보하는 것은 더욱 효과적인 혁신전략이 된다. 이때 성공적인 혁신을 위해서는 시장 진입 시기보다 시장의 표준을 선점할 수 있는 능력이 중요하다. 시장의 표준을 만들어 시장의 불확실성을 제거함으로써 제품에 대한 고객의 투자를 만들어 내는 것이다. 또한 제품과 관련된 사회기반시설의 성숙도와 보완재의 발전 여부를 고려하여 시장 진입 시기를 결정하는 것도 필요하다. 초기에 시장에 진입하면 진입장벽을 높이고 선점한 고객의 전환비용을 높임으로써 후발 기업의 시장을 축소해야 한다.

시장을 개척하고 지배하는 기업에 시장 대체형 혁신은 자사의 사업 기반을 순식간에 파괴할 수 있는 위협으로 존재한다. 경쟁기업에 의한 대체형 혁신뿐만 아니라 자사의 대체형 혁신 또한 자기 잠식 효과를 만들어 내기 때문이다. 따라서 기존의 시장을 지배하고 있는 기업들은 파괴적 혁신의 기반을 마련하여 대체형 혁신으로 말미암은 위협에 대처해야 한다. 대체형 혁신을 만들어 낼 수 있는 새로운 제품 개발을 위한 사업 단위를 기존의 사업 기반과는 독립적으로 조직하여 소규모로 운영하면서, 시장이 단절적으로 변화하는 시점을 포착한 후, 점진적으로 기존 시장을 대체하는 시장을 개척하는 것도 한 방안이 될 것이다.

이와 관련된 한 사례로, 디스플레이를 생산하는 국내 기업들은 디스플레이의 핵심 요소 기술을 LCD에서 OLED로 대체 또는 전환하는 속도를 조절하는 데 어려움을 겪고 있다. 우선 LCD 산업이 성숙기에 접어든 상황에서 OLED로의 전환은 새로운 시장을 창출하여 새로운 부가가치를 만들어 낼 기회를 제공한다. 하지만 LCD 시장을 지배하고 있는 국내 기업의 입장에서는 OLED로의 전환이 급속히 이루어질 경우, 기존의 LCD 사업 기반의 조기 상실과 OLED에 대한 또 다른 막대한 투자가 부담될 수 있다. OLED로의 전환을 추진하더라도 OLED와 LCD를 상당 기간 공존시켜 OLED가 LCD를 완전히 대체하기 이전에 LCD로부터 더욱 많은 수익을 창출해야 한다.

반대로 후기 진입자의 경우, 선도 기업들이 점진적인 혁신을 추구하는 전략에 대응하여 대체형 혁신을 통해 기존 경쟁의 틀을 파괴하는 전략이 효과적이다. Apple이 그동안 혁신 제품을 출시했던 MP3 시장, 휴대전화 시장, 태블릿 PC 시장에서 Apple은 후기 진입자였다. Apple은 기존 사업 기반의 약화나 붕괴에 대한 우려가 없었기 때문에 대체형 혁신 전략을 택할 수 있었다. Apple은 기술적 혁신을 통한 제품의 기능적 차별화를 이루었을 뿐만 아니라 제품과 연계하여 새로운 서비스 모델을 개발했으며, 보완재를 생산하는 업체 및 사용자들과 혁신 생태계를 구축함으로써 기존 시장에 존재했던 경쟁의 틀을 파괴했다.

앞의 설명과 같이 혁신은 이종 간의 융합을 통해 새로운 고객의 가치를 창출하기 위해 고객의 경험주기 전반에 걸쳐 일어나고 있다. 2장에서는 기업이 혁신에 필요한 기술과 지식을 어떠한 경로를 통해 획득하는지 알아본다.

1 연습문제

1. Oticon 보청기 사례에서 최고경영자인 Kolind가 초점을 둔 혁신에 대해 설명하시오.

2. Oticon의 핵심 경쟁력에 대해 설명하시오.

3. 기술의 급격한 진화로 인한 경영환경 및 산업구조의 변화에 대해 설명하시오.

4. 변화된 시장환경에서 기업이 성공하기 위한 방안은 무엇인지 설명하시오.

5. 네트워킹 시대를 맞아 기업의 변화된 혁신 활동에 대해 설명하시오.

6. 네트워킹을 통한 혁신의 장점에 대해 설명하시오.

7. 경영환경의 변화와 연관 지어서 혁신의 필요성에 대해 설명하시오.

8. 발명과 혁신의 차이에 대해 설명하시오.

9. 비즈니스 모델 측면에서 세 가지 영역의 변화를 통한 혁신에 대해 설명하시오.

10. 발명적 혁신과 재조합적 혁신의 차이에 대해 설명하시오.

11. 혁신에 따른 세 가지 시장 창출 유형에 대해 설명하시오.

12. 혁신을 성공적으로 이끌기 위해 시장 진입 시 고려해야 할 요인에 대해 설명하시오.

13. 5단계 혁신 프로세스에 대해 설명하시오.

Chapter 02

혁신의 원천

창의성은 혁신의 원동력이다

1908년 미국 Ford에서 내놓은 세계 최초의 대량 생산 자동차 '모델T'는 자동차의 대중화 시대를 이끈 것으로 평가받는다. 당시 모델T는 미국을 넘어 세계시장에서도 큰 인기를 끌며 최고의 시절을 구가했으며 지금까지도 미국을 대표하는 자동차로 꼽힌다. 모델T의 예처럼 세계 각 나라에는 그 나라를 대표하는 자동차 모델이 있고 그 모델을 통해 보여 주는 특징이 한 가지씩 있다. 이를테면 미국 자동차의 안락함, 이탈리아 자동차의 멋진 스타일, 독일과 스웨덴 자동차의 견고성, 일본 자동차의 효율성 등이 그러하다. 여기서 눈여겨볼 것은 바로 그러한 특징이 완성되기까지 걸린 오랜 시간과 과정이다. 자동차 업체들은 기술과 공정의 개선, 혁신을 끊임없이 펼침으로써 자동차의 성능을 높이고 이를 통해 새로운 가치를 만들어 낸다. 혁신을 통해 제품에 대한 시장의 요구를 반영하면서 고객의 호응을 얻고 성장해 간다. 그 과정에서 그 제품만의 브랜드와 특징이 만들어지고 경쟁력을 얻게 된다.

인도의 Tata Motors의 예를 살펴보자. Tata는 2008년, 불필요한 장식을 모두 뺀 초소형 자동차 'Nano'를 출시했다. 이 제품의 가격은 2,500달러, 한화로 약 240만 원이었으며 큰 인기를 끌었다. Nano 이전에 선보였던 'Ace'는 0.5톤짜리 저가 픽업트럭으로 역시 5,000달러에 불과한 가격으로 큰 호응을 얻으며 Tata Motors 최고의 베스트셀러가 되었다. Tata Motors의 저가 정책은 애초에 틈새시장을 노린 전략이었지만 이것이 성공을 거두면서 스스로 하나의 새로운 시장을 만들어 냈다는 평가를 받게 되었다. Tata Motors의 성공에 대해 미국의 저명한 저널리스트

Ralph Bennett은 "Tata Motors는 다른 업체들이 간과하고 있는 것을 잘 포착했다. 이들은 고객에게 무엇이 필요하고 고객이 무엇을 원하는지를 알아내는 데 탁월했다."라고 평가했다. 그렇듯 Tata Motors의 성공은 시장의 흐름을 지속적으로 관찰하고 제품에 반영하는 과정을 통해 강화된 혁신 역량에서 비롯된 것이었다.

혁신은 기업을 이끄는 동력이며, 혁신은 일부 프로세스나 일부 조직만의 일이 아닌 전사적인 과제다. 제품 개발, 생산, 마케팅, 유통, 재무관리, 기업전략 등 기업 내 전 기능, 전 프로세스에서 혁신을 이뤄야 한다. 혁신을 이루지 못하는 기업은 꾸준히 성장하기 어려울 뿐만 아니라 시장에서 살아남기도 어렵다. 그런데 많은 기업이 혁신에 앞서 한 가지 두려움을 가진다. 바로 자금력에 대한 부분이다. 특히 혁신 활동 가운데서도 연구 · 개발 부문은 많은 투자가 수반된다. 이 때문에 자금력이 부족한 개발도상국의 대부분 기업은 혁신을 위한 연구 · 개발 역량 확보에 어려움을 겪을 수밖에 없다. 일례로 2009년 기준, 중국 대형 통신장비 제조업체인 ZTE의 연구 · 개발 투자 금액은 3억 6,000만 달러에 불과했지만 같은 기간 Motorola는 ZTE의 10배에 가까운 금액을 연구 · 개발에 투자했다. 또한 1999년부터 2003년까지 중국, 인도, 러시아, 브라질, 멕시코 등 5대 개발도상국 기업들이 미국 내에서 취득한 특허는 3,900건에 불과했지만, 같은 기간에 미국 기업들이 받은 특허 수는 100배에 달했다.

그러나 연구 · 개발 투자 금액과 특허 건수만으로 혁신 성과를 측정하는 것은 정확한 판단이 아니다. 어디까지나 연구 · 개발은 혁신이라는 방정식을 구성하는 하나의 변수에 불과하다. 만약 혁신 성과가 자금력에 기반을 둔 특허 건수에 정비례한다면 개발도상국의 대부분 기업은 글로벌 시장에서 선진국의 기업들과 경쟁할 수 없을 것이다. 기업은 이를 충분히 극복할 수 있다. 바로 창의성을 확보하면 가능하다. 창의성을 가진 기업은 부족한 자금력을 극복하고 선진 기업과의 경쟁도 가능하게 한다. 앞서 소개한 Tata Motors의 Nano도 마찬가지다. 저널리스트 Ralph Bennett 역시 Nano의 사례를 기업이 전성기에 보여 줄 수 있는 창의성의 가장 대표적인 예라고 강조한 바 있다. "다른 문제들은 중요하지 않다. 정말 중요한 것은 매우 창의적인 기업이 되어야 한다는 점이다. Tata는 고성장 개발도상국 기업이 어떻게 시장의 요구를 파악하고, 이를 충족시키며, 동시에 이윤을 낼 수 있는지를 보여 줬다. 오늘날 여러 업계의 선도 기업들이 교훈으로 삼아야 할 부분이다."

실제로 세계적으로 성공한 기업들을 살펴보면 '창의성'이라는 공통점을 찾을 수 있다. 삼성, 현대 등 급속히 성장한 개발도상국의 기업, Apple, Google, Amazon 등 최근 시장을 지배하고 있는 기술 기업, 3M, Dupont, P&G 등 오랜 시간 시장에서 경쟁력을 유지하고 있는 기업 모두에 해당하는 사실이다. 성공한 기업들은 매우 창의적이고 유연한 조직 문화를 가지고 있으며 제한된 자원으로 효과를 만들어 내는 방법을 알고 있다. 또한 단순히 창의적인 아이디어를 구상하는 데 그치지 않고 창의적인 아이디어를 실천하는 방법까지 꿰뚫고 있다. 성공한 기업들은 시장과 끊임없이 소통하며 시장을 구성하는 고객, 협력기업, 심지어는 경쟁기업으로부터 기업의 성공에 필요한 아이디어를 얻는다. 브라질 항공업체 Embraer는 새로운 E-170 제트기를 설계할 때 세계 항공사들에 자사의 아이디어를 공개한 뒤 이들로부터 피드백을 구했다. 40개

이상의 항공사가 각각 자신들의 견해를 전달했고 Embraer는 이를 수용했다. 그 결과 E-170은 대형 항공기의 안락함에 단거리 항공기의 경제성까지 갖춘 제트기로 거듭날 수 있었고 시장에서 엄청난 성공을 거뒀다. 또한 성공적인 혁신은 새로운 기술을 개발하는 것뿐만 아니라 기존의 기술을 새로운 관점에서 해석하고 활용하는 것만으로도 가능하다. 예를 들어 Baidu.com은 Google과 유사한 기능의 검색 엔진에 중국어 서비스를 추가함으로써 중국 최대의 검색 서비스 업체로 부상했다.

개요

혁신을 통해 지속적인 성장을 거듭하는 기업에서는 몇 가지 공통점을 찾아볼 수 있다. 시장과의 지속적인 소통으로 사업의 기회를 탐색하고 위험을 감수하며 사업의 기회를 구체화하는 기업가 정신, 사업의 기회가 포착되면 신속한 의사결정을 통해 기존의 전략과 프로세스를 개선하는 유연성, 기존의 틀에서 벗어난 새로운 접근방식을 통해 문제를 해결하고자 하는 창의성 등이다.

오늘날, 혁신적인 기업 하면 미국이나 유럽, 일본 등 선진국의 다국적 기업이 연상될 것이다. 선진국의 기업들이 연구 · 개발에 많은 투자를 하고, 특허도 많이 보유하고 있으며, 많은 히트 상품을 내놓았기 때문이다. 그러나 연구 · 개발에 대한 투자 확대는 혁신 성과에 큰 영향을 미치는 요인이지만 반드시 이것이 혁신 성과의 필요충분조건이 아니라는 점을 기억해야 한다. 연구 · 개발에 대한 투자가 제대로 된 혁신 성과로 이어지기 위해서는 조직의 창의적인 문화와 결합해야만 한다. 그리고 기업의 창의성은 저절로 발전하는 것이 아니라 끊임없이 시장과 소통하며 외부로부터 조직이 필요로 하는 정보와 지식을 공급받을 때 향상된다.

1 창의성

사전적으로 '창의성'은 '새로운 것을 생각해 내는 특성'으로 정의된다. 창의성이란 용어는 주로 위대한 예술가나 과학자들만의 전유물처럼 여겨져 왔으나 최근에는 정치, 경제, 사회, 문화 등 모든 분야에 널리 사용되고 있다. 과거에 창의성은 아주 소수만이 가지고 있는 특수한 능력으로 여겨졌지만, 20세기에 들어와 창의성은 계발될 수 있는 개인의 특성으로 인식되면서 창의성 계발을 위한 연구가 다각적으로 진행되고 있다.

창의성은 지적 능력의 일부로서 현상을 지각하고 사고하는 방식을 결정하는 정신 유형을 가리킨다. 현실을 지각하는 방식, 지각된 현실과 기억 속에 저장된 지식을 통해 사고하는 방식이 기존의 틀에서 벗어날 때 창의성이 발현되었다고 한다. 창의성이 발현되면 문제를 새로운 관점에서 정의하고 새로운 접근을 통해서 문제를 해결하게 된다. 수년 전 일본 아오모리 현에 초속 50미터를 넘는 강풍을 동반한 태풍이 지나갔다. 강풍 때문에 지역

특산물인 사과의 수확량이 평년의 10분의 1로 줄었고 지역 경제는 어려움을 겪으리라 예상되었다. 하지만 태풍을 이기고 수확된 사과는 대학 입시생들에게 '행운의 사과'로 포장되어 일반 사과보다 10배 높은 가격에 판매되었고 아오모리 현은 평년보다 높은 수입을 올릴 수 있었다.

창의성은 참신한 아이디어를 통해 문제를 해결함으로써 고객에게 가치를 제공하는 일련의 프로세스로 구체화된다. 따라서 창의성은 주어지는 재능이 아니라 혁신을 위해 만들어지는 목표 지향적 프로세스로 이해되어야 한다. 또한 창의성은 기술이나 제품 개발 과정에만 요구되는 것이 아니라 기업의 목표나 전략 수립부터 프로세스 설계 및 고객 응대에 이르기까지 모든 영역에서 필요하다. 더 나아가 창의성에 기반을 둔 혁신이란 축적된 기존 지식의 재조합과 새로운 관점의 접근을 통해서 이루어질 수 있다.

이때 창의성이 발현되기 위해서는 세 가지 조건인 전문성, 창의적 기법, 과업 동기가 충족되어야 한다. 그리고 창의성은 교육과 훈련 그리고 보상제도에 의해서 계발될 수 있다.

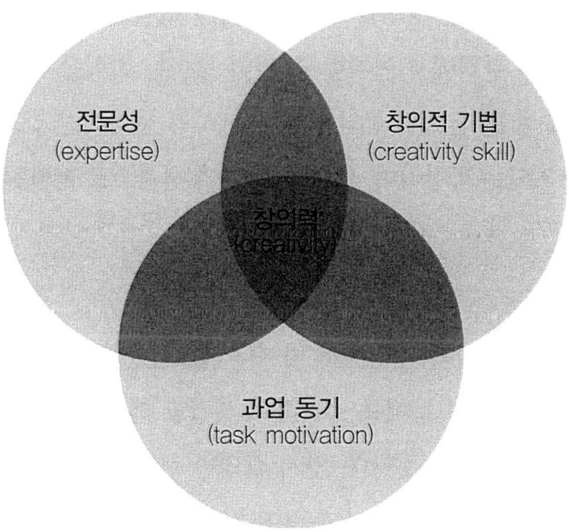

그림 2-1 창의성의 구성요소

(1) 전문성

전문성은 모든 창의적인 활동의 기본이 된다. Picasso나 Einstein이 각각 예술과 물리학에서 위대한 업적을 남길 수 있었던 것도 이들이 전문성을 갖추고 이를 바탕으로 창의성을 발현한 덕분이었다. 전문성은 개인의 전공 분야나 관심 영역에 관한 심도 있는 지식으로서, 전문성에 기반을 두지 않은 아이디어는 현실적으로 구체화되기 어렵다. 만약 구체화된다 하더라도 효용성이 크게 떨어진다. 따라서 혁신을 위한 가치 있는 아이디어를 창출하기 위해서는 일정 수준 이상의 전문성을 갖추는 것이 반드시 필요하다.

어떤 분야에 대한 전문성은 창의적인 문제해결에 필수적인 요소이지만 다른 분야에 대한 이해와 유연성이 없는 전문성은 창의적인 문제해결에 걸림돌이 될 수 있다. 이는 창의성이 근본적으로 협업과 긴밀하게 관련되어 있기 때문이다. 일반적으로 창의성은 전문성을 가진 개인보다 전문성을 가진 집단의 협업에서 더욱 효력을 발휘한다. 트랜지스터는 Bell 연구소의 과학자들이 함께 만들어 낸 것이었으며, 백열전구를 발명한 Thomas Edison, 사진기와 필름을 발명한 George Eastman 역시 혼자만이 아니라 여러 엔지니어와 함께 다양한 발명품을 만들어 냈다. 이처럼 창의적 집단에 의한 연구는 개인보다 위대한 결과를 만들어 내며, 최근 들어 '집단 지성'이 강조되고 있는 것도 같은 맥락으로 해석할 수 있다.

결과적으로 전문성은 다양한 경험과 어우러져 창의성의 본질을 이룬다. 전문성을 통해 완성된 창의성은 기존의 관점에서 연계할 수 없어 보이는 지식을 연계해서 기존의 지식과 차별화된 지식을 창출해 낸다. 창의성의 발현은 상식과 선형적인 접근을 파괴하는 과정에서 새로운 지식이 창조되는 과정이며, 협업을 통해 후천적으로 계발될 수도 있다.

(2) 창의적 기법

창의적 기법이란 과거의 관습과 관행에서 벗어나 새로운 시각으로 문제를 바라보고 해법을 찾는 사고방식을 의미한다. 문제를 정의하고 해결할 때, 유연성을 가지고 상상력을 발휘해서 문제에 접근해야 한다는 뜻이다. 앞서 설명한 전문성이 창의성의 기반이라 한다면 창의적 기법은 창의성을 발현하게 하는 동력에 비유할 수 있다. 만약 전문적인 지식과 기술을 보유하고 있어도 관습과 관행의 틀 속에서 사고하면 창의적인 아이디어가 나오기 어려울 것이다.

기업들은 기업의 집단 협업과 창의성을 높이기 위한 집단 의사결정의 방법으로 브레인스토밍, 명목집단법, 델파이기법 등을 활용한다. 이러한 기법은 아이디어의 다양성을 확보할 수 있으며 집단사고(group think)의 오류를 극복하는 도구로 활용될 수 있다. 그러나 이 기법들도 집단 의사결정 과정에 참여하는 개개인의 창의성을 높이고 개개인의 다양한 전문성을 연계시켜 창의적인 결과물을 만들어 내는 데는 다소 한계가 있다. 이에 기업들은 구성원 개개인의 창의성을 높이는 방법으로 TRIZ(teoriya resheniya izobretatelskikh zadatch(러), theory of inventive problem solving(영))를 활용한 창의적 기법을 도입하고 있다. TRIZ는 '창의적인 문제해결을 위한 이론'이라는 러시아어의 첫 글자를 따서 조합한 것으로 방대한 특허 정보에 대한 과학적이고 체계적인 분석을 토대로 기술적인 문제의 해결방법과 아이디어의 창출 원리를 제시하고 있다. TRIZ는 구성원들에게 다양한 전문성을 연계시키는 방법과 익숙하지 않은 분야를 이해하기 위해 익숙한 분야를 활용하는 방법, 창의성이 발현되어 혁신을 만들어 가도록 돕는 방향성을 제시한다.

TRIZ는 1960년대 구소련의 기술자 Genrich Altshuller와 그의 제자들에 의해 처음 만들어졌다. 1946년 러시아 해군부대 특허부서에서 일하던 Altshuller는 특허를 분석하는 과정에서 화학 분야와 기계 분야의 특정 특허가 다른 분야의 특허임에도 유사한 문제를 해결하기 위해 같은 기법을 사용했다는 것을 발견했다. Altshuller는 특허를 통해 해결되는 모든 문제와 특허의 문제해결 원리에는 공통적인 요소가 존재한다는 것을 깨닫고 이를 TRIZ로 정리했다. TRIZ에 의하면 모든 문제는 모순적 상황에서 발생한다. 품질을 높이면서 가격을 낮추는 문제, 두께를 줄이면서 내구성을 높이는 문제, 직원 수를 줄이면서 생산량을 늘리는 문제 등이다. TRIZ는 이러한 모순적인 상황에서 발생하는 문제를 해결하기 위한 원리를 40가지로 제시하고 있다. 당시 Altshuller는 시간을 단축하고 프로세스를 체계화하기 위해서 300만 건 이상의 특허와 발명품을 분석했다.

TRIZ는 1990년대 초 구소련의 붕괴 이후 외부에 알려지기 시작했다. 이후 서구에 소개되면서 현재 Boeing, GE, 3M, BMW 등의 기업과 MIT, UCLA 등의 대학에서 사용되기 시작했다. 우리나라에서도 1990년대 말에 소개되어 삼성과 LG, 포스코 등의 대기업에서 구성원의 창의성을 높이기 위한 창의적 기법으로 활용되고 있다. TRIZ의 장점은 창의적 기법이 다른 사람에게 전수될 수 있도록 이론적 체계를 구축한 것이다

(3) 동기

동기란 창의적으로 사고하고 행동하게 하는 유인책을 의미한다. "말을 물가로 끌고 갈 수는 있어도 먹일 수는 없다"는 말이 있듯이, 전문성을 갖추고 창의적 기법에 익숙한 개인이라도 적절한 동기가 부여되지 않으면 창의성이 발현되지 못하고 묻혀 버리고 만다. 따라서 조직 차원에서 구성원의 창의성을 유발하게 하는 제도와 문화는 매우 중요하다.

> **P&G의 TRIZ 적용**
>
> "생각을 바꾸면 모순이 보인다. 그리고 모순을 극복하면 혁신이 보인다." TRIZ는 실타래처럼 복잡하게 얽힌 문제도 어쩌면 너무도 뻔한 원리나 간단한 발상의 전환으로 단번에 해결한다. 실제로 P&G는 제품 개발 과정에서 한계 상황에 부딪혔을 때 TRIZ를 통해 돌파구를 마련한 경우가 적지 않다. P&G의 치아 미백제가 대표적인 사례다. 1999년, P&G는 치아 미백 제품 시장을 분석한 결과 기존의 치아 미백 제품이 사용하기에 매우 불편하다는 점을 발견했다. 마우스피스 같은 치아용 틀에 미백제를 바르고 8시간 동안 끼고 있어야 했다. 미백제 농도를 너무 짙게 하면 잇몸이 상할 수도 있어 고객의 불만이 적지 않았다. 이에 제품 개발을 의뢰받은 세계적인 TRIZ 컨설팅 기업 GEN3는 치아에 간편하게 붙일 수 있는 투명 필름 형태의 미백 반창고를 대안으로 제시했다. 금연 패치에서 얻은 아이디어였다. 금연 패치 형태는 몸에 쉽게 붙일 수 있는 데다, 약효가 오랜 시간 지속되어야 한다는 기능적 문제를 간단하게 해결해 주었다. 결국 P&G는 1년의 연구 끝에 2000년 신제품을 출시했고 소비자들에게 큰 인기를 끌었다.
>
> 이후 P&G는 유아용 기저귀에 들어갈 방수 소재를 개발하는 프로젝트를 놓고 고민에 빠졌다. 얇은 비닐 막에 수많은 구멍을 뚫어야 하는데, 구멍을 촘촘히 많이 뚫을수록 흡수력은 좋아지지만 쉽게 찢어지는 새로운 문제가 생겼다. 이를 해결하는 방법은 레이저로 정밀하게 구멍을 뚫는 것뿐이었다. 그러나 이 방법은 고가의 수많은 레이저가 동시에 빛을 쏘거나, 레이저 1대가 헤아릴 수 없이 많은 구멍을 뚫어야 하므로 시간과 비용이 많이 든다는 단점이 있었다. 고민 끝에 P&G는 우주선 기술에서 아이디어를 빌려 왔다. 우주공간을 음속의 3배 속도로 이동하는 우주선이 수많은 미세 물질들과 부딪히는 과정에서 발생하는 피해를 막는 기술이 그것이었다. 우주선의 피해를 막기 위해 과학자들은 미세 입자를 일시에 빠른 속도로 쏘는 모의실험 장치를 만들었는데, P&G는 이 장치를 도입해 기저귀 방수 소재에 수많은 구멍을 일시에 낼 수 있었다.

조직 내에서 사용하는 일반적인 동기 부여 방법은 상여금이나 승진 같은 외재적 보상이다. 연구 · 개발 혹은 마케팅 부서에서 구성원의 창의적 아이디어가 제품이나 서비스로 실현되고 1년이 지난 후, 관련 수익 대비 일정 비율을 제안자에게 보상하는 방법이 대표적이다. 제조공장에서도 개인이 획기적인 비용절감 방법을 제안하면 상당한 금액의 상여금을 지급하는 일이 많았다. 하지만 이러한 방법들은 효과비용이 객관적인 기준에 의해서 측정되기 어렵고, 제안부터 보상까지 상당한 시간이 소요되므로 구성원들의 참여를 끌어내는 데 어려움이 많았다. 또한 모두가 공감하는 객관적인 기준에 의해서 보상이 주어지지 않으면 구성원들 사이에 불화를 일으키는 원인이 되기도 했다. 특히 작업 집단이 아닌 개인에게 주어지는 보상은 집단 내 지나친 경쟁을 유발함으로써 협업의 문화를 해칠 수도 있었다.

기업들은 이를 보완하기 위해서 제안된 아이디어가 제품과 서비스의 출시 혹은 공정혁신을 통한 비용절감 등으로 성과를 만들어 내기 이전에 보상금을 지급하는 방법을 쓰기 시작했다. 아이디어가 반드시 혁신 프로젝트로 실현되지 않더라도 아이디어의 창의성과 실효성만을 평가해서 신속하게 보상하는 방법이다.

상여금과 승진 등의 외재적 보상을 통한 동기 부여 방법에 대해 일부에서는 반론을 제기한다. 하버드대학교의 Teresa Amabile 교수는 "물질적 보상과 같은 외적 요인은 지속해서 창의성 발현을 촉진하는 데 근본적인 한계가 있다. 반면 업무가 주는 재미, 업무를 통한 자아실현 등의 내적 요인은 지속해서 창의성 발현을 촉진한다."라고 말한 바 있다. 이는 창의적 아이디어를 이끌어 내기 위해서는 구성원들의 '지적 호기심'을 자극해야 하며, 지적 호기심을 자극하기 위해서는 무엇보다도 구성원들이 관심 있는 일, 그리고 하고 싶어 하는 일을 수행할 기회를 제공해야 한다는 의미다.

이와 관련해서는 제약 회사 Genentech의 예를 들 수 있다. Genentech는 연구원들에게 회사 또는 자신의 연구 성과물을 학술지에 게재하는 것을 권장하고 있다. 신약 개발과 관련된 기술의 유출과 신약 개발 후의 관련 기술에 대한 소유권 분쟁을 우려해 대부분의 제약 회사는 사내에서의 개인적 연구를 금지하거나 논문 게재를 허용하지 않는다. 하지만 Genentech는 연구 결과를 학술지에 게재하도록 함으로써 연구원들이 지적 호기심을 충족시키고 성취감을 느끼도록 하고 있다. Genentech의 이와 같은 제도는 연구원들이 창의성을 발현하는 데 동기를 부여함으로써 신약 개발에 더욱 전념할 수 있게 한다. 실제로 이러한 방법은 신약 개발 성과로 이어졌으며, 2006년 실명 치료제인 Lucentis를 개발해 3억 8,000만 달러의 매출을 기록했다.

Google 역시 구성원들의 호기심을 충족시켜 줄 수 있는 제도를 통해 구성원들의 창의성을 이끌어 내는 대표적 기업이다. Google에는 '70/20/10'이라는 규정이 있다. 근무시간의 70%는 회사가 부여한 핵심 업무에, 20%는 개인적으로 관심이 높은 분야의 하고 싶은 일에, 10%는 명상 등을 통한 아이디어 구상에 사용한다. 즉, 근무시간의 30%에 해당하는 시간을 구성원들이 자신의 지적 호기심을 충족시킬 수 있는 일에 투자하도록 허용하고 있다. 이러한 Google의 정책은 iGoogle, Google News 등 창의적인 서비스 개발로 이어졌다.

성과에 대한 평가도 객관적인 기준과 공정한 과정에 의해서 이루어져야 한다. 나아가서 성과에 대한 보상이 구성원 개인의 욕구를 충족시켜 줄 수 있어야 구성원의 창의성 발현에 동기를 부여할 수 있다. 하지만 그 이전에 더욱 중요한 것은 체계적인 목표관리가 이루어지는 것이다. 목표가 도전적이고 구체적이며, 목표를 달성하기 위한 과업이 수행되는 과정에서 충분한 피드백이 주어질 때 동기가 부여된다. 또한 목표가 평가자와 피평가자의 합의에 따라 이루어질 때 구성원의 목표 성취에 대해 더욱 큰 동기가 부여될 수 있다.

이처럼 창의적인 아이디어는 어느 순간 하늘에서 쏟아지는 소나기 같은 것이 아니다. 하늘의 계시와 같이 어느 날 갑자기 번쩍 떠오르는 것도 아니다. 끊임없는 문제의식과 의지를 갖추고 좋은 해결책을 찾아 다른 사람의 2배, 3배 생각하는 사람에게 선물로 주어지는 것이다. 그러나 조직에서 무조건 창의성을 요구할 수만은 없다. 고강도의 업무와 규율, 열악한 환경은 창의성을 저해하는 대표적 요소다. 따라서 경영자는 업무 관행이나 근무 조건 개선을 통해 위에서 설명한 창의성의 세 가지 구성요소에 긍정적인 영향을 줌으로써 조직원의 창의성 발현을 기대할 수 있다.

2 혁신의 원천

기업은 구성원에게 창의적 기법을 교육하고 창의성 발현을 위한 적절한 동기를 부여함으로써 기업의 창의성을 높일 수 있다. 이때 창의성 발현은 기업의 전문성에 토대를 두고 있다. 기업은 전문성을 확보하기 위해 관련 인력의 채용, 구성원의 교육 · 훈련, 내부 연구 · 개발 역량 강화 등의 활동을 펼친다. 그런데 최근의 기업들은 기업 외부로부터 전문 영역의 지식과 기술을 획득하기도 한다. 기업 내부 역량만으로는 가속화되는 기술의 진화, 시장의 변화에 발맞춘 제품수명주기의 단축, 글로벌 시장에 존재하는 다양한 고객의 요구에 효율적으로 대응하기 어렵기 때문이다.

이때 혁신역량을 확보할 수 있는 외부 통로, 이른바 혁신의 원천은 매우 다양하다. 기업의 고객인 사용자를 비롯해 기업 내부, 대학 · 연구기관, 혁신 중개인 등이 바로 혁신의 원천이 된다.

(1) 사용자로부터의 혁신

사용자는 혁신을 위한 아이디어의 중요한 원천이다. 그래서 많은 기업들은 고객 대상의 설문조사나 심층 집단면접 등을 통해 사용자의 의견을 수집한다. 사용자 의견에 충실한 혁신 활동은 시장의 불확실성을 낮추는 데 주효한 역할을 한다. 그러나 단순한 의견 수집이 시장에서 획기적인 성과를 만들어 내는 데는 한계가 있다. 사용자는 획기적이기보다는 점

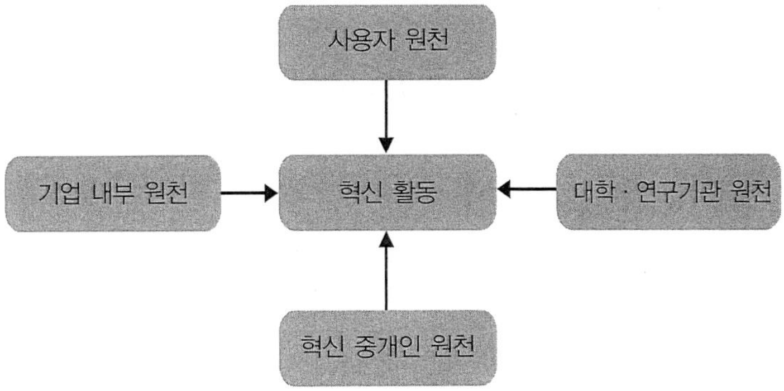

그림 2-2 혁신의 원천

진적인 개선, 낮은 가격, 서비스의 고도화에 더욱 많은 관심을 두기 때문이다. 기업들은 이를 보완하는 방법으로 사용자들의 행동양식을 관찰하여 사용자의 잠재된 요구와 시장의 잠재된 수요를 찾아냄으로써 새로운 시장을 개척하고 있다.

중국의 대형 가전기업인 Haier의 예를 통해 살펴보자. Haier의 개발 팀은 어느 날 농촌을 방문했다가 농부들이 자사의 식기세척기를 이용해 밭에서 기른 채소를 씻는 것을 보고 아이디어를 얻어 이 제품에 야채 세척 기능을 추가한 신제품을 내놓았다. 또 한번은 한 학생이 2개의 소형 냉장고 사이에 널빤지를 걸쳐서 책상으로 이용하는 모습을 보고 아이디어를 얻어 좁은 방에서 사용할 수 있는 접이식 책상이 달린 냉장고를 개발해 시장에서 큰 호응을 얻었다.

이처럼 기업은 사용자가 기존 제품을 어떻게 사용하는지, 사용자들이 그들의 생활 속에서 어떠한 문제점을 가졌는지 끊임없이 관찰해야 한다. 그리하여 기존 제품의 부분적인 변화와 사용자들의 문제를 해결함으로써 기존의 고객층을 확대할 수 있다. 기업은 관찰을 통해 얻은 사용자의 행동양식으로부터 사용자의 잠재적인 요구를 파악하여, 기존의 제품과 서비스로는 대응할 수 없는 새로운 시장을 만들어 갈 수 있다. 사용자로부터의 혁신은 사용자의 의견 수렴을 통해서도 만들어질 수 있지만, 그들의 행동양식에 대한 관찰을 통해서 더욱 획기적인 성과로 이어질 수 있다. 그래서 기업들은 최근 제품 개발을 위한 부서에 경영학과 공학을 전공한 인력뿐만 아니라 인류학, 사회학, 심리학 등 인문학을 전공한 인력들을 채용하기도 한다.

제품 개발 단계에서 사용자를 대상으로 하는 관찰보다 더욱 효과적인 혁신을 이루어 내는 방법은 사용자와의 협업이다. 미국의 한 인터넷 사이트 threadless.com은 제품의 디자인과 기획에 사용자를 참여시켜 성공을 거둔 대표적인 사례다. 이곳에서는 누구나 티셔츠 디자인을 인터넷 사이트에 올리고, 사이트 방문자들이 투표를 통해 디자인을 평가한 후, 매주 집계된 투표 결과에 따라 선정된 우수 디자인을 한정판으로 생산한다. 이때 디자인이 선정된 제안자는 현금 750달러와 사이트에서 티셔츠 구매에 사용할 수 있는 적립금 250달러를 상금으로 받는다.

Threadless가 사이트에서 제안된 디자인으로 티셔츠를 생산해서 거두는 수익에 비해 디자인을 제안한 사용자에게 돌아가는 보상이 크지 않음에도 사용자의 지속적인 참여를 이끌어 내는 비결은 간단하다. 상금의 액수는 Threadless에 티셔츠 디자인을 제안하는 사용자들에게는 그렇게 중요하지 않다. 우수 디자인으로 선정된 후 얻게 되는 디자이너로서의 명예는 더욱 많은 취업의 기회로 이어지기 때문이다. 이처럼 기업과 사용자가 협업하여 제품을 생산하는 혁신 활동은 기업과 사용자 모두가 각자의 가치를 실현할 때 효과를 발휘할 수 있다.

기업들은 사용자와의 협업을 통해 제품과 서비스를 개발하기 위해 특히 선도사용자(lead user)로 정의되는 사용자군에 주목한다. 선도사용자는 새로운 기술에 관한 관심이 높고, 혁신적인 제품을 구매하는 데 적극적이며, 제품의 사용 경험을 시장의 잠재고객에게 전달하는 데도 적극적이다. 따라서 기업은 제품 개발에 선도 사용자군의 사용자를 참여시킴으로써 개발 과정에서 혁신적인 아이디어를 얻을 수 있다. 그뿐만 아니라 출시될 혁신적인 제품과 서비스에 대한 사전 평가에도 활용함으로써 제품과 서비스의 출시 후 시장의 불확실성을 낮출 수 있다. 이들을 통해 예비 수요를 창출하고 제품 홍보, 출시된 제품의 확산에도 큰 도움을 얻을 수 있다. 예컨대 케이블 채널 Mnet의 '슈퍼스타 K', 미국 Fox의 'American Idol' 등의 프로그램은 스타 발굴을 통한 엔터테인먼트 서비스의 기획 과정에 사용자인 시청자들을 참여시킴으로써 대중의 취향을 적극 반영해 엄청난 효과를 거뒀다. 시청자들은 스타 발굴 콘테스트에서 투표를 통해 사용자의 요구를 공급자에게 전달할 뿐 아니라 직접 스타가 되기 위해 콘테스트에 참여하며 붐을 이뤘다. 이렇듯 사용자들은 제품과 서비스 개발에 기업과의 협업을 통해 적극 참여할 뿐만 아니라 직접 공급자가 되기도 한다.

기술의 발달에 따라 생산도구와 유통경로가 대중화되면서 시장의 공급자와 사용자 간의 구분이 모호해진 것은 이미 오래전의 일이다. 사용자가 제품의 소비뿐만 아니라 생산과 유통에 직접 참여하고 있고, 이들은 바로 생산자(producer)와 소비자(consumer)를 합성한 신조어 '프로슈머(prosumer)', 즉 '생산적 소비자'라는 새로운 계층을 형성한다. 이제 시장에서 사용자의 역할은 혁신의 조언자에서 혁신의 주체로 이동하고 있으며 직접 혁신을 수행하는 사례마저 발생하고 있다.

Youtube의 설립도 그렇게 개인적인 필요 때문에 시작되었다. 2005년 초, Youtube의 설립자인 Chad Hurley, Steve Chen, Jawed Karim은 자신들이 파티에서 찍은 비디오를 상대와 공유하는 것이 매우 불편하다고 느껴 직접 인터넷상에서 동영상을 공유하는 솔루션을 개발했다. 맨 처음 업로드한 동영상은 Jawed Karim이 샌디에이고 동물원에서 코끼리를 관찰하는 영상이었다. 이들은 이 솔루션을 기반으로 직접 창업을 했고, 불과 1년만인 2006년 11월 Google에 16억 달러에 인수되었다. 이 밖에 World Wide Web이나 Facebook 역시 사용자에 의해서 직접 개발된 혁신적인 서비스의 대표적인 사례라고 할 수 있다.

(2) 기업 내부로부터의 혁신

연구 · 개발(R&D) 투자를 통해 만들어지는 내부 역량은 가장 확실한 혁신의 원천이다. R&D는 단기적 관점에서 상업적 목적을 가지고 진행되는 응용연구와 장기적 관점에서 과학적 지식의 진보를 목적으로 수행되는 기초연구로 구분될 수 있다. 기초연구의 결과물도 관련 응용연구로 상업화될 수 있으나 대부분의 기업은 특정 제품 개발이나 공정 개선을 위한 응용연구에 집중한다. 기초연구를 통해서 확보된 우수한 원천기술도 상용화되지 못하고 사장되는 경우가 대부분이며, 이 같은 경우에는 기술 개발에 투자된 비용이 회수되지 못하고 기업의 재무 성과에 부정적인 영향을 미치게 된다. 따라서 시장의 불확실성은 기초연구에 대한 기업의 투자를 위축시킨다. 대기업의 내부 역량 개발도 응용기술 연구 · 개발에 집중되는 경우가 많으며, 자금의 여유가 없는 많은 중소기업들은 제품 개발을 위한 연구 · 개발에 투자할 여력조차 없다.

기업들은 내부로부터의 혁신을 위해 연구 · 개발 이외에도 제안 프로그램에 주목한다. 제안 프로그램은 연구 · 개발에 비해 적은 비용으로 혁신을 위한 창의적인 아이디어를 공급받을 수 있기 때문이다. 구성원들은 업무 영역이나 관심 분야에서 신제품 개발과 공정 개선을 위한 창의적인 아이디어를 제안하고, 제안된 아이디어가 충분한 내부 평가 과정을 거쳐 프로젝트로 채택되면 기업의 적절한 지원을 통해 아이디어가 현실화된다. 물론 아이디어를 제안한 구성원에게는 보상이 주어진다. 기업들은 구성원들이 더욱 창의적인 아이디어를 도출할 수 있도록 기업 내 학습 동아리를 운영하거나, 도출된 아이디어가 상시로 제안될 수 있도록 인트라넷 기반의 제안 시스템을 구축하여 운영하기도 한다.

미국의 대형 가전제품 소매업체 Best Buy는 12만 8,000명에 이르는 구성원 전원이 혁신을 위한 창의적인 아이디어를 제안하도록 독려하는 제안 프로그램을 사용했다. Best Buy의 한 고객 서비스 프로젝트 담당 관리자는 대형 평면 TV가 배송 도중 파손되어 반품되는 문제를 해결하기 위해 'TV Taco'를 제안했다. 커다란 멕시코 음식 타코처럼 생긴, 재활용이 가능한 덮개로 TV 전체를 감싸 배송하는 방식이었다. 이 아이디어를 채택하여 배송 과정에 활용함으로써 Best Buy는 배송 중 파손으로 발생하는 수백만 달러의 비용을 절약할 수 있었고, 무엇보다 한 번에 제대로 된 상품을 고객에게 전달함으로써 고객의 불만을 줄이고 만족도를 높일 수 있었다.

성공적인 제안 프로그램이 운영되기 위해서는 몇 가지 조건을 만족해야 한다. 제안되는 아이디어는 목표가 분명하고, 쉽게 현실화될 수 있어야 하며, 채택된 아이디어에는 조직의 충분한 자원이 할당되어야 한다. 제안된 아이디어를 객관적인 기준에 의해 해당 분야의 전문가가 신속하고 공정하게 평가할 수 있는 체계가 갖춰져야 하고, 제안 프로그램은 구성원 누구나 참여할 수 있도록 설계되어야 한다. 또한 참여자들이 끊임없이 아이디어를 제안할 수 있도록 합리적인 보상이 이뤄져야 한다. 그리고 제안 프로그램의 활성화를 위해서는 경영자의 지속적인 관심과 채택된 아이디어가 현실화되는 과정에서의 충분한 지원이 필요하다.

조직 내에는 다양한 의사소통 경로를 만들고 구성원 간에 원활한 의사소통이 가능한 문화를 구축해야 한다. 특히 기업 내 비공식적인 의사소통 경로는 공식적인 경로의 수용 한계를 보완하여 개인의 다양한 아이디어가 수용 · 발산되는 통로로 활용될 수 있다. 또한 기능 중심의 조직구조로부터 발생하는 부서 간의 벽과 수직적 계층구조로부터 발생하는 경직된 의사소통을 극복할 때 조직원들의 다양한 아이디어가 이합집산을 통해 신제품이나 신사업과 관련한 혁신의 원천으로 이어질 수 있다. Google은 개발자가 자신의 아이디어를 인트라넷에 자유롭게 게시하면 아이디어의 인기 순위에 따라 사내 포럼에서 발표할 기회를 주고 타당성이 검증되면 단기간에 사업화를 진행한다. 따라서 비공식 채널의 활성화를 위해서는 조직 내 의사소통 경로와 수단의 다양화, 활성화가 필요하다.

IBM의 ODW(On Demand Workplace)

IBM은 전사적으로 부서와 직위의 벽을 허물고 다양한 아이디어를 창출하기 위해 Wikipedia(웹에서 공동으로 문서를 작성하고 추가할 수 있는 웹 페이지 모음으로, 특정 주제에 대해 자발적으로 문서를 작성할 수 있고 누구나 그 문서에 첨삭이 가능한 플랫폼), 블로그, 온라인 커뮤니티, 북마크 등으로 구성된 통합 플랫폼인 ODW를 2004년부터 사내에 서비스하기 시작했다. 그 결과 Wikipedia를 중심으로 3만 개 이상의 집단 혹은 개인이 자발적으로 지식 공유 활동을 전개하기 시작했다. 또한 사내 블로그에서는 소프트웨어 개발 프로젝트부터 비즈니스 전략에 이르기까지 다양한 주제로 심도 있는 토론의 장이 형성되었다.

(3) 대학 · 연구소로부터의 혁신

기업 혁신에서 연구기관과 대학, 그리고 이들의 네트워크 결합체인 지역 혁신 클러스터 등이 얼마나 중요한지는 이미 많은 사례를 통해 알려졌다. 특히 대학이나 연구기관 등은 기업이 보유하지 못한, 그리고 독자적으로 보유하기 어려운 다양한 고급 인력과 기술, 지식 자원을 보유하고 있다. 이것만으로도 연구소와 대학이 혁신의 잠재적 원천으로서 충분한 가치가 있다고 볼 수 있다. 기업 역시 혁신을 위해 외부 환경과의 교호작용이 무척 중요하다.

국내에서도 기업, 대학, 연구소의 관계는 산학연 협력이라는 표현으로 강조되었다. 이미 1980년대부터 정부 출연 연구기관의 위상과 역할이 강조되었고 1990년대에 들어 대학의 산학 협동이 강조되면서 기업과 연구기관, 대학 간의 협력은 국가, 지역, 기업의 혁신 역량 강화라는 관점에서 매우 중요시되었다. 이로써 그동안 산학연 협력을 위한 정부 재원의 투입도 많이 늘어났고 연구기관과 대학은 기업과의 협력을 강조하고 있다.

1) 대학교

최근 대학들은 두 가지 면에서 큰 변화를 겪고 있다. 첫 번째는 사회적 문제에 대한 대학의 적극적인 대응이 요구된다는 것이고, 두 번째는 대학에 대한 정부의 재정적 지원이 점차 감소하고 있다는 것이다. 이러한 변화는 대학 운영자금의 원천이 점차 다양해지는 결과를 가져왔다. 대학들은 점차 학생들의 등록금과 기업들의 지원금으로 운영자금을 충당하기 시작했다. 기업들이 제공하는 대학 연구비는 지난 30년간 다른 어떤 자금들보다 빠른 비율로 증가했다. 그러나 이는 대학에서 수행되는 연구 결과물이 기업 혁신의 원천으

로 활용되어 시장에서 부가가치를 생산하는 긍정적인 측면도 있지만, 기업의 지원이 응용연구를 중심으로 단기적인 관점에서 성과를 만들어 낼 수 있는 연구에 집중되면서 장기적인 관점의 기초연구에 소홀해지는 부정적인 결과도 낳고 있다.

대학 연구는 기업 혁신의 중요한 기반이 되었으며, 특히 대학에서 수행되는 기초연구 분야는 기업에 기술혁신의 방향을 제시해 왔다. 대학은 기업들이 수행하지 못하는 장기적 관점의 기초연구에 적합한 환경을 갖추고 있기 때문이다. 사실 기업의 연구는 상품 개발이나 공정 개선에 주로 초점을 두고 있으며, 투입된 연구비만큼의 구체적 성과를 단기간에 거두기 어려운 기초연구를 수행하는 것은 기업으로선 쉬운 일이 아니다. 반면, 대학에서 수행되는 기초연구 결과물은 학술지를 통해 발표되어 일반에게 개방되며, 연구 결과물의 활용 목적과 범위는 예측 불가능하다. 대학의 연구 결과는 일반적으로 상품화 단계 훨씬 이전에 공개되므로, 많은 기업들은 대학의 연구 결과를 자신의 목적에 따라 상품화 과정에 적용할 수 있다. 이에 비해 상품 개발이나 공정 개선을 목적으로 기업에서 진행되는 응용연구는 단기간의 투자비 회수를 목적으로 하므로 기업 비밀로 관리된다. 이 과정에서 대학은 기업들이 직면한 기술적 문제해결에 도움을 주기도 한다.

대학과 기업 간 협력관계는 가장 일반적인 공동연구 형태다. 여기에는 기업과의 계약에 따라 기업의 지원으로 진행되는 대학 내 연구소 또는 개인 연구자와의 연구, 교수들의 기술 자문, 기업과 대학 내 연구소와 연구자들로 구성된 집단의 공동연구, 연구장비의 공동사용, 대학에서 개발된 기술의 라이선싱 등이 모두 포함된다. 교수들의 기술 자문은 대학과 기업 간 협업의 전통적 형태 중 하나다. 교수진은 대학을 방문하는 기업 관계자들에게 캠퍼스에서 조언을 제공하거나 직접 산업 현장을 방문하여 조언을 해 준다.

매사추세츠공과대학교(MIT)나 캘리포니아공과대학교(Cal Tech)와 같은 대학들은 기업과 교수들을 연계시키는 프로그램을 실행하고 있다. 이 연계 프로그램의 운영자들은 회원기업들의 기술 관련 문제를 수집하여 관련 분야의 교수들에게 의견을 구한다. 또한 경쟁관계에 있는 기업들이 기술적 문제를 해결하기 위해 협력할 수 있는 장소를 제공하기도 하며, 정부로부터 연구비를 지원받아 기업 연구소와 함께 원천기술을 개발하기 위한 기초연구를 수행할 기회를 교수들에게 부여하기도 한다. 1950년대 Air Force의 Semi-Automatic Ground Environment(SAGE) 프로젝트가 그 사례라 할 수 있다. MIT, IBM,

그리고 다른 연구소 소속 연구자들이 함께 프로젝트에 참여하여 컴퓨터 산업 전반에 걸쳐 널리 활용되고 있는 실시간 컴퓨터 기술에서 핵심 메모리에 이르는 혁신기술을 개발했다. 위스콘신대학교의 비타민 D, 미시간대학교의 Cisplantin 항암 약품, 플로리다대학교의 이온음료 Gatorade 등도 대학 연구소와 기업 간의 공동연구로 만들어진 성공적인 혁신 사례라고 할 수 있다.

미국, 스웨덴, 핀란드 등의 국가에서 대학은 기업 혁신의 중요한 원천이다. MIT, 스탠포드대학교, 캘리포니아대학교(버클리) 등 미국의 공학 분야 명문대학들은 기업들과 유기적으로 연계되어 하나의 내부 조직처럼 기능한다. 북유럽에서 스톡홀름대학교, 스웨덴 왕립공과대학교, 헬싱키대학교 등의 대학을 중심으로 Nokia와 Ericson 등의 기업들이 수행하는 혁신 활동은 세계적인 벤치마킹의 대상이 되고 있다. 이처럼 기업을 둘러싸고 있는 각종 연구기관과 고등교육기관은 연구 인프라이자 때로는 조력자이며 협력자로서 기업과의 역동적인 교호작용을 통해 기업의 혁신을 가속화하고 있다.

최근 대학은 기업의 혁신에 필요한 전문 인력 배출은 물론 지식 창출에 이르기까지 기업의 협력자로서 영역을 확대하고 있으며, 교수들에게는 기업 혁신의 원천이 될 수 있는 연구를 장려하고 있다. 또한 대학의 연구 결과물이 상용화될 수 있도록 대학 내 기술이전센터(technology transfer office)를 설립하고 있다. 아직 기술이전 활동으로 발생한 수익이 대학의 연구예산에 비해서 적은 금액이지만, 그 규모와 중요성은 급속도로 커지고 있다.

2) 연구기관

미국 정부는 산하 연구소의 설립, 과학기술단지의 육성, 민간 연구소에 대한 지원 등을 통해 다양한 형태의 연구기관들이 기업 혁신의 원천으로서 역할을 할 수 있도록 지원하고 있다. 미국 중소기업청(US Small Business Administration)은 대규모의 연구 · 개발 예산을 운영하는 국방성(Department of Defence), 에너지성(Department of Energy), 보건후생성(Department of Health and Human Service) 등의 연방정부가 중소기업들이 필요로 하는 기술 개발을 위한 자금을 지원하도록 Small Business Innovation Research (SBIR)와 Small Business Technology Transfer(SBTR) 같은 프로그램을 운영하고 있다. 이러한 노력으로 2009년에는 100대 혁신적 발명품 중 46개가 미 에너지성이 자금을 지원한 연구과제를 통해서 나왔고, 2005~2009년에는 에너지성 산하 연구소들의 수상 실적도 과거보다 많이 증가했다.

표 2-1 주요 기관의 R&D Awards 수상 실적 (단위 : 개)

수행 주체		1975~1979년	1990~1994년	2005~2009년
기업	GE	34	2	0
	Hitachi	10	7	2
정부 산하 연구소	Lawrence Livermore National Lab.	1	14	21
	Oak Ridge National Lab.	13	16	18
대학	MIT	3	4	1
	아이오와대학교	0	3	4

Oak Ridge National Lab.

Oak Ridge National Lab.은 미 에너지성 산하 최대의 에너지 분야 연구소로, 2000년부터 테네시대학교와 Battelle 연구소가 합작한 UT-Battelle이 운영하고 있다. 1943년 국방 관련 기술 개발을 위해 설립되어, X-10 흑연 원자로를 개발하여 핵무기 제작의 기초기술을 제공했다. 제2차 세계대전 이후 원자력 이외에 화학, 재료, 바이오 등 다양한 분야에서 탁월한 연구 성과를 만들어 관련 산업에서 기업의 혁신 활동에 크게 기여했다. 이를 통해 지난 47년간 총 148개의 R&D Awards를 수상했다. R&D Awards 수상 과제 중 공동개발 비중은 1975~1979년에는 15%였으며 2005~2009년에는 60%로 증가했고, 최근에는 개발된 기술이 기업에 의해서 활용되는 데 역점을 두고 있다.

이 밖에 미국 정부는 기업에 의해서 수행하기 어려운 기초연구를 지원한다. 국방성 산하 Advanced Research Projects Agency(ARPA)가 1969년 국방의 목적으로 개발한 인터넷은 오늘날 수많은 기업에 의해 수많은 관련 산업을 일으켰다. 정부의 지원으로 산하 연구소에서 수행된 기초연구의 결과물은 활용 목적과 범위를 예측하기 어려우며, 일반에 공개되었을 때 시장에서 수많은 부가가치를 창출할 수 있다.

우리나라에서도 다양한 정부출연 연구기관이 기초연구를 수행하고 있다. 정부산하 연구소에서 개발된 기술이 중 · 소 · 대기업의 혁신에 활용되어 시장에서 가치를 만들어 내고, 궁극적으로 국민 삶의 질을 높일 수 있도록 선순환적인 구조를 만들고자 노력하고 있다.

Max-Planck-Gesellschaft zur Förderung der Wissenschaften(MPG)

독일의 공공연구기관은 기초연구에서 응용연구까지 다양한 연구를 수행하고 있다. 또한 대학과 산업계 간의 가교 역할을 한다. 지역 간의 균형적인 발전을 위해 독일 각지에 골고루 분포된 공공연구기관은 지역적 특성을 고려한 연구를 수행하고, 연구소 간의 상호경쟁을 통한 발전을 모색하고 있다. 대표적인 독일의 공공연구소 MPG는 연방정부와 16개 지방정부가 공동 출자해서 설립한 연구소로서 독일 전역에 있는 80여 개의 분소에서 기초과학 연구를 수행하고 있다. 정부출연 연구소이지만 운영과 연구의 자율성을 보장받는다. 운영에 필요한 예산의 90~100%가량을 연방정부와 지방정부로부터 받고 있지만, 민법을 적용받는 협의회 형식의 법인으로 운영되어 정부로부터 독립되어 있다. 정부로부터의 독립성을 유지함으로써 보다 시장 친화적인 연구를 통해 기업 혁신에 기여하고 있다. 또한 MPG는 연구 과정과 중간 결과물을 객관적인 기준에 따라 공정하게 평가하여 관련 연구에 대한 지속적인 지원 여부를 결정함으로써 연구의 우수성을 유지한다. 평가는 600여 명으로 구성된 해외 전문가를 포함한 외부 전문가에 의해서 이루어지며, 평가자들은 8년의 임기를 보장받는다. 연구소의 자율적 운영과 철저한 성과주의는 MPG의 지속적인 경쟁력을 만들어 낸다.

(4) 혁신 중개인으로부터의 혁신

혁신 중개인이란 혁신 아이디어의 공급자와 사용자가 만나는 접점을 제공하는 기업을 의미한다. 일반적으로 기업들은 기업이 처한 문제를 해결하기 위해서 어떠한 기술이 필요한지, 또는 필요한 기술을 어떻게 획득해야 하는지 알지 못하는 경우가 많다. 이때 혁신 중개인은 혁신 과정에서 문제에 부딪힌 기업에 문제를 해결할 방안을 제시해 준다. 혁신 중개인의 유형은 사업 모델에 따라 고객 네트워크 운영자, 고객 커뮤니티 운영자, 혁신 시장 운영자 등 세 가지로 구분해 볼 수 있다.

1) 고객 네트워크 운영자

혁신 중개인의 가장 기본적인 형태인 고객 네트워크 운영자는 주로 설문조사에 참여하고 대가를 지불받는 고객 패널리스트들로 구성된 패널단을 운영하는 온라인 시장조사 업체다. 이들은 고객 네트워크를 만들고 유지해 기업들이 제품 개발이나 검수 과정에서 부딪힌 문제에 대한 고객의 의견을 구할 수 있도록 도와준다. 고객 네트워크 운영자는 제품 기획 단계에서 도출된 제품 콘셉트에 대한 고객들의 반응을 확인하거나, 개발된 제품의 마케팅 전략을 수립하는 단계에서 가장 유용하다.

대표적인 예로 온라인 시장조사 기관인 ComScore가 있다. 이 기관은 전 세계에 익명성이 보장된 150만 명 이상의 온라인 패널리스트를 보유하고 있으며, 기업들에 그들의 고객, 경쟁사의 고객, 그리고 잠재고객에 대한 정보를 서비스한다. 특히 특정 고객층을 이해하기 위해 그들과 의사소통을 해야 하는 기업들에게 네트워크 서비스를 제공한다. 기업들은 이 서비스를 통해 대상 고객들의 선호도와 행동양식에 대한 자료를 수집하여 제품 개발과 마케팅 전략에 활용한다.

2) 고객 커뮤니티 운영자

고객 커뮤니티 운영자는 공통된 관심사를 가진 개인들로 구성된 커뮤니티에서 공유되는 지식이 기업에 의해 활용될 수 있도록 가교 역할을 하는 혁신 중개인이다. 고객 네트워크 운영자는 기업들이 고객 개개인의 의견을 수집할 수 있는 경로를 제공해 주지만, 고객 커뮤니티 운영자는 기업이 고객 간의 상호작용을 통해 발생하는 지식에 접근할 수 있는 경로를 제공해 준다. 대부분의 고객 커뮤니티 운영자는 단순한 정보 중개인으로 시작하여 커뮤니티를 만들면서 혁신 중개인으로 진화한다. 따라서 고객 커뮤니티 운영자는 고객 집단 내 영향력 있는 오피니언 리더들을 확인하고 그들을 활용해서 새로운 제품이나 서비스를 확산시키려는 기업들에 도움을 준다.

고객 커뮤니티의 운영 사례로 Edmunds를 살펴보자. 이 사례는 단순한 정보 중개인이 어떻게 혁신을 지원하는 고객 커뮤니티 운영자로 발전했는가를 보여 준다. Edmunds는 1966년 자동차 구매 가이드 출판업으로 출발했다. 자동차 구매 가이드로 신뢰할 수 있는 정보를 제공함으로써 인기를 얻었지만 Edmunds는 단순한 정보 전달 매체 그 이상의 평판을 얻지는 못했다. 정보는 분기 및 연 단위로 업데이트될 뿐이었고, 가이드의 배포 영역을 비롯해 가이드가 포함할 수 있는 콘텐츠의 분량도 제한적이었다. 이에 Edmunds는 1994년 웹사이트를 통해 콘텐츠를 제공하는 edmunds.com을 설립하고, 자동차 구매와 관련된 객관적이고 포괄적인 정보에 사용자들이 자유롭고 빠르게 접근할 수 있도록 했다. 1996년에는 온라인 자동차 커뮤니티인 Town Hall을 만들어 사용자들이 자동차 구매부터 관리, 보험 등에 이르기까지 다양한 정보를 공유하게 함으로써 고객 커뮤니티가 발전할 수 있는 토대를 만들었다. 이로써 현재 등록자가 50만 명을 넘고 150만 개 이상의 글이 게시된 세계 최대 온라인 고객 커뮤니티로 발전할 수 있었다. 또한 커뮤니티 활동을 통해서 발생한 다양한 지식을 신차와 중고차 판매상, 대출업자, 보험업자 등에게 판매하면서 엄청난 수익을 올리고 있다.

사이트 방문객들은 자동차의 구매와 판매 및 소유에 관한 모든 문제에 대하여 자신들의 의견과 상세한 경험을 게재하고 토론에 활발하게 참여한다. 또한 사이트에서 제공되는 인터넷 채팅은 참여자들로 하여금 edmunds.com의 편집자, 자동차 업계 엔지니어들과의 상호작용을 가능하게 했다. Edmunds는 본래 자동차 사용자들의 정보공유 공간으로 Town Hall을 만들었는데, 그것이 자동차 부품 생산자들에게 매우 귀중한 자료가 될 수 있다는 사실을 지각하고 그들에게 Town Hall에서 고객들과 토론을 주관할 기회를 제공했다.

예를 들어, 자동차 부품 생산자들이 Town Hall에 서브 커뮤니티를 만들고 장래 시장에 나올 새로운 모델에 대한 정보를 게재하여 이에 대한 고객들의 질문에 답변하는 식이었다. 어떤 자동차 회사들은 한 걸음 더 나아가 Edmunds에 매달 비용을 내고 Town Hall에 자사의 개별 커뮤니티를 만들어 운영하기도 했다.

또한 Edmunds는 다양한 그룹의 고객들로부터 자동차 관련 기업들이 원하는 정보를 수집하여 이를 분석하고 재가공한 후 기업에 판매하기도 했다. Edmunds와의 협업을 통해 자동차 회사는 고객의 요구를 재빠르게 제품에 반영할 수 있었다. 이로써 기업들은 자사에 대하여 열정을 가진 충성스러운 고객 커뮤니티를 운영함으로써 제품 개발과 개선에 관련된 다양한 창의적인 아이디어를 구할 수 있었고, Edmunds는 Town Hall이라는 공간을 활용하여 기업과 고객이 상호작용할 기회를 제공함으로써 수익을 창출했다.

3) 혁신 시장 운영자

혁신 시장 운영자란 다수의 혁신 판매자들과 다수의 잠재적 구매자들을 연결해 주는 구조로 운영된다. 대표적으로 2001년 창립된 Innocentive의 사례가 있다. Innocentive는 세계의 과학자들과 기업이 혁신 아이디어를 공유하는 온라인 포럼이다. 기업 내 중요한 개발 과제가 있는 기업이 익명으로 Innocentive에 아이디어를 게시하면 세계 각국에 산재한 과학자들이 각자 연구에 착수한 후 문제를 해결한다. 이들의 연구 결과를 다시 Innocentive에 게시하면 기업은 그중 가장 우수한 과제를 선정하고 용역료를 지급하게 된다. 이처럼 혁신 아이디어가 필요한 탐색자와 이것을 해결할 수 있는 해결자를 하나의 접점에서 만나게 해 주는 중개 활동을 하는 것이다. 10여 년간 Innocentive를 통해서 200여 개국의 25만 명이 해결자로 등록했으며 1,300여 개의 문제가 게재되었다. 지금까지 문제해결을 위해 수행된 프로젝트는 38만 개를 넘었고 27,000개 이상의 해결방안이 제시되었다. 상금으로 제시된 금액은 총 3,400만 달러를 넘었으며 해결방안에 대한 상금이 지급된 경우는 1,000여 건이 된다.

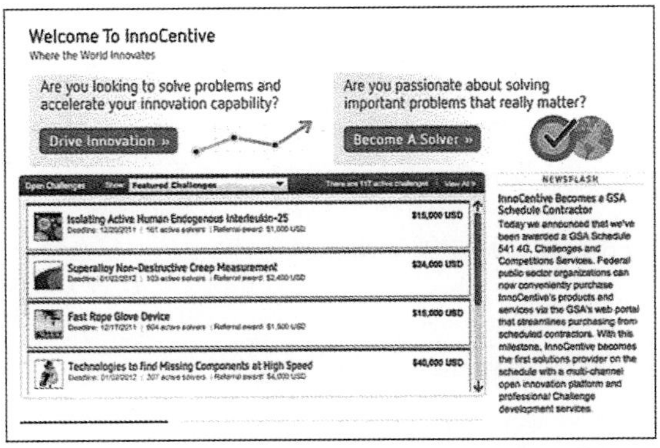

Innocentive의 자체 분석에 따르면 제약 분야 같은 경우, 연구 자본의 80% 이상이 미국에 집중되어 있으나 실제 미국 현지에서 연구 · 개발이 이루어지는 비중은 30%에 불과한 것으로 나타났다. 70%의 연구 · 개발이 인도, 중국, 러시아 등 세계 각국에 산재한 과학자들에 의해 수행된다는 의미다. Innocentive를 통해 혁신 중개인들은 BASF, Dow Chemical, P&G와 같은 기업들에 해외 연구 인력을 연계시켜 준다. 혁신 중개인이란 누구든 손쉽게 활용할 수 있는 글로벌 연구 · 개발 센터를 의미한다.

앞의 설명과 같이 기업의 혁신에 필요한 기술과 지식은 기업 내부, 사용자, 대학 및 연구기관, 혁신 중개인 등을 통해 얻을 수 있다. 3장에서는 혁신의 유형을 체계적으로 분류해 보고, 기업의 내부 역량과 경영환경에 최적화된 혁신전략을 수립하는 방법에 대해 살펴보자.

2 연습문제

1. Tata Motors의 자동차와 Baidu.com의 혁신의 특징의 대해 설명하시오.

2. 창의성의 세 가지 요소에 대해 설명하시오.

3. 창의적인 사고방식을 개발하는 방법론에 대해 설명하시오.

4. 창의성을 유인하기 위한 효율적인 동기 부여 방안에 대해 설명하시오.

5. 경영자의 입장에서 창의성의 구성요소에 영향을 줄 수 있는 방안에 대해 설명하시오.

6. 창의성과 혁신의 차이를 설명하시오.

7. 사용자를 이용하여 혁신을 하는 방안을 설명하시오.

8. 혁신에서 선도사용자의 역할과 가치에 대해 설명하시오.

9. 기업 내부에서 바람식한 제안 프로그램의 방향에 대해 설명하시오.

10. 대학과 기업 간의 공동연구에 대해 설명하시오.

11. 혁신에 따른 세 가지 시장 창출 유형에 대해 설명하시오.

Chapter 03

혁신의 유형

P&G의 혁신

P&G는 1837년에 설립된 미국의 대표적인 생활용품 전문기업이다. 세제를 비롯해 각종 생활소비재를 생산하고 있으며 관련 제품의 지속적인 연계개발을 통해 폭넓은 상품군을 확보하고 시장을 확대해 왔다. P&G는 설립 이후 끊임없이 성공적인 성장을 이뤄 왔지만 2000년대 초반까지만 해도 매우 폐쇄적인 혁신 문화를 가진 기업이었다. 이러한 P&G의 혁신 문화가 달라진 것은 2001년 선보인 전동칫솔 Crest Spin Brush의 성공 덕분이다.

처음 P&G가 전동칫솔 사업에 나서기로 했을 때만 해도 조직 내 · 외부에서 거센 반대가 일어났다. 반대의 이유는 간단했다. 전동칫솔 사업의 높은 성장성은 좋지만, 전자제품 관련 응용기술이 요구되는 사업이므로 P&G에는 무리라는 것이었다. 실제로 P&G는 사업 의지와 별도로 전동칫솔 개발 과정부터 난관에 부딪힐 수밖에 없었다.

이때 한 발명가가 P&G에 일명 Spin Pop 기술의 구매를 제안했다. Spin Pop이란 막대사탕을 기구에 꽂고 버튼을 누르면 사탕이 돌아가는 식의 기술이었다. Spin Pop 발명가는 P&G를 설득하기 위해 아예 Spin Pop 기술을 응용한 전동칫솔 시제품을 제작해 잠재고객들로부터 호의적인 평가를 받아 내며 직접 시장성을 검증해 보였다. 결국 P&G는 발명가의 아이디어를 수용하고 본격적으로 전동칫솔 개발에 들어갔다. 이 기술을 응용함으로써 개발부터 생산에 이르는 비용을 대폭 절감할 수 있었으며 경쟁사 제품 가격의 10분의 1도 되지 않는 저렴한 가격의 전동칫솔을 출시할 수 있었다. 이 전동칫솔은 순식간에 시장을 장악했다. 출시 이듬해인 2002년, 미국에서 가장 많이 팔린 전동칫솔이 되었고, 출시 후 24개월 만에 연간 매출 2억 달러를 기록했다.

당시 P&G의 회장 A. G. Lafley는 전동칫솔의 성공 사례를 보며 P&G의 모든 제품이 내부의 아이디어만으로 개발되어야 한다는 P&G의 폐쇄적인 혁신 문화를 바꾸기로 했다. 이러한 P&G의 사례는 기업의 신제품 개발을 위한 기술혁신 패러다임이 연구 · 개발(research & development,

R&D)에서 연계개발(connect & development, C&D)로 이동하고 있음을 보여 준다.

P&G는 갈수록 악화되던 연구 · 개발의 투자 효율성을 연계개발 전략을 통해 반등시키고 수익성까지 개선하는 성과를 만들어 나갔다. 이를 통해 기술혁신 패러다임의 변화를 주도하기 시작했다. P&G가 설립된 지 170여 년이 지났음에도 여전히 초일류 기업으로서 경쟁력을 유지하고 있는 비결도 연계개발과 아웃소싱을 통해 다양한 국가에서 다양한 인재를 활용하는 유연성과 개방성에 있다.

전동칫솔 사업의 성공 이전만 해도 P&G는 비밀스럽기로 악명이 높았고 기업의 외부에서 아무것도 구하지 않았으며, 기업에 대한 어떤 것도 외부에 공개하지 않았다. 이러한 독불장군식 경영은 2000년대 초에 이르러 각 사업부를 위축시키며 기업을 위기로 몰아갔다. 매출과 수익이 하락함으로써 주가마저 추락하고 회사는 몰락 직전까지 무너졌다. 당시 내부 연구소의 투자를 늘리는 방법은 효율이 떨어졌고 내부 연구소에서 시도한 혁신의 성공률도 매우 낮았다.

이후 P&G는 새로운 아이디어의 50%를 기업 외부에서 얻는 것을 목표로 두고 개방형 혁신 프로젝트를 진행했다. 이로써 P&G는 기업의 사내 연구 인력은 7,500여 명뿐이지만 해당 사업과 관련된 세계적인 연구 인력을 150만 명이나 확보하게 되었다. 2006년, P&G는 사내 연구 인력 7,500명, 공급자들이 보유한 연구 인력 2,000명과 7,000여 개의 가상 혹은 파생 관계를 확보할 수 있었다. P&G는 확보한 아이디어의 상당수를 공개하고 그 아이디어들이 다른 기업에 의해서 어떻게 활용되는지를 파악하며 관리해 나간다. 특허 신청 후 5년, 상품 출시 후 3년이 지난 특허를 포기하는 것도 P&G만의 방침이다.

개요

2장에서 혁신은 많은 원천으로부터 다양한 형태로 나타날 수 있다는 것을 설명했다. 혁신의 다양한 종류를 설명하는 데 하나의 표준화된 기준이 있는 것은 아니지만, 이 장에서는 혁신을 범주하할 때 널리 사용되는 몇 가지 특성을 살펴보고자 한다. 이 특성들은 하나의 혁신마다 어떤 차이점을 가졌는지 이해하는 데 매우 유용하다.

1 혁신의 유형

(1) 제품혁신과 공정혁신

혁신은 혁신의 대상에 따라 제품혁신(product innovation)과 공정혁신(process innovation)으로 분류될 수 있다. 제품혁신이란 제품이나 서비스를 획기적으로 개선하거나 개발하는 것을 말한다. 제품혁신을 통해 새로운 가치가 고객에게 전달됨으로써 기존의 시장이 확장되거나 새로운 시장이 창출되는 효과가 나타난다. 여기서 '가치' 란 제품에 포함된 새로운 기능이나 향상된 제품의 성능, 품질, 디자인 등을 통해 충족되는 고객의 욕구를 의미한다. 오늘날 우리가 사용하고 있는 각종 기기는 끊임없는 제품혁신의 결과라고 할 수 있다. 휴대전화는 기존의 유선 전화기에서, 노트북은 기존의 개인용 컴퓨터에 이동성이란 새로운 기능이 부가하면서 등장한 제품혁신의 대표적인 사례다. 이렇듯 제품혁신은 달라진 제품의 모습과 용도로 고객에게 나타나기 때문에 친숙하고 쉽게 인지되는 경향이 있다.

공정혁신은 생산의 효율성과 효과성 향상을 위해 작업방법, 장비, 작업 흐름 등 공정상에 새로운 변화를 주는 것을 의미한다. 즉, 제품을 생산하는 과정에서 품질의 변화 없이 비용을 감소시키거나 공정의 수를 감소시키는 등 새로운 공정을 적용한다거나, 같은 비용과 공정하에서도 품질을 개선하는 새로운 기법을 도입하는 것이다. 이를 위해 기계, 전자, 재료 등 공학 기반의 기술이나 경영학과 산업공학 등에서 제시된 기법을 적용한다. Ford Motors가 대량 생산체제를 효율적으로 관리하기 위해 컨베이어 벨트 시스템을 도입하여 조립 과정을 단계별로 구분한 사례나 기계설계 용역 회사가 기존의 수작업 설계방식에서 컴퓨터 그래픽 설계방식(computer aided design, CAD)을 적용하여 시간을 단축시킨 것이 대표적인 공정혁신의 예다.

제품혁신과 공정혁신이 지향하는 경제적 목표는 최종적으로 이윤 창출이지만 그것을 성취하는 접근방법에는 상당한 차이를 보인다. 제품혁신은 고객의 구매 욕구를 자극하여 매출을 늘려 이윤을 얻는다. 따라서 새로운 시장이 형성되면 고객을 확보하기 위해 고객의 요구와 시장의 흐름을 반영하여 제품혁신이 활발하게 나타난다. 이에 반해 공정혁신은 생산공정을 합리화하고 재료비와 인건비를 절약하며 단시간에 설계상에서 요구되는 품질의 제품을 생산함으로써 생산성을 극대화하여 이윤을 높인다. 따라서 공정혁신은 제품이 표준화되고 시장이 성숙기에 접어드는 단계에서 많이 나타나게 된다.

이처럼 산업 내에서 일어나는 제품혁신과 공정혁신의 비율이 변화하는 과정을 시간의 흐름에 따라 정리한 것이 혁신 동태 모델이다. 혁신은 시간에 따라 유동기(fluid phase), 과도기(transition phase), 안정기(specific phase)로 나뉠 수 있다. 유동기에는 제품의 성능 극대화와 해당 기술의 시장 표준화(dominant design)를 위한 경쟁이 나타난다. 제품의 사양이 시장의 흐름이나 고객의 요구에 따라 빈번하게 변경되며 프로세스는 표준화되지 않아서 체계적이지 못하다. 과도기에는 시장에 대한 불확실성이 점차 줄어들면서 판매 극대화를 위해 시장 세분화에 따른 제품 다양화와 차별화에 초점을 둔다. 이에 따라 프로세스가 세분되고 과업들에 대한 전문화와 체계화가 진행된다. 마지막으로 안정기에는 앞의 단계를 거치면서 시장에서 대부분의 고객들이 선호하는 지배적 모델이 선정된다. 이에 따라 제품의 다양성이 줄어들면서 프로세스의 표준화가 진행되고, 경쟁의 초점이 가격으로 옮겨 가기 때문에 효율성 향상과 원가절감을 통한 가격인하가 강조된다.

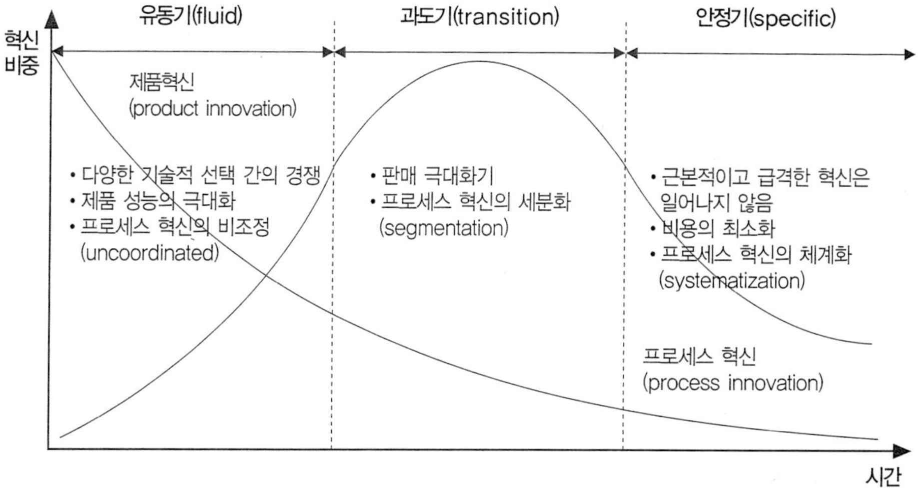

그림 3-1 혁신 동태 모델

(2) 급진적 혁신과 점진적 혁신

혁신의 유형은 혁신 대상의 변화 정도에 따라 급진적 혁신(radical innovation)과 점진적 혁신(incremental innovation)으로 분류할 수 있다. 혁신이 만들어 내는 변화의 정도는 혁신 결과물의 새로움과 상이함에 따라 측정된다.

급진적 혁신은 기존의 제품 및 공정이 제공하는 가치와 차별화되는 가치를 제공함으로써 근본적인 변화를 만들어 낸다. 따라서 급진적 혁신은 획기적인 성능 향상이나 비용절감의 가능성을 제공하기도 하며 이전에 존재하지 않았던 제품을 통해 새로운 시장을 창출하기도 한다. 예를 들어 기존의 필름에 기록하는 필름 카메라에서 메모리 소자에 기록하는 디지털카메라로 대체된 경우, 전기 엔진의 발명으로 가솔린 차량에서 전기 차량으로 대체된 경우가 있다.

급진적 혁신은 과학적 지식에 기반을 둔 기술의 주도(technology push)로 혁신이 이루어진다. 따라서 급진적 혁신은 숙련된 과학자나 기술자들의 조직적인 연구 · 개발에 따라 추진되며, 불확실성이 높고 불연속적으로 일어난다. 불확실성과 불연속성은 혁신을 수행하는 기업들에 위험요인으로 작용한다. 이동통신 환경이 음성 데이터 전송 중심의 2세대에서 음성 데이터와 비음성 데이터 모두를 전송할 수 있는 3세대로 진화하면서 이동통신사들은 새로운 네트워크 기반을 구축하고 대역폭을 확장하기 위해 천문학적인 투자를 해야 했다. 또한 단말기 제조사들은 더 큰 용량의 데이터를 더 빠르게 처리하고 고화질의 화면을 제공할 수 있으며 효율성이 높은 배터리를 장착한 휴대전화 개발에 많은 투자를 해야 했다. 하지만 3세대 이동통신 시장이 본격적으로 열리는 시점에 대한 예측이 쉽지 않은 상황에서 시장의 불확실성을 극복하면서 충분한 투자를 하기가 쉽지 않았다. 또한 시장 초기에 기술표준이 자리 잡지 못한 상황에서의 특정 기술에 대한 투자는 회수되지 못할 가능성이 높았다. 이에 따라 이동통신사와 단말기 제조업체들이 기존의 2세대 이동통신 시장에서 지속적인 수익을 창출함과 동시에 새로 만들어지는 3세대 이동통신 시장에서의 경쟁력을 확보하기 위해서는 기술적 불확실성과 시장 불확실성을 고려해서 신중하게 판단해야 했다.

점진적 혁신은 기술의 근본적인 변화가 아닌 기존 기술과 연속성을 갖는 변화로서 제품 성능의 개선이나 품질의 향상, 혹은 급진적 혁신 이후의 보완적 혁신을 지칭한다. 점진적 혁신은 시장의 요구 변화에 밀접하게 연관된다는 점에서 기술 주도보다는 수요 견인(demand pull)에 의한 혁신에 가깝다. 따라서 비용의 절감이나 제품의 서비스 개선에 초점을 두고 있다. 대표적으로 기존 휴대전화에 고객의 요구에 따라 MP3, DMB, 카메라 등의 기능을 추가하거나, MS-Office가 2003, 2007, 2010 버전으로 개선되거나, PC의 CPU가 기존의 싱글 코어에서 듀얼 코어, 쿼드 코어로 발전한 사례들이 점진적 혁신의 예다.

일반적으로 개발도상국에서는 해외 선진기술을 자국의 환경에 맞게 개선하고 적용해 가는 과정에서 점진적 혁신이 활발하게 나타난다. 선진국에서는 신제품이 개발된 이후 표준화된 제품을 대량 생산하는 공정혁신 과정이나 경쟁이 치열한 성숙한 시장에서 제품의 가격을 낮추는 과정에서 점진적 혁신이 활발하게 나타난다.

점진적 혁신은 업무처리절차 혁신, 운영 혁신, 서비스 혁신의 세 가지 유형으로 구분할 수 있다. 첫째, 업무처리절차 혁신은 물품의 생산 과정이나 유통 과정 및 폐기 과정에서의 비용절감과 업무 효율화를 위해 내규 혹은 업무 절차서를 간소화하고 부분적으로 대체하는 것을 말한다. 둘째, 운영 혁신은 제품의 설계방법 변경, 작업계획과 방식의 변경, 신뢰성 및 품질제고 방안의 제시를 포함한다. 대표적인 예로 Toyota의 '카이젠(kaizen)'을 들 수 있다. 개선이라는 한자의 일본식 표기인 카이젠은 운영에서 완벽이라는 개념은 불가능하므로 항상 '개선(改善)'이 필요하다는 생각에 따라 조직의 모든 부분에서 구성원들이 지속적으로 운영을 개선하는 방안을 찾아서 시행하는 것이다. 셋째, 서비스 혁신은 고객과의 접점에서 필요한 모든 혁신을 의미하는 것으로 고객의 욕구 충족과 만족도 제고를 위한 서비스 라인의 확장, 서비스의 개선, 서비스 스타일의 변화 등을 통해 점진적으로 발생한다.

점진적 혁신과 급진적 혁신의 관계는 기술의 불연속성(technological discontinuities) 개념 때문에 〈그림 3-2〉와 같이 나타날 수 있다. 기술은 점진적 개선의 기간에 지속해서 진화하다가, 기술적 불연속성에 따라 급진적 혁신에 의한 새로운 지배 제품이 출현하며, 이후 다시 점진적 개선의 기간에 지속해서 진화하는 과정을 되풀이한다.

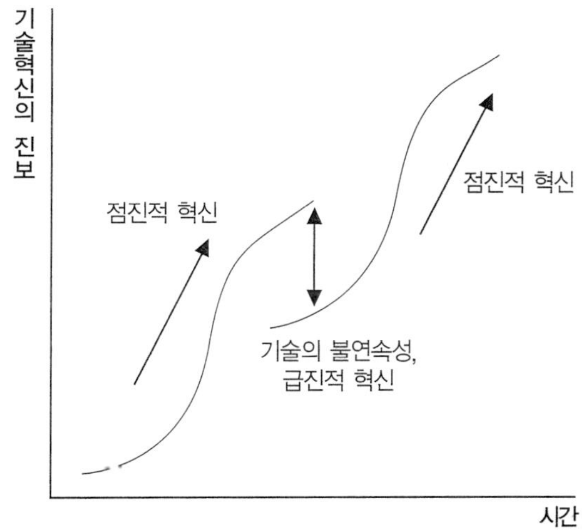

그림 3-2 점진적 혁신과 급진적 혁신의 관계

(3) 폐쇄형 혁신과 개방형 혁신

혁신은 개발과 활용의 방법론에 따라 폐쇄형 혁신과 개방형 혁신으로 구분할 수 있다. 폐쇄형 혁신은 내부에서 직접 개발하지 않은 기술이나 연구 성과를 인정하지 않는 배타적 조직문화 또는 태도를 일컫는 NIH증후군(Not Invented Here Syndrome)을 기반으로 임의로 외부와 단절된 상황에서 내부적으로 수행하는 혁신을 말한다. 이때 혁신의 성공은 내 · 외부 상황에 대한 관리 및 통제에 달려 있다고 가정한다. 따라서 혁신 결과물로부터 이익을 얻으려면 발명, 개발, 생산, 판매 과정을 모두 독자적으로 운영하고, 지식재산을 폐쇄적으로 관리해서 경쟁자가 자사의 아이디어로부터 이익을 얻지 못하도록 방어적으로 관리한다. 또한 시장을 지배하기 위해서는 혁신의 결과물을 가장 먼저 시장에 소개하는 것이 중요하고, 이 과정에서 마케팅, 유통, 서비스를 기업이 직접 수행해야 한다는 기본원리를 가지고 있다.

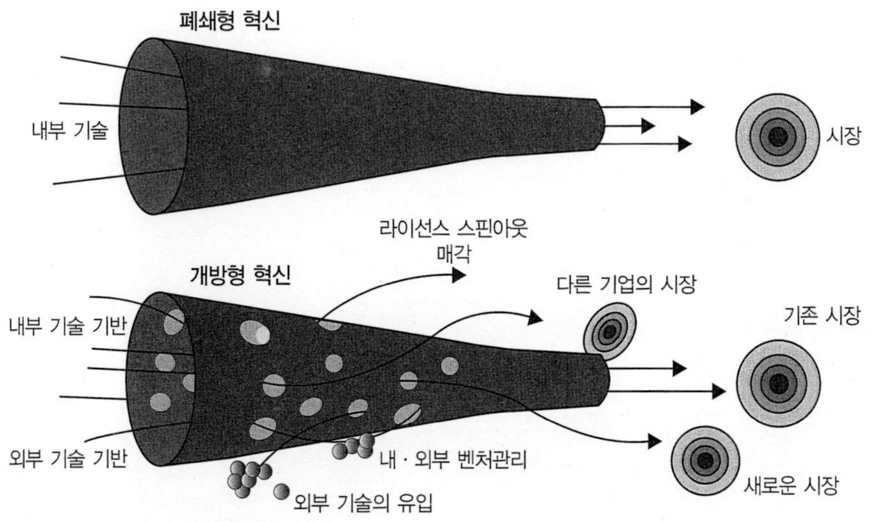

그림 3-3 폐쇄형 혁신과 개방형 혁신

개방형 혁신은 혁신에 필요한 모든 역량을 한 기업이 소유하는 것은 불가능하다는 가정에서 출발한다. 과거 내부에 국한된 혁신 프로세스에서 과감히 탈피하여 내 · 외부의 다양한 자원을 활용하여 수행되는 혁신이다. 기존의 아웃소싱이 확대 발전된 개념으로 개방형 혁신은 크게 두 가지 방향성을 가지고 전개된다.

첫 번째는 외부의 자원을 활용하여 혁신의 원천을 다양화함으로써 혁신을 가속화하는 '내부로의 혁신' 이다. 이를 위해 외부의 아이디어와 기술을 도입하여 제품을 개발하는 인소싱(in-sourcing), 대학 및 정부 연구소와의 협력관계 구축, 벤처기업에 대한 투자 등을 진행한다. Intel은 2001년부터 대학과의 공동 연구 · 개발을 위해 Lablet이라는 연구소를 설립했고, HP Lab은 사업 아이디어를 검토하는 벤처기업인 Foundation Capital과의 협력을 통해 창의적인 아이디어를 발굴하고 비즈니스 감각을 보완했다.

두 번째는 '외부로의 혁신' 이다. 내부에서 개발된 기술을 외부에 공개하고 공개된 기술이 타 기업에 의해 상품화되어 기술에 대한 고객 기반이 확대된 후에, 자사가 소유하고 있는 관련 기술을 활용한 보완재 시장을 창출하여 성장시킬 수 있다. 또한 기업 내 사장된 기술을 라이선싱하여 수익을 창출한다. 예를 들어 Qualcomm은 자사의 혁신적 기술이나 지식을 외부 기업에 라이선싱-아웃하거나 협력기업을 통해 상용화함으로써 자체 생산시설 없이도 수익을 창출하고 있다.

개방형 혁신은 폐쇄형 혁신과 비교할 때 혁신적인 아이디어를 상용화하는 데 시간을 단축할 수 있으며, 연구·개발 비용도 낮출 수 있다. 또한 기술의 상용화 과정에 다수 기업과 많은 고객이 참여함으로써 시장의 불확실성을 줄일 수 있어 혁신의 위험률은 낮추고 성공률은 높일 수 있다. 또한 공개한 기술을 기반으로 시장에서 만들어지는 성과를 보완적 자산으로 활용하면 내부 연구·개발 역량을 강화시킬 수 있다.

이런 장점으로 많은 산업에서 개방형 혁신을 적용하고 있지만 모든 산업에서 개방형 혁신이 정답은 아니다. 핵발전이나 항공기 엔진과 같은 분야는 아직도 폐쇄형 혁신을 적용하고 있지만, 영화 산업이나 스마트폰 앱 시장은 개방형 혁신을 통해 성장해 왔다.

2 파괴적 혁신전략

(1) 파괴적 혁신을 위한 전략 수립

파괴적 혁신을 성공적으로 이끌기 위해서는 제품, 고객, 마케팅, 수익성, 지속 가능성 등의 다섯 가지 요소를 고려하여 전략을 수립해야 한다.

1) 제품 전략

기업이 새로운 사업에 진출하려고 할 때 항상 유의해야 할 점은 기존 시장의 선도 기업들이 구축해 놓은 브랜드의 충성도나 규모의 경제 등과 같은 진입장벽을 극복할 수 있는지 판단하는 것이다. 선도 기업들이 구성해 놓은 기존 시장환경에서 그들과 같은 고객을 대상으로 사업을 전개하면 이미 구축된 진입장벽을 넘기가 매우 어렵다. 한 예로, 영국의 대표적 문어발 기업 Virgin의 창업자이자 최고경영자인 Richard Branson은 Coca-Cola처럼 지구촌의 모든 사람이 알아주는 글로벌 브랜드를 키우겠다는 야망을 갖고 있었다. 그는 이를 위해 Virgin 콜라를 생산하기에 이르렀지만, Coca-Cola와 Pepsi의 아성을 넘지 못하고 시장에서 밀려나고 말았다. 이처럼 진입장벽 극복을 위해 필요한 혁신을 존속적 혁신이라고 한다. 기존의 사업과 기존 고객이 원하는 품질이나 서비스의 트렌드가 고스란히 존속되는 상황에서 혁신이 일어나기 때문이다.

파괴적 혁신은 이와 반대의 개념이다. 기존의 기업들이 관심이 없거나 멀리하는 시장에 초점을 두는 것이 기본이다. 기존 시장의 우량고객들로부터는 만족할 만한 성과를 만들어 내기가 어렵기 때문이다. 파괴적 혁신을 지향하는 제품이나 서비스는 초창기엔 그 효과가 크지 않지만, 기업이 점진적으로 시장을 확대해 갈 수 있는 동력으로 작용한다. 따라서 기존 시장에서 성능이 뛰어난 제품과 서비스를 제공하려고 노력하기보다 오히려 다른 관점에서의 접근이 필요하다.

처음 휴대용 계산기가 나왔을 때, 기존 컴퓨터보다 계산 능력이 매우 제한적이었으며 가격은 비쌌다. 하지만 언제 어디서든 계산이 가능한 장점을 살려 시장에 진입했다. 시간이 지나고 기술이 발전함에 따라 가격은 점점 싸지고 이용자 수가 확대되면서, 컴퓨터를 이용해 계산을 해 주는 업체들이 문을 닫기 시작했다. 현재는 재무용 계산기, 공학용 계산기 등 다양한 분야에 적용할 수 있는 계산기까지 등장하면서 성공적인 시장을 창출했다.

2) 고객 전략

기업은 새로운 사업을 전개할 때 이윤 창출을 위해 수익성 높은 고객 집단을 겨냥하는 것이 일반적이다. 이들은 가격에 덜 민감하고, 기존 제품과 서비스에 대한 수요가 많은 고객 집단이기 때문이다. 하지만 파괴적 혁신이 가장 효과적으로 성공을 거둘 수 있는 고객 집단은 현재의 상품과 서비스에 관심이 없거나 구매 의욕이 없는 사람들이다.

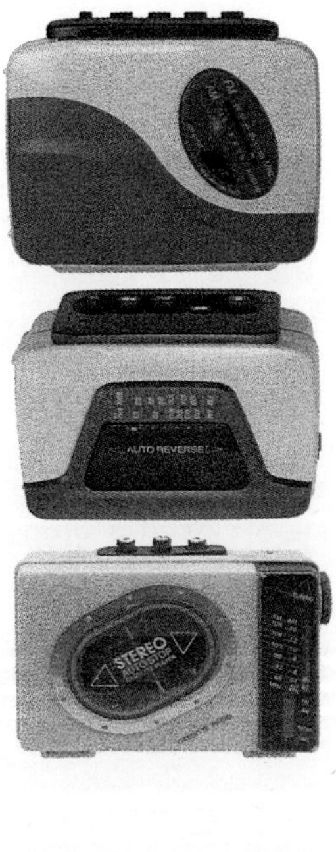

예를 들어, Sony는 기존에 존재하지 않았던 제품을 만들어 새로운 고객을 만드는 방법으로 세계 전자제품 시장에서 지배력을 키워 갔다. Sony가 트랜지스터 라디오 시장에 진출할 당시 시장 기반이 확고한 기존의 라디오 생산업체들은 가구나 장식품 스타일의 진공관 라디오를 판매했다. 이들은 트랜지스터에 대해 잘 이해하고 있었고 심지어 고도로 세련된 진공관 수준의 음질을 재현하는 트랜지스터 라디오 개발에 많은 투자를 했다. 하지만 Sony는 트랜지스터의 작은 크기에 주목했다. 휴대가 간편한 소형 트랜지스터 라디오를 개발하여 차별화된 제품을 출시했다. Sony 라디오의 음질은 확실히 진공관 기반의 라디오보다 못했지만, 가

격이 싸고 휴대가 간편하다는 장점이 있었다. 이것은 트랜지스터 라디오의 잠재고객이었던 10대들에게 특히 인기가 높았다. 더구나 Sony는 서서히 파괴적 혁신의 경로를 따라서 휴대용 트랜지스터 라디오의 음질을 좋게 했고 결국엔 기존 진공관 제품들의 음질을 능가하게 되었다. 그러자 시장은 더욱 확대되었다. 그제야 기존 기업들은 대응에 나섰지만 때는 이미 너무 늦고 말았다. Sony는 트랜지스터 기술을 완벽하게 구현했고 유통채널까지 장악해 버렸다. 즉, 파괴적 혁신을 위해서는 수익성이 높은 고객군보다 오히려 전혀 소비하지 않았던 잠재고객에게 주목해야 한다.

3) 고객가치 창출

기업이 제품 개발을 수행할 때 대상 고객을 선정하는 작업은 주로 마케팅 부서의 역할이다. 이때 대상 고객의 분석은 인종, 성별, 수입과 같은 인구통계학적인 분석을 통해 이뤄진다. 하지만 이러한 분석은 정작 중요 고객의 구매 관련 의사결정방식을 이해하는 데에는 큰 도움이 되지 못한다. 고객 행동에 대한 좀 더 발전된 예측방법은 제품과 서비스가 고객 삶의 질과 업무 생산성을 얼마나 높여 주는가를 측정하는 것이다. 고객과 밀접한 문제를 중심으로 제품을 기획하고 개선하는 것이 인구통계학적인 관점의 분석보다 훨씬 효과적이다.

Shell은 단순히 윤활유만을 판매하는 데 그치지 않고 자사의 윤활 기술을 활용하여 기계의 성능을 높임으로써 고객에게 새로운 가치를 제공했다. 즉, Shell은 과거에도 고객의 특성에 맞는 윤활유를 생산 · 공급했지만 그 윤활유를 사용하여 최상의 기계 성능을 유지하도록 하는 것은 전적으로 고객의 몫이었다. 이러한 상황에서 Shell은 윤활유에 대해서 축적된 지식과 연구 · 개발 역량을 활용하여 고객의 기계 상태와 윤활유의 점도 등을 분석한 후, 윤활유의 교환주기뿐만 아니라 기계의 보수 및 교체 시기 등에 대한 예측 정보까지도 제공했다. 이로써 고객에게 기계의 사용기간 증대, 불시 고장 횟수 축소, 수선 기간 단축, 윤활유의 과소비 방지 등의 효익을 제공할 수 있었다. Shell의 이러한 솔루션 제공 전략은 인구통계학적인 접근보다 진정으로 고객이 원하는 것이 무엇이고 어떻게 도와줄 수 있는지에 대한 고민을 통해 나온 것이다. 그 결과 고객에게는 윤활유 사용 비용절감과 기계 성능 향상을, 자사에는 고객의 충성도 확보와 부가가치의 향유라는 이익을 가져다주었다. 즉, 파괴적 혁신을 수행하기 위해서는 필요한 것은 인구통계학적 분석보다는 고객이 해결하고 싶어 하는 문제와 환경에 주목해야 한다.

4) 핵심 역량

기업이 수익성을 높이기 위해서는 과거에 성공을 가져다준 핵심 역량에 연연하지 말고, 미래의 가치 창출 원천에 집중해야 한다. 대부분의 기업은 혁신을 위해 기존의 핵심 역량에 집중한다. 하지만 이것은 오히려 파괴적 잠재력을 가진 아이디어를 실현하는 데 방해가 될 수 있다.

예를 들어, 세계 최초로 필름 카메라를 발명한 Kodak은 기존 아날로그 방식의 카메라 사업에 집착하다가 디지털 환경에 적응하지 못해 급격한 실적 저하를 경험했다. 1980년대 주력한 사업 다각화는 시너지 창출에 실패했고, 저효율을 극복하기 위한 수차례의 구조조정도 별다른 성과를 거두지 못했다. 1994년 외부 최고경영자의 영입으로 위기를 극복하려 했지만 역시 혁신에 실패했다. Kodak이 혁신에 실패하고 만 주원인은 기존의 핵심 사업에 안주하면서 미래의 가치창출을 위한 노력을 등한시한 데 있다. Kodak은 불황기에 디지털 이미지 제품과 같은 차세대 사업에 투자하는 것은 무리라고 판단하고 필름 사업의 안정적인 수익성 확보에 주력했다. 내부적으로도 필름과 카메라 시장에서의 독점적 위치에 만족하면서 시장의 변화를 제대로 읽지 못했다. 결국, 주 수익원인 필름 사업은 급성장하는 디지털카메라에 밀리고 말았고, 세계 지역별로 판매 축소 및 중단을 단행해야 했다.

5) 범용화

일반적으로 기업들은 혁신적인 신제품도 시간이 흐르면 범용화될 수밖에 없다고 단정하는 경향이 있다. 즉, 아무리 혁신적인 상품이라 해도 결국 가장 낮은 마진율로 가장 오래 살아남는 기업이 시장을 지배한다고 믿는다. 이미 시장에서 성공적인 기존의 기업들은 특별한 가치를 덧붙이거나 고객의 요구에 맞추면서 경쟁을 하고, 고객은 이러한 경쟁에서 이긴 기업들에 대해 프리미엄 가격이나 시장 점유율로 보상한다. 하지만 고객과 시장은 기존에 이용하던 것보다 더 좋은 것을 요구하게 마련이다. 그럼에도 불구하고 기존의 방식을 고집하면 어느 순간 시장과 고객의 반응은 점점 시들해진다. 그리고 결국 기존 기업들은 가격경쟁에 몰리고 만다. 이러한 범용화 현상을 극복하기 위해서는 파괴적 관점에서 시장을 바라봐야 한다.

예를 들어 Intel도 거의 모든 세대의 CPU를 오랫동안 비싼 가격에 팔아 왔다. 하지만 최근 들어서는 예전

보다 훨씬 강력한 칩인데도 예전만큼 비싼 값을 받지 못하고 있다. 가격 프리미엄을 누리는 기간이 훨씬 짧아진 탓이다. 이는 칩의 발전 속도가 고객 요구보다 너무 빠르기 때문으로 해석될 수 있다. 다시 말해 CPU도 범용화를 목전에 두고 있는 것이다. 이러한 문제를 해결하기 위해 Intel은 고객이 만족하는 한계선을 억지로 끌어올리는 것이 아니라 고객이 더 열망하는 것을 더 많이 제공하는 방법을 찾는 것이다. 이에 따라 Intel은 CPU의 속도를 강조하기보다는 무선통신 환경에서 제공할 수 있는 다양한 기능을 중심으로 마케팅을 펼치고 있다.

(2) 파괴적 혁신을 위한 전략 실행

파괴적 혁신을 성공적으로 하기 위해서는 혁신을 위해 수립된 전략을 제대로 실천할 수 있는 조직 역량이 필요하다. 이때 파괴적 혁신에 기초한 성장전략을 실행할 때는 구성원의 경험, 지배구조, 의사결정, 기대 관리, 리더십 등 다섯 가지 차원에서 예상되는 문제를 고려해야 한다.

1) 구성원의 경험

기반이 튼튼한 기업도 신규 사업에 진출했다가 실패를 겪는 일이 얼마든지 있다. 기존의 사업 분야에서는 전문성을 보유했지만 새로운 사업에 대한 노하우와 경험이 부족하기 때문이다. 예를 들면 삼성의 자동차 사업 실패 사례를 들 수 있다. 전자 산업 부문의 거물인 삼성은 이미 포화상태인 자동차 시장에 50억 달러를 투자하며 진입했다. 전자 부문에서 크게 성공을 거둔 삼성은 자신들의 성공 DNA와 막대한 자금력으로 자동차 부문에서도 성공을 재현할 것이라 믿었다. 하지만 불행히도 출범 4년여 만에 문을 닫게 되었다. 삼성자동차는 성공 경험, 전략적인 마인드, 관계를 만드는 능숙한 기술 등 무엇 하나 모자란 것 없이 두루 갖춘 인재들로 구성된 조직이었다. 문제는 그들의 자질이 아니라 자동차 산업과 관련한 문제에 대처해 본 경험이 전무했다는 데 있었다. 기존 전자 부문 사업의 원활한 운영과 지속적인 성장을 하는 데에는 익숙했지만, 파괴적 혁신의 가능성을 모색하는 신규 사업에 필요한 문제해결 능력은 갖추지 못했던 것이다.

2) 지배구조

구조적인 관점에서 파괴적 혁신을 위해 모기업의 자원 및 역량에 지나치게 의존하지 말아야 한다. 일반적으로 모기업의 지원으로 설립된 신사업 조직 또는 벤처기업은 단단한 조직체계 덕분에 원만하게 운영될 것이라고 믿는다. 실제로 이런 기업 차원의 뒷받침은 신사업 조직이나 벤처기업이 제품의 특징을 더욱 구체화하고 가치 있는 고객 집단을 파악하며 확실한 유통망을 확보하는 데 상당한 도움이 된다. 따라서 벤처기업의 자체적인 역량 확보를 위해서는 모기업과 독립적으로 운영되어야 함에도, 모기업이 조금 더 지원해 준다면 신사업이 성과를 낼 것이라는 선의의 믿음 때문에 종종 실패를 경험한다. 실제로 제품개발, 마케팅, 유통, 사후 관리 등의 영역에서 모기업의 지원은 하나같이 신사업을 추진하는 조직 또는 벤처기업에는 매력적인 요소다. 다만 이런 구조적 관계에서는 벤처기업이 충분한 성과를 낼 수 없고, 결국 모기업에 장기적으로 기여할 수 없게 한다.

예를 들어, 1990년대 일본 기업들은 글로벌 경영을 위한 핵심적인 역량으로 글로벌 공급망 관리에 주목했다. Toyota, Mitsubishi, Sony를 포함한 대기업들은 유통 · 물류 전문기업을 설립했다. 하지만 모기업의 단순 물류만을 수행하던 이들 기업은 전문적인 글로벌 물류업체와의 경쟁에서 뒤처지게 되었다. 이는 모회사의 물류 지원에만 지나치게 의존하던 사업구조 때문이었다. 결국, 혁신을 통한 역량 확보가 아닌 모기업에 의존한 경영방식으로는 글로벌 공급망(SCM) 시장에서 기회를 잃어버리는 결과를 가져오게 되었다.

3) 의사결정

대부분의 기업은 전략의 의미를 장기적인 계획에 따라 세우고 실현하는 것이라고 정의한다. 구체적인 미래 예측에 기반을 두는 전략 수립은 존속적 혁신에 필요하지만, 파괴적 혁신에 필요한 것은 급변하는 상황에 유연하게 대응할 수 있는 '발견' 중심의 전략이다. Macy's와 Bloomingdale's 백화점의 사례가 바로 발견에 기반을 둔 전략의 중요성을 설명해 준다.

1950년대 초 패션 상품으로 유명하던 미국 뉴욕의 Macy's 백화점에 예상치 못한 문제가 발생했다. 패션 상품 대신 가정용품을 사러 오는 손님들이 갑자기 늘었기 때문이었다. 70%에 달했던 패션 상품의 매출이 급격히 줄어든 반면 가정용품의 비중은 60%에 육박했다. Macy's 백화점은 기존의 의도대로 패션 상품을 파는 데 모든 역량을 집중하면서 가정용품 매출을 줄이는 방안도 같이 생각했다. 그 결과, 양쪽 상품 모두에서 고객을 잃는 결과를 초래했다. 가정용품을 본격적으로 팔기로 하기까지 Macy's는 이후 20여 년의 시행착오를 겪었다. 이와 반대로 Bloomingdale's 백화점은 이러한 기회에 유연하게 대처해서 가정용품 전문 백화점이라는 이미지를 전면에 내세우고 새로운 고객집단에 초점을 맞추었다. 그 결과, Bloomingdale's는 백화점 업계 4위에서 단숨에 2위로 올라설 수 있었다.

4) 기대 관리

체계적으로 운영되는 대부분의 기업은 의미 있는 성장 동력을 창출할 때 수익을 내기까지 발생하는 손실이 불가피하다고 본다. 하지만 이와 달리 파괴적 혁신에서는 성장을 위한 제일 나은 방법을 수익성 강조에 두고 있다.

예를 들어, Alcoa, GE, Alcan 등 자금력이 풍부한 기존의 기업들은 소재 시장에서 차세대 세라믹 소재로 파괴적 혁신을 모색했다. 하지만 이들 모두 실패하고 말았다. 하나같이 계속되는 손실을 감수하고 기존에 수립한 전략의 실천에만 치중했기 때문이다. 이런 회사들의 경영진도 스스로 선견지명이 있고 전략적이었다고 생각했지만 결국은 신사업에 대한 의욕을 잃거나 자회사를 유지할 역량 자체를 상실하고 말았다.

반대로, Honda는 1960년대 회사의 제한된 자원 때문에 수익에만 몰두해 미국의 오토바이 시장에 성공적으로 진출했다. 처음에 Honda는 당시 Harley Davidson, Triumph 같은 회사들이 지배하고 있는 주류시장에 저렴한 '머슬 바이크'를 팔아 보려 했다. Honda는 기존의 기업처럼 목표시장에 대한 '전략적' 혁신을 실천하고 손실을 감수할 수 있는 상황이 아니었다. 하지만 기존 구매자들의 운전 습성은 Honda가 판매하는 저렴한 제품에 맞지 않았고 별다른 반응이 일어나지 않았다. 심지어 가격에 아주 민감한 구매자들마저 관심이 없었다. 미국 현지에서 기술을 개발하고 제품을 생산하던 Honda는 여러 가지 기술적 난제를 극복하려 했으나 자금 부족과 당시 일본의 외화반출 규제라는 장벽에 부딪혔다. 그러나 마침내 Honda는 엄청난 성공의 물결을 타기 시작했다. 기존 업체들이 내놓은 힘 좋고, 빠르며, 운전하기 어려운 오토바이는 살 꿈도 꾸지 못한 사람들이 Honda의 50cc Supercub에 열광하기 시작했다. Honda는 애초에 Supercub를 내놓으면서 다른 목적이 있었다. Supercub는 단지 Harley Davidson 같은 제품 개발에 필요한 자금을 확보하려는 수단의 제품이었다. 하지만 그 기종은 Honda의 북미시장 사업을 일으키는 주춧돌이 되었고, 이를 기반으로 더욱 매력적인 고객들을 노릴 수 있게 되었으며, 궁극적으로 오토바이 시장 전체의 리더가 되었다.

5) 리더십

조직이 파괴적 혁신에 기초한 신사업을 추진하려 할 때, 기존의 프로세스는 별 도움이 되지 못할뿐더러 오히려 장해가 될 수 있다. 따라서 파괴적 성장을 위해서는 기업 최고경영자들의 리더십이 중요하다.

최고경영자의 리더십은 다음과 같은 4대 역할을 수행해야 한다. 첫째, 혁신 수행 시 발생하는 여러 상황에 대한 조정 기능을 맡은 프로세스가 존재하지 않을 때 직접 조정 역할과 결정을 담당해야 한다. 둘째, 팀이 새로운 방식의 소통, 조정, 의사결정을 필요로 하는 과제에 직면해 있다면 기존의 프로세스에서 탈피하도록 해야 한다. 셋째, 조직 내에서 반복되는 활동과 결정이 발생하면 최고경영자는 반드시 관련 직원들의 업무를 포괄해서 지휘하고 조정할 수 있는 프로세스를 개발해야 한다. 마지막으로, 파괴적 혁신의 반복적인 육성을 위해 파괴적 기회들을 확인하고 구체화할 수 있도록 조직 전체 구성원들을 훈련하는 시스템을 구성해야 한다. 이때 최고경영자는 비전을 제시하는 데 그치지 않고, 기존의 프로세스에서 탈피하여 파괴적 현신을 위해 새로운 여건 조성을 위해 직접 움직여야 한다.

3 개방형 혁신전략

(1) 개방형 혁신의 등장배경

개방형 혁신의 중요성이 실무적으로나 이론적으로 점차 커지는 것은 기업을 둘러싼 경영환경이 개방형 혁신을 요구하는 방향으로 변화하고 있기 때문이다. 캘리포니아대학교(버클리) 교수인 Henry Chesbrough는 개방형 혁신의 등장배경을 기업환경의 급속한 변화에서 찾는다. 기업은 정보통신기술의 발달로 지식 획득의 경로를 다양하게 취할 수 있으며, 노동시장의 유연성 향상과 벤처캐피털의 발달에 따라 기술 사업화의 길도 다양해졌다. 그러나 기술 개발 비용은 갈수록 증가하고 제품수명주기는 단축됨으로써 기업의 지속적인 혁신 활동 자체가 위협받고 있다. 바로 이러한 환경 변화가 개방형 혁신이 등장한 배경이 되었다. 이외에 기하급수적으로 증가하는 지식 총량, 이종 기술 간의 융합 · 복합 현상, 정보통신기술의 발달로 말미암은 협력 주체 간의 소통 비용 감소, 신흥 개도국의 역량 증대가 가져온 국제 분업의 확산 등도 개방형 혁신이 등장하게 된 요인이다. 이렇게 우리가 사는 21세기의 경영환경은 지식 생산 주체들의 협력과 상호작용을 필요로 하는 방향으로 점점 더 변화하고 있다.

1) 기술 개발 비용의 증가

기술 개발 비용의 증가는 개방형 혁신이 등장하게 된 주된 요인이다. 기술 개발 비용은 점차 증가하고 제품수명주기는 단축되면서 결과적으로 혁신의 수익성이 악화된다. 기술 개발 비용의 증가는 모든 분야에서 나타나는 공통적인 현상이다. 반도체 분야에서 Intel은

2006년에 새로운 제조공장들을 건설하겠다고 발표했는데, 이때 책정한 각 제조공장의 건설 비용은 30억 달러였다. 20년 전만 해도 새로운 제조공장을 건설할 때 이 비용의 1%면 충분했었다. 소비재 분야에서 P&G는 10년 전 여성용품 브랜드 Always를 개발할 때 1,000만 달러가 소요되었으나, 지금은 비슷한 브랜드를 개발하는 데 2,000만~5,000만 달러가 소요된다고 한다. 제약 산업에서도 신약 개발 비용의 상승은 기하급수적이어서, 2000년에 하나의 신약을 개발하는 데 드는 평균 비용이 총 8억 달러에 달했으며, 이는 10년 전의 2배가 넘는 액수다.

2) 제품수명주기의 단축

제품수명주기는 계속 짧아지고 있다. 이 때문에 기업이 혁신에 성공하고 제품이 시장에서 지배적 디자인으로 자리 잡더라도 혁신의 성과를 독점할 수 있는 기간이 점점 단축된다. 기술 변화가 빠른 정보기술 산업의 경우를 보면, 1980년대 초 하드디스크 드라이브 기업은 기술 경쟁에서 승리하면 적어도 4~6년 동안 제품을 판매할 수 있었다. 그러나 1980년대 말에는 이 기간이 2~3년으로 줄었고, 1990년대에는 6~9개월로 줄었다. 6개월마다 새로운 제품이 출시되는 휴대전화 시장은 일반 소비자도 짧아진 제품주기를 직접 체감할 수 있는 대표적인 사례다. 신약 개발기간이 긴 제약 산업도 시장 독점기간이 마찬가지로 크게 줄어들었다. 1960년대에는 새로운 약물 표적에 대한 신약이 개발되면 적어도 10년 이상 시장의 독점을 유지할 수 있었지만, 1980년대에는 그 기간이 4~5년으로 줄었고, 1990년대 말에는 1년 미만으로 축소되었다.

3) 지속 가능한 혁신에 대한 요구

기술 개발 비용이 증가하고 제품수명주기가 단축되면서 기업은 기존의 혁신주기를 유지하는 데 상당한 압박을 받고 있다. 혁신에 따른 비용 증가와 수익 악화로, 혁신 결과물로 창출된 수익을 재투자해 다음 혁신으로 이어 가는 선순환적인 구조를 위협하고 있다. 제약 산업만 살펴봐도 지난 25년간 연평균 매출 증가율 11%를 기록했지만, 연구 · 개발 비용의 연평균 증가율은 15%를 기록했다. 이는 기존의 혁신 모델이 지속되기 어렵다는 것을 의미하는 수치다.

이러한 상황을 극복하기 위해서 기업들은 비용을 줄이고 더 많은 수익을 창출하는 새로운 혁신 모델을 찾아야 한다. 지속 가능한 혁신 모델을 찾는 것은 모든 기업이 생존을 위해 해결해야 할 문제다. 이에 대해 Chesbrough는 기업 혁신을 위한 선순환적 구조를 만드는 최고의 방법은 외부 자원을 활용하여 혁신 비용을 절감하고 다양한 방식의 기술 사업화를 통해 수익을 극대화하는 개방형 혁신을 제안했다.

(2) 개방형 혁신전략

개방성에 기반을 둔 혁신 활동을 위해서 기업은 기존의 혁신 생태계에 협업이라는 개념을 추가해야 한다. 이는 전통적인 경쟁구도나 가치사슬을 분석하는 것이 아니라 현재와 미래의 사업과 관련된 지식을 비롯해 생산하는 참여자들을 분석하는 것이다. 참여자로는 사업 파트너와 경쟁사뿐만 아니라 대학, 연구기관, 창조적인 커뮤니티, 실행 공동체 등이 있다. 기업의 새로운 혁신 생태계는 글로벌해야 하고 기업의 전략과 관련된 모든 분야를 포괄할 수 있어야 한다.

1) 환경과의 상호작용

많은 기업은 핵심 기능에 역량을 집중하고자 아웃소싱을 확대하고, 인적 자원 관리로부터 발생하는 비용을 절감하기 위해 노력한다. 이를 위해 기업의 생산시설과 고객 서비스 기능을 값싼 노동력이 있고 접근하기 수월한 지역으로 이전함으로써 제품과 서비스의 가격 경쟁력을 확보하고 있다. 그리고 새로운 경영 패러다임 아래에서 경쟁력의 기준이 효율성 향상이 아닌 효과성 향상으로 이동하면서 기업들은 비용절감을 위한 아웃소싱만이 아니라 차별성 확보를 위한 아웃소싱도 활발하게 하고 있다. 이런 변화에 따라 기업들은 값싼 인력을 활용해 생산과 고객 서비스 부서를 운영했던 중국과 인도에 연구·개발과 마케팅 부서를 설립하고 신제품 및 서비스의 기획과 개발, 신시장 개척의 기능을 수행하고 있다.

기업은 효과적인 혁신을 위해서 기업의 경계뿐만 아니라 국가의 경계를 넘어 기업의 자원과 역량을 글로벌하게 배치해야 한다. 오늘날 최첨단 초대형 여객기를 만드는 최고의 능력과 지식은 전 세계 수백 개 기업에 분산되어 있다. 그래서 Boeing은 위계적인 생산자와 공급자 간의 관계를 버리고, 새로운 항공기의 설계와 제작에 수반되는 위험부담과 보상을 함께 나눌 공급업체들과 글로벌 파트너 네트워크를 구성했다. Boeing은 프로젝트 동안 긴밀한 협업을 통해 파트너들이 가진 최고의 아이디어를 활용할 수 있었다. 그 결과 Boeing은 파트너들을 고집스럽게 통제했을 때보다 적은 비용과 시간으로 더 나은 제품을 만들어 낼 수 있었다.

최근 많은 기업은 글로벌 네트워크에 연결된 연구·개발 인력과 고객을 포함한 비전문가 집단을 활용하여 기업의 핵심 역량을 확보하려는 노력을 기울이고 있다. 기업 외부에 존재하는 집단 지성을 활용함으로써 다양한 연구를 보다 적은 비용으로 수행하여 연구 · 개발에 대한 위험을 관리하고 기업의 경직된 사고구조를 보완할 수 있는 다양한 관점과 지식을 얻고자 노력하고 있다.

캐나다의 금 생산업체인 Gold Corp.는 광산업 분야를 오랫동안 지배해 온 관행을 깨뜨리고 기업이 독점하고 있는 지질학 데이터를 인터넷에 공개함으로써 전 세계에 탐사 과제로 제시했다. 이렇듯 폐쇄적인 탐사 공정을 개방적인 탐사 공정으로 변화시킴으로써 업계에서 가장 유능한 인재를 확보하고 활용할 수 있었다.

일례로 Gold Corp.는 온타리오 주에 있는 채굴 용지와 관련해 영업 비밀에 해당하는 자료를 일반에 공개한 뒤, 외부인들에게 다음 채굴 장소에 대한 추천을 공모했다. 이 대회 참가자들은 100개가 넘는 탐사용 용지를 제안했는데, 그중 상당수에서 실제로 금이 채굴되었다. 다수의 외부인 참여를 활용한 것이 내부 전문가들에 의존하는 것보다 더 효과적인 적합성 지형 탐험방법이었던 것이다. Gold Corp.는 단시간 내에 캐나다은행보다 더 많은 금을 대량 비축했고 그 자금을 활용하여 최대 규모의 경쟁사를 인수하면서 2006년에는 북미에서 세 번째로 큰 금 생산업체가 되었다. Gold Corp.의 예처럼 기업들은 외부에서 공통의 관심사와 목표를 중심으로 모여드는 거대한 동등 생산계층의 네트워크와 에너지를 활용하면 저비용의 생산성 향상을 기대할 수 있다.

기업들은 글로벌 파트너 기업과의 협업뿐만 아니라 전 세계 이용자와의 협업도 고려할 수 있다. 글로벌한 환경에서 성장하고 디지털 문화에 익숙한 이용자들은 재미에 따라 사고와 행동의 동기를 부여받고 다양하고 유연한 시각을 가진 것이 특징이다. 이들은 대중화된 생산도구와 유통구조를 활용해서 손쉽게 동등계층 생산을 할 수 있는 프로슈머가 된다. 이들을 효과적으로 활용하기 위해서는 동등계층 생산자가 활동하는 커뮤니티의 규범을 명확하게 정의하고, 협업을 통한 집단 활동의 방향을 제시하는 구조와 내부 프로세스를 확립해야 한다. 많은 기업은 이들의 존재와 가치를 인식하고 기업 혁신에 이들을 활용하는 방안을 찾는다.

1996년에 설립된 제약업체 Novartis는 개방성과 글로벌 관점의 접근이 중요함을 인식하고 세계 각지에 존재하는 동등 생산계층을 활용함으로써 지속적인 성장을 만들어 가는 기업이다. Novartis는 기업의 경계를 정의할 때 풀타임으로 고용된 98,000명만이 아니라 Novartis의 가치 제안을 풍부하게 해 줄 수 있는 업계와 정부, 학계 등에 속해 있는 다양한 사람들을 포함한다. 사업 목표를 달성하기 위해 사회의 다른 조직들과 긴밀히 협업하면서 그들과 더불어 가치를 창출한다. 그리고 협업의 성과로 만들어진 지식재산의 일부를 공유함으로써 관계를 성숙시킨다. 이는 제약 산업의 성장에 기여하는 기초연구를 수행하는 연구 커뮤니티로 발전해 간다.

또한 Novartis는 신약을 출시하기 위해 글로벌한 관점에서 사고한다. Novartis는 제약 업계에서 상대적으로 젊은 기업임에도 이미 140개국에서 활동 중이며, 싱가포르에서 열대 질병을 연구하는 세계 최대 규모의 센터를 운영하고 있다. 이곳에서 말라리아, 결핵, 뎅기열에 관한 연구를 수행하며 순 매출의 2%를 의료 혜택을 받지 못하는 환자들에게 약품으로 기부하고 있다.

2) 수익구조의 개선

기업의 개방은 과거에 생각하지 못했던 새로운 사업의 기회를 발견하는 토대가 된다. 기업들은 자사가 보유한 기술 및 아이디어, 지식재산권 등을 적극적으로 외부와 공유하거나 외부에 판매함으로써 수익을 창출할 수 있다. 기업의 성과는 수익으로 대변되기 때문에 혁신 활동을 통해 수익구조를 개선하는 기업을 혁신에 성공한 기업이라고 평가한다. 이는 과거 혁신의 구조에서는 찾아볼 수 없었던 발상의 전환이다.

과거 기업들은 기업 내부적으로 보유한 고유 기술을 수익으로 연결하는 데 전략적이지 못했다. AT&T의 Bell 연구소, IBM의 Watson 연구소 등 막강한 기업 연구소들은 기술혁신을 선도했고, 풍부한 지식재산을 확보함으로써 다른 기업들과의 경쟁에서 기술적 차별성을 기반으로 경쟁적 우위를 확보해 왔다. 대부분의 초일류 기업들이 펼치는 혁신 활동은 기초연구부터 기술 사업화까지 폐쇄적인 구조 속에서 진행되었다.

특히 폐쇄형 혁신을 추구한 Xerox는 최고의 인재를 채용해 내부적으로 기술역량을 축적하고 이를 활용한 연구 · 개발과 기술 사업화를 통해 성장했다. 1970년 Xerox는 PARC라는 중앙연구소를 세우고 GUI 개념, 객체지향 프로그래밍, 유비쿼터스 컴퓨팅, 레이저 프린팅 기술, 근거리 무선통신(LAN) 기술 등 혁신적 기술을 자체 연구를 통해 개발했다. 하지만 당시 대부분의 기업은 폐쇄적 구조 속에서 기술혁신을 했고, 이 과정에서 주력 사업과 연관성이 떨어지는 혁신적 기술은 회사 내에서 상용화되기 어려웠다. Xerox가 제대로 활용한 기술은 주력 사업인 복사기 사업과 연관이 있는 프린팅 관련 기술이 전부였다. 결국, PARC 연구원들이 자체 개발한 기술의 상업화를 위해 벤처를 창업함으로써 Xerox의 많은 기술이 외부로 유출되었고, Apple, Microsoft, 3COM, Adobe Systems 등에서 상용화가 되었다. 그 결과 Xerox는 자신이 투자로 만들어 낸 성과를 누리지 못하고 제3자에게 넘겨줌으로써 새로운 사업 영역에 진출할 기회를 잃고 말았다. 이러한 Xerox의 사례는 폐쇄형 구조에 기반을 둔 비효율적인 기술혁신을 보여 준다.

최근 대부분의 초일류 기업들은 연구 · 개발의 효율성을 높이기 위해서 개방형 구조에 기반을 둔 기술혁신을 추구하고 있다. 기업의 자체 역량만으로 혁신을 추구하는 'NIH증후군' 은 이제 그들만의 가치라 할 수 없게 되었다. 과거 폐쇄형 혁신에서도 연구 · 개발 분야의 아웃소싱이 있었지만, 외부 기술 자체에 대한 불신 및 외부 기술에 대한 정보 부족으로 소극적으로 추진될 뿐이었다. 그러나 근래 기업들은 자사에 필요한 기술과 아이디어를 외부에서 조달하는 한편, 내부 자원을 외부와 공유하면서 새로운 제품이나 서비스를 만들어 내려 노력하고 있다.

개방을 통해 위기를 극복한 IBM

1990년대 기존 사업의 수익성 악화로 위기에 빠졌던 IBM은 Louis V. Gerstner가 최고경영자로 부임한 후, 대대적인 구조조정을 감행하며 수천만 달러씩 적자를 보던 사업을 회생시켰다. 무엇보다 IBM은 지식재산권(intellectual property, IP)에 대한 새로운 접근을 시도했다. 과거 지식재산권 유출을 최대한 억제하려는 방어적인 자세를 바꿔 지식재산권을 외부와 공유하면서 새로운 수익을 창출했다. 서비스 분야의 신성장 동력에 대한 투자를 위해 IBM은 폐쇄적인 연구 · 개발 문화에서 벗어나 자사가 보유하고 있던 반도체 관련 제조기술을 Intel, Motorola, Texas Instrument와 같은 기업들에 라이선스를 통해 보급하고 재원을 확보했다. 또한 오픈 소스 소프트웨어를 적극 지원해 Microsoft와의 대척점에서 IT 서비스 업계의 선두주자로 자리매김할 수 있었다. 현재 IBM은 자신들이 쓰지 않는 기술을 판매해 연간 20억 달러의 수익을 창출하고 있다. 이는 자사가 가진 기술이나 아이디어가 기업의 성장 방향에 들어맞지 않을 경우, 이를 필요로 하는 기업들에 넘기거나 공유함으로써 더 큰 부가가치를 창출할 수 있다는 것을 의미한다.

개방형 혁신은 기술이나 아이디어가 기업의 경계를 넘나들며 기업의 혁신으로 이어진다는 점이 있기 때문에 한 방향으로 진행되는 아웃소싱과 다르다. P&G가 외부에 공개하는 기술 요약서에는 자사가 보유한 기술과 신제품 개발을 위해 필요한 기술이 명시되어 있다. 외부의 기술을 일방적으로 들여오기만 하는 것이 아니라 자사가 보유한 것을 공개함으로써 쌍방향 혁신이 가능하다. 또한 이를 통해 궁극적으로 자사의 수익이 증대되는 효과를 얻는다.

최근에는 '오픈 소스(open source)' 라는 새로운 개념이 등장해 기업의 수익성 제고에 활용되고 있다. 오픈 소스라는 용어는 제품 및 기술에 대한 기업의 정보 공개를 지칭하는데, 1990년대 말에 처음 만들어졌지만 인터넷이 출현하기 훨씬 이전부터 산업발전의 촉매가 되는 가치 있는 정보의 공유라는 개념으로 존재했다. 오랫동안 IT 업계에서는 자사의 핵심 자산이 유출되는 것을 걱정하여 오픈 시스템과 오픈 소스 같은 개념에 격렬하게 반대해 왔다. 하지만 점점 복잡해지는 소프트웨어를 개발하는 데 어려움을 겪던 이들은 증가하는 비용을 감당하지 못하고, 제품의 오픈 소스화를 통해 혁신을 추진했다. 오픈 소스를 통해 복잡한 소프트웨어인 Linux, Apache, SSH 등이 개발되었고, 개방성의 상징인 Google도 오픈 소스 소프트웨어를 기반으로 하고 있다.

Google은 세계 최대의 오픈 소스 기여자로 총 2,000만 줄의 코드에 이르는 800여 프로젝트에 기여하고 있다. 이 활동들을 통해 Google은 제품 개발 과정에서 다른 개발자들의 도움을 받고, 반대로 외부 개발자들이 Google의 소프트웨어를 기반으로 혁신 제품을 만들 수 있도록 기회를 열어 준다. Google이 출시한 안드로이드폰의 경우도 개방된 코드를 통해 누구나 자신의 것처럼 수정하고 이용할 수 있도록 하였다. 안드로이드폰은 오픈 소스 플랫폼으로 출시 후 안드로이드 소스와 SDK를 공개해 라이선스나 로열티를 별도로 청구하지 않고 무료로 사용할 수 있도록 하고 있다. 최초로 출시된 Google 폰인 T-mobile G1은 Google의 웹 서비스를 탑재하고 있으며, 다른 안드로이드 기반 단말기들 역시 Google의 모바일 애플리케이션을 탑재했다. 이러한 점에서 볼 수 있듯이 Google은 소프트웨어나 애플리케이션의 판매를 통한 수익보다는 기술 및 핵심 소스를 무료로 제공하여 플랫폼의 확대를 꾀하고 있다. 이로써 자신들의 서비스를 이용하는 고객의 증가와 광고의 확대를 이루어 안드로이드로부터 수익을 이끌어 내는 것을 목표로 하고 있다. 즉, '광고수익' 이 Google의 오픈 소스 수익 모델의 핵심이다.

Google의 이러한 사업전략은 모바일 사업 이외에도 Google Maps나 Picasa 등과 같은 Google의 다른 사업 활동을 통해서도 나타난다. Google은 소프트웨어를 개발해서 무료로 이용하도록 하고 있는데, 이는 Google의 수익 창출이 소프트웨어의 판매를 통해서가 아니라 광고가 주요 수익원인 덕분에 가능한 것이다. 2004년에서 2007년까지 Google의 수익에서 광고수익이 차지한 비율은 약 99%였으며, 2008년 수익에서 광고수익이 차지한 비율은 약 97%에 달했다.

개방형 혁신을 추구하는 기업들은 폐쇄적으로 기업을 운영하기보다 열린 자세로 외부와 소통한다. 소통의 결과, 전통적 기업이 겪었던 개발 비용 증가에 대한 부담을 덜고 수익 창출로 연결한다. 혁신의 목표는 궁극적으로 기업과 고객, 기타 시장 참여자 모두의 가치를 창출하는 데 있지만, 기업의 가치인 수익 창출이 우선으로 고려되어야 한다. 이런 점에서 Google과 같은 개방형 혁신 사례는 과거 폐쇄적 구조의 혁신 모델이 가진 수익 창출의 한계를 극복하고 시장 자체뿐만 아니라 시장 구성원의 가치 모델을 개방적으로 재구성함으로써 기존에 없었던 새로운 가치를 이끌어 낸다는 특징을 가진다.

3 연습문제

1. P&G의 다섯 가지 혁신 카테고리에 대해 설명하시오.

2. P&G의 C&D 모델에 대해 설명하시오.

3. 존속적 혁신과 파괴적 혁신을 비교하시오.

4. 개방형 혁신과 폐쇄형 혁신을 비교하시오.

5. 성숙산업과 신생산업에서의 개방형 혁신에 대해 설명하시오.

6. 전략적 혁신에 대해 설명하고 네 가지 실패 요인을 쓰시오.

7. 파괴적 혁신의 등장배경을 설명하시오.

8. 파괴적 혁신의 전략수립 시 고려요인을 설명하시오.

9. 파괴적 혁신의 전략실행 시 고려요인을 설명하시오.

10. 개방형 혁신의 등장배경 세 가지를 쓰시오.

11. 오픈 소스의 개념과 Google이 어떻게 활용했는지에 대해 설명하시오.

Part 02

기술 개발 및 관리

Chapter 04

하이테크 전략

Fast Follower 전략을 통한 삼성전자의 시장선점

대부분의 한국 기업은 지난 30년간 고속성장을 통해 LCD, 반도체, 휴대전화, TV, 자동차, 철강, 조선 분야 등에서 세계시장을 선점하는 괄목한 만한 성장을 이뤘다. 하이테크 기업인 삼성전자는 일본의 Panasonic, Sony, Toshiba는 물론 세계적인 기업 HP나 Philips와 경쟁할 수 있는 핵심 역량을 보유함으로써 월등히 높은 성장을 이뤘다. 삼성전자는 초기에 외국의 선진기업에 비해 품질은 다소 떨어지더라도 낮은 가격을 매겨 가격대비가치(value for price) 있는 제품을 수출하면서 빠르게 성장했다. 특히 전속시장(captive market)을 통해 안정적인 판매량을 확보했으며, 기존 사업과 시너지를 낼 수 있도록 수직계열화를 추구해 나갔다.

삼성전자는 선진기업을 빠르게 따라잡기 위하여 비용/원가, 생산성/효율, 품질 측면에서 최고의 효율성을 추구하는 동시에 지속적인 조직학습을 통해 차별화된 운영 역량과 함께 time-to-action/market(한 제품의 개발 및 제품을 만들어 시장에 내놓는 데까지 걸리는 시간)에서 타 기업과 비교하여 우월한 성장인자를 갖게 되었다. 특히 다양한 경영기법 및 견고한 정보 시스템 구축을 통한 효과적인 활용은 결과적으로 기업의 핵심 역량을 키우고 오늘날 삼성전자의 성장을 가능하게 만들어 준 것이다. 특히 스마트폰 분야에서는 삼성전자가 갖고 있는 일체형 전사적 조직 시스템을 기반으로 하는 수직적 구조 내에 수평적 문화를 두게 되면서 빠른 흡수 능력을 갖게 되었다. 삼성전자의 경우와 같이 기술 개발과 마케팅을 통한 신속한 시장 출시로 빠르게 시장을 선점하는 것이 주된 Fast-Follower 전략이라고 볼 수 있다.

반면에, 휴대전화 세계시장을 석권했던 핀란드와 미국은 시대의 트렌드를 포착하고 빠르게 대응하지 못한 결과로 실패를 거듭했다. 특히 모바일 디바이스의 보급으로 인한 스마트폰 패러다임의 전환으로, 선두기업들은 경직된 위험성이 높아지고 스마트폰의 대응에 뒤처지게 되면서 결국 2011년 1분기에는 1위와 2위의 시장 점유율 순위가 바뀌게 되었다. 빠른 시장 변화에 대응하여 꾸준히 기술 개발에 집중한 삼성전자의 하이테크 전략은 마케팅 부문에서도 브랜드 역량을 확보할 수 있도록 하였다. 2009년 iPhone 출시로 인해 전 세계 휴대전화 시장이 충격을 받은 상황에서 삼성전자는 제대로 된 스마트폰이 없던 상황에도 불구하고 2년 만에 갤럭시 시리즈를 출시하면서 큰 성공을 거두었다. 현재 삼성전자는 2012년 매출 200조, 영업이익 20조 시대를 준비하기 위한 경쟁력 강화에 모든 역량을 집중하고 있다.

개요

오늘날 산업구조 고도화에 따라 기술집약적 산업의 규모가 증가하고 있으며, 하이테크 전략을 통한 창업기업들의 성공 사례가 늘어나면서 기술전략의 중요성이 대두되고 있다. 특히 일반적인 기술과 달리 기업의 경쟁력을 급성장시키고 시장 점유율을 변화시킬 수 있는 하이테크에 대한 기업들의 관심이 높아지고 있는 동시에 이에 따른 다양한 위험요소들도 등장했다. 하이테크 시장은 소비자의 요구사항이 빠르게 변화하고 기술 개발 기간이 불확실한 특징을 가지고 있어 자원투입의 위험요소가 많은 반면에, 기술 개발에 성공할 경우에는 경쟁기업이 모방하기 어렵거나 불가능하여 지속적인 이익 창출이 가능하다. 특히 블루오션을 창출할 수 있는 기술을 개발한 경우에는 광범위하고 다양한 시장 기회 및 선점효과를 획득할 수 있다.

위와 같은 기업의 경쟁력 성장을 목표로 하이테크 전략을 수립하기 위해서는 자사의 자원과 역량을 정확하게 파악하고 고객과 시장의 니즈에 대한 명확한 분석 기반의 전략적 접근방법이 필요하다. 또한 이러한 분석 결과에 따라 제품선도자형(product leader), 고속추종자형(fast follower), 고객친밀형(customer intimate), 우수관리자형(operationally excellent) 중 전략 유형을 결정하여 구체적이고 실질적인 전략을 수립하여 시장에서의 기업 경쟁력을 확보하도록 노력해야 한다.

1 하이테크

(1) 하이테크의 정의

기술(technology)은 일반적으로 과학 및 공학기술을 통해 생산된 제품을 활용하여 문제를 해결하는 도구 또는 지식과 관련된 내용이라고 볼 수 있다. 그리고 하이테크(high-technology)는 일반적인 기술 중에서 최첨단 또는 선진기술 등으로 정의할 수 있지만, 시간적인 패러다임에 따라 그 정의도 달라진다. 예를 들어 1980년대에 하이테크로 분류되던 컬러 TV는 오늘날 이미 성숙화된 기술이다. 전통적으로 하이테크 영역에서는 정보기술(IT), 컴퓨터 하드웨어, 통신 서비스, 인터넷 인프라 등 다양한 하이테크 산업들이 성장했다. 최근에는 바이오테크, 신재생 에너지, 제약 분야, 의료기기, 나노기술, 로보틱스 및 하이테크 산업과 융합된 분야들이 새롭게 등장하는 추세다.

(2) 하이테크 환경의 공통적 특성

하이테크 환경에서 나타나는 공통적인 몇 가지 특성은 〈그림 4-1〉과 같이 '시장의 불확실성', '기술적인 불확실성', '경쟁적 변동성'으로 구분할 수 있다.

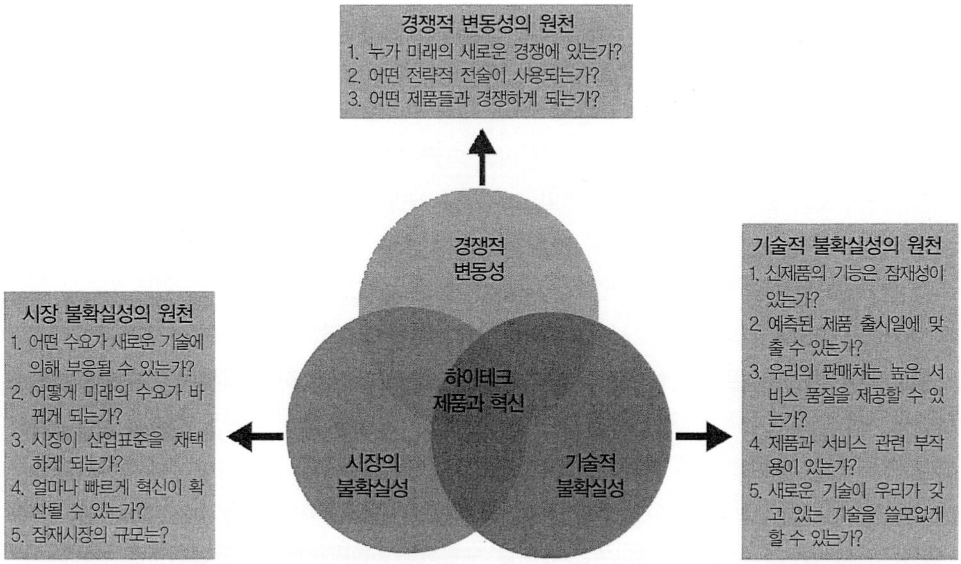

그림 4-1 하이테크 제품과 혁신의 공통적 특성

일반적으로는 〈그림 4-1〉에서 설명한 세 가지의 특성 중 1~2개는 다른 산업환경에도 존재할 수 있지만, 이 세 가지 특성이 공존하는 경우에만 하이테크 기업환경으로 볼 수 있다.

1) 시장의 불확실성

시장의 불확실성은 특별한 기술로 만족할 수 있는 고객 요구의 유형과 규모가 모호하다는 것인데 이는 네 가지 요인에 기인한 것이다. 첫째, 시장의 불확실성은 FUD(fear, uncertainty, doubt)로 알려져 있는 요소로 신기술이 고객의 요구나 문제를 다루고 있는지, 고객의 요구를 얼마나 잘 충족시킬지에 대한 고객의 우려, 불확실성, 의심으로 발생된다. 둘째, 고객의 요구 사항은 빠르게 변화하고 하이테크 환경에서는 예측 불가능하다. 셋째, 고객의 불안은 신제품의 기술표준이 호환성이 없는 경쟁관계인 경우 지속된다. 넷째, 혁신이 얼마나 빠르게 확산되는지에 대한 불확실성으로, 앞의 세 가지 요인의 많은 부분에 기인한다.

2) 기술적 불확실성

기술적 불확실성은 기술이나 기업이 특정한 요구를 충족시킬 수 있을지에 대해 알 수 없는 상태를 말하며 다섯 가지 요인이 있다. 첫째, 혁신기술이 약속한 대로 가능할 것인지에 대한 의문이다. 둘째, 하이테크 산업에서 제품 개발은 일반적으로 기대한 것보다 더 오래 걸리기 때문에 신제품의 개발 일정과 관련이 있다. 셋째, 고객이 문제를 가지고 있을 때 기술 공급자가 이를 즉시 해결할 수 있고 효과적으로 서비스할 수 있는가이다. 넷째, 예상치 않은 결과 또는 부작용이다. 다섯째, 새로운 기술로 인해 이전의 기술이 얼마나 오랫동안 지속될 수 있는가이다.

3) 경쟁적 변동성

경쟁적 변동성은 경쟁환경이 어느 정도로 변화할지, 경쟁자와 그들의 전략이 어떻게 변화하는지에 대한 부분을 말한다. 경쟁적 변동성은 세 가지 요인으로 나타난다. 첫째, 그들의 경쟁자가 누구인지, 둘째, 경쟁자의 시장전략이 무엇인지, 셋째, 경쟁자가 제공하는 것이 무엇인지 등에 관한 것이 있다.

이처럼 시장과 기술의 불확실성, 경쟁적 변동성이 커지면서 연구·개발(R&D) 혁신의 중요성이 갈수록 높아지고 있다. 외부 환경의 변화 속에서 연구·개발의 역할 또한 변모하고 있는 것이다. 특히 우리나라의 경우 〈그림 4-2〉와 같이 자동차, 반도체, 정보기술(IT) 등 하이테크 제조업을 중심으로 급속도로 성장해 왔으며, 이미 한국의 하이테크 제조업은 국가 경제의 25%를 차지하고 있다.

2 하이테크 전략

하이테크 전략은 도입부에서 언급된 사례에서 확인한 것과 같이 기업이 전략을 수립하는 일종의 '전략수립 과정'으로 설명 가능하다. 이러한 전략수립 과정을 통해 기업은 향후 기업의 비전과 나아가야 할 방향에 대한 로드맵을 제공하는 동시에, 이러한 전략을 실행

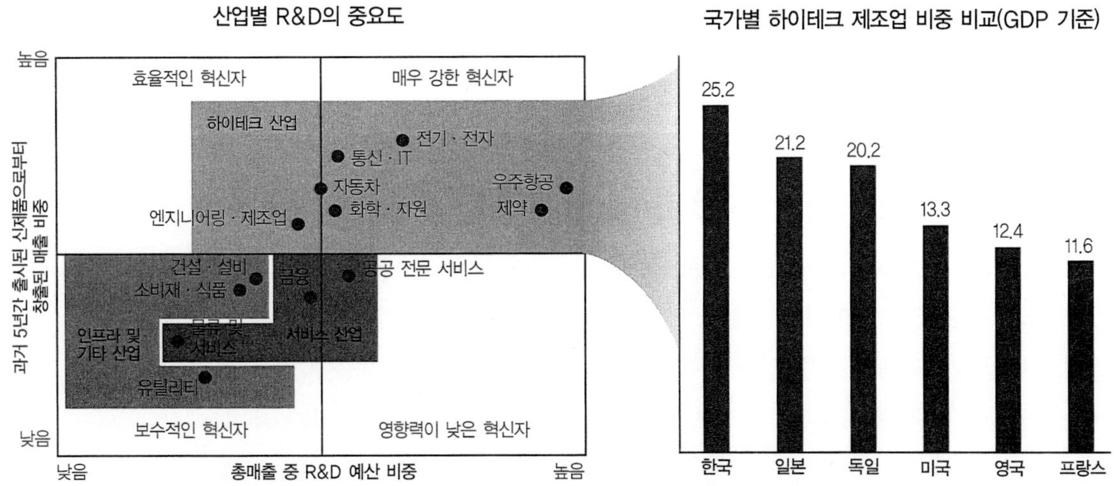

그림 4-2 산업별 R&D의 중요도 및 국가별 하이테크 제조업 비중 비교

출처 : 홍대순, "기술운명을 좌지우지하는 기술기획", TIM-Alive 2012년 9월(제3호)

하기 위해 특정한 기술 개발 프로젝트, 특정 세분시장(market segmentation), 혹은 다른 하이테크 기술 개발 관련 프로젝트 및 기회에서 요구되는 자원을 어떻게 배분할지를 결정하게 된다. 〈그림 4-3〉과 같이 이 장에서는 이러한 하이테크 전략을 수립하는 데 필요한 절차와 각각의 절차 내 단계에서 의사결정을 위한 핵심 요소를 설명하고자 한다.

(1) 자원과 역량에 대한 평가

기업의 자원은 고객에게 우수한 가치를 창출해 주는 기초가 된다. 이러한 자원은 일반적으로 유형적 자산과 무형적 자산 그리고 역량으로 구분될 수 있다. 유형적 자산은 공장시설, 정보 시스템, 제품 등을 예로 들 수 있으며, 무형적 자산으로는 브랜드 자산(brand equity), 유통채널(distribution channel), 시장 지식, 고객의 요구에 대한 노하우 등이 있다.

하이테크 기업의 다른 중요한 자원은 특허의 자산구성, 산업의 의존도, 네트워크 효과 등에서 발견될 수 있다. 예를 들면, 광범위한 사용자 기반과 보완재를 제공하는 파트너십의 기반은 경쟁우위의 중요한 자원을 제공한다.

역량(competency)은 기업과 시장에서 점차적으로 경쟁력을 갖게 해 주는 것으로, 기업이 새롭게 자원을 획득해 가도록 하는 기술이다. 하이테크 산업의 마케팅 역량은 시장의 정보를 수집 · 해석 · 이용하는 프로세스, 고객과의 관계를 관리하고 고객에게 보다 효율

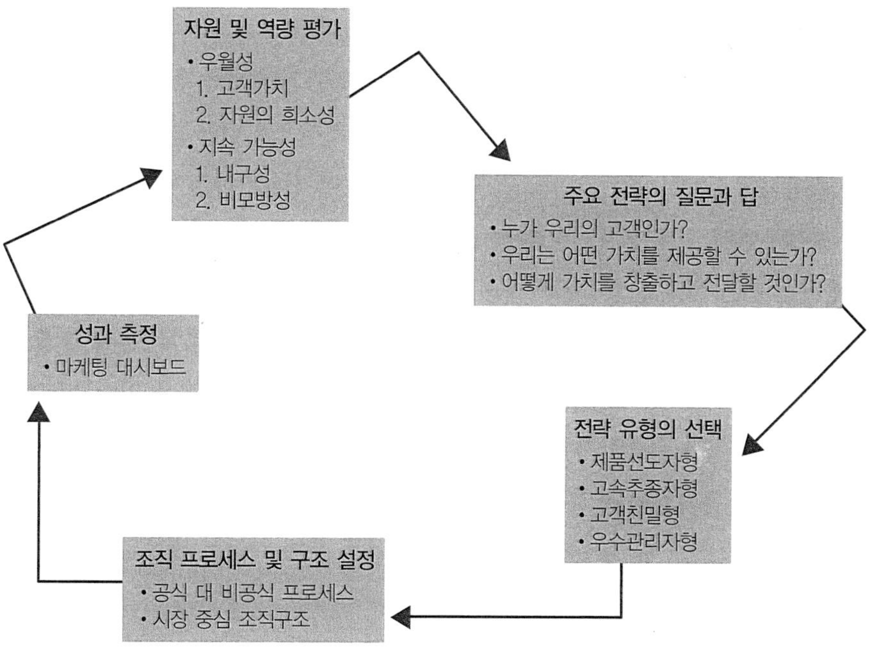

그림 4-3 주요 전략적 의사결정

출처 : Jakkimohr, Sanjitsengupta, & Slater(2010), *Marketing of High-technology Products and Innovation*, 3ed.

적인 서비스를 제공하기 위해 유통 파트너들과의 협력관계를 구축하는 능력, 신제품의 상업화, 유통망 관리 등이 있다.

기업이 소유한 자원과 경쟁력이 무엇인지 이해하는 것이 중요한 만큼, 기업은 부족한 주요 자원과 경쟁력의 자산을 획득해야 한다. 그리고 자원 기반을 충분히 구축해 두기 위하여 부족한 역량과 기술을 개발하려는 계획을 수립해야 한다. 경쟁력은 모든 비즈니스에서 중요하지만 하이테크 비즈니스에서 더욱 중요하게 여겨진다. Apple과 P&G의 비교는 이러한 현상에 대한 시사점을 제공한다.

2007년 1월, Apple은 미국의 7대 기업이었고 P&G는 10대 기업이었다. 두 회사 모두 13% 정도의 이익을 냈지만, Apple의 시장가치는 주당 9.71달러인 반면 P&G는 3.10달러였다. 두 회사의 차이는 자산 집중도 또는 재무구조의 차이로만 설명될 수 없다. 두 기업이 유사한 역량을 가진 데 반해 그 역량들이 하이테크 시장에서 기업이 경쟁하는 데 더 가치 있는 요소라는 사실로 설명할 수 있다. 이유는 하이테크 제품 시장이 일반적으로 높은 성장을 가져오는 시장이라는 것이다. 이러한 경쟁이 가져다주는 이익은 성장에 의해 확대되고, 이는 기업 시장가치에 결국 영향을 준다.

하이테크 기업의 지속 가능한 경쟁우위를 위해 필요한 경쟁력의 유형은 기업의 유형에 따라 다를 수 있다. 하이테크 기업은 일반적으로 기술혁신으로 인한 경쟁력 덕분에 최초의 성공을 경험하게 된다. 이는 기업의 연구 · 개발에 있어 기초기술을 바탕으로 하고 있다. 그러나 경쟁우위에 기초한 초기 기술을 유지하기 위해서 하이테크 기업은 기술적인 역량과 함께 시장 관련 역량 또한 증가시켜야 한다. 예를 들어, 오랫동안 고객과의 관계를 유지하는 것은 시장에 기반한 유용한 정보를 수집하는 것이다. 또한 유통 파트너들과 효과적으로 일하는 것은 기술 중심의 많은 기업들에서 부족한 부분으로, 시장을 기반으로 한 경쟁력이 된다. 따라서 하이테크 기업의 중요한 문제는 시장경쟁력을 개발하는 것이다. 예를 들어 삼성전자의 휴대전화 사업의 경우, 최적의 운영 효율성(operational excellence) 역량과 동시에 영화 협찬 등 혁신제품의 마케팅 역량을 통해 다양한 네트워크를 가지게 되었다.

기업의 관점에서 기업이 어떠한 자원과 역량을 확보하고 있는지가 중요한 것처럼, 하이테크 기업의 관점에서도 하이테크 기업이 보유하고 있는 주요 핵심 자원과 핵심 역량이 무엇인지, 또한 부족하다면 전략적으로 어떻게 자원을 확보하여 기업 기반의 자원으로 발전시킬 수 있는지에 대한 접근이 필요하다. 이를 통해 일반 산업보다 높은 수익을 창출할 수 있다.

핵심 역량(core-competency)은 일반적인 역량과 구별되며, 기업의 경쟁우위를 가져다준다. 핵심 역량은 세 가지 특성으로 설명될 수 있다. 첫 번째는 다른 역량과는 달리 경쟁기업이 모방하기가 매우 어려운 것으로, 모방이 불가능할수록 지속적인 이익이 창출된다. 두 번째 특성은 고객이 추구하고자 하는 가치와 상당히 밀접한 관계가 있다. 세 번째는 경쟁한 적 없는 새로운 제품 시장에서 기술과 경쟁력을 제공함으로써 기업이 광범위하고 다양한 시장 기회를 획득할 수 있다는 것이다.

세계적인 프린터 전문 하이테크 기업인 Hewlett-Packard(HP)의 경우, 핵심 역량으로 영향력을 창출한 좋은 사례라 볼 수 있다. HP의 핵심 역량은 디지털 이미지를 종이 위에 아주 깨끗하고 섬세하며 선명하게 복사하는 것으로, 이러한 핵심 역량은 레이저프린터 사업 분야에서 굉장한 성공으로 나타났다. 다른 기업들이 레이저프린터를 생산한다 해도 HP의 우월한 기술과 상품성은 모방하기 어려울 만큼 높은 품질이다.

1) 경쟁우위 진단

전략, 역량 및 자산 등은 우월한 고객가치를 창출하는 데 기초가 된다. 그러나 이는 단지 기초일 뿐이다. 기업은 또한 전략과 이를 지원하는 역량, 그리고 자본이 기업을 지속 가능한 우월성(sustainability superiority)의 위치로 이끄는지 판별해야 한다. 이러한 진단으로 기업의 전략이 성공적인지 또는 조정이 필요한지 등을 결정하게 된다. 우세한 위치에 서기 위해 기업은 고객가치와 자원의 희소성, 두 가지 자원을 고려해야 한다. 또한 지속성(sustainability)을 갖기 위해서는 추가적으로 내구성과 비모방성 등 두 가지를 더 고려하여 진단해야 한다.

2) 우월성 : 고객가치와 희소성

고객가치(customer value)는 소비자가 상품을 사용하면서 발견하는 효용과, 고객이 상품을 발견하고 획득 · 사용 · 유지 · 폐기하는 과정에서 발생하는 제품수명주기 비용 간의 차이다. 만일 자원이 그 기업의 고객 효율성을 증진시키는 전략의 개발이나 실행을 가능하게 한다면 매우 가치가 있다. 효과적인 전략으로 효용의 증가보다 비용의 증가가 낮다면 추가적인 고객의 효용이 제공된다. 효과적인 전략은 가치 방정식에서 비용 측면에 중점을 두게 되며, 이의 목적은 수용을 증가시키기 위하여 효용성은 유지하되 제품의 수명주기상 비용을 감소시키도록 한다. 혹은 내부적인 비용을 감소시키는 동시에 구매자에게 비용을 전가하지 않도록 한다. 효용과 비용의 경쟁 상관관계로 인해 기업은 표준적인 시장을 세분화할 수 있으나 마진과 ROI(return on investment, 투자수익률)는 증가할 것이다.

두 번째 속성은 자원을 진단하는 데 있어 우세한 위치를 제공하기 위한 희소성(resource rareness)이다. 기업의 자원이 매우 희소하면 경쟁자나 대체품들이 효익(benefit)이나 제품수명주기상 비용에 있어 같거나 유사하게 제공할 수는 없을 것이다. 많은 회사들이 동일한 수준의 가치를 지녔다면 각 회사들은 유사한 방법으로 자원을 배치할 것이다. 이 경우 기업들이 같은 전략을 실행하기 때문에 어떤 기업도 우월성을 획득하지 못하게 된다. 이는 기본적인 자원이 덜 중요하다는 것은 아니며 실제로 희소자원을 개발하는 데 이러한 자원이 필요하기도 하다. 그러나 이런 평범한 자원은 경쟁우위를 이끌어 내지 못하며, 희소성은 우위성을 갖는 가치 있는 자원으로서 기업이 소유할 수 있는 꼭 하나만을 의미하지는 않는다. 어떠한 자원을 가진 기업의 수가 상품 생산을 위해 그 자원을 필요로 하는 기업의 수보다 적다면 그 자원은 우위성의 원천이 된다.

문제는 기업이 우세한 경쟁우위를 갖기 위해 어떻게 가치 있고 희소성이 있는 자원을 개발할 수 있는가 하는 것이다. 답은 간단하다. 바로 물리적 자산, 무형적 자산 및 역량 관련 자원 등을 포함한 보완재(a bundle of complementary resources) 자원의 그룹을 통해 고객의 가치를 창조하는 것이다. Apple은 매우 고객친화적인 상품의 조합을 보유하고 있다. 사용자가 용이하게 쓸 수 있는 제품을 제공하면서 동시에 높은 브랜드 이미지, 그리고 산업 디자인 요소들을 조합하여 고객과 투자자들이 추종하도록 만들었다.

불행히도 가치와 희소성을 기반으로 할 우위성의 지위는 영구적이지 않다. 조사 연구에 의하면 5% 미만의 기업만이 10년 동안 우위성을 창출할 수 있다고 한다. 고객의 요구나 시장구조 요소의 변화는 과거에 가치 있었던 자원을 더 이상 가치 없게 만들 수도 있다. 지속적인 우위는 지속적인 자원의 개발을 요하며, 자주는 아니더라도 새로운 자원이 개발되어야 한다.

3) 지속성 : 내구성과 비모방성

내구성(durability)은 현존하거나 잠재된 경쟁자의 혁신에 의해 가치 있는 자원이 얼마나 노후화되는가와 관련된다. 현존하던 자원의 노후화가 오래 걸릴수록 자원의 가치는 더 오래 유지될 것이다. 자원의 내구성은 넓은 의미에서 산업의 특성에 의존한다. 많은 로우테크(low-tech) 산업처럼 느린 주기를 가진 산업들은 낮은 수준의 시장과 기술의 격변으로 인한 변화율도 매우 느리다. Coca-Cola, Ivory 비누, Campbell 수프, Kellogg 시리얼과 같은 소비자 브랜드는 비교적 높은 가격에도 불구하고 장기간 강력한 고객 충성도를 유지했다. 고객들은 이와 같은 브랜드에 대한 좋은 경험을 가졌고, 이와 같은 브랜드 네임을 신뢰한다. 브랜드 네임의 내구성은 왜 그것이 브랜드 확장의 기반으로서 가치 있는지를 알게 해 주는 중요한 원인이다.

지속성을 향상시키기 위해서는 비모방성(inimitability) 테스트를 통과해야 한다. 이는 경쟁자가 시장에서 구매를 통해 가치 있는 자원을 얼마나 쉽게 획득하는가 또는 모방할 수 있는가와 관련이 있다. 쉽게 모방이 가능한 자원을 소유하는 것은 순간의 이익 창출을 가능하게 하며, 가치 있는 자원을 경쟁자가 모방할 수 없게 만드는 것은 선도 진입자의 지위를 지속 가능하게 해 준다. 이러한 가치 있는 자원이 쉽게 모방되지 않도록 하는 방법으로 특허권, 브랜드명, 기업의 명성, 특별자산, 재무적 자원, 그리고 보완재를 제조하는 파트너들을 기반으로 한 네트워크 효과 등이 있으며, 비모방성에 영향을 미치는 세 가지 요소는 투명성, 복제 가능성, 전달성이다.

4) 경쟁우위 평가

지속적인 경쟁우위를 갖추기 위해서 기업은 자원과 역량을 비축해야 한다. 이러한 기본적인 기법과 역량은 기업이 시장에서 판매하는 제품과 기술의 창출에 기본적인 요인으로 작용하게 된다.

역량을 중시함으로써 기업은 일반적으로 역량 활용과 역량 개발 간의 균형을 찾는 문제에 직면한다. 즉, 더 큰 효율성과 신뢰성을 얻고 이미 존재하는 패러다임을 새로운 영역으로 넓히기 위해 기존의 지식, 기술, 프로세스를 개선하고 확장하는 데 자원을 투자하는 것은 역량 활용이며, 새로운 기법을 시험하기 위해 완전히 새로운 지식과 기술, 프로세스 등을 습득하기 위해 자원을 투자하는 것은 역량 개발이다.

역량 활용의 성과를 이루기 위해 기업은 여러 역량 개발 수준에서 얻은 지식을 재결합시켜야 한다. 기존 역량은 역량 개발에서 얻은 새로운 지식을 충분히 활용하기 위해 필수적인 흡수력을 제공한다. 반대로 기존 역량을 활용하는 데 엄청난 능력이 있는 기업은 단지 약간의 노력만으로도 급진적 혁신에 성공할 것이다. 중요한 것은 두 가지 방법에 똑같이 높은 비중을 두면 혁신의 성과에는 부정적 영향을 미친다는 것이다.

이에 대한 확증적인 자료로서 의약 산업 분야에서 새로운 아이디어를 성공적으로 상품화하는 기업의 역량에 영향을 주는 변수들에 대한 연구가 실시되었다. 연구 결과, 성공적인 상품화 능력은 기업 성과에 유의미하게 연관되었는데, 좀 더 자세히 말하면 상품화 전환 능력이 큰 기업은 이 능력이 낮은 기업보다 거의 2배 이상 정도의 큰 투자효과를 나타냈다. 그러나 특정 치료제 분야에서는 전문성을 갖추는 일이 상품화 성공률을 더 높게 이끄는 것으로 나타났다.

(2) 주요 전략적 의사결정

두 번째 단계는 고객을 위한 가치 창출을 결정할 수 있는 주요 전략적인 의사결정을 파악하는 단계로, 고객에 따라 고객 중심의 접근방법을 통한 분석, 가치 창출, 전략 실행 등이 이루어진다. 고객의 요구 사항이 무엇인지 정확히 파악해야 하며, 또 미래에는 요구 사항들이 어떻게 바뀌게 될지도 파악해야 한다. 또한 이러한 고객 요구를 가장 효과적으로 만족시켜 줄 수 있는 자원을 만드는 데 초점을 두어야 한다. 기업의 전략을 수립하는 과정에서 기업이 가지고 있어야 하는 주요 질문은 〈그림 4-4〉와 같다. 각각의 질문에 답하면서 기업은 전략의 가장 중요한 부분을 찾아야 한다. 아래와 같이 세 질문의 접근방법을 통해 나타나는 접점 부분으로 기업은 자신의 자원을 효과적으로 자본화하고 지속적이면서 우수한 경쟁우위를 가질 수 있다.

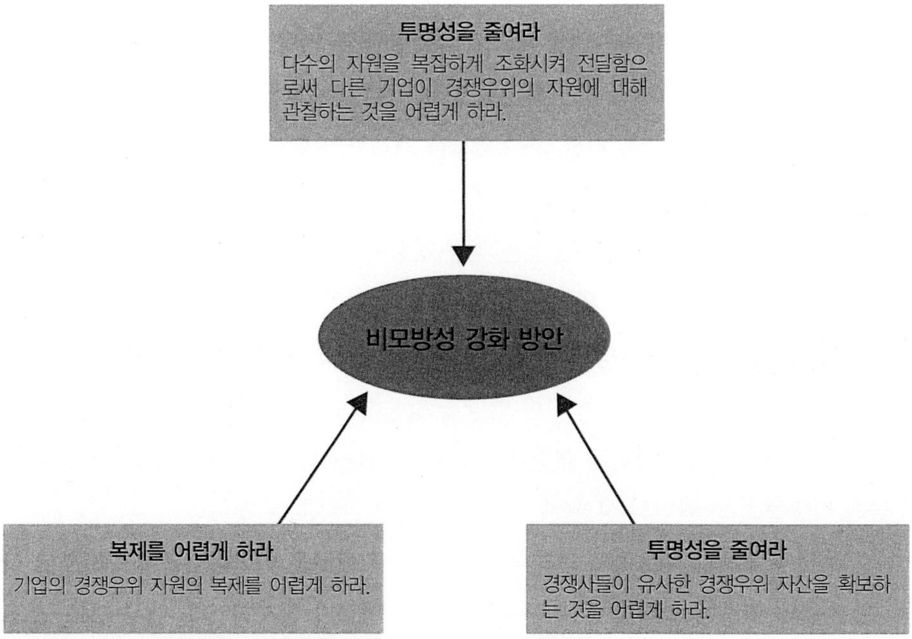

그림 4-4 기업자원의 비모방성을 강화시키는 세 가지 요소

출처 : Jakkimohr, Sanjitsengupta, & Slater(2010), *Marketing of High-technology Products and Innovation*, 3ed.

1) 누가 우리의 고객인가?

새롭게 시작하는 하이테크 창업기업이 자신들의 고객이 누구인지 식별하는 것은 어려운 일이다. 일반적으로 새로운 혁신은 다양한 유형의 시장과 산업에서 사용될 수 있기 때문에 기업의 초기 노력을 집중시킬 세분화된 고객층을 선택하는 것은 위험성이 높을 수 있다. 여기서 기억해야 할 중요한 점은, 기업이 세분화된 고객층에 대해 분명히 초점을 맞추고 있지 않은 경우 에너지를 너무 많은 세분시장에 분산시키는 경향이 있으며, 타깃이 되는 고객을 명확히 하는 경우보다 성공할 가능성이 낮다는 것이다.

반면에, 기존 기업들은 현존 고객을 바탕으로 이미 성숙화된 시장에 초점을 두게 되는데, 이런 경우에는 기존 시장을 중심으로 하는 편협한 초점으로 인해 혁신이 억제되고 급변하는 시장에서 새롭게 떠오르는 세분시장을 보지 못하게 되기도 한다. 이러한 근시안적 초점은 고객의 요구가 시간의 흐름에 따라 변화할 수 있고 획기적으로 다른 방식으로 이를 충족시킬 수 있음을 간과하게 만든다. 따라서 경영자는 "누가 우리의 현재 고객인가?", "5년 후에 누가 우리의 고객이 되어야 하나?"라는 질문을 해야만 한다. 이러한 넓은 시각을 가지고 '어느 고객'이라는 질문에 답하기 위해서는 현재와 미래 고객 모두에게 동시에 초점을 맞출 수 있는 이중적인 시각이 필요하다. 예를 들어 Nintendo의 'Wii'는 심화되고 있는 게임 산업의 경쟁에서 마니아층뿐 아니라 일반인을 대상으로 한 접근방법을 통해 다양하게 즐길 수 있는 게임 개발 전략을 실행하여 시장에서 큰 성공을 거둘 수 있었다.

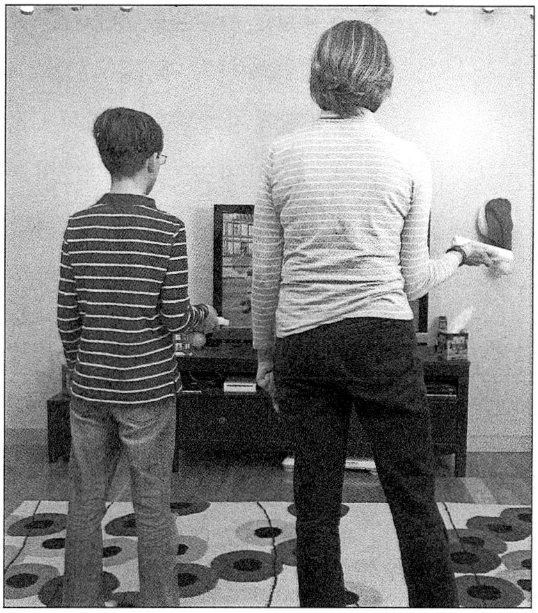

2) 어떤 가치를 제공할 수 있는가?

집중해야 할 고객에 대한 식별이 완료되면, 선택된 고객들에게 어떠한 가치를 제공할 수 있는가를 결정해야 한다. 여기서 말하는 가치는 제품 서비스와 기술은 가치 창출의 수단이지 가치 자체는 아니다.

이러한 고객의 가치를 결정할 때 고객을 이해할 뿐만 아니라 경쟁자들이 추구하고 있는 가치가 무엇인지를 파악해야 한다. 결과적으로 이러한 가치 제안(value proposition)이 기업의 제품 또는 서비스를 이용하게 될 잠재적 고객에게 더 나은 가치를 주거나 기존의 경쟁자보다 좀 더 나은 문제해결 방법을 제공하는 것이 중요하다.

가치 제안에는 다음과 같은 세 가지 주요 유형이 있다.

① 모든 효용 가치 제안

이 가치 제안은 단순하게 고객이 제품을 구입함으로써 느낄 수 있는 효용을 분명히 보여준다. 예를 들어 Dell America의 Joe Marengi 부사장은 "Dell의 소매고객들은 유연성이 증가하고 표준기반기술 이용으로 낮은 비용을 지출하는 효익을 얻는다."고 말했다. 이러한 유형의 가치 제안은 구축하기는 가장 쉬우나 고객의 욕구와 경쟁자의 능력이 최하수준임을 반영한다. Dell은 실제로 목표한 고객에게 거의 혜택을 주지 못하는 특징에 대해 우위성을 주장하고 있는 셈이다.

② 우월한 차별점에 대한 가치 제안

이 유형의 가치 제안은 기업이 생산한 제품의 장점을 경쟁판매자 제품의 장점과 대조한다. GE의 자기공명영상장치(MRI)의 가치 제안은 "당신이 좀 더 정교하고 더 생산성 있으며 더 지원받고 싶을 때 GE의 자기공명영상장치가 도와준다."라고 했다. 이러한 접근방법은 분명 모든 효용보다 개선되어 있지만 제고되는 요소에 대해 아는 것은 표적고객에게 차별화된 가치를 제공하지 않는 상위점이다.

③ 핵심공명 기반의 가치 제안

이 가치 제안은 표적시장에서 대부분의 구매자들이 필요로 하는 몇 가지 핵심요소와 우월성의 가치에 대한 설명이다. 2002년에 Microsoft의 Steve는 "나는 IT 매니저와 이야기할 때 과거 어느 때보다 기술투자를 정당화해야 한다."고 말했다.

Microsoft는 이러한 주장을 최근 조사 결과를 통해 입증했고 Windows XP PRO를 통해 가치를 시연했다. 이 연구는 Windows XP PRO가 고객에게 평균 200% 이상의 투자효과와 3년 동안 매년 데스크톱은 178달러, 모바일은 387달러의 비용을 절감했다는 사실을 보여 준다.

핵심공명 가치 제안은 판매자가 제공한 제품 또는 서비스의 우월성을 수량화할 수 있다는 점 때문에 세 가지 방법 중 가장 효과적이다. 그러나 이 방법은 대부분의 시장에서 실행하기가 어렵고 고객의 요구와 경쟁자의 제품성능에 대한 심도 있는 이해를 필요로 한다.

3) 어떻게 가치를 창출하고 전달할 것인가?

세 번째 주요 전략적 의사결정은 어떻게 가치를 창조하고 전달할 것인가와 관련이 있다. 현재 비즈니스 환경에서의 불확실성으로 인해 계획했던 전략이 실행되기는 무척 어려운 일이다. 이러한 실행에 있어서는 현재 환경에 맞는 역량, 적합한 구조 및 시스템(전략을 강화할 수 있는 보상 시스템 포함), 유통, 가격, 홍보 등에 대한 올바른 의사결정이 필요하다고 볼 수 있다. 이와 동시에, 급변하는 시장환경 및 전략에 따라 실행에 필요한 요소들도 변화함에 따라 이에 대응할 수 있도록 기업의 경영진은 유연성이 있는 전략실행 프로그램을 개발하도록 노력해야 한다. 계약직 근로자, 아웃소싱 및 공급관계의 증가에 따라 다양한 협력체계의 활용이 높아지면서 기업은 전략을 실행하는 데 있어 효과적인 전략적 제휴 및 파트너십을 구성하여 활용할 수 있게 되었다.

(3) 전략의 유형

앞서 설명한 중요한 세 가지의 전략적 질문에 대해 여러 가지 답변방식이 있을 수 있으나 여기에는 〈표 4-1〉과 같은 네 가지 전형적인 방식이 존재한다. 각각의 전략 유형이 적절하게 실행될 경우 성공을 위한 동등한 기회가 주어진다.

표 4-1 네 가지 전략 유형

구분	누가 고객인가?	어떤 가치를 창출할 것인가?	어떻게 가치를 창조하여 전달할 것인가?	장점과 단점
제품선도자	혁신가 조기 수용자	혁신적 제품 (점증적 혁신기업은 급진적 혁신기업보다 성공적인 선도기업이 될 확률이 높음)	스피드와 신속한 상업화 아이디어에 집중	장점 • 진입장벽의 형성 • 더 높은 수익 • 이상적 제품 속성판별 단점 • 고유의 위험 : 시장이 예상만큼 빨리 개발되지 않음 • 높은 실패율 • 높은 개발비
고속추종자	조기 수용자 조기 다수자	• 우월한 제품 • 저렴한 가격 • 신사업 모델	• 비용과 유통에 집중	장점 • 혁신 후발주자의 빠른 성장
고객친밀	조기 · 후기 다수자 • 좁은 틈새 • 특정 고객	• 고객 지향적 솔루션 • 우월한 서비스	• 관계 마케팅 • 친밀한 고객에 대한 지식	장점 • 높은 이익률 • 고객 생애가치를 높이기 위한 사업 거래처의 반복
우수관리자	조기 · 후기 다수자 • 대규모 시장 • 가격에 민감한 고객	• 품질, 가격, 구매 용이성 측면에서 우월한 조합 • 원가 리더십	• 가치사슬의 효율성	장점 • 높은 자산회전율 및 자산이익률

출처 : Jakkimohr, Sanjitsengupta, & Slater(2010), *Marketing of High-technology Products and Innovation*, 3ed.

1) 제품선도자 전략

제품선도자는 혁신적인 신제품을 다양한 개별 시장에 가장 먼저 공급하여 시장을 리드하는 기업을 말한다. 이러한 기업들은 혁신 수용자와 조기 수용자에 초점을 두게 된다. 또한 이러한 선도기업들은 선도고객에 대한 위험을 감수할 의지가 있고, 이러한 위험에 대처할 자원을 가지고 있을 때 가능하게 된다. 이러한 선도제품을 갖고 있는 기업들은 창의적인 특성을 가지고 있다.

예를 들어, 3M 같은 제품 선도기업도 네트워크, 다기능 팀(cross functional team), 공급망 파트너, 전략적 제휴 등과 같은 다양한 협력방법을 사용함으로써 지역 차원의 혁신을 신속히 확산되는 데 기여한다. 성공적인 제품선도 기업은 아이디어를 매우 빠르게 상업화하며, 관련 비즈니스와 관리 프로세스를 지속적으로 개선하는 것을 추구한다.

제품선도자 중 초기 진입자(first mover)는 시장 진입장벽 때문에 경쟁적 우위를 갖게 된다. 이러한 진입장벽에는 규모의 경제, 경험효과, 명성효과, 기술 선도주의(technological leadership), 구매자의 전환 비용이 포함되어 있다. 이러한 장벽들은 초기 진입자가 사업을 시작하고 추종자들이 반응하는 사이의 리드타임을 늘릴 수 있다. 경쟁이 없는 동안에 초기 진입자는 정의 그대로 독점자이므로 경쟁적 시장의 경우보다 더 높은 수익을 올릴 수 있다. 게다가 경쟁자가 진입했다 하더라도 초기 진입자는 확고한 시장지위를 갖고 있으며, 이로 인해 후발 진입자(late entrant)보다 지배적 시장점유율과 더 높은 마진을 유지할 수 있게 된다.

예를 들어 Toyota의 하이브리드 차종인 'Prius'는 1997년 일본에서 처음 출시되었으며, 2001년에 전 세계적으로 판매가 시작되었다. 전체 시장에서 판매한 하이브리드 자동차 5대 중 3대가 Toyota의 하이브리드 자동차였고, 그 결과 Toyota의 자동차 생산공장은 다른 경쟁업체와 비교하여 규모의 경제를 달성할 수 있게 되었다.

이러한 우위에도 불구하고 제품선도자 전략의 선구자적 측면은 본질적으로 위험성을 가지고 있다. PDA 산업이나, Apple이 개발한 Newton은 제품의 신속한 시장 투입이 항상 좋은 생각이 아니라는 것을 보여 주는 좋은 사례다. 또한 PC용 첫 스프레드시트 프로그램인 VisCalc, 휴대용 컴퓨터인 Osborne 등 시장을 선점할 수 있는 가능성을 가진 제품을 출시했음에도 불구하고 이후 등장한 기업들에 밀려 시장에서 결국 소멸해 버린 기업이 있다. 이외에도 시장의 높은 불확실성과 더불어 막대한 개발 비용 문제로 인해 신제품에 대한 투자와 실패가 발생할 수 있다.

2) 고속추종자 전략

고속추종자 전략은 본질적으로 제품선도자의 성공적인 제품과 시장 개발 노력을 모방하는 것을 말한다. 예를 들어, 2000년 3월 Bill Gates는 산호세에서 개최되는 연례 게임 개발 관련 컨퍼런스에 가기 전 Sony가 Playstation 2를 일본에서 출시하여 3일 동안 100만

개 판매고를 올리게 되었다는 뉴스를 접하게 되었다. 이후 1년 동안의 비밀스러운 개발 과정을 거친 후, 2001년에 Microsoft는 XBox를 출시했다. Xbox는 Playstation 2와 비교했을 때 빠른 속도와 실감나는 비디오 그래픽, 생생한 음질, 더 많은 용량의 메모리를 자랑했다. Xbox 사례에서와 같이 운영체제, 응용 소프트웨어, 인터넷 브라우저 등과 유사하게 Microsoft는 비디오게임 분야의 선두주자는 아니었지만, 비디오게임 시장을 주도하는 데 문제가 없었음을 볼 수 있다.

가장 성공적인 고속추종자는 조기 수용자와 전기 다수 수용자를 목표로 하며, 제품선도자보다 우수한 제품을 혁신적으로 개발하고, 저렴한 가격으로 판매하며, 선도자보다 더 우수한 방식으로 광고하고 유통하는 등의 더 강한 활동, 게임의 법칙을 변화시키는 혁신적인 전략수립을 통해 제품선도자들을 극복할 수 있다.

혁신적인 후발 진입자는 제품선도자보다 상대적으로 더 빠르게 성장하며, 더 높은 시장잠재성을 갖는다. 한 연구에 따르면, 후발 진입자는 제품선도자의 혁신을 최소 33% 이상 더 적은 가격으로 복제할 수 있고, 중요한 특허화된 혁신제품은 3년 이내에 모방하여 개발이 가능하며, 특허받지 않은 혁신제품은 1년 이내에 모방이 될 수 있다고 한다. 따라서 고속추종자는 제품선도자의 성장을 더디게 하고 마케팅 비용의 효과를 떨어뜨린다.

3) 고객친밀형 전략

고객친밀형 전략은 시장에서 요구하는 모든 것을 제공하지 않고 특정한 고객이 요구하는 것만을 제공하는 데 초점을 두는 것이다. 이 전략을 선택한 기업은 더 좁은 틈새시장이나 특정 고객을 목표로 하는 경향이 있다. 즉 고객과의 일회성 거래보다는 고객과의 관계 구축을 통해 특정한 고객의 요구 사항을 만족시키는 데 특화된 지식을 축적하게 된다. 수용자 집단의 관점에서, 고객친밀형 전략을 추진하는 경우에는 전기 다수 수용자와 후기 다수 수용자가 고객을 목표로 할 때 가장 성공적이라고 할 수 있다. 뛰어난 고객 서비스를 제공하는 기업은 고객의 충성도를 높여 제품을 추가로 구매할 가능성을 높인다. 따라서 고객친밀형 전략은 이러한 가능성을 열어 주며, 최종적으로 비즈니스의 긍정적인 성과를 얻게 한다.

4) 우수관리자 전략

우수관리자 전략은 최상의 품질, 가격, 그리고 구매의 용이성을 조합하여 전기 다수 수용자와 후기 다수 수용자 고객을 표적화하며, 일단 정착되면 자사의 가치사슬을 활용한 가격 리더십(cost leadership)을 통해 경쟁자들로부터 적극적으로 시장을 보호한다. 또한 그들은 기술력, 생산성, 유통의 효율성을 찾아내 낮은 가격으로 제공한다. 바로 Dell Computer가 이 전략의 전형적인 사례다. Dell의 경우 주문 생산방식 및 고객에게 직접 배송하는 시스템을 통해 고객이 원하는 컴퓨터 제품을 경쟁사보다 더 낮은 가격으로 제공한다.

앞서 설명한 네 가지 유형의 전략은 개념적으로 차별성이 있으나, 많은 기업들은 자신이 처해 있는 비즈니스 환경에 따라 주 전략과 함께 상황에 따라 이를 지원하는 1개 또는 2개의 전략을 수립하여 실행하게 된다. 혁신기업 7위에 오르고 세계에서 세 번째로 제품·품질 수준이 높은 P&G의 경우, 제품선도자 전략과 우수관리자 전략을 혼합하여 사용하고 있다.

3 전략수립 과정 : 접근방법과 구조

하이테크 환경에서 전략을 구축하는 두 가지 중요한 측면이 있다. 즉, ① 전략수립 과정의 본질과 ② 적응력 있는 전략계획을 촉진하는 조직 유형이다.

(1) 비공식적 기획과 공식적 기획

일부 전략 전문가들은 공식화된 기획(formal planning) 프로세스가 전략수립을 지나치게 단순화시킨다고 지적한다. 이러한 접근방법은 기업이 예측 가능한 환경에서 경영되고, 조직이 명확한 의도를 가지고 있으며, 조직의 목표 달성을 위해 공식적인 통제에 의해 지원받는 경우를 전제로 한다. 또한 공식화된 계획 프로세스 전략을 사용한다는 것은 리더가 자신의 의도를 문서로 작성된 계획서 형태로 만들고 그 계획을 실행하기 위하여 예산 및 일정 등의 내용을 구체화시키는 것을 말한다.

이와 반대로, 하이테크 산업에서 나타나는 급변하는 고객의 기대수준, 경쟁자의 활동, 기술의 변화 등은 우리가 생각한 합리적인 프로세스를 통해 꼭 이루어진다고 볼 수 없다. 물론 주어진 비즈니스 환경이 충분한 여건을 제공하지 않거나 실행에 대한 전술이 분명하지 않을 때, 전략수립에 대하여 보다 비공식적인 기획(emergent planning) 접근방법이 더 필요할 수도 있다. 이러한 접근방법은 임기응변식이거나 또는 상위 조직으로부터의 가이드를 통해 전반적인 원칙이 주어지는 톱다운(top-down) 접근이 아닌 조직 내의 세부적인 바텀업(bottom-up) 접근방법으로 전략을 수립하게 된다. 다시 말해서, 전략의 생성 과정은 시간이 지남에 따라 일련의 점진적인 의사결정을 통해 전략이 수립된다.

이러한 비공식적인 기획 접근방법을 반영한 사례는 1997년 Steve Jobs가 Apple로 돌아왔던 경우로 설명할 수 있다. 그는 어려움에 빠진 Apple에 대한 공식적인 계획이 없었다. 이런 상황에서 Jobs와 그의 팀은 초기에 디지털 음악의 혁명에 주목하는 데 실패했다. 그러나 거대한 시장의 변화를 이해하고 나자 Apple은 iTunes로 알려진 주크박스를 개발하게 된다. Apple의 경영진은 디지털 음악 플레이어들이 음원을 판매하지 않는다는 사실에 주목했고, 2001년 초에 Apple의 부사장인 Greg Joswiak은 엔지니어들에게 일생일대의 좋은 기회가 왔고 그 기회를 활용하라고 지시했다. Apple의 하드웨어 총괄 팀장인 John Rubinstein은 보다 나은 음악 플레이어를 개발할 팀 리더를 외부에서 영입하고 같은 해 크리스마스 시즌에 대비하도록 했다. Apple에게 필요한 것은 사용자의 컴퓨터와 신속하게 연결되어 노래가 빠르게 업로드되고 선곡을 쉽게 할 수 있는 iTunes 소프트웨어와의 완벽한 동기화였으며 디자인이 멋져야 했다. 2001년 4월 Tony Pedwell은 Apple에 채용되어 iPod 특별 프로젝트 그룹을 조직 · 운영했다.

이러한 예는 창발적 전략수립의 사례로 공식적인 전략 과정으로부터 개발된 중 · 장기 전략이 아니라 비공식적이며 기업가 정신을 바탕으로 진행된 과정을 통해 진행된 것이다. 그 결과 iPod은 개인 디지털 음악 플레이어 시장을 주도하게 되었다.

그렇다면 "두 접근방법(비공식적 기획, 공식적 기획) 중 어느 것이 더 우수할까?"라는 의문이 생긴다. 대부분의 비즈니스는 비공식적인 전략 프로세스와 공식적이고 전형화된 프로세스를 동시에 갖게 된다. 다시 말해서 두 접근방법은 상호보완적인 성격을 가지고 있다. 하지만 기업에게 주어진 상황에 따라 달라질 수 있다. 예를 들어 가장 효과적인 '제품선도자'들은 상황이 빠르게 변화하는 기술환경과 혁신에 초점을 두기 때문에 보다 비공식적인 전략의 접근방법을 채택하게 된다. 반대로 가장 효과적인 '고객친밀형 전략'과 '우수관리자 전략'을 지향하는 조직들은 상대적으로 안정적인 환경에서 결점이 없는 실행을 하는 것이 중요하므로 공식화된 기획 접근방법에 좀 더 무게를 두게 된다.

(2) 시장 중심의 조직구조

전략적인 마케팅 기획에 영향을 주는 두 번째 주요 특징은 여기에 요구되는 조직구조라고 볼 수 있다. 기존 조직구조는 계층적 구조 혹은 단순기능적 구조를 통해 내부의 효율성을 개선시키는 데 초점을 두는데, 이러한 조직들은 이미 정형화된 문제해결방법을 통해 요구되는 기업 활동을 제공하거나 정해진 원칙 및 절차에 따라 움직이게 된다. 이러한 조직구조는 상위 관리자로 구성된 의사결정체와 의사소통 및 책임이 비교적 투명하게 제시되어 있는 중앙집중적인 의사결정 형태를 두고 있다. 이러한 조직 같은 경우 빠른 최종결정이 진행될 수 있으며, 의사결정이 일단 이루어지면 이를 실행화시키는 데 복잡하지 않은 절차를 거치게 된다. 이러한 접근방법은 상대적으로 안정적이고 제품의 수명주기가 느린 특성을 가진 시장에 적합하다.

그러나 하이테크 시장에서는 빠른 변화 때문에 조직에 대한 기존 접근방법이 적절하지 않다. 오늘날의 혁신적인 조직들은 고객, 유통성, 속도 등에 초점을 둔 다양한 차원을 가지게 된다. 그렇다면 이것은 조직구조 및 설계 관점에서 어떤 의미를 갖는가? 바로 시장 중심적인 조직구조 또는 고객 중심의 조직구조를 채택해야 한다. 먼저 제품 중심으로 구성되던 생각을 시장 중심으로 구성하는 사고의 전환이 필요하며, 이는 점진적인 단계를 거쳐서 이행된다. 초기에는 부서들 간의 비공식적 조율을 통하거나 매트릭스 유형의 조직을 도입하겠지만, 고객 중심으로 점진적으로 전환되는 과정에서는 이에 필요한 고객 세분화를 전담한 태스크 포스 또는 고객 세분화를 담당하는 조직을 구성한 통합기능 등을 제공하여 시장과 조직이 전략적으로 보다 연계된 구조를 갖게 될 수 있다.

그리고 기업의 유연성과 속도를 모두 달성하기 위하여 가장 성공적인 혁신기업들은 비교적 간결한 원칙과 절차를 활용하고 의사결정 권한을 위임하거나 분산화된 의사결정 조직으로 구성한다. 중앙집중적 조직에서 벗어날수록 수평조직 간의 커뮤니케이션(horizontal communication)이 개선되며, 이를 통해 기업은 더 효과적인 정보 공유가 가능해지고 의사결정과 실행 간의 시간차를 단축하는 효과가 나타난다. 또한 복잡한 환경에서 루틴화되지 않는 전략을 수행할 경우, 분산화는 대응력을 개선시키며 이는 관리자로 하여금 전략에 대한 빠른 의사결정 및 실행이 가능하도록 한다.

4 전략 관련 성과측정

(1) 대시보드

일반적인 통념에서는 '측정할 수 없는 것은 관리할 수 없다' 고 설명한다. 기존 전략가들은 전략을 수립하고 적용하는 데의 예산 투입에 긍정적인 선호도를 갖고 있지만, 모두들 결과를 측정하는 것은 달갑지 않게 생각한다. 그럼에도 불구하고, 많은 선진 하이테크 기업의 CEO들은 이를 측정할 수 있는 성과측정 역량을 가지고 있으며, 상대적으로 이러한 역량을 갖고 있지 못한 기업에 비해 우월한 것으로 나타난다. 이러한 성과측정을 지원하는 도구로는 현황지표인 대시보드(dash board)가 있으며, 이 대시보드는 '균형 성과지표(balanced scorecard)' 또는 '다차원 분석 카드'를 기반으로 한 기업의 성과에 대한 현황을 보여 준다.

기업의 성과 관련 대시보드는 기존에는 주요 지표(key metrics)를 수동적으로 취합하여 최고 의사결정자에게 보고하는 방식으로 활용되어 왔으나, 최근 정보 시스템을 활용하여 기업의 성과 관련 데이터를 자동으로 수집하여 측정하는 시스템(performance management system)을 통해 실시간으로 조회가 가능하도록 구축되어 있다. 실시간 전사 활동 모니터링으로, 기업이 수립한 기술전략 방향과 연계하는 기업을 실시간 기업(real time enterprise)이라고 한다.

자동화된 성과측정 시스템에서의 기본요소인 측정지표(performance indicator)를 선정할 때에는 정보의 선택, 수집 및 가공, 활용에 대해서 기업의 특성에 맞게 고려해야 한다. 예를 들어 재무적인 성과는 기업의 다양한 의사결정에 의해 영향을 받고, 최고의 전략을 가지고 있더라도 제품을 배송하거나 사후 관점의 제품에 대한 서비스 제공 및 지원이 없다면 고객을 잃게 되며, 이는 기업의 매출 및 수익성에 부정적인 영향을 준다.

성공적인 하이테크 기업이 되기 위해서는 측정지표들 간의 인과관계가 존재해야 하며, 지표는 선행지표(leading indicator)와 후행지표(lagging indicator)로 구분할 수 있다. 예를 들어 연간 신제품의 출시 건수는 선행지표가 될 수 있으며, 이와 인과관계가 있는 후행지표는 기업의 매출이나 수익을 측정하는 후행지표로 설명될 수 있다. 또한 앞서 설명한 네 가지 하이테크 전략 유형 중 고객친밀형 전략의 경우, 로열 고객은 월등한 수익과 매출성장을 가져다준다. 이와 관련된 고객만족은 높은 제품 품질과 서비스를 제공받았을 때 측정할 수 있는 선행지표로 활용되는데 〈표 4-2〉와 같이 다양한 성과지표들이 선정되어 활용되며, 이는 어떤 특정한 전략적 의사결정을 내리는 데 명확한 결론을 제공해 주어야 한다.

대시보드의 예로 Google Analytics가 있다. Google Analytics는 비즈니스 측면에서 매우 중요한 수단으로 기업의 제품홍보, 고객과의 대화, 제품판매 등에 활용된다. 매출 및 전환을 측정할 뿐만 아니라 방문자의 사이트 활동, 사이트 유입경로, 고객의 재방문을 유

표 4-2 고객친밀형 전략의 성과측정 대시보드 예시

제품/서비스 품질	고객만족도	고객충성도	재무적 결과
반품률 (return rate)	"매우 만족한다" 또는 "최고로 만족한다"고 표현하는 고객들의 비율	매출액 중 기존 고객의 비율	판매증가
거부율 (reject rate)	특정한 특징에 대한 만족	고객관계 유지기간	시장점유 판매원에 따라 예측이 왜곡될 가능성이 있음
고객이 인지하는 품질 (customer-perceived quality)	전체적인 경험 만족	고객의 지갑 점유	이익성장
주문에서 배달까지의 시간(time from order to delivery)	고객불만 건수	고객 추천 판매	순이익

출처 : Jakkimohr, Sanjitsengupta, & Slater(2010), *Marketing of High-technology Products and Innovation*, 3ed.

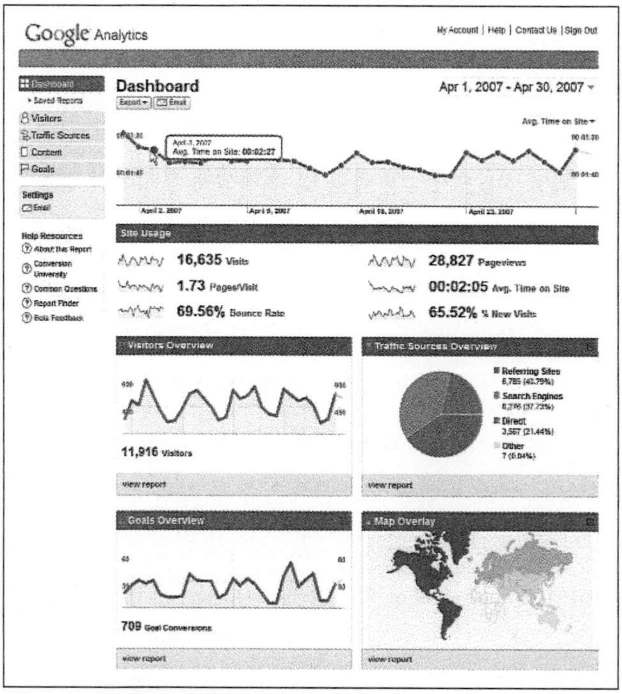

그림 4-5 Google Analytics의 현황판 샘플

도하는 방법에 대한 최신 분석자료도 제공한다. 〈그림 4-5〉는 Google Analytics의 현황판 샘플이다.

(2) 균형 성과지표

균형 성과지표(Balanced Scorecard, BSC)는 가치 및 비재무적인 요소에 대한 성과측정의 중요성이 대두되면서 1992년 Kaplan과 Norton에 의해서 개발되었다. 지속적인 성장 기반을 창출하며, 핵심 역량 강화 및 전략실행력을 제고하기 위해 새로운 관점의 경영관리 도구의 필요성이 증대되면서 기존 경영관리 및 성과측정이 재무적인 지표에만 치중되는 것이 아니라, 비재무적인 지표를 함께 고려할 수 있도록 기존 기업 내 최고 의사결정자를 비롯해 하이테크 전략이 전 조직에 표준화된 의사소통 도구로 활용되었다.

BSC는 전통적으로 중시되던 재무적 관점 외에 고객, 내부 프로세스, 학습과 성장 등 세 가지의 비재무적 관점을 함께 고려하여 하이테크 전략을 좀 더 포괄적으로 관리할 수 있도록 제공하고 있다. 특히 전통적인 성과측정 모델은 단기 경영 성과에 초점을 맞춘 반면, BSC에서는 장 · 단기 관점을 균형적으로 갖도록 한다. 또한 재무적인 초점이 아니라 프로세스, 브랜드, 인적 자산, 지식재산 등 비재무적 유형의 자원관리의 중요성을 인정하며, 재무적인 결과를 가져오는 성과동인 혹은 가치동인에 비중을 두어 결과와 원인을 측정할 수 있는 선 · 후행지표를 측정하여 지속적으로 개선할 수 있도록 한다.

하이테크 기업에서의 BSC는 기업이 전략을 성공적으로 수행하기 위해 개선되어야 할 영역 또는 집중해야 하는 영역을 명확화하는 데 있다. 전통적으로 전략은 다양한 세부 추진과제, 경영목표, 역할 및 책임 등 다양한 형태로 조직의 상위 레벨부터 하위 레벨까지 전달되는데, 이 과정에서 경영자와 실무자 같은 경우 전략을 실행하는 데 여러 장해요소가 존재하게 된다. BSC를 활용되면 명확한 지표 정의와 관리를 통해 전략적 의사소통이 가능해지는데, 특히 전략달성을 위하여 핵심 성공요인(critical success factors, CSF)을 파악하고, 이를 핵심 성과지표(key performance indicators, KPI)로 계량적으로 산출하면서 선택과 집중이 필요한 영역을 파악하여 자원을 집중하게 된다.

마지막으로, 조직 내 의사소통 도구로 하이테크 기업의 전략을 공유하고 모든 자원과 역량을 집중하도록 평가지표를 제공한다. 특히 상 · 하위 조직의 CSF와 KPI를 정의하여 조직의 목표 달성을 위해 관리해야 하는 조직 특유의 지표를 도출하게 된다. 특히 최고관리층과 조직원들 간에 비전, 전략 및 목표를 명확히 하고 지속적으로 알 수 있도록 하며,

상호 조직 간에 발생될 수 있는 목표를 조정하여 지속적인 피드백을 통해 전략적 학습 기회를 제공한다.

5 전략수립에 사용되는 기법 및 도구

(1) 기술 로드맵

성공적인 기업은 독특한 무언가가 있는데 우리는 이것을 '핵심 역량'이라고 표현한다. 핵심 역량이란 경쟁기업에 비해 그 기업이 더 잘할 수 있는 상대적인 경쟁 능력, 즉 경쟁우위를 가져다주는 기업의 능력을 뜻한다. 많은 선도기업들은 이러한 핵심 역량을 바탕으로 사업을 지속한 결과 세계적인 기업으로 발전할 수 있었다. 그렇다면 어떻게 핵심 역량을 도출할 수 있을까? 이에 대한 답을 줄 수 있는 것이 바로 기술 트리 또는 기술 로드맵이다. 기술 로드맵을 활용하는 이유는 로드맵핑 기법이 사업비전을 도출하고 표현하며, 시간에 따른 필요행동과 연결고리를 표현하는 데 매우 강력한 도구이기 때문이다.

국내 기업으로는 선진국의 연구기법이나 방법론을 가장 많이 활용하고 있는 삼성과 LG가 기술 로드맵을 다소 체계적으로 작성하고 있는 것으로 보인다.

1) 기술 로드맵 작성 프로세스

우선 사업단위의 전략을 파악하고, 사업/기술의 동향을 분석하여 내·외부 환경분석을 실시한다. 이를 통해 전략적으로 집중해야 할 분야를 확정 짓는다. 이후 단계별 목표를 설정하고 핵심 기술군(key technologies clusters)을 규명한다. 핵심 기술군을 규명할 때, 관련 당사자 간(연구·개발, 생산, 영업)에 다르게 규정할 수 있으므로 충분한 의견 교환과 토의를 거쳐 확정 짓게 된다. 이러한 논의 과정을 거쳐 미래 사업 성공을 위해 최우선되어야 할 성능(performance measure)을 선정하고 핵심 기술을 규명하게 되는데, 일반적으로 제품/기술 로드맵의 경우 〈그림 4-6〉과 같이 도식화된다.

다음 단계에서는 새롭게 혹은 돌발적으로 출현할 수 있는 주요 후보기술(new or disruptive technologies)을 규명하고 모니터링하여 수행 가능한 프로젝트에 가깝도록 한다. 그 후 세부 기술별 로드맵을 작성하는데, 이를 통해 수행할 핵심 기술을 선택하고 아웃소싱이나 협력기술을 규명하는 작업을 전개하며 여러 기술 프로그램에서의 자원과 시간적 이슈를 조정하고 당장 알려야 할 주요 과제의 니즈를 요약하여 실행계획을 수립한다. 로드

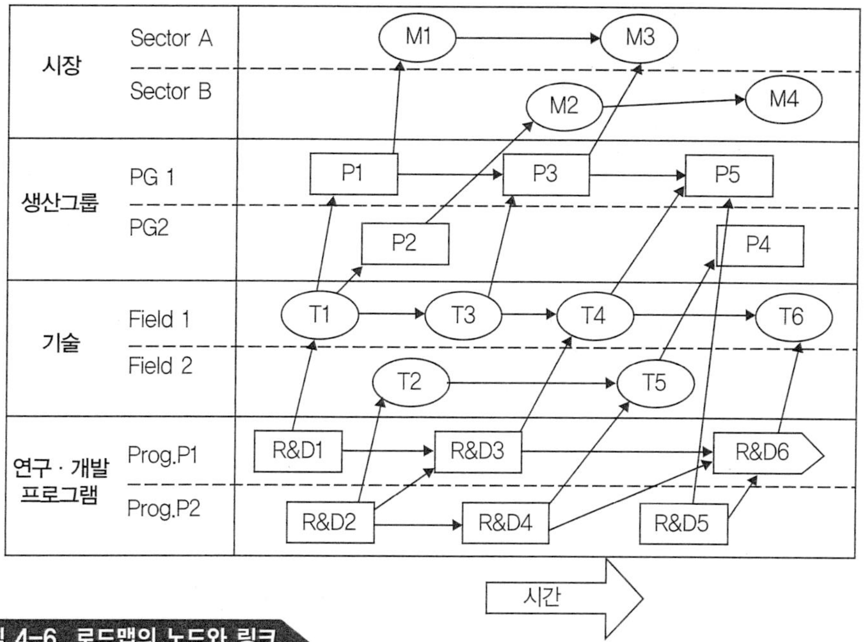

그림 4-6 로드맵의 노드와 링크

출처 : Nabil N.Z. Gindy, Bulent Cerit, & Allan Hodgson(2006), "Technology roadmapping for the next generation manufacturing enterprise", *Journal of Manufacturing Technology Management*, Vol. 17 Iss: 4, pp.404-416.

맵 작성이 끝나면 경영층에 보고하여 지지를 받고 공유, 확산 및 분위기 조성을 통해 로드맵 작성의 목적을 달성한다.

국내의 성공 사례로 두산인프라코어는 2005년 건설기계용 초경내 마모 디스크 연구에서 연구 · 개발의 방향을 잡고 전략적으로 접근하기 위하여 기술 개발 로드맵을 수립했으며, 주기적으로 업데이트하고 있다. 〈표 4-3〉과 같이 기술 로드맵을 크게 6단계의 프로세스를 거쳐서 완성했는데, 첫 번째 단계는 제품, 기술의 분야를 선정하는 작업을 통해 제품, 기술에 대한 니즈 및 동향을 파악하고 개발에 필요한 기술 항목을 파악했다. 두 번째 단계로, 기존의 기술 로드맵 리뷰를 실시하고 NFS(needs-function-seeds) 분석을 통해 필요한 기술을 도출하고, 기술의 계층적 연관구조를 파악할 수 있는 기술 트리를 업데이트했다. 세 번째 단계로, 기술 트리를 통해 핵심 기술을 파악하고, 이를 필요한 기능과 연결하고 그룹핑하여 기술 테마를 도출한다. 네 번째 단계로 기술을 평가하고, 다섯 번째 단계로는 기술 평가를 실시한 결과를 바탕으로 기술 획득 방안을 설정한다. 마지막 단계에서는 과제의 구체적 추진 일정, 개발체계, 자원배분을 고려한 추진과제를 설정하여 최종 기술 로드맵을 매년 확정하는 방식으로 진행했다. 이러한 장기적인 기술 로드맵 수립 및

표 4-3 두산인프라코어의 기술 로드맵 수립 프로세스

1단계 : 분야(제품, 기술) 선정
• 참여자 : 마케팅, 영업, 연구 · 개발 • 상품 개발 콘셉트 검토 : Key Buying Factor, VOC 등 • 내외 환경 분석 : 경쟁사 및 상품 동향, 규정 검토 • 산출물 : 제품, 기술에 대한 니즈 동향 분석 • 개발에 필요한 기술항목
2단계 : 필요기술 도출
• 참여자 : 연구 · 개발(기술원, BG) • 전년도 TRM 리뷰 • 동향 및 니즈 분석 결과를 기초로 필요기술 도출 • 산출물 : 구현을 위한 필요기술 도출 • 기술 트리 업데이트
3단계 : 기술 테마 도출
• 참여자 : 연구 · 개발(기술원, BG) • 필요기능과 기술을 연결하고, 그룹핑하여 기술 개발 테마 도출 • 산출물 : 기술 개발 테마
4단계 : 기술평가
• 참여자 : 연구 · 개발(기술원, BG), 전문가 그룹 • 난이도 및 개발기간 평가 • 산출물 : 기술 평가 결과
5단계 : 포트폴리오 분석
• 참여자 : 연구 · 개발(기술원) • 포트폴리오 분석을 통해 기술 획득 방안 설정 • 산출물 : 기술 획득 방안(예 : 사내/사외/공동 등)
6단계 : 기술 로드맵 완성
• 참여자 : 연구 · 개발(기술원) • 기술 개발 체제, 일정, 추진과제 설정 • 산출물 : 최종 기술 로드맵

업데이트에 의한 개발 전략의 성공으로 2005년 IR52 장영실상을 수상했다.

이처럼 국내의 경우 기술 로드맵을 활용하는 기업들은 〈그림 4-7〉과 같이 유망기술 발굴, 신제품 아이디어 발굴, 연구기획 및 정책수립 등의 목적으로 이용하고 있는 것으로 분석되었다. 특히 국내 기업들은 로드맵의 중요성을 인식하고 있었으며, 기술을 발굴하고 선택하는 데 가장 많이 활용한다고 볼 수 있다.

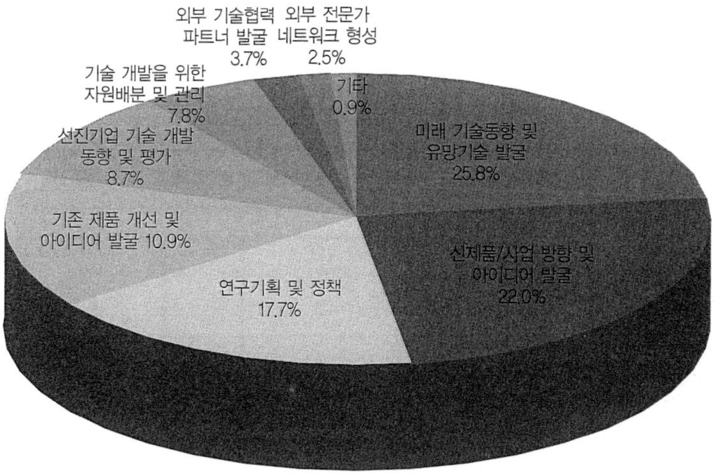

그림 4-7 기술 로드맵의 이용목적

출처 : 김성수 · 이정훈 · 이치훈(2008), "기술 로드맵(Technology Roadmap) 활용과 R&D 성과에 관한 실증 연구-국내기업 중심으로".

기업 이외에도 국가나 지자체가 정책을 관리하기 위한 방법으로 기술 로드맵을 활용하는데 그 대표적인 예로 u-City Technology Roadmap(TRM)이 있다.

2) u-Eco City TRM : 네트워크

u-City Technology Roadmap(TRM) 과제는 u-City 구현을 위한 중 · 장기 기술전략을 수립하기 위하여 수행되었으며, 보다 효율적이고 효과적인 기술전략을 수립하려고 기술 로드맵을 작성했다. 기술 로드맵을 작성함으로써 u-City 건설에 필요한 기반기술을 식별, 분류할 수 있고 각각의 필요기술에 대한 미래를 예측할 수 있으며, 기술투자에 따른 비용 절감, 위험요소의 사전 방지 및 제거가 가능해지기 때문에 궁극적으로는 u-City의 건설기간을 단축하고 u-City 내 기술을 효율적으로 개발 · 관리할 수 있게 되었다.

결과적으로 기술 로드맵은 사업전략과 기술전략의 연계 및 통합을 지원하는 가장 현실적인 기법으로 인식되고 있으며, 사업 프로세스를 수행함에 있어 자신감을 주고, 현실적으로 의사결정을 하도록 도움을 준다는 것을 알 수 있었다. 로드맵 작성의 핵심은 사업부와 연구 부문 간에 공감대를 형성시키고 일체화를 조성시키며, 중 · 장기 기술전략을 실질적으로 공유토록 하고 단계적으로 기술전략을 실천한다는 것이다. 이를 연구 · 개발 분야에서 효과적으로 활용만 한다면 전사적으로 연구 · 개발 부문의 영향력 제고에 기여할 수 있다. 그러나 뚜렷한 목표 설정 없이 기술 로드맵 작업을 추진한다면 실패할 가능성이 높다는 점을 명심해야 한다.

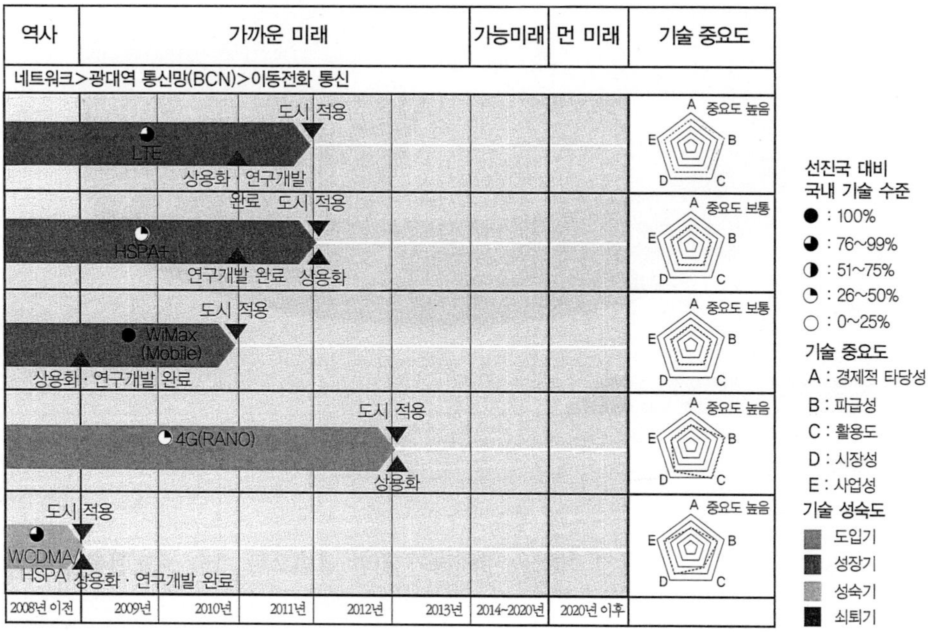

그림 4-8 기술 로드맵(이동전화 통신기술 예시)

출처 : u-City Technology Roadmap(TRM) 과제(2009)

6 요약

기업이 우수한 성과를 달성하기 위해서는 경쟁적 우위의 위치를 유지해야 한다. 경쟁적 우위는 가치, 희소성, 내구성, 비모방성의 자원이 바탕이 되어야 한다. 그러나 자원이 이러한 요건을 충족하더라도 기업의 계획 또는 전략 활동을 통해 명확하게 수립되어야 한다. 효과적인 전략은 '① 누가 우리의 고객인가? ② 어떻게 가치를 창출하고 전달할 것인가? ③ 어떤 가치를 제공할 수 있는가?'라는 세 가지 핵심 질문에 대한 대답이 되어야 한다.

세 가지 전략적 질문에 대해 여러 가지 답변방식이 있을 수 있는데 여기에는 ① 제품선도자 전략, ② 고속추종자 전략, ③ 고객친밀형 전략, ④ 우수관리자 전략의 네 가지 전형적인 방식이 존재한다.

전략을 수립하는 방법으로 공식화된 프로세스 전략을 사용한다는 것은 리더가 자신의 의도를 문서화하고 그 계획을 실행하기 위하여 예산 및 일정 등의 내용을 구체화시키는 것을 말한다. 물론 주어진 비즈니스 환경이 충분한 여건을 제공하지 않거나 실행에 대한 전술이 분명하지 않을 때, 전략수립에 대하여 보다 비공식적인 접근이 필요할 수도 있다. 두 접근방법은 상호보완적인 성격을 가지고 있지만 기업에 주어진 상황에 따라 달라질 수 있다.

전략적인 마케팅 기획에 영향을 주는 조직구조는 하이테크 시장에서의 빠른 변화로 인해 시장 중심적인 조직구조 또는 고객 중심적인 조직구조를 채택해야 한다. 또한 기업의 유연성과 속도를 모두 달성하기 위하여 가장 성공적인 혁신기업들은 비교적 간결한 원칙과 절차를 활용하고 의사결정 권한을 위임하거나 분산화된 의사결정 조직으로 구성하게 된다.

또한 기업은 전략과 전술을 효과적으로 평가해야 한다. 이러한 성과측정을 지원하는 도구로는 현황지표인 대시보드가 있으며, 이 대시보드는 균형 성과지표 또는 다차원 분석카드를 기반으로 한 기업의 성과에 대한 현황을 보여 준다.

마지막으로 전략을 수립하는 데 사용되는 기법 및 도구로 기술 로드맵이 있다. 기술 로드맵을 활용하는 이유는 로드맵핑 기법이 사업비전을 도출하고 표현하며, 시간에 따른 필요행동과 연결고리를 표현하는 데 매우 강력한 도구이기 때문이다. 국내의 경우 유망기술 발굴, 신제품 아이디어 발굴, 연구기획 및 정책수립 등의 목적으로 이용하고 있다.

4 | 연습문제

1. 하이테크 산업의 특성을 다른 산업과 비교하여 설명하시오.

2. 경쟁적 우위는 무엇인가? 하이테크 기업들이 가져야 하는 자원과 역량에 대해 예시를 들어 설명하시오.

3. 핵심 역량은 무엇인가? 핵심 역량의 세 가지 특징을 예를 들어 설명하시오.

4. 가치는 무엇이며, 기업에서 이야기하는 가치 제안은 무엇인가? 가치 제안의 세 가지 유형은 무엇인가?

5. 네 가지 전략 유형과 각 전략 유형의 특징에 대해 설명하시오.

6. 공식화된 기획은 비공식적인 기획과 무슨 차이점이 있는가? 두 가지 기획 프로세스는 어떠한 관계를 갖고 있는지 설명하시오.

7. 초기 진입자로 전환하기 위하여 삼성전자는 어떠한 자원가 역량이 필요하다고 생각하는가?

8. 기술 로드맵이 무엇인지 설명하시오. 대시보드에서 기업들은 어떠한 기대효과를 가질 수 있는가?

Chapter 05

개발 프로젝트 선택

Boeing의 Supersonic Cruiser

2002년 항공 산업은 상당한 압박을 받게 되었다. 항공권 발매량은 전년 대비 8% 하락했으며, 비용절감에 대한 고민을 해야 하는 어려운 시기였다. 특히 9 · 11 테러 이후 다수의 미국 항공사들은 파산 직전이었다. 이러한 시기에 세계적인 항공 생산업체 Boeing은 새로운 기술을 통해 혁신적인 항공기를 출시하고자 했다. 미국 비행기의 기술력을 상징하는 야심찬 프로젝트의 결과는 바로 Boeing의 'Sonic Cruiser' 였다.

그동안 Boeing의 대표적인 모델로 시장을 점유했던 Jumbo 747 비행기와 달리 Sonic Cruiser는 약 200~250명 규모의 중소형 비행기로 Jumbo 747 비행기에 비해서 마하 0.9로 20% 정도 속도가 향상되었다. Sonic Cruiser는 장거리 여행 시 속도와 비용 면에서 우위를 갖춘 소형 제트기인데, 특히 직항노선 모델에 적합하며, 상승하는 유가가격을 고려하여 효율적인 연료 시스템을 갖추고 있었다. 또한 다수의 비행기가 10,000피트에서 운행하는 것과 달리 45,000피트의 높이에서 운행함으로써 항공 교통량의 부하를 줄여 준다. 그러나 효율적인 연료 시스템에도 불구하고, Sonic Cruiser이란 기술적 특성으로 약 12~15% 정도 운용 비용이 높아질 것으로 예상되었다. 반면에, 시장조사 결과는 2021년까지 저가 항공사의 성장과 함께 전 세계 항공기의 수요가 늘어날 것이라고 보고했으며, 특히 노후 항공기가 대체될 예정이라는 낙관적인 시장 전망이 등장하고 있었다.

100억 달러란 거대한 투자가 필요한 Sonic Cruiser를 개발하는 것에 대해서 기업 내부의 의견이 분분했지만, Boeing의 일부 의사결정자들은 세계 항공기 시장에서 리더의 역할을 수행한다는 자부심을 지키고 항공기술 혁신에 기여한다는 점을 강조하면서 Sonic Cruiser 프로젝트를 추진해야 한다는 의견을 제시했다. 또한 제품수명주기 관점에서 보면 12~15년마다 새로운 비행기 모델 제품이 개발되어야 했기 때문에, 기업은 새롭게 요구되는 기술과 경험을 단절시키지 않을 필요성이 있었다. 그래서 R&D에서부터 생산 과정까지의 프로세스 및 기술 경험을 축적하기 위해서라도 Sonic Cruiser 개발이 필요하다는 의견도 있었다.

Boeing의 의사결정자들은 낙관적인 시장 전망과 항공기 시장의 기술혁신 기여도라는 강점, 운용 비용 증가 및 현실화의 어려움이라는 약점을 고려하여 프로젝트 수행 여부를 결정해야만 하는 상황에 봉착했다.

개요

최근 선진기업들은 제한된 자원과 속도의 경쟁에서 지속적인 경쟁우위를 유지하기 위하여 다양한 혁신 프로젝트를 추진하고 있다. 많은 선진기업들은 지속적인 제품혁신을 위해 전략적 R&D 프로젝트 평가 및 선택을 통해 선두자리를 유지하거나 추격자에서 해당 기술의 선두주자로 자리매김을 하게 된다. 따라서 투자규모에 따른 기업들의 혁신 프로젝트에 대한 투자 의사결정이 매우 중요해졌다고 볼 수 있으며, 장·단기적인 균형된 관점에서 전략적인 포트폴리오를 구성하게 된다. 예를 들어 전 세계 휴대전화 시장을 석권하던 핀란드의 Nokia는 스마트폰이 아닌 일반 휴대전화를 개선할 수 있는 다수의 R&D 프로젝트를 진행했으나, 스마트폰의 등장으로 기업 자체가 위험에 빠지고 궁극적으로 몰락하게 되는 상황이 벌어졌다. 그동안 혁신 프로젝트의 가치를 합리적으로 측정하고 이를 통해 주요 의사결정 과정을 진행하기 위하여 다양한 정성적·정량적 접근방법의 평가방법론이 제시되어 왔다. 최근에는 추진 프로젝트의 장기적 관점을 고려하는 전략적 연계성 및 무형적인 효과 등을 복합적으로 측정하고 평가하는 방법들이 활용되고 있다.

1 R&D 프로젝트 선택의 중요성

앞서 설명한 Boeing의 사례와 같이 시장에 파격적인 혁신제품을 내놓을 때에는 많은 비용과 시간이 필요하다. Copper(2002)의 연구 결과에 의하면 신제품의 성공률이 40%에 그친다는 것을 알 수 있는데, 실패 원인 중 하나를 잘못된 혁신 프로젝트의 선택이라고 설명하고 있다. 예를 들어 미국의 Lockheed Martin은 민간 항공기에 장착되는 롤스로이스의 생산엔진을 도입하는 데 프로젝트상의 문제가 발생했다. 그래서 경영진은 동일한 목표로 개발되었던 McDonell Douglas의 DC-10 도입 프로젝트에 대해서 우려를 나타냈다. 하지만 Lockheed의 의사결정자는 이러한 불확실한 상황을 무시하고 개발을 강행했으며, 결국 손익분기점을 넘기지 못하고 25억 달러의 누적 적자만을 기록한 채 사업을 포기했다. 이러한 잘못된 혁신 프로젝트의 선택은 기업에 아주 큰 위기를 가져다줄 수도 있다.

그러나 P&G, 3M, Intel, Johnson & Johnson, MS, GE, Nike, Pfizer, Dell 등과 같은 세계적인 선진기업들은 합리적인 의사결정을 통해 선택된 혁신 프로젝트를 추진하여 시장을 선점했다. 이러한 기업들은 합리적인 의사결정을 하려고 프로젝트 선택을 위한 평가 체계와 관련된 다양한 측정방법을 기반으로 가치 있는 프로젝트를 선택했다. 이 장에서는 혁신 프로젝트 선택의 기본이 되는 자본배분(capital rationing)과 관련한 측정방법을 통해 어떻게 효과적으로 혁신 프로젝트가 선정되는지를 알아보자.

(1) 국내외 R&D 투자 현황

R&D 투자는 이러한 예산의 규모와 기업의 매출에서 차지하는 비중은 어느 정도일까? 우리는 미디어를 통해 다양한 기업들의 연구투자 규모를 알 수 있다. 2008년 Bloomberg의 조사에 의하면, 세계적인 선진기업들 중 1,000개의 기업들이 5,320억 달러를 R&D에 투자했다. 〈그림 5-1〉은 가장 많은 연구투자를 하고 있는 산업, 여러 산업의 R&D 투자 집중도를 보여 준다.

〈그림 5-1〉에 따르면 가장 투자가 활발히 이루어지는 산업은 컴퓨터와 전자통신 분야이며, 의료 부문, 그리고 자동차 분야로 높게 평가되었다. 하지만 매출 대비 R&D 투자비율은 의료, 소프트웨어/인터넷, 컴퓨터와 인터넷 순으로 타 산업에 비해 많은 R&D 투자비용을 지출하고 있음을 확인할 수 있다. 이러한 투자 패턴은 국내 기업들에서도 유사하다고 볼 수 있으며, 이러한 비용은 매년 증가하고 있는 추세다.

〈표 5-1〉은 기업별 R&D 투자 지출과 R&D 투자 집중도 현황을 보여 주고 있다. 2008년에도 2007년과 동일하게 Toyota 자동차가 1위를 달리고 있으며, Nokia가 2위, 삼성전자는 12위로 투자를 활발하게 하고 있다.

두 통계자료에 따르면 많은 선진기업들은 적극적인 연구투자를 통해 혁신적인 제품이나 서비스를 개발하고 이에 대한 수익을 창출하며, 궁극적으로는 지속적인 혁신 역량을 확보하고자 하는 것으로 나타난다. 흥미로운 점은 2008년에 시작된 불경기에도 설문에 참가한 90% 이상 기업의 임원들이 이러한 환경에서 신제품 혁신을 위해서라도 R&D 투자는 유지되거나 더 증가되어야 한다고 답했다는 것이다. 세계적인 컴퓨터 회사인 IBM의 임원은 "점진적 혁신을 추구하는 데 있어서 이러한 불경기는 많은 기업들로 하여금 촉매제 역할을 해 줄 수 있다."라고 주장했다.

국내 상위 기업의 경우, 2010년 연구 · 개발비의 증감률(21.3%)이 높게 나타났으며, 이는 전년도인 2009년에 비해 2.8%가 높아진 수치다. 이는 글로벌 시장경쟁에서 지속적으로 경쟁우위를 확보하기 위한 투자로 인식될 수 있다. 또 한 가지 특징은 국내 상위 기업

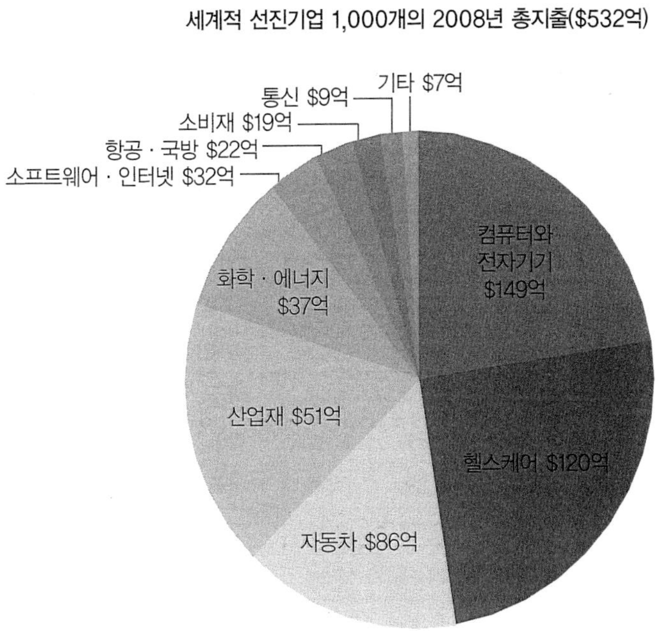

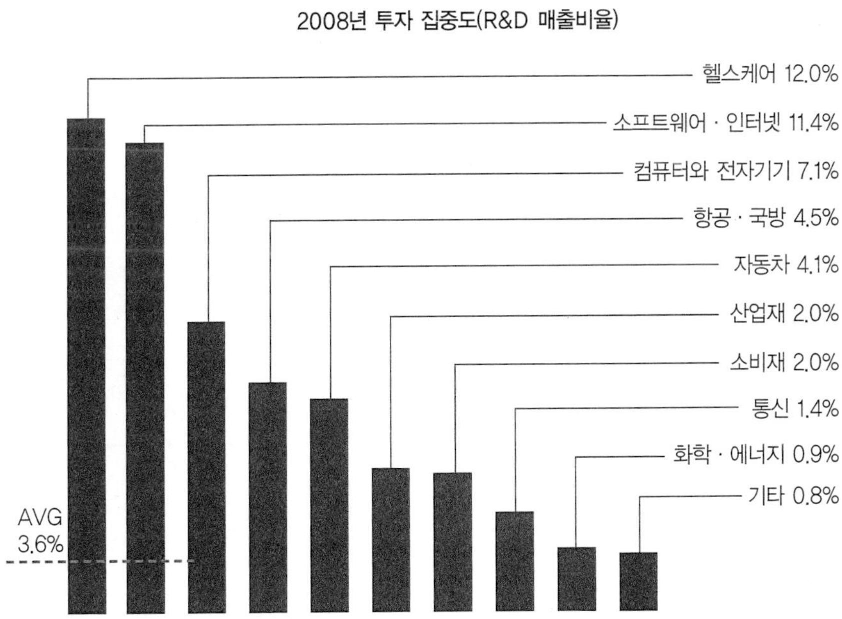

그림 5-1 산업별 R&D 투자 지출과 R&D 투자 집중도 현황

표 5-1 기업별 R&D 투자지출과 R&D 투자 집중도 현황

순위 2008/2007		기업 또는 회사	R&D 투자			본사 위치	업종
			2008년 100만 달러	2007년 대비 변화	매출액의 A%		
1	1	Toyota	$8,994	-5.7%	4.4%	일본	자동차
2	4	Nokia	$8,773	5.7%	11.8%	핀란드	컴퓨터와 전자기기
3	8	Roche Holding	$8,168	5.5%	19.4%	스위스	헬스케어
4	7	Microsoft	$8,164	14.6%	13.5%	미국	소프트웨어와 인터넷
5	2	General Motors	$8,000	-1.2%	5.4%	미국	자동차
6	3	Pfizer	$7,945	-1.8%	16.5%	미국	헬스케어
7	5	Johnson & Johnson	$7,577	-1.3%	11.9%	미국	헬스케어
8	6	Ford	$7,300	-2.7%	5.0%	미국	자동차
9	11	Novartis	$7,217	12.2%	17.4%	스위스	헬스케어
10	12	Sanoti-Aventis	$6,695	0.8%	16.6%	프랑스	헬스케어
11	10	GlaxoSmithKline	$6,425	8.3%	14.4%	영국	헬스케어
12	9	삼성	$6,413	16.2%	5.8%	한국	컴퓨터와 전자기기
13	13	IBM	$6,337	3.0%	6.1%	미국	컴퓨터와 전자기기
14	14	Intel	$5,722	-0.6%	15.2%	미국	컴퓨터와 전자기기
15	21	Siemens	$5,680	11.3%	4.9%	독일	산업재
16	16	Honda	$5,603	-4.2%	5.6%	일본	자동차
17	19	Volkswagen	$5,429	6.7%	3.3%	독일	자동차
18	15	AstraZeneca	$5,179	0.3%	16.4%	영국	헬스케어
19	22	Cisco System	$5,153	14.5%	13.0%	미국	컴퓨터와 전자기기
20	18	Panasonic	$5,152	-6.6%	6.7%	일본	컴퓨터와 전자기기
			총 $135.856	평균 3.2%	평균 8.0%		

수준이 일본 기업과 비교할 때 연구 · 개발비 집중도가 비슷한 수준이라는 것이다. 국내 R&D 투자 상위 3대 기업은 삼성전자, LG전자, 현대자동차 순으로 나타났다. 〈표 5-2〉는 한국, 미국, 일본 상위 20대 기업의 연구 · 개발비를 비교한 내용이다.

최근 우리나라의 주 성장 동력이었던 정보통신 분야에서 투자 및 지출과 수익성의 관계가 불투명하며, 이러한 분야의 투자 관련 생산성을 증명하기가 어렵다는 문제가 제기되고

표 5-2 한국, 미국, 일본 상위 20개 기업의 R&D 투자 현황

순위	미국			일본			한국		
	기업명	R&D 투자	R&D/ 순매출액	기업명	R&D 투자	R&D/ 순매출액	기업명	R&D 투자	R&D/ 순매출액
1	Pizer	7,017	13.88	Toyota Motor	6,667	3.83	삼성전자	6,181	6.09
2	Microsoft	6,741	12.93	Panasonic	4,383	6.43	LG	2,092	3.16
3	Merck US	6,404	18.68	Honda Motor	4,259	5.40	현대자동차	1,587	2.15
4	General Motors	5,190	5.13	Sony	3,971	5.99	하이닉스 반도체	532	6.69
5	Johnso & Johnson	5,102	11.11	Nissan Motor	3,543	5.13	한국전력	440	1.70
6	Intel	4,902	15.07	Hitachi	3,423	4.15	포스코	371	0.93
7	Cisco Systems	3,931	13.17	Toshiba	2,971	5.07	KT	353	2.52
8	IBM	3,788	5.09	Canon	2,903	8.52	SK	238	0.40
9	Ford Motor	3,727	3.88	Takeda Phama-ceutical	2,724	20.22	두산	230	1.52
10	Eli Lilly	3,641	21.17	NTT	2,556	2.73	삼성전기	198	5.42
11	Oracle	3,369	12.69	NEC	2,536	7.70	현대모비스	181	1.24
12	General Electric	2,936	2.65	Denso	2,482	9.07	현대중공업	127	0.43
13	Boeing	2,807	5.86	Fujitsu	2,068	4.81	현대건설	123	1.87
14	Google	2,804	12.83	Daiichi Sankyo	1,809	20.67	삼성중공업	103	1.21
15	Abbott Laborat-ries	2,776	10.59	Astellas Pharma	1,797	20.06	삼성테크윈	95	4.55
16	Bristol-Myers Squibb	2,658	18.30	Eisai	1,646	22.30	제일모직	95	2.89
17	Hewlett-Packard	2,206	2.35	FUJIFILM	1,610	8.03	KB금융	87	1.70
18	Amgen	2,157	19.23	Sharp	1,530	6.04	효성	80	1.05
19	Qualcomm	1,900	23.19	Otsuka	1,396	14.00	한진중공업	71	3.37
20	Motorola	1,886	11.09	Mitsubishi Chemical	1,258	5.44	삼성C&T	69	0.46

출처 : EC, "The 2011 EU Industrial R&D Investment Scorebord", 2011. 10.

있다. 이러한 현상을 IT 투자에 대한 생산성 역설(IT productivity paradox)로 설명한다. 2001년 세계적인 컨설팅 회사 Mckinsey는 IT 투자와 미국 기업의 생산성 간의 관계에 대한 근본적인 의문을 제기했고, 연구 보고서에 따르면 보안, 반도체, 컴퓨터, 제조업 등 일부 산업의 IT 투자에 따라 생산성에 긍정적인 영향을 미치지만 그 외 산업인 경우 상관관계가 미미한 것으로 파악되었다.

R&D 또한 유사한 성격을 갖고 있다. 국내외 선진기업들은 매년 이 분야에 대한 예산을 수립하고, 체계적인 자원배분방법론을 통해 예산을 수립한다. 이 과정에서 기업들은 산업 내에서 다른 기업들을 벤치마킹하거나, 과거 경험을 통해 필요한 R&D 투자비용을 선정하게 된다. 최근 2011년 미국 IRI(Industrial Research Institute)의 조사에 따르면 R&D 관련 최고 의사결정자가 해결해야 하는 가장 큰 문제 중 하나는 '단기적인 혁신 프로젝트의 과제와 장기적인 과제 간의 균형 잡기'다. 특히 글로벌 경쟁속도가 빨라지면서 신제품 개발 부문에 있어서 한정된 자원과 시간에 대한 압력을 받고 있는 많은 기업들은 안정성을 우선시하고 제품을 개선하는 점진적 혁신을 택하고 있다고 설명한다.

Adam(2004)이 416개 글로벌 기업을 대상으로 조사한 결과, 1990년에서 2004년의 비중이 1.5배이며, 장기적인 투자가 필요한 최초의 혁신 프로젝트 유형은 동일기간에 반으로 감소하는 현상을 보였다. 이에 따라 R&D 성과는 높은 투자에 비해 저조한 결과를 초래했다고 할 수 있다. 잘못된 프로젝트의 선택으로 인해 발생하는 투자는 혁신적인 제품을 개발하는 기회를 놓칠 뿐만 아니라, 경쟁기업이 와해성 혁신(disruptive innovation)을 가져올 수 있는 신제품을 출시할 경우 큰 타격을 입게 되며 더 나아가서는 시장 자체가 위협을 받을 수 있다.

(2) R&D 투자결정에서의 자원배분

앞서 설명했듯이 자원배분이란 기업으로 하여금 한정된 자원을 여러 사용처에 합리적으로 배분한다는 의미다. R&D 투자결정에서의 자원배분 또한 많은 선진기업들에서 과거의 투자수익이 기대만큼 달성이 안 되는 경우가 발생된다면 기업은 효율적인 자원배분 수행을 원할 수 있다. 예를 들어 기업 A가 다수의 차세대 모바일 기기를 개발하기 위한 프로젝트에 투자를 많이 할 경우, 경영진은 신규 투자 프로젝트 건수에 제한을 설정하며, 성공적으로 완료할 수 있는 연구에 투자하게 된다. 이러한 의사결정을 지원하기 위한 정량적 방법, 정성적 방법, 그리고 이를 혼합하여 활용하는 다중 접근방법 등 다양한 프로젝트 평가

기법을 다음 절에서 소개한다.

2 R&D 프로젝트의 가치를 측정하는 정량적 방법

일반적으로 신규나 현재 진행되고 있는 R&D 프로젝트의 가치를 측정하기 위해서 대부분 기업의 경영진은 프로젝트에 대한 가치를 정량적으로 표현하는 것을 선호한다. 이는 관리자들로 하여금 과학적인 방법을 통해 프로젝트의 가치를 정밀하게 비교하여 의사결정을 할 수 있도록 지원하기 위함이다. 그러나 불확실성이 많은 산업군이고 환경 변화가 클수록 정량화된 가치를 측정하기란 무척 어려운 일이다. 특히 기존에 없던 제품을 개발하고자 한다면 이에 대한 가치를 측정하기가 더욱 어렵다. 이 절에서는 일반적으로 R&D 투자 의사결정에서 가장 많이 활용되고 있는 정량적 방법을 알아보자.

(1) ROI 분석

전통적인 ROI(return on investment) 분석은 비용의 효과를 측정한다. 프로젝트를 추진할 가치가 있는지를 평가하는 가장 간단한 정량적인 방법이며, 해당 프로젝트를 통해 얻을 수 있는 재무적인 이익을 명료하게 표현하는 특징을 갖고 있다. R&D 투자를 통해 얻을 수 있는 이익과 이에 필요한 모든 비용과의 비율을 정량적으로 다음과 같은 산식을 통해 나타낸다.

ROI = 순효과(net benefit)/총비용(total cost)

여기서 순효과는 노동비용 절감, 운영경비 절감, 생산성 개선 수익 등을 의미하며, 이는 전체 효과에서 비용을 차감한 값이다. 총비용의 경우, 예를 들어 자본비용의 기획과 설치, 애플리케이션 개발, 지속적인 관리에 필요한 비용 등을 말한다.

예를 들어 기업 A의 경우, 초기 투자년도부터 총 4년 동안 R&D 프로젝트의 ROI 분석을 수행한다고 가정하면 매년 또는 누적된 이익과 비용을 뒤의 표와 같이 산출할 수 있다. 표는 초기에 총비용 100,000달러를 투자했고, 해가 지날수록 그 비용이 감소하는 것을 보여 준다. 그리고 초기에는 이익을 창출하지 못하지만 매년 200,000달러의 이익을 만들며 누적 총이익이 600,000달러로 산정된다. 각 비용과 이익의 차를 볼 때 순이익은 첫해에

	초기	1년	2년	3년	누적 총이익
총비용	$100,000	$25,000	$25,000	$25,000	$175,000
총효과	–	$200,000	$200,000	$200,000	$600,000
순효과	$(100,000)	$175,000	$175,000	$175,000	$425,000

−100,000달러이지만, 그 이후로는 매년 175,000달러의 순이익을 내어 누적된 순이익이 425,000달러가 된다. 앞서 설명한 산식을 이용하여 계산한 결과, 위 표의 ROI는 425,000/175,000=243%다. 이는 1달러의 투자 시 2.43달러의 순이익이 창출된다는 의미와도 같다.

ROI 분석은 분석기간 중에 발생하는 모든 비용과 수익을 누적적으로 합산하여 계산한다는 장점을 갖고 있지만, 수익과 비용을 비율로 보여 주어 수익과 비용이 매우 작거나 지나치게 클 경우 투자가치를 결정하기가 어렵다고 볼 수 있다. 또한 투자된 자본이 회수되는 시간적인 관점을 고려하지 않는다는 것이 단점이며, 현재가치로 환산하지 않은 상태에서 계산하기 때문에 실질적인 계측이 되지 않는 경우도 있다. 따라서 현금흐름 할인법을 보완하여 사용하게 된다.

(2) 현금흐름 할인법

현금흐름 할인법(discounted cash flow, DCF)은 가장 일반적으로 활용되는 기법으로서 위의 ROI 분석을 상호보완할 수 있다. 일반적으로 가장 많이 활용되는 방법은 순현재가치법과 내부수익률법이다.

1) 순현재가치법

R&D 프로젝트의 순현재가치법(net present value, NPV)은 주어진 비용지출 수준, 현금유입흐름, 할인율을 기준으로 프로젝트의 현재가치가 얼마인지 산출하는 방법이다. 여기서 net은 모든 비용과 모든 효과의 차를 의미하며, present value는 화폐의 시간가치를 고려하여 시간 경과에 따라 지출과 수익을 조정하는 것을 의미한다.

$$NPV = \text{현금유입의 현재가치} - \text{현금유출의 현재가치}$$

이를 수학적으로 표현한다면 아래와 같은 공식을 활용하게 된다.

$$P = F\left(\frac{1}{(1+I)^n}\right)$$

여기서 P는 현재가치, F를 미래가치로 가정한다면, I는 연이자율, n은 현재와 미래의 햇수 차이를 의미한다. 따라서 앞서 ROI 분석에서 나온 미래가치 순효과를 F라 하고, 이에 맞는 7%를 연이자율로 가정했을 때, 연도별로 다음과 같은 결과가 나타난다.

NPV 첫해는 $\$175,000/(1 + 0.07)^1 = \$163,551$
NPV 두 번째 해는 $\$175,000/(1 + 0.07)^2 = \$152,852$
NPV 세 번째 해는 $\$175,000/(1 + 0.07)^3 = \$142,852$

따라서 초기 비용과 3년 동안의 NPV 누적치를 더한 총 NPV 값은 다음과 같다.

$$NPV = -\$100,000 + \$163,551 + \$152,852 + \$142,852 = \$359,255$$

결론적으로 NPV 절감규모는 할인율을 적용하지 않았을 때 위 ROI 평가에서 계산된 누적효과 425,000달러에서 줄어든 359,255달러로 볼 수 있다. 여기서 연이자율(예 : 7%)이 높을수록 NPV 값이 낮아지므로 일반적으로 위험성이나 불확실성이 큰 R&D 프로젝트일수록 더 높은 할인요소를 고려하게 되며, 최상과 최악의 현금흐름 추청치를 활용하여 다양한 방안을 제시하는 데 활용하고 있다. 연이자율의 프로젝트의 유형 및 특징에 따라 정해지거나 경험치를 통해 정해지기도 한다.

NPV 관련 한정된 자원을 기초로 생산성지수를 통해 혁신 프로젝트에 대해 생산성지수를 평가할 수 있다. 예를 들어 각 프로젝트마다 NPV 값이 산정되고 NPV 수치가 높게 평가되지만 자원 소비가 많을 경우, 현실적으로 프로젝트를 선택하는 데 매력적이지 않을 수 있다. 반면, 적은 자원으로도 수행이 가능하지만 NPV 값이 낮은 경우에 어떤 합리적인 의사결정이 필요한가? 이 경우 프로젝트의 가치를 극대화시키기 위한 NPV 값을 한정된 자원과 나누어 보고 이를 통해 투자에 대한 가치를 평가하게 된다. 따라서 생산성지수는 다음과 같이 표현할 수 있다.

생산성지수 = 프로젝트 NPV 수치/프로젝트 예상 총지출 잔여액

생산성지수를 활용하여 프로젝트의 우선순위를 결정하는 방법은 NPV로 순위를 결정하는 방식에 한정된 자원이라는 중요한 분석 관점을 추가한 것이라고 볼 수 있다. 〈표 5-3〉을 보면 프로젝트 F는 NPV가 가장 높지만 투입되는 자원 소비가 많기 때문에 덜 매력적이라고 판단할 것이다. 반면에 프로젝트 B는 프로젝트 F에 비해 NPV는 낮지만 생산성지수가 높아 자원을 효율적으로 사용할 수 있다고 판단할 수 있다.

표 5-3 NPV를 기초로 한 생산성지수 기반 프로젝트 우선순위의 예시 (단위 : 100만 달러)

프로젝트	NPV	개발비용	생산성지수	개발비용 누계
A	60	5	12	5
B	48	6	8	11
C	28	4	7	15
D	42	7	6	22
E	30	6	5	28
F	60	20	3	33

출처 : Robert G. Cooper(2006), *Product Leadership*.

2) 내부수익률법

앞서 설명한 연이자율의 최악과 최소 상황의 값을 정하는 것과 유사하게, 관리자들이 투자액이 결정되었다며, 이러한 지출액의 현재가치가 그 투자로부터 기대되는 현금수입액의 현재가치와 동일해지는 할인율을 대입해 가는 시행착오법을 통해 계산되는 것이 내부수익률(internal rate of return, IRR)의 기본적인 개념이다. 이러한 작업은 엑셀이나 관련 도구의 지원을 받을 수 있으며 다음과 같은 산식으로 나타낸다.

$$\text{IRR} = R(P_c = P_b)$$

여기서 P_c는 투자에 소요되는 지출액의 현재가치, P_b는 투자로부터 기대되는 현금수입액의 현재가치, R는 앞의 두 값을 같게 할 수 있는 할인율을 의미한다. NPV에서 활용되었던 사례의 부수익률을 계산한다면 NPV가 0이 될 때까지는 166% 값이 필요하다고 볼

수 있다. 첫해의 -100,000달러를 제외한 모든 연도는 175,000달러의 수익률이 날 것이라고 예상하지만, 할인율 적용 시에는 내부수익률이 166%로 나타난다. 내부수익률을 계산하는 데 있어 단점은 투자와 수익이 화폐단위로 환산되어 표현되지 않는다는 점과 투자회수기간이 언제인지 모른다는 것이다.

일반적으로 현금흐름 할인법의 장점은 기업의 가치가 과거의 경영 성과 및 외부 환경요인의 영향을 받아 결정되는 것이 아니라, 시간적 관점을 고려한 기업의 미래 현금흐름에 의해 결정된다는 것이다. 이러한 장점 때문에 비현금할인법에 비해 우수한 가치 평가법으로 인정받고 있으나, 가장 중요한 요소인 '미래의 현금흐름'과 '적절한 할인율'이 가정에 의해 추정되므로 정확성에 한계가 있다. 또한 장기간이며 위험도가 큰 프로젝트인 경우, 투자결정의 전략적 중요성을 포착하는 데 단점을 가질 수 있다. 따라서 현금흐름 할인법을 보완하기 위한 방법으로 정성적인 평가방법과 혼용하여 활용하게 된다.

또 다른 단점은 재무적인 목표만이 중요하다고 가정하며 전략적인 고려는 하지 않는다는 것이다. 리스크가 조정된 할인율이 적용될 수 있지만 좀 더 포괄적인 분석이 필요할 수도 있다. 예를 들어 큰 투자가 발생되는 혁신 프로젝라도 현금흐름 할인법을 적용할 경우, 전혀 수익성이 없는 것으로 판명될 수 있다. 그러나 수명주기가 다른 제품보다는 길다는 특징과 함께 기술 노하우 등 무형자산이 직원들에게 전수된다는 장기적인 전략적 측면에서 고려했을 때는 개발 프로젝트의 당위성을 확보할 수도 있다.

(3) 회수기간법

전통적인 투자성과 분석에서 가장 쉬운 방법으로, 회수기간법(pay back period)은 R&D 투자로 인한 현금흐름이 수익으로 들어서는 시점까지 걸리는 시간 관점으로 일반적으로는 분기나 월 단위로 표현한다. 회수기간은 프로젝트의 시작 시점부터 수익이 누적비용을 초과하는 시점인 손익분기점(break even point)이 언제인지를 알 수 있다. 〈그림 5-2〉와 같이 누적된 이익과 비용이 교차하여 이익이 비용보다 커질 때까지 걸리는 시간이 투자 후 1년이 지난 시점부터다. 그러나 회수기간법은 R&D 성과의 가치를 기간 외의 방법으로는 표현하지 못하는 단점이 있다.

비용과 수익을 평가하는 다양한 재무적 방법은 각각 다른 관점에서 다른 측면에 대한 평가를 하므로 이에 대해 종합적으로 고려할 필요가 있다. 우선 순현재가치법의 경우 현재가치로 환산된 R&D 투자의 이익과 비용의 차액에 대해 화폐가치로 표현하며, ROI 분석의 경우 수익과 비용의 비율로 나타낸다. 또한 내부수익률법은 고려될 수 있는 자본이익에 대한 할인율로 표현하며, 회수기간법은 수익이 비용보다 많아질 때까지 걸리는 기간으로 표현한다. 이를 종합적으로 평가하며 다른 관점들을 수용하여 의사결정을 내리는 것 또한 효과적이고 합리적인 의사결정 방법 중의 하나라고 볼 수 있다.

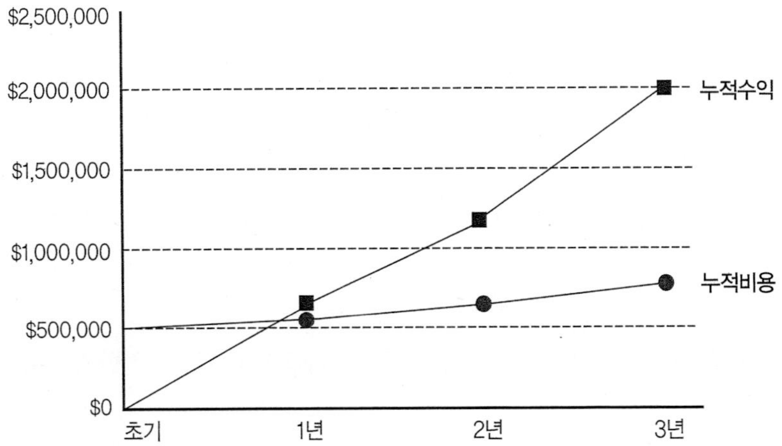

그림 5-2 회수기간 측정방법의 예시

(4) 실물옵션평가법

옵션평가법은 앞서 설명한 현금흐름 할인법에서 고려하지 못한 유연성을 가치평가에 반영했다는 데 가장 큰 차이점이 있다. 유연성의 가치란 특정 프로젝트의 투자 및 운영 단계에서 해당 R&D 프로젝트를 연기, 확장, 축소, 폐기 등 사용 변경할 수 있는 선택권에 대한 내재적인 가치를 의미한다. 이런 불확실성하에서 선택가치를 모델에 반영하여 선택하는 방법이다. 물론 불확실성이 위험으로 인식될 수 있지만, 이는 유연성을 고려한 기회가 될 수도 있다는 전제하에 의사결정자의 합리적인 의사결정을 우선시하게 된다.

R&D 프로젝트 의사결정에 실물옵션평가법(real option valuation)을 적용할 때에는 대개 2단계 또는 3단계의 의사결정 프로세스를 거친다. 〈그림 5-3〉은 R&D 프로젝트 투자 의사결정 단계에서 적용 가능한 실물옵션 유형을 보여 준다.

단계적으로 의사결정을 수행할 경우에는 R&D 투자 후 성과 여부에 따라서 후속 의사

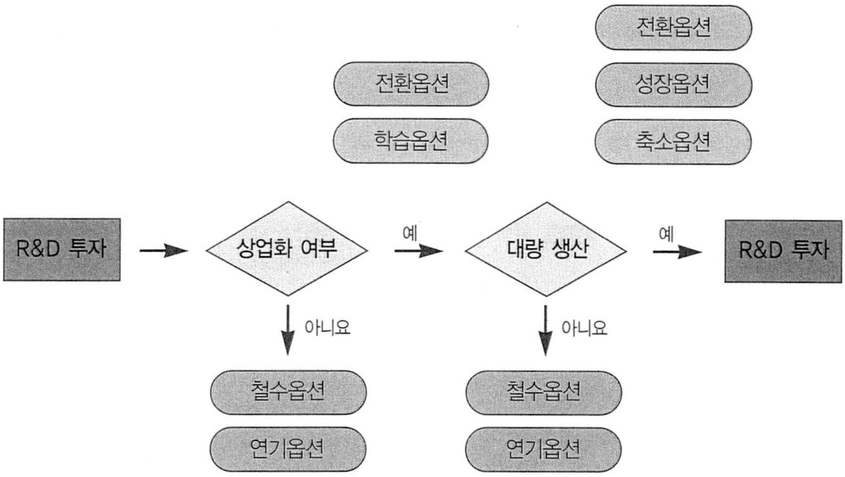

그림 5-3 R&D 프로젝트 투자 의사결정을 위한 실물옵션 적용

출처 : 유선희 · 성웅현(2005), "실물옵션과 R&D 과제의 성과분석 및 예측", KISTI.

결정 시 다양한 실물옵션을 적용할 수 있다는 특징이 있다. 예를 들어 R&D 투자 후 성과가 만족스럽지 못한 경우에는 철수옵션이나 연기옵션을 적용할 수 있으며, 일부만 투자하기를 원할 경우에는 전환옵션을 적용할 수 있는 것이다. 〈표 5-4〉를 보면 위 R&D 프로젝트의 의사결정을 위해 적용하는 실물옵션 유형의 내용을 알 수 있다.

실물옵션평가법은 R&D 프로젝트안을 평가할 때 다른 평가기법에 비해 상대적으로 적은 자료를 요구하는 장점이 있으며, 의무가 아닌 권리만을 보유하기 때문에 미래에 상황이 자신에게 유리한 경우에만 그 권리를 행사할 수 있는 특징을 갖고 있다. 즉, 미래의 상황 변화에 대한 유연한 대처를 지원한다.

(5) 상업적 기대가치

상업적 기대가치(expected commercial value, ECV)는 포트폴리오의 상업적 가치를 리스크와 확률 개념을 통해 산출해 내는 방법으로 개별 프로젝트의 기대가치를 산정하는 방법이다. 특히 의사결정 트리(decision tree)구조를 활용하며, 미래의 수익흐름뿐만 아니라 상업적 · 기술적 성공, 상업적 기대가치를 고려하여 예산이 제한된 상황에서 포트폴리오의 상업적 가치의 극대화를 목표로 한다. ECV 모델은 모든 신제품 및 프로젝트에 내재되어 있는 확률과 리스크를 포괄하여 평가하기 때문에, 출시를 앞두고 있거나 추가지출이

표 5-4 R&D 프로젝트 의사결정 시 적용 가능한 옵션 유형

옵션 유형	성격	예
연기옵션 (defer option)	투자는 가능하나 불확실성이 감소할 때까지 투자를 연기	기술 개발이 완료되었거나 관련 제품의 시장규모가 아직 충분히 성장하지 않은 경우 상업화를 연기
성장옵션 (growth option)	미래의 가치 창출을 위해 투자를 확대	R&D 성과가 매우 뛰어난 경우 수익극대화를 위해 원래 규모보다 큰 투자를 실시
전환옵션 (switch option)	가격, 투입산출요소, 시장 변화에 따라 생산, 프로세스 등을 변경	기술 개발기간 동안 시장의 수요 변화가 일어나는 경우, 후속 투자 시 원래 투자안을 변경
축소옵션 (scale down option)	새로운 정보에 의해 투자를 축소	R&D 성과가 만족스럽지 못하거나 시장의 수요 변화가 있는 경우 상업화 투자규모를 축소
철수옵션 (exit option)	시장환경이나 국제 변화에 따라 수익성이 없는 경우 철수	R&D는 완료되었으나 정부규제로 인해 제품의 상업화가 어렵게 된 경우 상업화를 포기
학습옵션 (learning option)	불확실성에 대비해 단계별 투자 실시	기술 개발 후 어떤 형태로 상업화하는 것이 가장 유리한지를 파악하기 위해 몇몇 신제품을 만들어 시장에서 테스트한 후 성공적인 제품에만 투자

출처 : 유선희 · 성웅현(2005), 실물옵션과 R&D 과제의 성과분석 및 예측", KISTI.

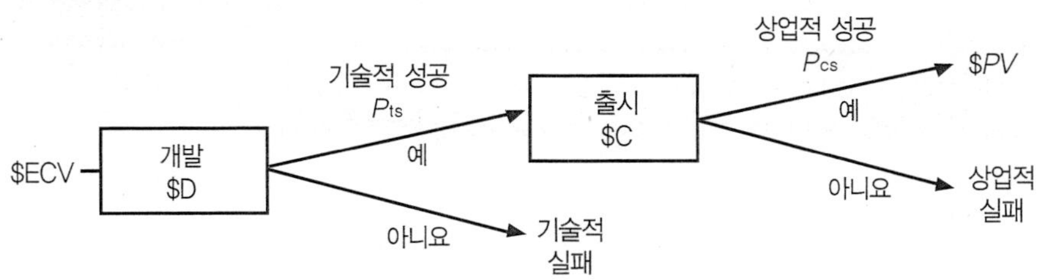

$$ECV = [(PV \times P_{cs} - C) \times P_{ts}] \times D$$

ECV = 프로젝트 상징적 기대가치　　P_{ts} = 기술적 성공확률

P_{cs} = 상업적 성공확률　　D = 프로젝트의 개발비용

C = 상업화(출시) 비용　　PV = 프로젝트 미래수입의 순 현재가치

그림 5-4 ECV 도출방법

출처 : Robert G. Coopoer(2002), *Product Leadership*.

상대적으로 적은 프로젝트가 높은 순위로 선정되는 경우가 많다.

Vertex의 R&D 포트폴리오 관리

기술경영이 적용되는 산업 중 가장 불확실성이 큰 산업은 바로 제약산업이라고 볼 수 있다. 특히 Pfizer 같은 대형 제약회사는 경쟁적 위치를 유지하기 위한 합병 및 전략적 제휴에 대한 활성화가 필요했으며, 소형 제약회사는 지속적으로 최신 연구기술에 특화된 전략을 전제로 변화를 주도하고 있었다. 그런 고성장을 하고 있는 제약 연구 · 개발 기업 중 하나인 Vertex는 미국 보스턴 케임브리지에서 1989년 창업하여 올바른 사람과 기술에 많은 투자를 하여 새롭게 중요한 의약품을 생산하는 기업으로서, 융합연구 접근, 합리적인 약물 설계에 집중하며 생산성 증대, 포괄적인 연구방식으로 진행하고 있다.

Vertex의 대부분 제품들은 대형 제약회사에서 자금지원을 받거나 또는 라이선싱을 통해 수익을 창출하고 있었다. 자신들이 갖고 있는 포트폴리오를 강화하기 위해 당시 7개의 제약품을 개발 중이었으며, 이 중 건선 다발성 경화증, 급성 관상동맥 증후군, 류머티즘 관절염, 골관절염 및 C형 감형 등 4개의 후보군이 선정되었다. 이 중 2개의 핵심 프로젝트를 자체 지원하여 상용화를 추진하고자 하였으며 각 제품마다 강점과 단점이 있었다. 건선 다발성 경화증을 치료하는 제약품은 이미 상용화에 가깝게 진행되고 위험요소가 적었으나 파괴적 혁신을 할 만한 제품은 아니었다. 두 번째로 류머티즘 관절염 제품은 강력한 특허권을 보유하는 데 장점이 있었으나 Aventis와 파트너십을 통해 개발한 제품과 유사했으며, 보조영업권 상실, 동반성장의 금융이득 희생 등에 불이익이 존재하고 있었다. 세 번째로 급성 관상동맥 증후군 제약품은 있어서는 저렴한 비용으로 쉽게 만들 수 있으며, 상업적으로 큰 매력을 가지고 있다. 마지막으로 C형 간염 제약품은 초기 상태의 연구 단계이며, 복잡하고 제조비용이 높은 것으로 판단되었다.

톱다운 방식의 의사결정 접근방법과 함께 서로 다른 제약품의 특성과 잠재적 응용 프로그램 개발의 여러 단계에서 후보를 비교했다. 세 가지 측면에서 포트폴리오 의사결정을 진행했으며, 정량적 분석을 위해 ROV 모델을 활용하여 각 제품에 대한 가치측정을 수행했다. 분석 결과, 가장 높은 점수를 고려한 사항으로 류머티즘 관절염 제품이 가장 우수하다고 판단되었다. 또한 대상위험, 메커니즘위험, 분자위험, 시장위험 등을 통해 리스크를 분석하여 동일한 결론을 내리게 되었다.

그러나 정성적인 평가요소에서는 선택된 혁신 프로젝트가 Vertex의 대외적 이미지에 부정적인 영향을 줄 것이며, 정체성을 상실할 것이라는 의견이 많았다. 특히, Vertex는 돈보다는 가치 있는 일을 위해 노력해야 한다는 철학과 이를 해결하는 데 직원들의 자부심이 큰 기업이었다. Vertex는 또 다른 난관에 부딪혔다. 2007년까지 주된 로열티 수익으로 인식되었던 함염증 치료약품을 위한 동물실험에서 잠재적 간독소가 발견되면서 주식이 17달러에서 7달러로 폭락했으며, 또한 상용화가 임박한 건선 다발성 경화증을 치료하는 제품 또한 실망스러운 시험 테스트 결과를 나타냈다. 이러한 재정적 어려움과 불확실한 상황에서도 Vertex는 4개의 프로젝트를 모두 개발하기로 결정했다.

3 R&D 프로젝트의 가치를 측정하는 정성적 방법

합리적인 투자 의사결정은 반드시 정량적인 방법으로만 결정되는 것은 아니다. 물론 공급체인상에서 생산이나 물류영역 같은 경우 재고량, 일별 생산량 등이 중요한 의사결정지표로 활용되고 있지만, R&D 영역과 관련된 의사결정에서는 다르다고 볼 수 있다. 따라서 대부분의 신제품 개발 프로젝트는 정성적인 평가방법도 함께 활용하며, 이에 의사결정에 미치는 요소들은 비공식적인 브레인스토밍 방법부터 구체적인 접근법을 포함하는 정성적인 방법을 선택하여 활용하고 있다,

(1) 질문항목 작성방법

Allen(2003)은 이러한 정성적인 방법을 효과적으로 수행하는 데 선별질문의 목록을 작성하도록 하고 있다. 이러한 질문은 고객의 역할, 기업 능력의 역할, 프로젝트 타이밍과 비용 등의 범주로 분류할 수 있으며 〈표 5-5〉와 같다.

〈표 5-5〉의 질문목록을 통해 각 개별 프로젝트에 대한 토의를 동일한 형태로 구조화하여 질문을 이용하거나, 중요성에 따라 가중치를 적용하는 점수 평가방식을 선택하기도 한

표 5-5 신제품에 대한 설문항목

소비의 역할	
시장	신제품의 소비자가 될 가능성이 높은 사람은 누구인가? 시장의 규모는 어떠한가? 제품의 또 다른 시장이 존재하는가? 소비자의 만족을 높이기 위해 어떤 종류의 마케팅이 필요한가?
사용	소비자가 어떻게 제품을 사용할 것인가? 제품이 소비자에게 어떤 새로운 효익을 제공할 것인가? 제품에 대해서 소비자들이 대체재로 생각할 수 있는 제품은 무엇인가?
호환성과 편리성	제품은 소비자가 보유하고 있는 보완재와 호환이 가능한가? 제품 사용방법에 대해 상당한 소비자 학습이 필요한가? 제품의 편리성에 대해 소비자는 어떻게 생각할 것인가? 소비자가 제품을 사용하기 위해 다른 추가적인 비용을 들여야 하는가?
유통과 가격	소비자가 어디에서 제품을 구입하는가? 제품 설치나 조립이 필요한가? 소바자가 제품 구매 시 기꺼이 지불할 용의가 있는 금액은 얼마인가?
능력의 역할	
보유 능력	새로운 프로젝트가 기업의 핵심 역량이나 지속 가능한 경쟁우위의 원천을 활용할 수 있는가?

다. 이러한 문제의 범위를 어느 정도는 그려 놓고 그 테두리 안에서 판단을 한다고 이해할 수 있다.

일반적으로 기업에서는 정량적인 방법은 앞서 설명한 재무적 방법을 통해 측정하지만, 비즈니스의 필요성과 전략적 연계성 또는 기술적 필요성과 타당성 같은 경우, 앞서 설명한 설문목록을 구성하여 정량화하는 평가방식을 선택하게 된다.

(2) 편익측정법

정성적인 방법의 하나로서, 프로젝트의 가치를 측정하는 데 재무적인 데이터가 아닌, 제품의 목적과 기업 목표 간의 연계, 시장의 매력도, 경쟁적 우위 등 전략적인 변수들을 고려하게 된다. 대표적으로 가장 많이 활용되는 방법론으로는 Q-Sort 방법과 체크리스트 방법이 있다.

1) Q-Sort 방법

신제품이나 연구 · 개발 프로젝트 선택을 위한 Q-Sort 방법론을 수행하는 방법은 다음과 같다. 목표나 아이디어가 기재되어 잠재적으로 프로젝트를 의미하고 있는 카드 한 세트를 집단에게 나눠 주고 기업 목표와의 연계성, 시장의 매력도, 경쟁적 우위, 실현 가능성 등 프로젝트를 선정하는 데 고려해야 하는 기준을 제시한다. 그리고 각 기준에 따라 참가자들이 카드를 중요도 순으로 선택 · 구분하고 그 결과 값을 기반으로 프로젝트 선택에 대한 토론을 진행하여 수차례의 구분과 토론을 통해 합의점에 도달하는 방법이다.

2) 체크리스트 방법

체크리스트 방법은 프로젝트를 체크리스트에 따라 절차상으로 점검하여 다각적인 사고를 전개함으로써 점검기준에 따라 해답 및 아이디어를 구하는 방법이다. 보편적으로 Alex Osborn의 체크리스트법을 사용하며 점검기준은 〈표 5-6〉과 같다.

그러나 두 방법론 다 종합적인 시각을 제공하기보다는 각 프로젝트의 가치를 측정하는 도구로서 종합적 비교분석이 어렵다는 단점을 갖고 있다.

(3) 프로파일 접근법

프로파일 접근법은 각 혁신 프로젝트 또는 다수 프로젝트의 선정평가 결과를 직관적으로

표 5-6 체크리스트 점검기준

순서	기준	내용
1	전용	다른 방법을 찾아볼까? 지금까지 알고 있던 방식 말고 새로운 방식으로 접근함
2	차용	합성해 볼까? 과거에 유사한 것은 없는지, 또는 흉내 낼 수 있는지 생각함
3	변경	변화를 줄까? 의미, 색, 소리, 움직임, 형태, 양식 등을 변화시킴
4	확대	크게 해 볼까? 크게, 강하게, 빠르게, 추가, 빈도, 가치 등을 확대하고 과장함
5	축소	작게 해 볼까? 작게, 농축, 짧게, 생략, 분할
6	대용	다른 것으로 대체해 볼까? 재료, 공정, 동력, 방법, 인력, 장소 등 요소를 바꿈
7	대체	위치나 순서를 바꿔 볼까? 위치, 순서, 스케줄, 요소, 패턴 등을 바꿈
8	역전	반대로 뒤집어 볼까? 역할, 입장을 반대로 뒤집음
9	결합	여러 아이디어/프로젝트를 섞어 볼까? 목적이나 단위, 아이디어, 프로젝트를 결합함

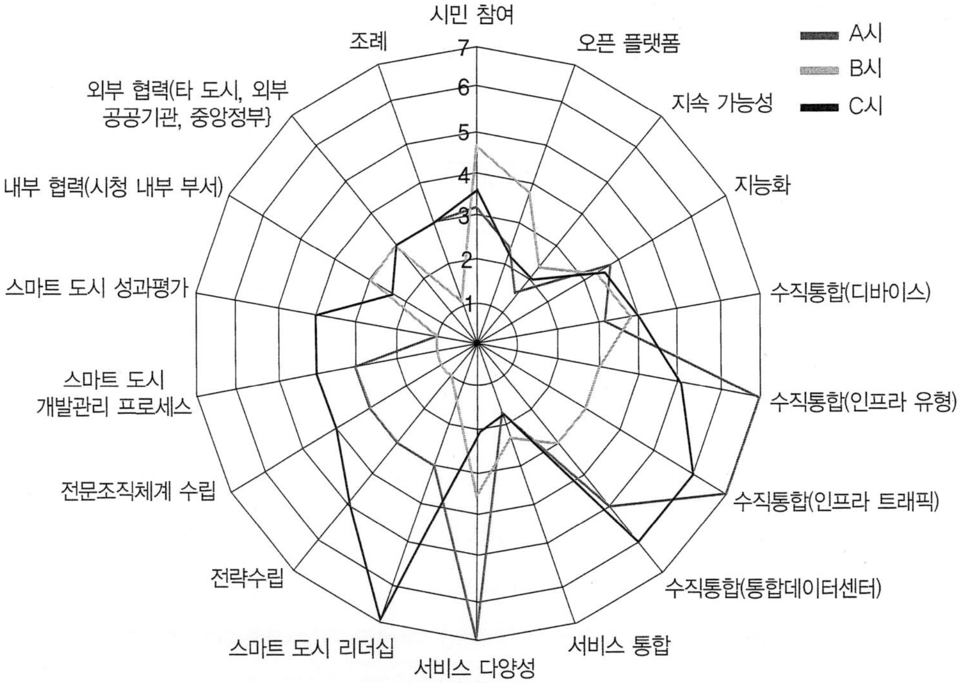

그림 5-5 국내외 스마트시티 U-서비스 평가 결과

표현할 수 있도록 도식화하는 방법으로 상대 프로젝트를 비교하는 방식이라고 볼 수 있다.

〈그림 5-5〉는 국내외 스마트 도시의 U-서비스를 시민참여, 플랫폼 개방, 환경지향, 지

능화지수, 수직/수평 통합, 산업지원, 재원조달 등 18개의 평가지표를 통해 비교분석한 결과를 프로파일 접근법으로 도식화한 것이다.

이와 같은 프로파일 접근법의 장점은 단순하고 평가방법이 쉬우며 시각적으로 이해하기 쉽다는 것이다. 특히 아직 화폐가치로 환산되기 어려운 혁신 프로젝트의 경우에도 적용될 수 있으며, 짧은 시간 내에 전문가 아닌 사람들을 대상으로 설명하는 데 도움을 준다. 그러나 정량적 가치와 화폐적 가치의 측정이 어려우며, 한정된 도형 안에서 다수의 프로젝트를 모두 비교하기 어렵다는 점에서 분석 한계가 있다.

(4) 프로젝트 포트폴리오 평가기법

많은 선진기업들은 빠르게 변화하는 환경에 민첩하게 대응하기 위하여 위험의 정도, 자원의 제약, 현금흐름의 시기, 전략적인 중요도 등 이외에 많은 다양한 의사결정 요소를 종합적으로 볼 수 있는 포트폴리오 기법의 가치를 발견하여 활용하고 있다. 앞서 설명했듯이 단기과제의 비중이 높아짐에 따라 이를 전체적인 관점에서 기업이 추구하는 전략과 연계하여 균형 잡힌 혁신 프로젝트를 발굴하는 것이 중요하다고 볼 수 있다. 이러한 혁신 프로젝트가 균형적으로 선택되지 않는 경우는 어떠한 문제들이 발생되는가?

일단 혁신 프로젝트에 대한 중단이 필요할 경우, 결정을 회피하거나 유보하는 경우가 대부분일 것이다. 또한 도출된 과제들이 기업이 가고자 하는 전략적 방향과 불일치되는 경우가 발생할 수 있다. 예를 들어 PARC가 많은 혁신적인 제품들, 특히 오늘날의 IT 산업이 발전될 수 있는 프로토타입 신제품들을 출시했지만, Xerox 본사 입장에서는 비즈니스 전략과 연계성이 부족한 제품이 개발되었다고 판단할 수 있다. 특히 의사결정에 대한 엄격한 선정기준이 없으므로 과제선정부터 자원배분에 대한 의사결정이 불투명하며 직관적인 판단으로 진행될 확률이 크다. 단기적으로는 R&D 프로젝트 진행에 있어 자원배분이 분산되는 현상이 나타날 수 있으며, R&D의 질적 수준이 저하되는 현상이 발생되어 궁극적으로 좋은 혁신 프로젝트를 발굴하는 기회까지 상실하게 된다. 결과적으로 이러한 문제들은 R&D 성과를 달성하는 데 어려움을 주게 된다. 특히 기술 개발에서 시장 진입까지 시간이 지연되며 추진하고자 하는 혁신 프로젝트의 실패 확률 또한 높을 수 있다.

포트폴리오는 사전적으로는 집합적 구성으로 보유하고 있는 자산 또는 사업의 효과를 의미할 수 있으며, 기술경영 관점에서는 신제품 관련 시장성, 기술성, 전략성 등 다양한 관점에서 기업의 수익과 위험을 체계적으로 평가하고 시간의 흐름에 따른 가치 있는 프로젝트에 자원을 배분하는 방법으로 미래 성과를 극대화하는 대표적인 정성적인 자원배분 기법이라고 볼 수 있다. 또한 R&D 포트폴리오의 활용 효과는 미래의 기술 개발성과 극대화를 위해 단순하면서 명쾌한 통찰력을 제공하여 이에 따른 실행계획을 수립하는 것이다.

Killen 외(2008)의 조사에 따르면, 설문조사를 통해 상위 20%의 기업들은 포트폴리오 평가기법을 활용하여 성공적인 제품 출시와 관련한 81% 정도의 효과를 얻은 반면, 하위 20%의 기업은 39.8%에 불과했다.

국내 기업의 포트폴리오 관리수준도 아직 미흡한 것으로 평가될 수 있으며, 많은 혁신 프로젝트의 선택이 R&D 리더의 경험과 직관적 판단에 따라 임의로 과제가 선정되거나 자원을 배분한다는 것을 알 수 있다(최경운, 2012). 특히 국내 기업은 장기적인 관점의 신제품 디자인 및 개발에 초점을 두기보다는 어떻게 효율적으로 대상제품이 개발되어야 하는지에 대한 생산 프로세스에 좀 더 관심을 두고 있다. 따라서 많은 기업들이 공급체인의

Unilever의 전략적 제품 포트폴리오 관리

세계적인 소비재 생산기업 중 하나인 Unilever는 세계 소비재 시장의 약 45%를 차지하며, P&G, Nestle, Henkel 등과 함께 경쟁하는 글로벌 기업으로 영국에 본사를 두고 있다. 10년 전 Unilever는 매출액의 60%를 차지하던 유럽시장이 30%까지 줄어드는 위험에 빠지게 되었으나, 개방형 혁신전략과 조직체질 개선 등을 통해 극복했다. 전 세계 6개의 R&D 센터를 보유하여 2009년 약 9억 유로의 R&D 비용을 지출했으며, 2000년부터 브랜드 포트폴리오 전략을 수립하면서 1,600여 개 브랜드를 매각·통합하고, 이윤을 많이 창출하는 400여 개 브랜드를 도출하여 집중관리하기 시작했다. 이를 통해 Unilever가 추구하는 핵심 전략이 무엇인지를 이해하고 광고, 판촉, R&D 비용을 절약했으며, 2009년에는 약 25개의 핵심 브랜드가 포트폴리오 기법을 통해 전체 매출액을 달성하게 되었다. 특히 세계 1위 제품군(savoury, tea, deodorants), 세계 2위 제품군(laundry, daily, hair care 등), 지역별 매출우위 제품군 등 3개 계층으로 제품군을 분류하고 브랜드의 가치 창출 및 건정성을 평가하는 혁신 매트릭스를 통해 전략적 포트폴리오 관리를 수행하고 있다. 또한 Unilever의 혁신 프로젝트 선정을 위한 Genesis 프로그램 운용을 통해 수익률, 사업 매력도, 소비자 행태 모델, 문화적인 속성 등 다각도 평가기준을 활용하여 신제품 개발 시 예측한 평가 결과와 실제로 사업 결과에 따른 내용을 검토하는 등 엄격한 스크리닝과 피드백 시스템을 갖추고 있다. 새로운 시장확대를 위하여 2009년까지 약 5,000여 개의 혁신제품을 출시했으며, R&D 지출은 프로젝트당 10,000유로에서 1,500만 유로까지 다양하게 지원하고 있다. 이를 통해 효율적인 제품 포트폴리오 구성과 함께 재투자의 기회를 창출하는 동시에 소비자의 가치를 극대화시키는 데 기여하고 있다.

출처: 조용희, "유니리버의 포트폴리오 전략", 기술과 경영 Vol. 326, pp. 32-34.

효율성에 치중을 두었다고 볼 수 있으며, 균형 잡힌 장기적인 안목을 가질 수 있는 역량 확보도 중요하다.

1) 포트폴리오 기법의 활용목적

기업이 R&D 포트폴리오 관리를 통해 달성하고자 하는 목적은 다음과 같이 세 가지로 정리해 볼 수 있다.

① 포트폴리오 가치의 극대화

포트폴리오를 구성하는 목적은 가치 및 기대수익을 극대화시키는 데 있어 진행되는 각 프로젝트의 정성적인 가치를 정량화하는 것이다. 또한 앞서 설명한 재정적 모델들을 통해 최종 결과에 대해 정해진 목표달성에 따라 혁신 프로젝트를 순서대로 정리하거나, 우선순위로 나열하게 된다. 특히 혁신 프로젝트에 대한 재무 모델의 시뮬레이션을 통해 최상의 경우와 최악의 경우 등에 대해 여러 개의 가능성 있는 시나리오를 통해 가치를 추정할 수 있다.

또한 장기적인 혁신 프로젝트 또는 와해성 혁신 프로젝트에 비중을 두고 균형적으로 프로젝트를 선택한다면, 이에 따른 기존 프로젝트와는 다른 평가항목으로 측정하고 평가하게 된다. 〈표 5-7〉은 와해성 혁신에 해당되는 프로젝트에서의 평가표 사례를 보여 준다. 〈표 5-7〉을 보면 전략적 연계성부터 혁신 프로젝트 진행 시 보상까지 장기적인 관점을 고려하여 프로젝트를 선택하게 된다.

② 균형성 또는 적정성 유지

포트폴리오 기법의 두 번째 목표는 추진하고자 하는 각 혁신 프로젝트 간의 균형 및 조화를 달성하는 것이다. 우리가 주식, 펀드, 월급, 부동산 등 다양한 포트폴리오를 가지고 이에 대한 균형성과 적정성을 시장환경에 따라 유동적으로 변경할 수 있는지를 추구하는 것과 유사하다. 일반적으로 이러한 균형을 추구하기 위해서는 다양한 데이터를 도식화하여 사용한다. 예를 들어 버블 다이어그램, 위험 · 수익을 나타내는 누적 막대그래프, 원 모양 차트 등 각 차트는 다양한 목적으로 활용되며 시각적으로 신제품 프로젝트 포트폴리오에서의 균형을 효과적으로 나타낸다.

이러한 시각화된 도구로서 가장 기본적으로 활용되는 것은 1970년부터 사용된 BCG 매트릭스인데 〈그림 5-6〉에서 보는 바와 같다. 여기서는 분석단위를 시장 점유율과 시장 성

표 5-7 최신기술 프로젝트의 점수표 사례

점수 = 0(0~10점 척도)		
1. 비즈니스 전략과의 연계		
일치/적합성	비즈니스 전략과 부합하지 않음	비즈니스 중점 전략과 강력하게 부합
영향	프로젝트를 포기해도 뚜렷한 영향을 끼치지 않음	기업 비즈니스의 미래를 좌지우지하는 영향력을 갖음
2. 전략적 지렛대		
지식재산 방어 정도	쉽게 복제 가능 : 방어책이 없음	특허, 상표 등과 연계되어 방어 가능
플랫폼의 성장 가능성	일회성 성향	신기술과 사업 분야의 새로운 프로젝트 유도
내구성(기술 · 시장)	구분되는 장점이 없음	장기적인 관점에서 개선 여지가 있음
기업 내 타 프로젝트와의 시너지 효과성	단일 프로젝트 성과로 국한됨	기업 내에서 광범위하게 적용 가능
3. 기술 개발 성공 가능성		
기술적 차이	현재 실용화된 기술과 많은 차이를 보임	현 개발 기술 상황에서 쉽게 수행 가능
프로그램 복잡성	솔루션을 도출하기 어려움, 많은 장애가 예상됨	솔루션을 쉽게 도출 가능, 바로 이행 가능
기술 베이스	기업에 생소한 기술이 적용됨	기업에서 많이 실용화했던 기술이 적용됨
인력 및 시설 역량	고용 및 신설이 필요함	이미 인력과 시설이 준비됨
4. 상업화 성공 가능성		
시장수요	시장의 수요와 부합하지 않음	개발된 제품이 즉시 시장의 수요에 반응할 수 있음
시장 성숙도	축소되는 시장	급성장하는 시장
경쟁강도	높음 : 강력한 경쟁사가 많음	낮음 : 경쟁사가 거의 없음
기업 애플리케이션의 시장 적합 정도	처음 접근 : 개발이 필요함	기업의 애플리케이션이 시장과 적합한 상태
시장 예측 가능성	예상이 어려움, 투기적 성향이 강함	예상하기 좋음
규제/사회/정치적 영향	부정적	긍정적
5. 보상		
수익에 공헌하는 정도 (5년간 누계 예상치)	1,000만 달러 미만	2억 5,000만 달러 이상
자금회수 기간	10년 이상	3년 미만
시장 출시 시점	7년 이후	1년 내

출처 : Robert G. Cooper(2006), *Product Leadership*.

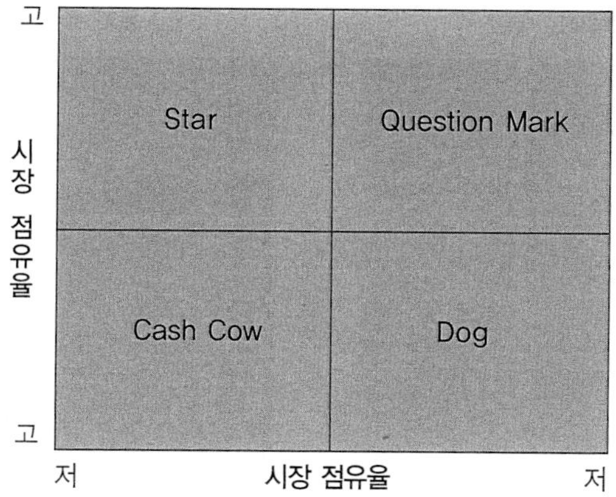

그림 5-6 BCG 매트릭스

장률로 나누어 분석하며, 사분면으로 나누어 혁신 프로젝트의 현재 위치를 분석하고 평가하게 된다. 기업에서 성장률이 높고 점유율이 높을 수 있는 혁신 프로젝트의 경우 적극적인 투자가 필요한 프로젝트로 장기적인 혁신 프로젝트군(Star)으로 분류될 수 있다.

이를 확장하여 사용하는 GE 매트릭스는 General Electric에서 BCG 매트릭스를 정교하게 발전을 시킨 형태로서, 기업의 프로젝트를 산업의 매력도와 시장에서의 기업의 사업 경쟁력이라는 두 가지 기준에서 9분면으로 분석 · 평가하는 모델이다. 산업의 매력도는 시장규모, 시장의 성장률, 이익률, 경쟁강도, 시장의 성숙도 등을 총괄적으로 평가하며, 사업의 경쟁력은 시장 안에서 기업이 차지하고 있는 상대적 점유율, 가격경쟁력, 품질, 판매 효율성 등을 총체적으로 평가하는 것이다. 위 기준을 바탕으로 9개의 전략적 위치로 분류하고 적합한 전략을 수립하도록 지원한다.

이러한 매트릭스 기반의 포트폴리오 접근방법은 일반적으로 고려되는 기술적 위험도와 기대보상수준을 비교했을 때, 〈그림 5-7〉과 같은 투자 매력도의 분포와 함께 변화 추세를 볼 수 있다.

〈그림 5-7〉에서 수평축은 기술 개발의 위험을 나타내며, 수직축은 기술 개발 성공 시 기대되는 수익 또는 보상규모를 기준으로 2차원식 매트릭스를 구성할 수 있다. 또한 각 축의 높고 낮음에 따라 3개의 그룹으로 나누어 기술적 위험이 낮고 기대보상수준이 높은 경우 Excellent 그룹으로, 그 반대인 경우 저그룹으로 구성하게 된다. 여기서 (b)와 같이 기술적 위험이 높고 기대보상수준이 높은 곳에서 출발하지만, 각 프로젝트들은 개발시간

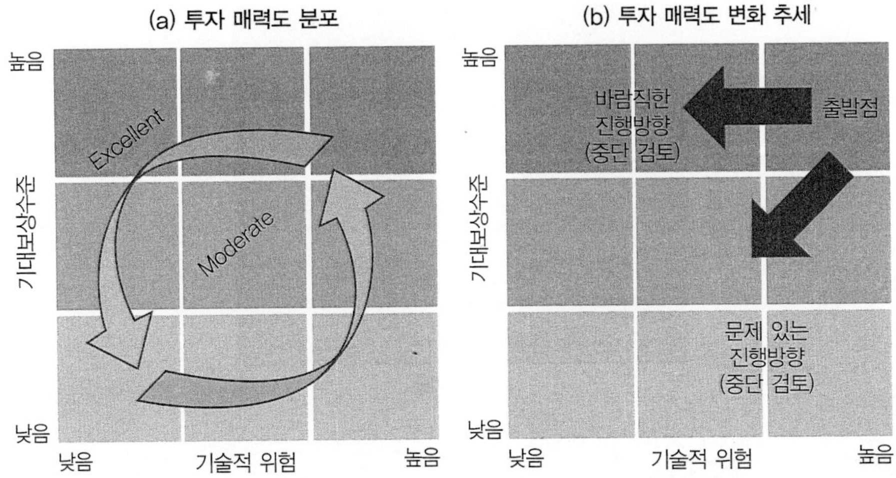

그림 5-7 위험-보상 매트릭스를 통한 R&D 포트폴리오 적합성 분석방법

출처 : 이철원, "R&D 포트폴리오 관리기법-기술경영 실천하기", 한국산업기술진흥협회.

에 따라 리스크가 줄고 기대수익이 계속 유지되는 바림직한 방향으로 흘러가거나 문제가 발생되는 방향으로 진행될 가능성이 있다. 이러한 변화 추세를 지속적으로 모니터링하며 분석하게 되는데, 특히 불확실성이 높은 R&D 프로젝트를 대상으로 한 포트폴리오 분석은 주기적으로 수행되어야 하며 이에 따른 필요한 대응조치 및 변화대안을 유연하게 마련한다.

BCG 매트릭스와 함께 가장 보편적으로 사용되는 것은 버블 다이어그램이다. 2차원식 매트릭스 형태의 다이어그램을 통해 시간 분포의 균형성(단기, 중기, 장기), 위험 분포(상, 중, 하) 등 다각적 관점을 포함하여 의사결정의 적정성을 유지하는 데 유용하다고 볼 수 있다. 버블 다이어그램이 다 동일한 분석 관점에서 혁신 프로젝트가 선택되는 것은 아니다. 어떠한 X축, Y축을 활용하느냐에 따라 그 용도나 작성방법이 달라질 수 있다. 또한 한 축의 분석단위만 해도 세분화된 평가항목 및 가중치를 통해 결정되었는지, 아니면 평가항목 자체로 분석되었는지를 볼 수 있다. 예를 들어 프로젝트 추진에 따른 '보상'이라는 X축이 평가되어야 한다면 이를 구성하는 세부 평가항목으로서 NPV, IRR, 가격 등을 통해 나타낼 수 있다. 또는 프로젝트 추진 시 '성공 가능성'이라는 평가항목에서는 고객 관심도, 기술 가능성, 현재 역량과의 가용성 등 3개의 평가항목을 통해 분석할 수 있다. 이러한 세부 항목들은 가중치를 통해 배분하여 정량화할 수 있으며, 일반적으로 AHP(Analytic

Hierarchy Program) 기법을 통해 가중치를 부여한다.

이외에도 Copper는 일반적으로 가장 많이 사용되는 버블 다이어그램의 종류 및 사용비율을 〈표 5-8〉과 같이 제시하고 있다. 표에 나타난 바와 같이 포트폴리오 기법에서 가장 많이 활용되는 관리기법은 위험 대비 보상 버블 다이어그램으로 활용비율의 44%를 차지하고 있다.

표 5-8 주요 버블 다이어그램 분석단위 평가항목

순위	차트 유형	고려하는 변수(관리지표)			활용비율(%)
1	위험 대비 보상	보상 : NPV, IRR, 시장 진입 이후의 성과, 시장가치	by	위험 : 성공 가능성(기술적, 상업적)	44.4
2	신규성	기술의 신규성	by	시장 신규성	11.1
3	용이성 대비 매력도	기술 개발 가능성	by	시장 매력도(성장 가능성, 소비자 호응도, 생명주기)	11.1
4	경쟁력 대비 매력도	경쟁위치	by	매력도(시장 성장률, 기술 성숙도, 활용기간)	11.1
5	비용 대비 활용 시점	개발 및 실용화 비용	by	영향력 행사 시점	9.7
6	전략 적합성 대비 효용	전략적 집중 또는 적합성	by	NPV, 재무 적합성, 매력도	8.9
7	비용 대비 효용	누적 보상규모	by	누적 개발비용	5.6

출처 : Robert G. Cooper(2006), *Product Leadership*.

〈그림 5-8〉은 기술경쟁력 대비 기술영향도 관점의 버블 다이어그램을 활용한 포트폴리오 관리지표의 예시다.

기술경쟁력은 자사가 갖고 있는 기술보유 수준에 대한 주관적인 평가 정도이며, 기업의 기술영향도는 기술의 라이프사이클을 고려한 시장 내에서 기술의 가치에 대한 객관적 평가정도를 나타낸다. 상기 포트폴리오를 통해 기술의 장·단기 관점 및 위험수용 측면의 균형수준을 검토하고 산업 내에서 경쟁우위를 확보할 수 있는 프로젝트를 효과적으로 선정할 수 있다.

관리지표가 다소 추상적이고 정량적으로 정확히 정의하기 어려운 정성적인 형태로 되어 있을 때에는 논리적으로 구조화해 해당 관리지표의 핵심 동인을 추출할 수 있다. 이때 추출되는 동인들은 미시(M.E.C.E : mutually, exclusive, collectively, exhaustive)의

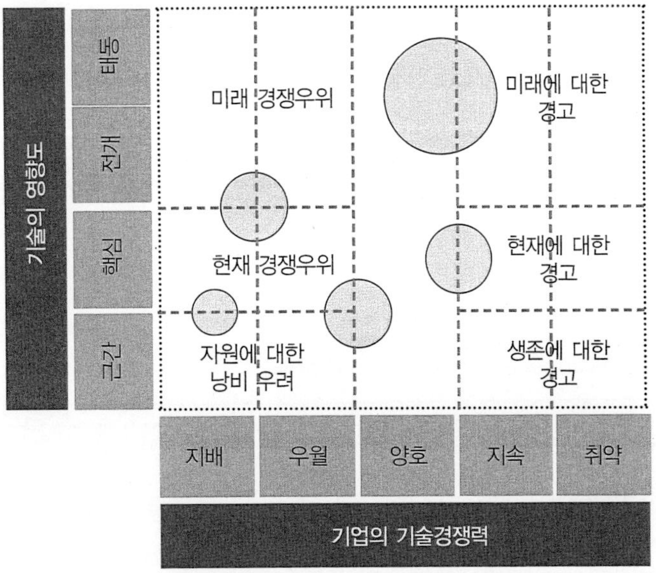

그림 5-8 기술의 영향도 대비 기업의 기술경쟁력 버블 다이어그램

출처 : 홍대순 외(2010), "제3세대 R&D 그 이후".

논리를 갖추어야 한다. 그리고 이런 동인들을 바탕으로 비교검토 기준을 수립할 때 S.M.A.C.(specific, measurable, attainable, controllable) 기준이 적용되어야 한다. 즉, 구체적이고 측정 가능하며 쉽게 정보를 획득할 수 있고 통제가 가능한 지표가 선택되어야 한다.

③ 전략적 연계구조 유지

회사의 전략적 지향성을 반영한 R&D 프로젝트의 집합적 구성 유지를 통해 불필요한 프로젝트를 조기에 발견하고 제거하거나 다시 재구성하여 진행하도록 하는 데 목적을 두고 있다. 특히 이러한 분석을 수행할 수 있는 조직 역량과 투명성 있는 의사결정은 톱다운 형식으로, 이를 결정하는 의사결정 협의체 및 위원회로 운용되는 거버넌스 체계 구축이 필요하다고 볼 수 있다. 기업이 추구하고자 하는 방향과 일치하는지, 또한 이를 실행하기 위해 R&D 프로젝트의 방향상이 연계되어 진행되고 있는지 등 다양한 연계구조를 지원하는 방법론을 도입하여 활용하는 것이 중요하다. 이러한 전략적 중요성과 이를 실행화하기 위한 선택 및 집중에 따른 자원획득이 일치될 수 있도록 문화를 만들어 나가는 것이 가장 중요한 요소다.

2) 포트폴리오 기법의 활용수준

〈그림 5-9〉에 의하면, 포트폴리오 기법을 통해 선진기업(상위 20% 기업)들은 포트폴리오 기법을 활용함으로써, 기업의 목표와 연계된 프로젝트가 진행되는 효과와 가치 있는 프로젝트를 수행하는 효과를 보고 있다. 특히 프로젝트 완료시간 준수율 및 균형적인 프로젝트와 적절한 숫자로 구성되는 데 있어 상위 기업과 하위 기업 간에 차이가 있다.

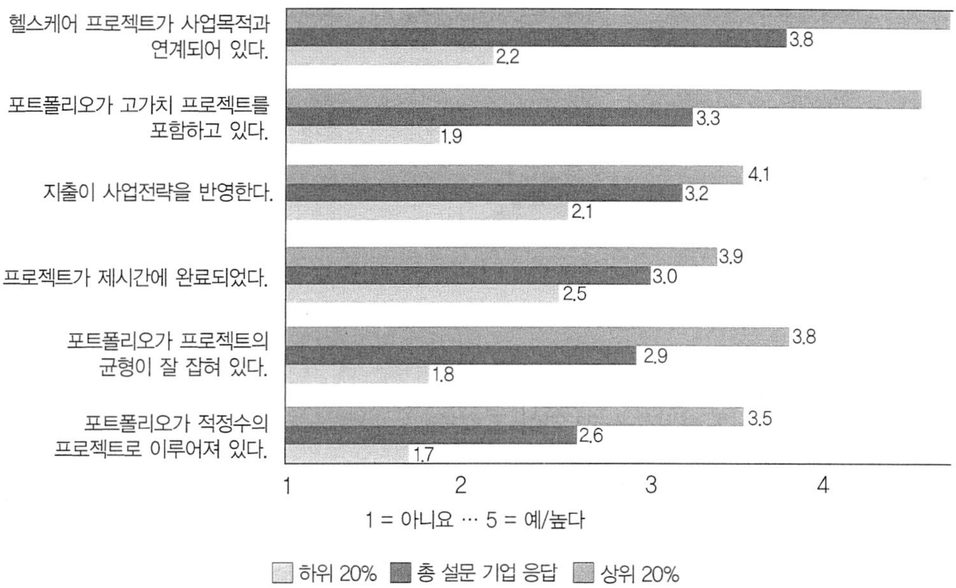

그림 5-9 제품혁신에서의 프로젝트 포트폴리오 기법 활용 효과

출처 : Killen et al.(2008), *International Journal of Quality & Reliability Management*, Vol.25, No.1, pp.24-38.

그러나 대부분의 기업들은 포트폴리오 기법을 사용하는 데 있어서는 재무적인 방법을 공통적으로 약 73% 정도 도입하며 활용하는 것으로 나타났다(Copper, 2001). 이는 NPV, IRR, ECV, ROV, ROI 또는 회수기간까지 다양한 정량화 기법을 통해 화폐가치, 비율 및 기간으로 나타내는 것을 선호한다고 볼 수 있다. 이외에 선진기업들은 전략적 접근에서 하위 기업들에 비해 큰 차이를 보인다. 예를 들어 앞서 설명한 로드맵 기법 등 전략적인 요소를 고려한 방법들의 활용이 가장 많이 쓰이고 있다. 체크리스트 및 정성적인 평가방법에 대해서는 조사 대상 기업 중 약 37% 정도가 활용하는 것으로 파악되었으며, 버블 다이어그램 및 포트폴리오 기법을 활용하는 기업은 약 40.6%다.

3) 포트폴리오 관리 프로세스

포트폴리오를 체계적으로 분석하고 지속적으로 기업환경 변화에 대응하는 것은 〈그림 5-10〉과 같이 세 가지의 관리 프로세스를 통해 달성된다.

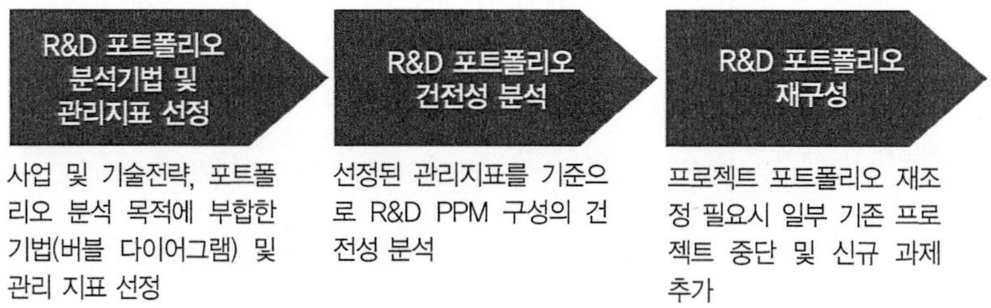

그림 5-10 R&D 포트폴리오 관리 프로세스

출처 : 홍대순 외(2010), "제3세대 R&D 그 이후".

관리지표의 선정은 포트폴리오 기법을 통해 분석하는 데 가장 기본적인 단계라 볼 수 있다. 다양한 관리지표를 선정하는 데 있어 프로젝트를 선택하고 관리하는 지표가 선별되어서 정의되고 측정되어야 한다. 특히 기대수익규모, 내부 기술경쟁력, 기술 개발기간, 연구 · 개발 예산 등 다양한 평가항목 또는 지표를 구성하여 선정하게 된다. 이는 해당 R&D 부서 또는 이를 종합적으로 평가하는 담당부서의 정기적인 워크숍을 통해 결정하게 된다. 또한 분석기법을 통해 어떤 방식으로 평가항목을 구성하여 종합적으로 정량화할 것인지에 대한 의사결정을 한다. 그리고 우선순위 선정의 방법을 정하여 이러한 분석이 타당한지를 경험적 지식을 통해 판단하게 된다.

신제품 개발 프로젝트를 선정하기 위한 균형 성과지표 모델이 제시되었다. 〈표 5-9〉의 내용과 같이 전략적 적합도와 중요성, 제품 및 경쟁우위, 시장의 매력도, 핵심 역량에 대한 내재화, 기술적 타당성, 재무적 보상 및 리스트 등 6개의 관점을 고려하여 진행한다고 한다.

R&D 포트폴리오 건정성 분석은 앞서 정의된 분석기법과 지표 선정에 대해 종합적으로 사업전략과 기술전략에 부응하고 성과 창출이 가능한지를 판단하게 된다. 일반적으로는 경영진 또는 R&D 부서장(CTO)이 공식적인 위원회 또는 실무협의회를 통해 자원배분의 균형성 및 적정성을 유지하고 있는지를 판단한다. 여기서는 전략적인 관점으로 해당 프로젝트의 의견이 반영되게 한다.

표 5-9 NPD 프로젝트 선정을 위한 균형 성과지표

번호	요소	내용
1	전략 적합성과 중요성	• 비즈니스 전략과 프로젝트의 연계도(상관도) • 전략에 대한 프로젝트의 중요성 • 비즈니스에 대한 영향
2	제품과 경쟁우위	• 제품이 독특한 고객 또는 사용자 혜택을 제공한다. • 제품이 소비자 또는 사용자에게 (훌륭한) 금전적 가치를 제공한다. • 프로젝트를 위한 경쟁력 있는 근거 • 제품 콘셉트에 대한 긍정적 소비자/사용자 반응
3	시장매력도	• 시장 크기 • 시장 성장, 미래 잠재성 • 동일 시장 참여자들의 이윤 폭 • 경쟁도–경쟁이 얼마나 강하고 치열한가?
4	핵심 영향 레버리지	• 프로젝트를 통한 핵심 역량과 강점의 레버리지 –기술 –생산/운영 –마케팅 –유통/판매인력
5	기술적 실현 가능성	• 기술적 차이의 크기 • 비즈니스에 대한 기술 친숙도 • 기술의 새로움 • 기술의 복잡성 • 현재까지의 기술적 결과물
6	재정적 보상 대 위험	• 재정 기회의 크기 • 재정적 이득 • 생산성지수 • 재정 추산치의 확실성 • 위험의 정도, 위험탐지 능력

출처 : Robert G. Cooper(2006), *Product Leadership*.

마지막으로 재구성 단계에서는 기존 프로젝트 분포의 적정성 조정, 수익성, 균형성, 전략성 등을 종합적으로 고려한 분석이 이루어진다. 필요시 일부 기존 프로젝트를 중단하거나 신규 과제를 추가하는 방식으로 이루어지게 된다.

A전자의 R&D 포트폴리오 적용 사례

국내 전자업계의 선두기업인 A사는 신제품의 85%가 적기에 출시되지 못했으며 품질 및 원가경쟁력이 미흡하여 고객의 요구 사항을 충족시키지 못해 판매 기회를 상실하고 있었다. 2002년부터 TV 사업부를 대상으로 사전진단 및 프로세스 개선을 위한 파일럿 형태의 컨설팅 프로젝트가 진행되어 왔으며, 전사적으로 2003년부터 타 사업부에 파급되어 진행했다. 현황분석 결과, A사는 제품 개발 단계에서는 사업부장 또는 개발팀장 중심의 의사결정이 진행되었으며, 디자인 리뷰와 이슈 중심의 의사결정 체크포인트 제도가 운영되었고, 수익성 없는 프로젝트를 중단하기 위한 정기적인 포트폴리오 리뷰 프로세스가 부재되어 이로 인한 일정지연 및 비용증가가 나타났다.

이러한 문제들을 개선하기 위하여 각 부문의 임원들로 구성된 통합 포트폴리오 관리위원회를 운영했으며, 특히 사업부장 및 마케팅, 개발, 구매, 제품, 품질 및 서비스 등으로 구성된 Integrated Portfolio Management Team을 운용했다. 특히 각 프로젝트마다 전략적인 적합도, 기술 타당성, 시장 매력도 등의 평가항목을 통해 이를 정량적으로 분석하여 정형화된 의사결정체계를 갖춰 운영했다. 또한 프로젝트 기반의 비용 산정방법을 도입하여 프로젝트의 Expense와 Revenue를 산정하여 성과관리를 수행하게 되었다. 혁신 프로젝트를 선택하고 관리하는 데 있어 지원하는 팀과 위원회 그리고 선진화된 평가기법을 통한 정기적 포트폴리오 리뷰로 수익성 없는 프로젝트는 중단하고 투자가치가 있는 새로운 프로젝트에 자원을 할당하도록 조정했다. 이러한 개선된 프로젝트 관리를 통해 A사는 수익률이 7% 향상되었으며 회수기간과 개발기간을 각각 45%, 25% 단축시키는 효과를 보았다. 특히 신제품 출시 후 3개월간 품질이 100% 향상되는 큰 효과가 나타났다.

4 정량적 · 정성적 방법의 결합

선진기업들에서는 신제품 개발에 대한 잠재적인 비용과 효과를 논의하고 선별 질문의 목록을 작성한다. 이러한 질문들은 설문지를 통해 정량화하거나, 인터뷰 또는 워크숍을 통해 정성적으로 정리하게 된다.

(1) 컨조인트 분석기법

컨조인트(conjoint) 분석이란 고려할 수 있는 변수들을 모두 결합하여 분석하는 방법으로, 제품 또는 서비스가 갖고 있는 속성에 대해 각각 고객이 부여하는 가치를 예측하여 어떠한 제품 또는 서비스를 선택하는가를 예측한다. 주로 마케팅 분야에서 활용되고 있지만, 신규 제품/서비스 프로젝트를 개발하고자 할 때 주요 고려항목과 수준을 결정할 수 있다.

컨조인트 분석을 수행할 때 새롭게 개발되는 제품의 특성을 고려한 독립변수(attributes)와 이러한 변수가 취하는 값을 정의하게 된다. 예를 들어 속성이 2개이고 각 속성별로 2개의 수준이 고려된다면 가능한 제품조합의 수는 4개로 구분된다. 이런 독립변수와 함께 종속변수는 주로 응답자의 선호도로 결정되며, 각 요인의 변수가 종속변수에 어떤 직접적인 영향을 주게 되는지를 분석한다.

예를 들어 잠재적 고객들에게 각기 다른 특징과 가격을 가진 모바일 전화기 모델을 제시하고, 유용성 측면에서 1점에서 7점까지 부여하여 순위를 정하거나 가장 구매하고 싶은 모델 순서대로 나열해 보도록 요구한다. 매겨진 순서에 따라 어떤 특성들이 영향을 미쳤는지 다중회귀분석을 통해 분석하는 데 활용한다.

컨조인트 분석의 장점은 제품의 특정 물리적 특성과 소비자들이 선호하는 특성치 등의 다양한 조합을 통해 그것들이 선호도에 어떠한 영향을 주는지를 분석할 수 있다는 것이다. 그러나 프로파일 수에 비해 상대적으로 많은 모수를 추정해야 하므로 시간과 비용이 많이 소모된다는 단점을 가지고 있다.

(2) 다중접근 기반의 포트폴리오 기법

포트폴리오 기법 또한 앞에서 설명한 재무적인 방법과 정성적인 방법을 혼합하여 종합적으로 평가하여 우선순위를 정하기도 한다. 〈표 5-10〉의 L사 같은 경우, 재무적 효과에서는 앞서 설명한 현금흐름 할인법과 이외의 비즈니스 연계성, 기술적 관점, 리스크 등을 통해

표 5-10 L사의 포트폴리오 분석

구분	평가항목	재무적 효과(40%)			비즈니스 연계성(40%)		기술적 관점		리스크 (20%)	종합 점수
		NPV	ROI	P.P	Biz 필요성	전략 연계성	기술적 필요성	기술적 타당성		
	가중치	20%	10%	10%	10%	20%	5%	5%	20%	
A사업	기본점수	15억	80%	1년	78점	68점	80점			70
	환산점수	3점	3점	3점	3점	3점	3점			
B사업	기본점수	20억	213%	1.5년	56점	86점	65점			60
	환산점수	2점	4점	3점	2점	4점	3점			
C사업	기본점수	8억	100%	0.8년	78점	45점	60점			80
	환산점수	4점	3점	4점	3점	2점	3점			
D사업	기본점수									
	환산점수									

종합점수를 측정한다. 재무적 효과는 40%, 비즈니스 연계성은 40%, 리스크는 20%의 가중치를 적용하며, 기술적 관점은 평가항목에서는 제외되었으나 참고점수로 활용하고 있다. 또한 재무적 효과 분석에서 각각 분석방법의 가중치를 부여하여 분석 결과의 중요도가 반영되도록 하고 있다. 이러한 종합적인 평가에서 중요한 것은 얼마나 정성적 또는 정량적 평가에 의존하는가이며, 이에 따라 자원배분을 목적으로 어느 평가기법을 채택할 것인가를 결정하기 위한 가중치 선정이 중요하다.

5 요약

산업이 고도화되는 과정에서 혁신기술의 중요성이 대두되면서 국내외 기업들이 신기술 및 제품에 대한 R&D 프로젝트 투자액을 증가하고 있는 추세다. 그러나 투자한 자원에 비해 성과가 미미한 문제가 발생하였고, 의사결정자들은 한정된 자원을 극대화시킬 수 있는 프로젝트 선택방법론에 대해 고민하게 되었다.

효과적인 프로젝트를 선택하기 위해서는 프로젝트의 가치를 정확하게 평가하는 것이 선행되어야 한다. 이를 위한 방법은 정량적 방법과 정성적 방법으로 나뉜다. 정량적인 평가방법에는 ROI, 순현재가치법, 생산성지수, 내부수익률법, 회수기간법, 상업적 기대가치 모델 등이 있으며, 정성적인 평가방법에는 질문항목 작성법, Q-Sort 방법, 체크리스트 방법, 프로파일 접근법, 포트폴리오 평가 모델 등이 있다.

특히 효과적인 포트폴리오 구성을 통해 프로젝트의 가치 및 기대수익에 따른 우선순위를 책정할 수 있으며, 이를 토대로 투자 의사결정 및 전략을 수립할 수 있다. 또한 지속적인 환경변화에 대응하기 위해서는 포트폴리오의 체계적인 분석 및 관리가 수반되어야 하며, 워크숍 등을 통해 도출한 평가항목을 구체적으로 구성하여 포트폴리오의 건정성을 평가하고 유지 및 재구성에 대한 의사결정이 필요하다.

5 | 연습문제

1. 불경기나 경제적 상황이 어려울 때에도 많은 유수의 기업들은 지속적으로 R&D 투자를 한다. 이를 기업 관점에서 어떻게 해석할 수 있는가? 지속적인 투자가 필요 없다고 판단하는 경우에 대해 설명하시오.

2. 정량적인 분석방법의 장단점을 논의하고, 정성적인 방법과 어떠한 차이점이 있는지 설명하시오.

3. 자신이 기업의 의사결정자라면 프로젝트 평가 시에 어떠한 평가항목과 방법을 기반으로 평가할 것인가? 해당 평가항목과 방법이 적합하다고 판단하는가?

4. 각기 다른 프로젝트 평가방법을 통해 나온 결론들이 모두 동일할 것이라고 예상하는가? 만약 아니라고 예상한다면 왜 그런가?

Chapter 06

기술 및 제품 개발

P&G의 C&D

세계적인 신용평가회사 S&P에 따르면 기업의 평균수명은 15년에 불과하며, 급격한 비즈니스 환경의 변화, 치열한 경쟁과 시장의 상황을 바꾸는 파괴적 혁신의 등장에 따라 기업들은 어떻게 살아남을까를 고민하고 있다. 그런 많은 선진기업들 중 하나가 바로 세계적인 생활용품 기업인 P&G(Procter & Gamble)다.

P&G는 1837년 William Proctor와 James Gamble에 의해 설립되었다. 이 둘은 각각 비누와 양초 제조회사에 몸담고 있었는데, 비누와 양초의 제조에 필요한 동물의 부산물인 지방과 기름이라는 공통재료의 사용이 P&G 설립의 계기가 되었다. 그로부터 30년 후 미국 전역에 제품을 공급하는 기업으로 성장했으며, 1940년대에는 세계시장에서 판매되는 신제품인 합성세제 Tide의 출시로 생산업체가 아닌 신제품을 개발하는 기업으로 발전하게 되었다.

현재 P&G는 소비재를 생산하는 기업 중 세계 최대규모의 다국적 기업으로, 2007년 매출액이 약 765억 달러였으며 연간 매출액이 10억 달러가 넘는 제품 23개와 후보 제품 18개를 보유하고 있었다. 세계 71개 국가에서 7,500명에 이르는 연구원들이 다양한 연구를 수행하고 있으며, R&D 비용은 18억 달러로 순매출액의 3.5%를 차지한다. 또한 전 세계적으로 27,000개의 특허와 함께 매일 8개의 특허를 출원하는데 하이테크 기업 못지않게 혁신적인 기업으로 인정받고 있다.

그러나 오늘날의 P&G로 성장하기까지 어려움도 적지 않았다. 1980년대에 들어와 기업의 내부 개발 모델이 중앙집중형에서 글로벌 네트워크형으로 변화함에도 불구하고, 혁신적인 신제품을 출시하는 데 어려움이 있었다. 1990년대 후반 예상 매출 성장률보다 P&G의 성장이 낮았으며, 획기적인 변화가 필요한 시기였다. 특히 신제품 개발 R&D와 혁신을 위한 비용이 빠르게 증가함에 따라, 매출 성장률을 초과하여 지속 가능한 성장이 어려웠다. 또한 경쟁이 심화되면서 성숙한 시장에서의 경쟁이 더욱 어려웠으며, P&G 규모의 기업이 최소한 연간 4~6% 정도의 성장률을 달성하지 못하면 연간 약 40억 달러의 새로운 비즈니스를 구축해야 함을 의미한다. P&G의 매출규모가 250억 달러인 경우, 기존의 글로벌 연구조직을 구성하고 세계 최고의 연구인력을 고용하여 기업 내부 혁신을 통해 여러 세대의 획기적 성장을 달성했다. 특히 2000년에 들어서는 새롭게 등장하는 신기술을 활용한 신제품 혁신 프로젝트들이 수행되면서 예산에 부담을 주기 시작했으며, R&D 생산성도 떨어져 재무효과에 영향을 미치는 신제품의 비중이 35% 수준에 머물렀다. 특히 폐쇄적 혁신(closed innovation) 시스템에 의존하는 신제품의 매출도 부진하게 된 P&G의 주가는 118달러에서 52달러로 떨어지는 등 큰 위기를 맞게 되었다.

이러한 성장의 한계를 극복하기 위한 수단으로, P&G는 개방형 혁신 모델인 C&D(connect and development)를 창안하여 도입했다. C&D는 외부로부터 아이디어와 기술을 인소싱하는 방식을 채택하며 이를 사업화하는 과정을 의미한다. P&G는 소비자들의 요구에 대한 명확한 인식을 바탕으로 전 세계로부터 아이디어를 얻고, 더욱 품질이 우수하고 저렴한 제품으로 빠르게 출시하기 위해 내부 R&D와 제조, 마케팅, 구매 등에 C&D를 적용했다. P&G의 C&D를 통한 신제품 개발사례 중 하나는 바로 P&G의 기술 사업가(technological entrepreneurs)가 일본 오사카의 시장에서 얼룩을 제거하는 스펀지로부터 아이디어를 발굴한 것이다. 결과적으로 'Mr. Magic Eraser'의 3세대 개발에 따라 혁신 프로젝트의 매출 2배를 달성하는 결과를 가져왔으며, 다음과 같은 개발 프로세스를 거쳤다.

① **2001년 발굴 단계** : 일본에 거주하는 P&G의 외부 기술 사업가는 오사카 식료품 가게에서 스펀지 제품을 발굴하고, 이에 대한 일본에서의 시장성과를 평가하여 P&G 홈케어 제품 개발과 시장 요구 사항을 충족시킨다는 것을 발견했다.

② **2002년 평가 단계** : 미국 신시내티에 있는 R&D 제품 연구자들은 기술 사업가로부터 제품의 샘플을 받아 성과평가를 수행하며, 제품에 대한 상세평가와 시장 잠재성을 평가하여 P&G의 내부 온라인 네트워크인 'Eureka Catalog'에 등록한다. 그 외에도 특허 활용 가능성, 현재 매출액, 정밀한 사진까지 포함하여 전 세계의 고위 관리자, R&D 팀 등에게 평가받기 위해 게재한다. 평가 후에 마켓 리서치 팀은 제안된 제품에 대해 지속적으로 유망하다고 인정을 받고 소비자 패널에 의해 좋은 평가를 받으면 해당 제품을 바로 신제품 개발을 위한 P&G 제품 개발 포트폴리오군에 포함시킨다. 외부 사업개발(external business development) 팀이 참여하고, 제품 제조업자와 접촉하여 라이선싱과 협력 등에 대한 협상을 진행한다. P&G는 이에 따라 기술력을 갖춘 도쿄의 소비재 회사인 LEC 회사와 독일의 화학회사인 BASF로부터 신제품 개발을 위한 기후적인 문제해결 방안을 제시하여 향후 양사의 공동연구 협력체계 구축을 모색했다.

③ **2003년 제품 출시 단계** : Basotect은 현재 제공되는 형태로 제품을 패키지화하여 전국적으로 출시되었으며, 유럽시장에도 출시되었다. BASF와 P&G 연구원들은 연구소를 공유하며, Basotect의 클리닝 내구성 및 다목적성을 개선했다.

④ **2004년 공동개발** : 신제품인 'Mr. Clean Magic Eraser'를 개발하여 유럽시장에 출시하고, 지속적인 공동작업을 통해 공동개발된 'Magic Eraser Duo'를 미국 전역에 출시했으

며, 이후 'Magic Eraser Wheel'과 'Tire'가 미국 전역에 출시되었다.

Mr. Clean Magic Eraser뿐만 아니라 Pringles 감자칩, Olay Regenerist(스킨케어), Acetonel(골다공증 치료제) 등 P&G는 다양한 신제품과 신기술 아이디어의 절반 이상을 대학이나 연구소 등에서 근무하는 외부 전문가 집단, 벤처기업 등으로부터 구한 다음, 이를 내부에 축적된 역량과 결합함으로써 혁신적 신제품의 양과 질, 속도를 모두 높였다. 그 결과, 신제품 개발부터 출시에 이르는 기간을 2년에서 1년 이내로 줄이고 연구 · 개발 프로젝트의 성공률을 2배 이상 높였다. 2001년 이후 6년 만에 매출이 73%나 늘어나는 효과를 거두게 되었다.

개요

기술과 경영환경이 급변하고 다양한 정보가 공유되면서 소비자들의 구매 트렌드도 빠르게 진화하고 있다. 이에 기업들은 다양한 고객층을 확보하고 기업 성장을 이루기 위해 신제품 개발과 특허 확보에 대한 관심이 높아지고 있는 추세다. 새롭고 다양한 트렌드의 출현은 기업들에게 새로운 기회가 되는 동시에 시장에서 뒤처질 수 있는 위험요소다. 따라서 체계적으로 고객의 요구를 파악하고 차별화된 제품을 개발함으로써 다른 기업들과의 경쟁에서 우위를 선점하는 것이 중요하다. 그러나 고객들의 요구가 다양해지고 높은 질을 요구하는 데 비해 기업이 대응할 수 있는 능력에는 한계가 있으며, 그만큼 위험성도 크다고 볼 수 있다. 특히 고객의 요구를 이해하지 못하고 이에 대한 재개발비용을 투자하지 않으며 적시에 제품을 소비자에게 제공하지 못하면 그 기업은 시장에 뒤처지고, 결국 매출 하락으로 이어질 수밖에 없다. 이에 따라 기업들은 일반적으로 많이 활용되는 신제품 개발 프로세스 경영기법을 도입하여 사용하거나, 독자적인 신제품 개발 프로세스를 수립하여 기업의 경영성과를 달성하기 위해 모든 힘을 쏟아야 한다. 다만, 신제품을 개발하되 기업의 경영 리스크를 줄이기 위해서는 비용과 시간의 단축에 대한 노력이 필요하다.

1 신제품 개발의 중요성

(1) NPD

신제품의 기준은 고객의 관점과 기업의 관점에서 새로운가를 판단하는 데서 비롯된다. 신제품은 혁신적 신제품, 개량적 신제품, 모방제품의 세 가지로 나눌 수 있다. 혁신적 신제품은 고객의 욕구가 있으나 이제까지 시장에 존재하지 않았던 제품으로 소비자에게 새로운 것으로 인식되는 제품을 말한다. 개량적 신제품은 새로운 대체품으로 점진적인 기술개발과 변화하는 소비자의 욕구를 만족시키기 위한 차별화의 결과이고, 모방제품은 특정 기업에게 새로운 제품을 말한다. 이러한 신제품을 개발하여 혁신을 이루는 것을 NPD (new product development)라고 한다.

(2) 신제품의 중요성

앞 장에서 설명했듯이 혁신 프로젝트 선택에서 성공적인 신제품을 개발하는 능력은 기업을 성공으로 이끄는 가장 중요한 역량이다. 최근의 조사에 따르면 산업별 신제품 영향력은 제품 및 약품 분야, 산업기계 및 장비, 정밀기계 및 관련 제품 순으로 나타났으며, Cheskin과 Fitch(2003)의 조사에 의하면 87% 이상의 기업들은 사업 성공을 위한 제품혁신이 매우 중요하거나 다소 중요하다고 생각하는 것으로 나타나 있다.

그렇다면 새로 출시되는 신제품은 기업의 매출 및 이익에 어느 정도 영향을 미칠까? 최근 수행된 설문 결과에 따르면, 산업마다 제품의 수명주기 및 다양한 요인들에 의해 신제품의 영향력이 달라지겠지만 신제품이 기업의 매출과 이익에 미치는 영향은 약 32%를 차지한다. 특히 상위 20%의 기업들은 신제품의 수익과 매출비율이 각각 42.4%, 38%다. 이와 같은 수치는 하위 20% 기업과 약 4배의 차이를 보이는 것이다. 이러한 상위 기업들은 우리가 잘 알고 있는 Intel, Johnson & Johnson, Pfizer, GE, 3M 등으로, 이들은 새로운 아이디어와 신제품이 기업매출 성장의 열쇠라고 말한다. 오늘날 급변하는 시장환경에서 이러한 상위 기업들이 혁신적인 신제품의 비중을 높이는 것은 기업이 경쟁우위를 확보하기 위한 전략이라고 볼 수 있다. 그렇다면 이러한 제품을 개발하는 데 성공률은 어느 정도일까?

(3) NPD의 성공률

기업의 이익을 위해서 신제품의 중요성이 강조되고 있으나, 신제품 개발 단계에서 95% 이상이 실패라는 주장도 있다. 실질적으로 PDMA의 한 조사에 따르면, 5년간 출시된 신제품의 성공률이 59%이며, 평균적으로 신제품 아이디어의 7개 중 4개가 선택되어 개발된다. 그중 1.5개가 출시되고, 출시된 제품 중 하나가 성공한다고 한다.

〈그림 6-1〉을 보면 신제품의 개발 성공, 실패, 중단에 대한 결과에서 상위 기업과 하위 기업의 차이가 크다. 물론 앞 장에서 설명한 합리적인 자원배분과 포트폴리오 관리기법 등을 통해 각 기업들이 프로젝트의 선택과 집중에 대한 의사결정을 내리는 방식을 채택하여 효과를 보았다고 할 수 있다. 하지만 이러한 차이를 보이는 이유는 무엇일까?

실제로 이러한 차이가 야기되는 큰 이유는, 많은 혁신기업들이 신제품 개발 프로젝트를

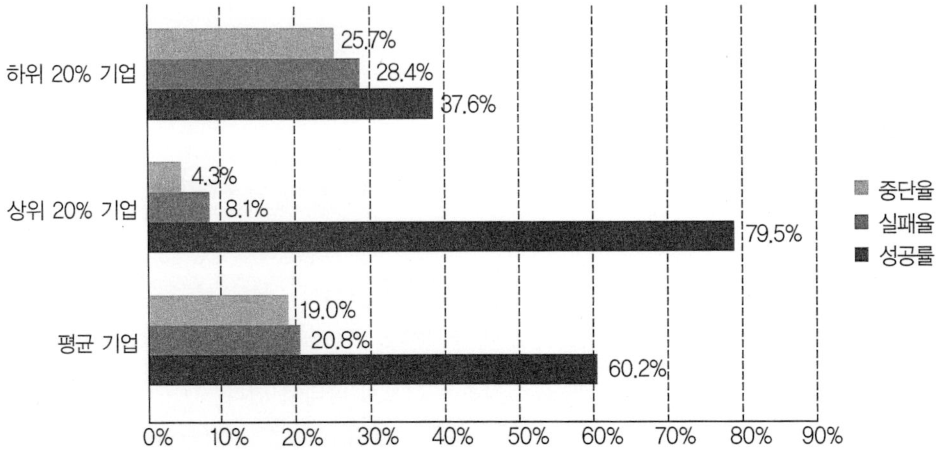

그림 6-1 신제품 개발 중 성공률, 실패율, 중단율

출처 : Robert G. Cooper(1999), *Product Leadership*.

올바르게 수행하기 위해서 최고의 신제품 개발 프로세스의 실행계획을 가지고 있기 때문이다. 이 장에서는 이러한 프로세스의 정의와 중요성을 시작으로 기업들이 어떤 신제품 개발 프로세스를 통해 혁신을 달성하는지 살펴보자.

2 신제품 개발의 목표

우리는 프로세스에서 중요한 요소들을 이해함으로써 성공적인 신제품을 개발하기 위한 다양한 목표가 달성되어야 한다는 것을 알 수 있다. 다양한 목표가 존재하겠지만, Schilling은 다음과 같은 세 가지의 목표를 달성해야만 한다고 말한다.

- 소비자 요구 만족도의 최대화
- 개발 사이클 시간의 최소화
- 개발비용의 관리

(1) 소비자 요구 만족도의 최대화

기업 입장에서 소비자가 가장 원하는 제품의 사양이 무엇인지를 안다는 것은 무척 중요하다. 고객이 구매할 만한 매력이 어떤 사양에 있는지, 또한 다양한 고객의 욕구를 어떻게 해결해 줄 수 있을지를 신제품 개발 시 알고 있어야 한다. 기술이 앞선 기업들이 이러한 원칙을 무시한 채 높은 가격으로 고객의 기대에 미치지 못하거나, 제품의 크기 등을 만족시키지 못한 사례를 볼 수 있다.

대표적으로 Philips의 CD-i 사례를 들 수 있다. CD-i 플레이어는 비디오와 뮤직 시스템, 게임기, 교육도구 등이 통합된 기계로 Philips에서 1991년 700달러에 발매한 제품이다. 너무 기능이 많아 사용법이 어렵고, 많은 기능에 비해 구매자들이 만족할 만한 기능은 별로 없었다. 또한 기술적으로는 매우 뛰어났지만 구매자들에게는 제품의 가치를 알리지 못했고, 구매자들의 이목을 끌 만한 함께 사용할 수 있는 콘텐츠도 마련되지 않았다. 비싼 가격도 고객들의 외면을 받는 주요한 요인이었다. CD-i 플레이어의 전용 게임을 발매하면서 게임 시장 진출의 발판을 마련하려고 했으나, 이후 더 싸고 강력한 성능의 게임기들이 등장하면서 무산되었다. 결과적으로 CD-i 플레이어는 고객들에게 외면을 당할 수밖에 없었고, 1998년에 제품 판매를 중단했다. 이는 구매자들의 요구를 파악하지 못하고 만족시키지 못한다면 아무리 최신의 기술로 만든 좋은 제품이라 하더라도 고객의 관심을 끌 수 없다는 것을 보여 준다.

(2) 개발 사이클 시간의 최소화

〈그림 6-3〉의 (b)와 같이 병렬적 프로세스를 통해 기업은 신제품 개발의 출시를 좀 더 가속화하는 데 노력하고 있다. 이를 위해서는 신속한 의사결정과 체계화된 개발 프로세스를 통해, 신제품에 있어 최초 진입자로서의 이점과 추종자로서의 이점을 모두 지녀야 한다. 이런 대표적인 기업으로 Dell을 떠올릴 수 있다.

Dell은 LCD, 하드디스크, 배터리 등의 기술 발달과 충격, 진동, 에러의 품질이 향상된 점 등을 통해 휴대용 컴퓨터 산업의 발전 가능성을 발견했다. 이에 1991년 휴대용 컴퓨터 산업에 진출했으나, 1992년 배터리, 전원 오프, 내구성 등의 품질 문제와 소비자가 느끼기에 적합치 않은 가격으로 인해 사업에 실패했다. 이후 AC A어댑터, 파워카드 등의 심각한 문제를 발견하고, 2,000만 달러의 비용을 휴대사업부의 재조직과 개편에 투자했다. Mark Holliday라는 새로운 임원을 세우고, 제품 마케팅 팀이라는 핵심 팀을 구성했다. 이는 신속한 의사결정을 통해 제품 개발 사이클을 단축시키는 데 한몫을 했다. 또한 설계된 제품이 종종 제조 과정에서 생산 가능성이 떨어지고, 문제점이 너무 늦게 파악되며, 개발기간이 정해져 있지 않다는 문제점을 파악하고, 이를 해결하기 위해 몇 가지 노력을 기울였다. 각 부서의 전담인력을 차출하여 전담 팀을 구성하고, 개발 과정에서 발생할 수 있는 위험관리를 철저히 했으며, 시장의 정확한 분석을 통해 분석에서 개발기간까지 18개월로 줄였다. 이러한 프로세스 혁신을 통한 표준화는 Dell 컴퓨터의 성공요인이 되었다. 기술의 변화를 느리게 인지하고 제품이 늦게 출시되었을 때 시장수요가 이미 차세대 기술의 제품으로 이동하는 경우도 발생되기 때문에 제품수명주기 관점에서 개발 사이클 시간을 최소화하는 목표는 중요하다.

(3) 개발비용의 관리

기업이 개발 사이클 시간의 최소화를 위하여 때로 지나치게 개발비용을 지출하여, 제품이 시장에서 성공적으로 반응을 얻더라도 개발비용을 제시간에 회수할 수 없는 경우가 발생하기도 한다. 이러한 개발비용의 위험이 발생될 수 있는 산업은 신약품 개발 분야인데, 또한 큰 개발비용에 비해 성공 사례가 적은 분야이기도 하다.

Burrill & Company(2007)에 따르면, 2007년 세계 의약품 시장은 약 6,900달러이며, 2020년에는 약 1.3조 달러가 될 것으로 예상된다. 이에 따라 다국적 제약기업들이 신약 개발에 박차를 가하며 점점 더 천문학적인 비용을 투여하고 있음에도 불구하고, 신약 개발 실적은 계속 감소하고 있다. 지난 10년간 미국 제약기업의 R&D 투자는 계속적인 상승으로 2배 이상 증가했음에도 R&D 투자 결과인 신약 수는 완만한 감소 추세를 보이고 있다. 이를 이노베이션갭(innovation gap) 또는 R&D 생산성 위기(R&D productivity crisis)라고 표현한다(한국보건산업진흥원, 2008). 따라서 이러한 개발에는 철저한 개발비용 관리와 조정이 필요하며, 분석은 5장에서 소개된 프로젝트의 선택 등에서의 다양한 정량적 및 정성적 방법을 통해 이루어질 수 있다.

3 프로세스의 중요성

1980년대 말에서 1990년대까지 경영 패러다임의 주요 키워드 중 하나는 바로 '프로세스'다. 프로세스와 관련하여 신상품의 조기 출시 또는 개발시간 단축의 중요성이 강조된다. 기업이 시간 기반의 경쟁력을 위한 견고한 프로세스를 가지고 있다면 제품의 다양화를 실현하고 고객 대응시간이 줄어들면서 비용이 감소한다. 따라서 효과적인 프로세스 설계 및 운영은 기업이 경쟁우위를 갖게 하는 데 필수적인 혁신 역량이다.

(1) 프로세스의 정의

프로세스의 사전적 정의는 '어떤 목적에 이르게 하는 일련의 활동들 또는 연속된 작업, 특히 제조업에서 지속적으로 처리되는 작업'이다. AT&T는 '특정한 산출물을 만들어 내고 특정한 투입물과 가치를 부가하는 직무들에 의하여 특정지어지는 상호 연관된 작업활동들의 집합'으로 프로세스를 정의하고 있으며, GE에서는 '자원 및 정보를 특정한 제품 또는 산출물로 변환시키는 데 필요한 활동과 직무들의 집합'이라고 설명한다. IBM에서는 프로세스를 '내부 또는 외부 고객을 위하여 유용한 결과를 도출하는 것으로, 반복적이며 측정 가능한 직무들의 시리즈'로 설명하고 있다. 종합적으로 프로세스를 정의하면, 반복적으로 발생되는 작업으로 예측 가능하고 인풋/아웃풋을 통한 가치가 있는 일련의 활동이라고 할 수 있다.

(2) 프로세스의 대상

프로세스의 대상은 기업 내부 활동의 기능적 중심에서 업무의 흐름 중심으로 그 중심이 바뀌었으며, 내부적인 기능 외에도 공급자부터 소비자까지의 활동흐름을 가치사슬(value chain) 관점에서 보고 있다. 따라서 모든 기업의 활동은 기능적 중심이 아니라 프로세스 중심으로 전환되어야 한다는 의미에서 프로세스의 대상이 기업 내·외부 업무 활동의 흐름으로 확장된다.

〈그림 6-2〉에 따르면, 조직 내에는 다양한 프로세스가 존재하는데 제품 개발, 주문 이행, 계획, 자원조달, 관리, 고객관리 등으로 구성되어 있다. 따라서 대부분의 선진기업들은 이러한 프로세스를 정의하고 있으며, 표준화하여 좀 더 명확한 업무흐름을 관리하는 동시에 프로세스를 관리하고자 IT를 도입하여 시스템을 통한 효율성 증대를 위해 노력해 왔다. 다음 장에서 제품 개발 프로세스에 대해 구체적으로 살펴보자.

(3) 신제품 개발 프로세스

신제품 개발 프로세스(new product development, NPD)에 영향을 주는 원천요인에는 무엇이 있을까? 이와 같은 질문에 대해 여러 학자들의 다양한 의견이 있지만, 최근 가장 많이 언급되는 관점은 바로 '역량'이다. 기업의 성과를 최대화하기 위해서는 어떠한 역량

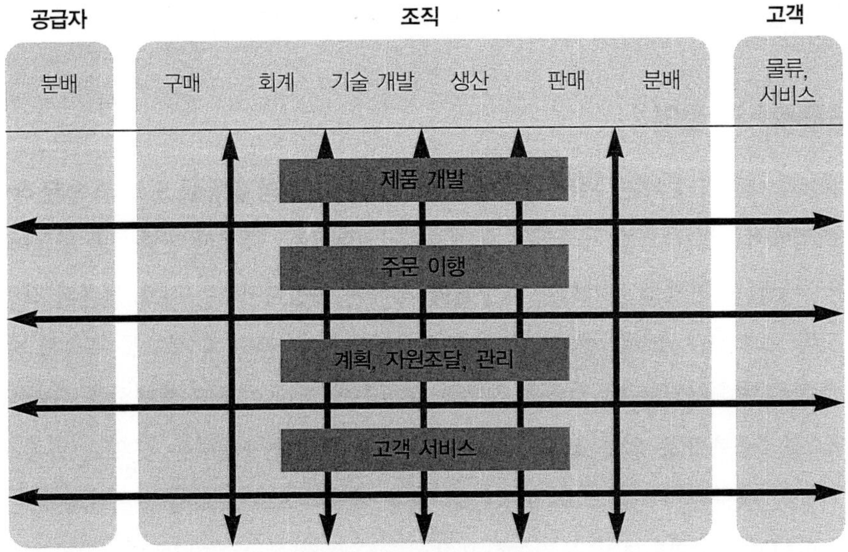

그림 6-2 기능적 관점의 가치사슬상 비즈니스 프로세스

을 기업이 갖고 있는지가 중요하다고 언급하는데, 여기서 말하는 역량은 기업의 다양한 자원(물리적 자원, 지식자원, 재무자원 등)을 어떻게 활용하고 조정하는지에 따라 그 수준이 정해진다는 것이다. 그렇다면 과연 이러한 신제품 개발 프로세스에는 어떠한 역량이 중요할까?

우선 연구 · 개발과 신제품을 생산할 수 있는 생산 역량, 과거 제품 개발 경험으로부터 축적된 지식은 보완재 역할을 해 줄 수 있다. 또한 마케팅 지식과 리더십도 새로운 혁신제품을 개발하는 데 중요하다. 이외에도 다양한 역량이 필요할 것이다.

〈그림 6-3〉의 (a)와 같이 과거의 제품 사이클은 주로 선형적 프로세스(linear process)였으며, 이와 같은 형태의 프로세스에서는 하나의 프로세스가 완료되면 그다음 프로세스가 순차적으로 진행된다. 최근 들어 많은 제품들이 빠른 제품수명주기와 유연성을 확보하게 되어 신제품 개발 팀에 의해 병렬적으로 제품 개발이 이루어질 수 있게 변화되었다.

〈그림 6-3〉의 (b)에서와 같이 사이클 타임은 부분적으로 업무가 겹치는 프로세스로 줄어들게 되어 제품 개발시간을 단축시키는 효과가 있지만, 그만큼 조정비용이나 위험도가 커지는 단점이 있다.

구체적인 신제품 개발 프로세스는 일반적으로 다음과 같다.

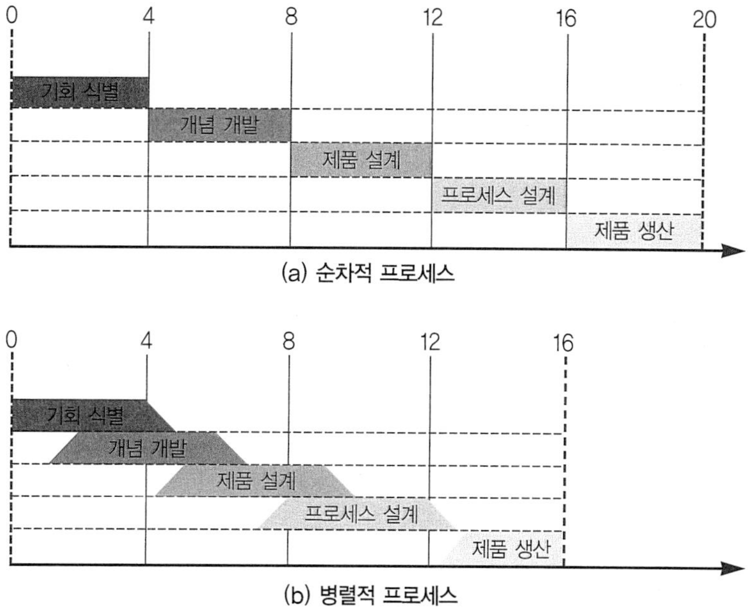

그림 6-3 순차적 프로세스와 병렬적 프로세스

1) 기회 식별

우선 시장, 고객 기술 측면에서 신제품 개발이 가능한 기회를 찾아야 한다. 이러한 프로세스에서는 전략적인 분석을 통해 신제품에 대한 아이디어를 창출하며, 제품에 대한 사용자의 패턴과 습관 등 다양한 제품의 생산라인 또는 제품사양 자체에 새로운 아이디어를 제공할 수 있는 기반을 마련하게 된다. 그리고 기업의 목표 또는 현황에 따라 타당하지 못한 아이디어를 버리는 스크린 프로세스를 거치게 된다. 예를 들어 '새로운 제품으로부터 목표시장의 고객들이 가치를 얻게 될 것인가? 어떠한 불리한 조건이 있는가? 우리가 생산할 수 있는 역량이 있는가? 향후 이 제품들은 어떻게 변화할 것인가?' 등에 대한 답을 통해 아이디어를 식별한다.

2) 개념 개발

이 프로세스는 발굴된 아이디어를 좀 더 구체화하는 단계로서, 마케팅과 공학적 관점으로 조사한다. 예를 들어 지식재산 현황 및 특허를 통해 이 제품이 어떻게 개발될 것인지를 파악하며, 목표시장의 고객, 의사결정자, 제품 개발을 위한 효율적 생산방법, 개발시간, 컴퓨터 모델링을 통한 제품 타당성 확보 여부, 이러한 개념에 대한 고객들의 피드백 등을 통해 제품에 대한 개념 수립이 지속적으로 이루어지게 된다. 다시 말하면, 전달할 가치를 좀 더 구체적으로 규명하는 단계라고 할 수 있다.

3) 제품 설계

제품 설계 시에는 제품의 프로토타입 개발에 목표를 둔다. 이러한 경우에는 제품의 반복적이고 점증적인 설계를 통해 빠르고 지속적으로 고객 및 이해관계자들과 함께 긴밀한 커뮤니케이션을 진행하게 된다. 여기서 활용되는 기술은 가급적이면 견고한 초기 설계를 통해 제품의 불량을 최소한 줄이는 데 초점을 맞추게 된다. 특히 생산개발라인 팀이나 그 외 부품의 공급업체 등 이해관계자들 간의 긴밀한 협력이 중요하다.

4) 프로세스 설계

앞에서 정의된 디자인의 원칙들은 프로세스로 디자인되어 공식화된 제품 개발 프로세스로 정립된다. 또한 이러한 프로세스는 사후적인 관점에서 제품이 어떤 단계에서 누가, 무엇을, 어떻게 보완해야 하는지에 대한 프로세스의 역할과 책임도 정의하여 신제품 개발의 투명성을 확보하는 효과를 갖는다.

5) 제품 생산

마지막으로 이 단계에서는 제품을 출시하면서 동시에 다양한 마케팅 전략과 프로모션을 추진한다. 또한 제품의 가격을 책정하고 전 제품의 포트폴리오 구성에서의 영향도 분석한다. 구체적인 프로세스의 예시는 다음 절의 현재 신제품 개발 프로세스에서 가장 많이 활용되는 도구인 스테이지 게이트(stage gate) 프로세스에서 설명할 것이다.

4 신제품 개발 프로세스 도구

개발 프로세스를 향상시키기 위해 가장 일반적으로 많이 사용되는 도구는 스테이지 게이트 프로세스, 품질기능전개(quality function deployment, QFD) 등이 있다.

(1) 스테이지 게이트 프로세스

Copper(1999)가 제안한 스테이지 게이트 프로세스는 신제품을 개발하는 단계별 프로세

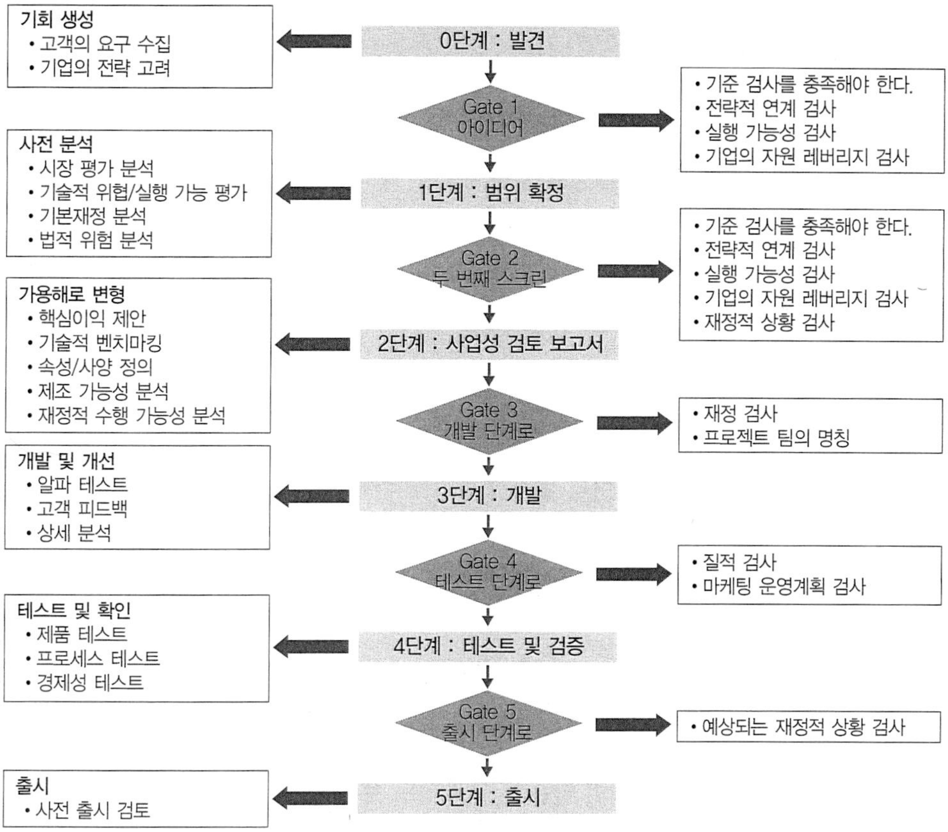

그림 6-4 스테이지 게이트 프로세스

출처 : Robert G. Cooper(1999), *Product Leadership*, pp.270-277.

스와 각 프로세스에서 관리자들이 프로젝트를 중단하거나 진행할지를 평가하는 관문인 지속/중단 결정지점으로 〈그림 6-4〉와 같이 구성되어 있다. APQC/PDMA에 의하면, 69% 이상의 기업들이 프로세스 방법론을 사용하고, 대부분의 선진기업들은 정형화된 신제품 프로세스를 사용하고 있으며, 〈그림 6-4〉와 같이 단순한 스테이지 게이트 프로세스를 가지고 있다.

스테이지 게이트 프로세스는 전형적인 총 6단계로 구분되며, 앞서 설명한 신제품 개발 프로세스와 유사한 절차를 거친다. 무엇보다 의사결정 단계가 중요한 요소로 작용한다는 것이 특징이다. 각 단계별 상세내용은 다음과 같다.

1) 0단계 : 발견

신제품 개발을 위한 기회를 발견하고 신제품 아이디어를 생성하는 단계로, 기업의 전략과 고객의 요구를 고려하여 필요한 요구 사항 등을 체크한다. 또한 가용될 수 있는 기업의 자원과 타당성 등을 검토하는 의사결정을 통해 다양한 아이디어를 발굴한다.

2) 1단계 : 범위 확정

앞서 발굴된 아이디어에 대해 좀 더 거시적으로 분석을 수행한다. 시장성 조사, 기술적 위험도, 생산이 가능한지 타당성 분석, 기본적인 투자비용 분석, 그리고 법적 또는 규제 관련 위험 분석 등을 통해 다시 한 번 아이디어의 개발이 가능한지를 체크하며, 투자회수 관련 등을 분석한다. 결과적으로 프로젝트 범위가 좁아지도록 정량적 분석을 근거로 한 정보를 제공받아 의사결정을 하게 된다.

3) 2단계 : 사업성 검토 보고서

구체적인 수익비용 분석과 함께 기술적 벤치마킹, 아키텍처 또는 플랫폼, 신제품의 생산이 가능한지를 분석하고, 재무적 타당성 분석 등 대부분의 주요 사전 타당성 분석이 수행된다. 특히 제품의 정의, 프로젝트 개발의 타당성, 프로젝트 계획 및 팀 구성에 대한 기획이 실행화된다.

4) 3단계 : 개발

새로 개발되는 제품이 실제로 프로토타입으로 나오는 실험적 단계다. 다양한 테스트를 거치게 되며, 특히 고객의 피드백을 통해 제품을 개선시키는 단계로 프로토타입이 생성되는 단계를 의미한다. 또한 생산 팀과 마케팅 팀은 신제품에 대한 계획 및 시장출시 계획 등을 구체적으로 분석하여 예상되는 품질 관련 이슈 및 마케팅 · 운영 계획이 동기화될 수 있도록 체크한다.

5) 4단계 : 테스트 및 검증

계획된 신제품 출시에 앞서 다양한 제품, 생산 프로세스, 그리고 경제분석을 통해 제품 출시의 문제를 조기에 발견하고, 베타테스트 또는 시험판매 등을 통해 다시 한 번 투자회수에 대해 체크한다.

6) 5단계 : 출시

신제품에 대한 다양한 테스트와 검증이 완료되어 신제품이 출시되면 전면적인 생산운영 및 마케팅 등이 진행된다. 이 단계 이후에는 지속적인 모니터링을 통해 신제품의 품질보증에 문제가 발생되지 않도록 체계적인 사후관리를 수행한다.

이러한 단계에 따라 신제품을 개발하고 있는 SK에너지는 1단계에는 비즈니스 모델을 구상하고, 2단계에는 타당성을 검토하며, 3단계에는 내부 R&D 또는 아웃소싱을 한다. 4단계에는 생산기술을 개발하고, 5단계에는 사업성을 검증하여 6단계에는 상업생산 설비를 확보하고 사업을 운영한다. 스테이지 게이트 프로세스를 도입하여 운영하는 것에 대해 단계별로 연구 · 개발 및 사업 모델을 관리하여 체계적이고 순차적이며 효율적으로 자원투입을 가능하게 한다. 그리고 단계별로 점검 · 관리함으로써 효용성을 극대화할 수 있으며, 필요에 따라 자원을 투입함으로써 그 활용도를 최대화하여 신제품 개발의 성공을 이끈다.

스테이지 게이트 프로세스의 장점은 신제품 개발의 가속화를 가능하게 하여, 신제품 개발목표를 달성하는 동시에 부실 프로젝트를 조기에 예방하고 개발 과정의 잘못된 의사결정의 가능성을 낮추어 전체적으로 프로젝트의 성공확률을 향상시키는 것이다. 또한 개발부서와 마케팅 부서 등 조직 내 협력을 유도하는 데 유용하다. 특히 〈표 6-1〉과 같이 각 단계별로 재무적 분석 및 성과측정을 결합시켜 단계별로 객관적인 지표를 제시하여 의사결정을 지원한다.

〈표 6-1〉을 보면 각 단계마다 걸리는 시간과 이에 대한 비용이 언급되어 있으며, 이는 총 28개월의 신제품 개발시간에 비해 비용이 기하급수적으로 증가한다는 것을 보여 준

표 6-1 각 단계별 개발 소요시간 및 비용

단계	시간	비용
0단계 : 발견		
1단계 : 범위 확정	1개월	30만
2단계 : 사업성 검토 보고서	2개월	1,000만
3단계 : 개발	20개월	10억
4단계 : 테스트 및 검증	22개월	100억
5단계 : 출시	28개월	1,000억

LG전자의 신제품 개발 프로세스

LCD 컬러 필터 노광기는 LCD 회로공정 프로세스 카메라와 같이 포토 마스크에 빛을 쪼여 유리 기판에 회를 그려 주는 TFT-LCD 생산에 있어서 핵심공정 장비다. 그러나 LCD 공정의 핵심장비임에도 불구하고 해외 선진업체에 의존해야만 했으며, 이로 인해 장비를 통한 공정의 핵심기술이 노출될 위험을 안고 있었다. 특히 일본 업체가 독점적인 지위를 차지하고 있어 고가로 장비를 구입할 수밖에 없는 상황이었다. 따라서 그동안 제조 과정을 통해 축적된 기술을 이용하여 대형 디스플레이 핵심 장비인 LCD 컬러 필터 노광기를 개발하기로 했다. LG 생산성연구원은 자체적으로 이 문제를 해결하기 위해 세계 선진기업들의 최선관행을 조사하고 GE의 상품 혁신 사례인 NPI를 도입 · 적용하기로 했다.

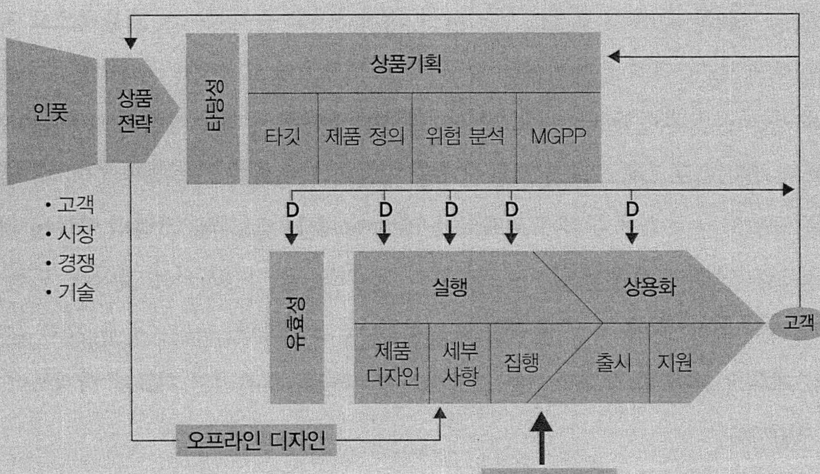

• MGPP(Multi-Generation Product Plan)

LCD 컬러 필터의 경우, 국내 최초로 시도되는 과제로서 높은 수준의 기술이 요구되며, 당 연구소 특성상 실제 고객, LCD 제품을 생산하는 사업부와의 유기적인 관계 없이는 결코 성공할 수 없는 관계로 정의될 수 있었다.

그림과 같이 초기 단계에는 인터뷰, 시장 분석, 해외 선진업체 탐색 및 기술 분석을 진행하여 장비의 개발전략을 수립했다. 기술 개발 그룹은 Y+3의 3개년 기술 개발 로드맵을 작성하고, 이러한 맵을 통해 모든 상품전략을 수립 · 실행했다. 상품기획 단계에서는 프로젝트 팀원을 결정한 후, 전체 팀원의 참석하에 제품 타깃가격의 결정, 경쟁제품의 정의, 각 개발 단계별 예상위험 평가 및 대응계획, 기타 자원계획 등을 기획하여 실행 단계인 제품의 디자인, 생산, 상품화 등을 진행한다. 각 단계별 위험요인을 분석 및 재검토, 업데이트하여 위험관리를 진행하며, 실제 생산라인에 투입된 후에도 지속적으로 피드백 시스템을 통해 검증받도록 되어 있다.

LG전자의 성공요인은 첫째로 연구 · 개발 부서와 제품 생산 부서의 긴밀한 협조체제다. 제품에 대한 상세한 이해 없이는 완성도를 높일 수 없으므로, 주기적인 기술 미팅을 진행하고, 개발 초기의 사양 결정부터 생산라인의 투입, 장비의 검증에 이르기까지 하나의 스트림으로 진행했다. 둘째로는 체계적인 개발 프로세스 확립 및 실행이다. 투자가 많이 들어갈수록 체계적인 프로세스 및 위험관리 없이는 적기에 고객이 필요로 하는 제품을 시장에 공급할 수 없다. 따라서 제품의 적기 개발과 고객만족을 최우선으로 하기 위해 NPI를 도입하여 적용하고, 필요한 사항을 각 개발 단계별로 명확하게 체크할 수 있었으며, 사전에 위험 발굴, 조치, 개발기간의 단축 및 개발장비의 신뢰성을 높임과 동시에 최고 품질의 제품을 공급하게 되었다. LG LCD 컬러 필터는 마침내 수입대비 30%의 비용절감 효과를 거뒀으며, 국내 LCD 제조공정기술의 해외 유출과 함께 LCD 생산경쟁력을 더욱 높이는 데 기여했다.

다. 이러한 단계별 관리를 통해 의사결정이 좀 더 신속하고 유연하게 결정되고, 관련 이해관계자들과 함께 협력하며 체계화된 개발 프로세스를 통해 공통된 의사소통도구로 적극적으로 활용되고 있다.

(2) 품질기능전개

신제품 개발 프로세스와 함께 의사소통도구로 가장 많이 활용되는 기술경영 도구는 품질기능전개(quality function deployment, QFD)다. 이 도구는 1970년 중반부터 품질경영의 중요성이 인식되면서 세계적인 자동차 기업인 Toyota와 그 부품업체들에 의해 활성화된 도구기법이다. 1977~1984년, 생산직접 단계까지 60%의 비용절감을 통한 혁신을 달성했으며, 시장의 신제품 출시기간을 1/3가량 단축시키는 동시에 제품의 품질 또한 향상시켰다. 특히 신제품 개발 프로세스상에 참여하는 다양한 기술자, 마케팅, 영업 엔지니어들에게 공통의 언어와 틀을 제공함으로써 효과적인 의사소통이 이루어지고, 개발상에 발생되는 문제의 구조화된 해결 과정을 통해 협력을 향상시키는 데 주목적을 두었다. QFD를 구성하는 틀로서 '품질의 집'은 고객의 요구 사항과 엔지니어적 속성을 연결시키는 매트릭스 형태다.

〈그림 6-5〉의 QFD는 유비쿼터스 첨단도시에서 서비스가 어떠한 기기들을 통해 제공될 수 있는지 품질의 집을 통해 분석한 결과를 보여 준다. 유비쿼터스 첨단도시에 거주하게 될 시민들이 생각하는 요구 사항을 해당 QFD를 통해, 자동화된 주거환경 외의 일곱 가지 속성으로 정의하며, 이에 따라 수요 우선순위를 기준으로 가중치를 적용한다. 이후 수요조사 또는 포커스 그룹을 선정하여 인터뷰를 통해 가중치를 정하게 된다. 다음 단계

●(5)
○(3)
▲(1)

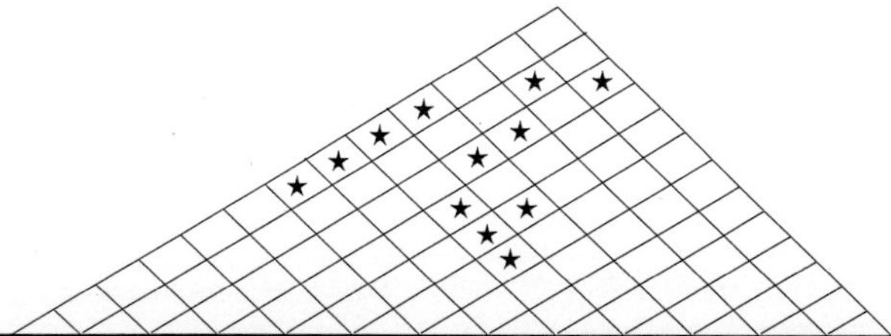

고객의 요구	수요 우선순위(가중치)	휴대단말기	Info-bench	지능형 가로등	지능형 신호등	U-부스	지능형 버스정류장	홈오토메이션 서비스	통합주민카드 서비스	대중교통 정보제공 서비스	응급구조 서비스	생태공간 관리 서비스	가로시설물 관리 서비스	종합 환경오염정보 서비스
자동화된 주거환경	6	●						●	●		▲			
효율적인 대중교통 관리	8	○			●		●			●				
자동화된 환경오염 관리	7			●	●					○		●		●
신속 · 정확한 재해 관리	1	●		○	○			▲			●		▲	
효율적인 에너지 관리	5			○	○			▲					○	▲
편리한 공원시설	2		●	○		○						○		○
쾌적한 도심환경	4			●		▲			▲				●	
개방적인 시민참여 환경	3					●			●					
수요-제품/서비스 연관성		59	10	79	55	25	40	36	49	40	23	41	36	46
제품-서비스 점수 연관성		4	1	3	1	2	1	1	1	4	3	1	1	1
전체 우선순위(가중치)		4	1	6	5	2	3	3	7	5	1	4	3	6

그림 6-5 품질기능전개 : 지능화된 시설/기기와 고객의 요구

로는 이러한 요구 사항들에 적용될 수 있는 다양한 시설물과 서비스를 나열한다. 여기서는 휴대단말기부터 키오스크, 지능형 가로등 및 신호등, 유비쿼터스 부스, 지능형 버스정류장을 첨단도시를 구현하기 위한 시설물로 고려할 수 있다. 또한 홈오토메이션 서비스, 통합주민카드 서비스, 대중교통 정보제공 서비스 외 몇 개의 서비스로 구현될 수 있다.

〈그림 6-5〉와 같이 X축과 Y축을 구축하고 전문가 그룹을 통해 점수를 산정한다. 이 예시에서는 관련성이 높은 순서로 5점, 3점, 1점의 순으로 점수를 배정하는데, 가중치를 고려하여 수용 제품/서비스의 관련 각 항목별로 점수를 부여하게 된다. 예를 들어 시설물 중 하나인 지능형 가로등의 경우, 고객의 요구 사항과 맵핑 결과 자동화된 환경오염 관리 및 쾌

적한 도심환경의 요구를 충족시키는 데 5점을 부여하고, 나머지 재해 관리, 에너지 관리, 편리한 공원시설 제공에 각각 3점을 부여하고 수요자 우선순위를 고려하여 총 79점이 산출되었다(예 : 35 + 3 + 15 + 6 + 20 = 79).

또한 각 시설물과 서비스가 서로 결합되어 제공될 수 있으므로 이에 대한 연관성을 '★'과 같은 형태로 '품질의 집' 지붕에 표현할 수 있다. 지능형 가로등의 경우, '응급구조 서비스', '생태공간 관리 서비스', '종합 환경오염 정보 서비스'와 연관되어 사용할 수 있다.

(3) 실험계획법

실험계획법(design of experiment, DOE)은 1935년에 영국의 통계학자 R. A. Fisher에 의해 개발되었으며, 농업 분야의 작물 수확에 영향을 주는 주요 인자를 연구하기 위한 방법론으로 활용되기 시작했다. 이후에는 다양한 산업에서 연구 · 개발 및 품질개선 도구로 활용되었다. 기존의 실험계획법은 고려해야 하는 한 가지 인자만을 변화시키고 그 외 실측치에 영향을 미치는 요인들을 일정 수준으로 유지하여 인자의 효과를 측정한 반면, DOE는 통계해석법을 통해 제품과 개발 프로세스의 인자와 성과목표의 관계를 파악하는 데 활용된다. 이를 통해 어떠한 인자가 최고의 성과를 낼 수 있는지를 파악하며, 동시에 제품의 성과에 안 좋은 영향을 주는 인자를 최소화하여 궁극적으로 견고한 제품 디자인을 달성하게 된다. 또한 제품의 성과에 영향을 주지 않는 인자를 파악하여 비용을 절감함으로써 효과적인 디자인 의사결정을 내리는 데 기여한다.

대표적인 DOE는 다구치 겐이치 박사가 제안한 실험계획법의 일종인 다구치 기법으로 로버스트 디자인(Robust design) 기법이다. 미국 에너지 설비업체인 Dresser Waukesha의 신제품 개발 팀은 DOE 접근방법을 활용하여 실험에 따른 성과측정의 정확도를 높이는 동시에 테스트를 위한 실험 수를 줄일 수 있었다.

(4) 고장형태 영향분석

고장형태 영향분석(failure model and effect analysis/design failure model and effect analysis, FMEA/DFMEA)은 기계부품 또는 시스템 요소 중 하나가 시스템에 미치는 영향을 예측하는 방법이다. 예상되는 고장빈도, 고장의 영향도, 피해도 등에 관한 기준을 설정하고, 이를 각각 평가하여 종합적으로 치명도를 분석하여 높은 값일수록 중점적인 관리를 수행한다. DFMEA의 경우 제품 개발 과정에서 영향분석을 수행하게 된다. 제품의 요구 사항, BOM(bill of materials), 제품 정의서, 과거의 경험 및 벤치마킹 자료 등을 활용하여 예상 고장빈도, 영향도, 피해도 등을 파악하여 우선순위를 설정한다.

(5) DFSS

식스시그마(6-Sigma)는 품질경영의 대표적인 경영혁신 방법론으로서, 1986년 Motorola에서 개발되어 제조업뿐만 아니라 서비스업에서 많이 활용되고 있다. 초기에 제조 프로세스 및 불량률을 감소시키는 데 활용되었지만, 점진적으로 마케팅, 영업 서비스 등 다른 종류의 비즈니스 프로세스에도 적용되었다. DFSS(design for 6-Sigma)는 제조 중심의 문제 해결을 하는 기존 식스시그마 방법론에서 제품 개발 및 설계 단계에서 품질을 확보하려는 접근방법이라고 이해할 수 있다. 많은 기업들은 DFSS를 DMADOV(Define-Measure-Analyze-Design-Optimize-Verify)로 통일하여 사용하는 추세다.

DMADOV는 기술과 관련된 시스템 설계에 주로 활용된 IDOV(Identify-Design-Optimize-Validate)와 서비스 프로세스 재설계에 사용된 DMADOV(Define-Measure-Analyze-Design-Optimize-Verify)를 통해 발전되어 왔다. 신제품 개발영역에서 활용된 DMADOV의 경우 〈표 6-2〉와 같이 단계별 주요 활동이 정의될 수 있다.

지속적인 개선을 지향하는 식스시그마와는 달리 DFSS(DMADOV)가 R&D 관리영역에 적용될 경우, 불충분한 프로세스를 보유하거나 필요에 따라 바꿔야 할 때 주로 활용된다. 최근에는 소프트웨어 제품 개발에도 적용하여 통계학적 도구를 활용하여 불량률을 줄이는 데 사용되고 있다.

1802년 화약회사로 시작한 세계적인 미국 종합화학 기업인 Dupont은 1999년 DFSS를

표 6-2 DMADOV의 단계별 주요 활동

단계	주요 활동
Define(정의)	고객을 정의하고, 고객요구 사항에 근거하여 주요 품질 특성 및 목표를 정의한다.
Measure(측정)	주요 기술적 요구 사항을 정의하고 측정 시스템을 구축한다.
Analyze(분석)	시스템 콘셉트 후보를 분석하고 우선순위화하여 최종 시스템 콘셉트를 확장한다.
Design(설계)	분석 결과를 바탕으로 시스템에 대한 상세 디자인을 설계한다.
Optimize(최적화)	강건한 시스템 디자인을 위해 설계변수를 최적화하고 성능을 예측한다.
Verify(검증)	최적 디자인에 대한 성능을 확인하고, 성과 유지를 위한 위험관리 계획을 수립한다.

도입하여 연간 500여 개의 신제품을 성공적으로 개발하게 되었다. Dupont은 DFSS를 활용하여 고객 관점에 초점을 맞춘 업무 프로세스를 개발하였으며, 다양한 고객의 요구가 Dupont의 가치를 창출하는 핵심 요소로 인식되었다(한국경제, 2005). 특히 초기에는 DMAIC 모델을 중심으로 비용절감과 불량률 개선에 초점을 두었으나, DFSS가 새로운 제품이나 프로세스를 개발하는 데 사용되는 로드맵으로 활용되었다. 특히 고객요구 사항을 정량화하여 목표를 정하고 이를 위한 디자인 콘셉트를 정해 상 · 하위 디자인을 개발했다. Dupont은 5년이 넘지 않은 신제품이 매출액에서 차지하는 비중을 2000년 22%에서 2005년 33%까지 증가시켜 7년간 얻은 경제적 이익은 무려 30억 달러에 이르렀다(한국경제, 2007).

국내 화장품 업계의 선두주자인 아모레퍼시픽 또한 시장을 선도할 수 있는 신상품을 개발하려고 지속적인 R&D 관리를 위하여 2003년 식스시그마를 도입했다. 특히 연구 경쟁력 강화를 위하여 '식스시그마 문화 정착'이란 의미로 핵심 역량 강화와 전사전략과의 연계강화를 통한 기업 연구조직 내부의 체질화에 초점을 맞추었다(이영진, 2008). 삼성종합기술원(SAIT)의 경우, 초기 단계 신제품 개발의 중요성을 인식하여 기존 DFSS 방법론을 3T(technology roadmap, technology tree, TRIZ) 방법론으로 대체했다. 합리적인 전략 기획을 위한 기술 로드맵, 특허/문헌 조사를 위한 기술 트리, 창의적인 아이디어 발굴을 위한 TRIZ의 3T 방법론을 의무화하여 중 · 장기 전략 수립부터 과제 완료까지 제품수명주기 전체를 포괄하는 신제품 개발 프로세스를 수립했다.

(6) 사용자 중심 설계 및 선도사용자

사용자 중심 설계(user-centered design) 방법론은 신제품 개발에 있어 새로운 제품 또는 서비스를 대상으로 사용자가 신제품의 요구 사항 및 한계 능력과 상황에 맞추는 사용자 관점의 사고를 기반으로 한 디자인 철학이다. 각 디자인 단계별로 인간공학 중심의 연구로 진행되며, 이를 통해 최종제품은 사용자의 편의와 복지의 실현에 초점을 맞추고 있다. 특히 사용자의 행태와 환경을 이해하는 것이 필수적인데, 예를 들어 유비쿼터스 도시 안에서 생활 관련 서비스를 개발하고자 할 때 각 연령층 및 다양한 주거환경을 고려해야 하므로 이는 선행적으로 이들의 생활 패턴 및 행태를 분석하여 서비스를 개발해야 한다.

기존의 다른 디자인과 차별화되는 점은, 사용자가 빨리 흡수될 수 있도록 유도하는 제품 디자인이 아니라, 사용자 관점에서 사용자가 무엇을 원하는지, 어떠한 인터페이스를 원하는지에 초점을 두고 있다는 것이다. 휴대전화와 같이 경쟁이 치열하고 제품수명주기가 짧은 경우, 사용자 중심 제품 디자인의 중요성은 상대적으로 타 산업에 비해 크다고 볼 수 있다. 최근 이러한 디자인 철학과 유사하게 사용자 경험 디자인(user experience design, UX design)도 하나의 신제품 개발 전략으로 사용되고 있다.

또한 기업들은 효과적인 신제품 개발을 위해 〈그림 6-6〉과 같이 선도사용자(lead user)를 활용한다. 기존의 제품을 먼저 구입해서 사용하는 초기 사용자(early adopter)와는 달리, 선도사용자는 향후 개발될 제품과 관련된 정보 및 문제해결 방안을 제시한다. 또한 목표한 시장에 초점을 맞출 뿐만 아니라 유사한 시장까지 확대하여 혁신시킬 수 있도록 유도한다. 특히 다른 소비자보다 먼저 인식하고 스스로 해결 방안을 찾아가면서 트렌드를 선도하는 사용자들을 의미한다.

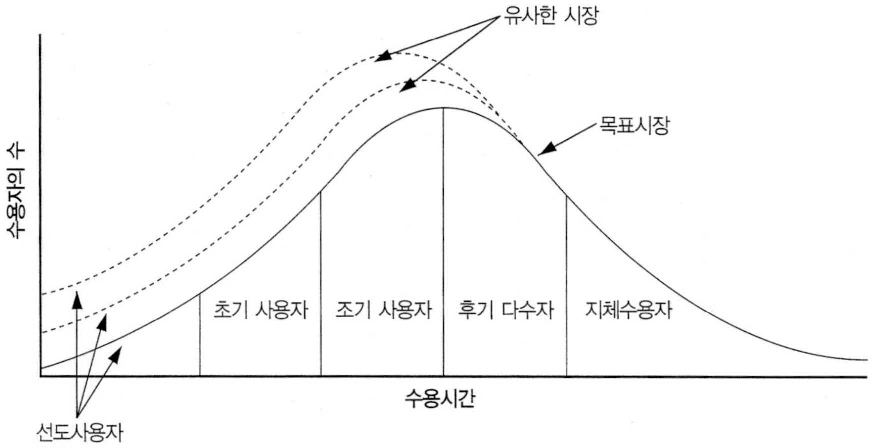

그림 6-6 사용자 혁신의 확산

출처 : Von Hippel(2005), *Democratizing Innovation*, Cambridge, MA: MIT Press.

이러한 선도사용자들은 건강관리 제품을 비롯해 스노보드, 산악자전거 등 다양한 혁신적인 제품이 출시되게 했다. 〈표 6-3〉에 따르면, 이러한 수용자들은 주로 과학적인 기기(77%)나 프로세스 공정(67%)에서 사용자 혁신을 주도했다. 따라서 선도사용자는 혁신의 중요한 원천이라고 볼 수 있으며, 자신의 비용으로 제품을 혁신하고 개방형 방식으로 많은 사람들이 사용할 수 있도록 제공한다. 이렇듯 기존의 공급자 또는 고객 참여형 혁신에서 사용자 주도형 혁신 접근방식으로 전환되었다. 예를 들어 Apple의 앱스토어는 사용자들이 앱을 직접 개발하여 활용하도록 운영된다. 즉, 기업은 개방형 데이터와 플랫폼을 제공하며, 그 안에서 사용자 혁신을 통한 지속성 있는 에코 시스템을 구축하여 자원 및 역량을 확보하는 데 목표를 두게 된다.

표 6-3 산업 분야별 사용자 기반의 제품 대 제조업체 기반의 제품

분류	처음으로 적용영역에서 사용된 경우 : 개발 및 조립	
	사용자 기반의 제품	제조업체 기반의 제품
과학기기	77%	23%
공정기계류	67%	33%
트랙터삽	6%	94%

출처 : Von Hippel(2005), *Democratizing Innovation*, Cambridge, MA: MIT Press.

세계적인 혁신기업 중 하나인 3M은 선도사용자를 통해 신제품 개발 혁신의 효과를 보았다. 3M의 기존 제품 개발 프로세스에서 변화된, 선도사용자를 고려한 신제품 개발 프로세스를 수립했다. 3M의 기존 개발 프로세스는 개발 중심으로 직접 고객과의 접촉이 부족한 상태였으며, 고객의 요구를 이해하는 데 있어서 직접적으로 책임이 없는 상태였다. 기업성장의 큰 부분이 기존 제품으로부터 점진적으로 발전된 제품이라는 한계점에 부딪힌 것이다. 시장조사 결과, 제3자에게 아웃소싱하는 3M의 선형적 개발 프로세스는 주로 점진적 혁신을 지원하는 것으로 조사되었다. 따라서 3M은 4년 동안 3M 내에 존재하지 않는 신제품을 개발하는 데 매출액의 30%를 쏟아붓게 되었다. 이러한 전략을 수행하기 위해 새로 수립된 개발 프로세스는 소수의 선도사용자를 중심으로 명확한 해결 방안을 마련하는 데 초점을 맞추었다. 또한 외부적 비즈니스를 고려한 학습환경을 만들어 사용자들이 다양한 지식을 습득하고 활용할 수 있도록 했다. 특히 개발자로 하여금 급진적인 새로운 개념을 개발해 밀고 나갈 수 있도록 했으며, 신제품에 대한 검증 단계에서는 상호보완적으로 기존 마켓 리서치 기법을 활용하도록 했다.

국내에서도 사용자 혁신에 대한 중요성이 대두되고 있다. 최근 제조업체를 대상으로 사용자 혁신의 실태를 조사한 결과 17.7%로 파악되었는데, 평균 40%에 달하는 선진국에 비해 매우 낮은 실정이다. 사용자 혁신을 다른 기업과 공유한 비중도 3.2%로 선진국의 25%보다 현저히 낮은 것으로 파악되었다(한국경제, 2011).

Lego의 재도약

Lego는 1932년에 설립되어 매년 지속적으로 성장하여 세계적인 규모로 발전했다. 그러나 환경의 변화 및 사업 변화의 실패로 1998년 처음으로 적자를 보았으며, 2004년에는 파산 직전까지 갔다. 트렌드를 따라가려다 오히려 시대에 뒤떨어져 버린 Lego는 변화된 산업을 인식하기 시작했다. Lego가 당면한 문제점은 무리한 사업확장, 'KGOY(kids getting older younger)' 현상, 세계 경기침체로 인한 불황이었다. 또한 Lego의 조직문화는 창조성을 강조하고 수익성을 무시하며 반복된 성장동력의 실패를 보였다. 그리하여 Lego는 가족경영에서 전문 경영인을 영입하여 생존을 위한 변화와 혁신을 추진했다.

먼저 생존을 위한 3단계 전략을 수립하고, 회사의 손실을 줄이고 경영을 정상화하기 위한 공유 비전을 수립했다. 2004~2005년에는 비용 감소에 초점을 두고 부채 제거와 수익성 향상으로 현금을 창출하는, 생존을 위한 안정시기를 갖고, 2006~2007년에는 핵심 제품라인과 비즈니스 플랫폼을 변화하여 수익성과 성장을 일으키는 전략을 세웠다. 여기서 핵심으로부터 이익을 창출하기 위한 여덟 가지 혁신 유형을 비즈니스, 제품, 의사소통, 프로세스의 네 가지 영역으로 분류하여 정립했다. 이 Lego의 혁신 모델은 전체 토론을 촉진할 수 있는 도구가 되었으며, 필요 적절한 자원과 요구되는 역량을 지원 가능하게 하였다.

Lego의 제품 개발 프로세스에도 문제가 있었다. Lego는 1995년 최초 스테이지 게이트 프로세스를 구축했는데, 이 프로세스는 관료적인 성격을 갖고 있었다. 9년 동안 성가신 관료 메커니즘, 개인별 기준에 의한 복잡한 양식과 체크리스트로 인해 개발 프로세스의 운영효율이 떨어질 수밖에 없었다. 이를 해결하기 위해 프로세스를 단순화하고, 모든 권한을 제품 개발 팀에게 위임하며, 행동양식과 산출물에 집중하는 등 많은 노력을 기울였다. 그 결과, 시장만족 아이디어 비율이 상승하고, 제품 개발기간이 단축되었으며, 신제품의 프로젝트 성공률 개선 및 매출 증대로 이어졌다.

2008~2009년에는 새로운 놀이 경험을 초점으로 혁신적인 개발을 통해 수익성 증가를 바라보는 비전 달성 시기로 전략을 수립했다. Lego가 변화와 혁신을 추진하기 위해 수행한 두 번째는 사용자 혁신이다. 가치 있는 아이디어와 피드백을 대표하는 하나의 팬 이벤트인 Lego World를 개최하여 제품정보를 제공하고, 고객과의 감정 공유를 통해 개방형 협업, 집단 협업, 사용자 협업의 결과를 얻었다. 또한 대중과 외부 자원을 활용하는 크라우드소싱을 통해 제품, 서비스 개발 과정에 전문가, 대중이 참여할 수 있도록 하고, 참여자 기여로 혁신을 달성하면 수익을 참여자와 공유했다. 일부 소비자들을 회사 내에 직접 참여시키는 등 팬 애호가를 활용하기도 했다. Mindstorms의 차세대 제품을 개발하기 위해 Lego 사용자 패널을 생성하고, 4명의 미국 브랜드 애호가들이 일정기간 동안 Lego의 R&D 부서와 연구하기도 했다. 이외에도 Lego를 교육에 활용할 수 있도록 학교에 Mindstorms NXT 키트를 제공하고 자신만의 디지털 모형을 만들 수 있는 프로그램, 고객과의 거리를 좁히기 위한 'Lego Factory'라는 홈페이지 오픈 등 고객을 위해 고객과 함께 제품을 개발하는 혁신을 추구했다.

(7) 공급자 설계 혁신

신제품 개발 과정 중 소비자의 참여와 함께 공급자의 참여 또한 중요한 도구로 활용되고 있다. 기업들은 1차 공급자들과 함께 신제품에 대한 지식 기반을 확충해 나가는 데 중요한 역할을 한다. 특히 제품 팀의 실제 구성원 또는 전략적 파트너로서 신제품 개발에 대한 아이디어와 제품 개선 및 개발 효율성에 영향을 줄 수 있다. 연구에 따른, 제품 개발 프로세스에 공급자들을 포함시킴으로써, 새로운 지식을 창출하거나 프로세스를 개선시키는 데 효과가 있다고 인식되고 있다. 이로써 신제품을 적은 시간, 적은 비용, 그리고 높은 품질로 생산할 수 있다.

예를 들어 Boeing의 Dreamliner는 전 세계의 선도기업들과 소비자, 공급자를 모두 참여시켰다. 이 과정에서 비행사들의 요구 사항을 반영하는 동시에, 새로운 기능과 엔진의 무게 등을 고려하기 위해 GE 외에 많은 공급자들을 프로젝트 팀에 포함시켜서 개발했다. Motorola의 경우, 신제품 기획의 전 단계인 기술예측에서부터 공급자들을 참여시켜서 기술 로드맵핑 시스템을 통해 향후 기술의 발전방향을 잡는다.

세계적인 네트워크 통신장비 업체인 Cisco는 〈그림 6-7〉과 같이 신제품 개발 시 초기 단계에 고객과 상호작용하여 고객지향적 상품 개발 지원을 수행하며, 설계 파트너와 함께 협업적 제품 설계를 지원한다. 제품 개발 단계에서는 부품 및 협력업체 소싱을 통해 공급

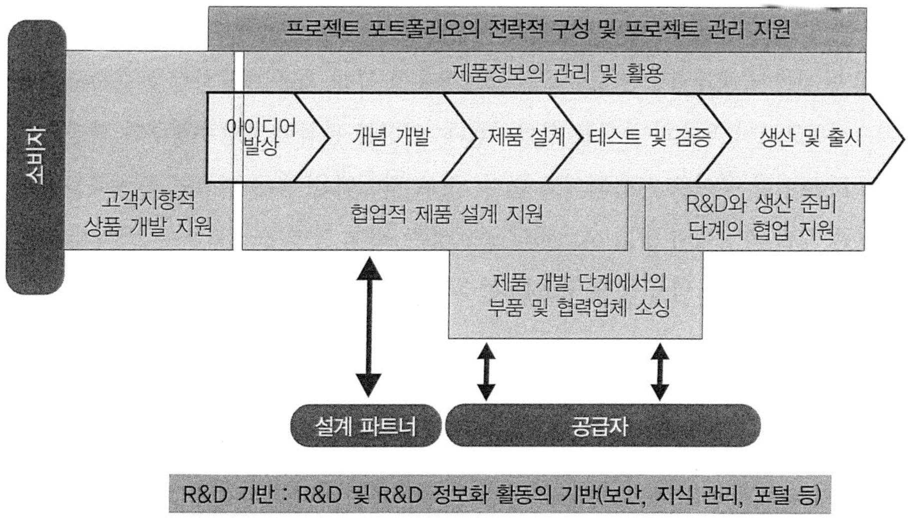

그림 6-7 Cisco의 신제품 개발 프로세스

자 참여를 적극적으로 활성화시켰고, 제품정보를 관리 및 활용함으로써 미래의 니즈가 무엇인지를 잘 파악한다. 사업단위의 관리자들은 새로운 기회를 발굴하며, 관련 공급자들은 신제품 개발뿐만 아니라 새로운 비즈니스 기회를 함께 창출하는 역할을 한다. 그럼으로써 Cisco의 매출성장을 위한 신제품 개발비용을 낮추고 좀 더 빠른 시간에 신제품이 출시되어 시장을 선점한다.

(8) CAD/CAM/CAE

CAD/CAM(computer-aided systems)는 신제품 디자인을 개발하고 시험하는 과정에서 IT를 활용한 소프트웨어다. 3차원 이미지를 통해 개발하고자 하는 신제품이나 조립부품에 대해 가상현실상에서 프로토타입을 짧은 시간 내에 개발하여, 물리적 프로토타입 개발에서 발생될 수 있는 위험요소들을 미리 파악하는 데 유용하다. 제품의 규모가 큰 비행기, 선박, 자동차 분야에서 특히 많이 활용되고 있으며, 개발 사이클 시간과 비용절감 목표를 달성하는 데 기여한다.

(9) 제품정보 관리/제품수명 관리

기업이 생산하는 제품과 부품에 대한 모든 정보를 전사적으로 관리하는 정보 시스템을 제품정보 통합관리 시스템으로 정의할 수 있다. 제품정보를 생성하는 설계를 비롯하여 영업, 마케팅, 생산, 생산기술, 구매, 자재관리에까지 관계되어 활용되고 있다. 특히 제품의 디자인 관련 데이터들을 수집 · 가공하고 재활용할 수 있는 신제품 개발 과정에 활용된다. 각 개발 단계에서 체계적인 정보관리와 정보공유를 통해 제품 개발시간을 단축하고 비용을 감소시킴으로써 제품의 품질을 향상시킨다. 이러한 관점이 제품수명주기 관점으로 확장되어 PLM이란 용어로 사용되기도 한다. 정보 시스템을 통해 기업의 경쟁력을 확보하듯 신제품 개발 과정에서 정보 시스템의 중요성은 크다. 또한 공급자 또는 소비자 참여 시에도 이러한 정보 시스템을 통해 정보를 관리하는 것이 일반적인 추세다.

삼성SDI는 2005년부터 마케팅 부문에서 개발영역까지 전사 협업체계를 구축하는 통합 PLM 시스템으로 다양한 기업들의 벤치마킹 대상이 되었다. 특히 시스템 도입보다는 전사 프로세스 표준화와 효율성에 초점이 맞춰 있으며, 고도화된 연구 · 개발 프로세스를 지원하는 시스템으로 발전해 왔다. 1995년부터 이미 제품 데이터 관리(PDM) 시스템을 활용하여 연구 · 개발 부문에 대한 정보 시스템 투자가 이루어졌으며, 특히 개발 리드타임이

50%로 단축되는 효과를 거두어 개발일정 및 준수율도 크게 향상되었다. 초기 설계 품질 향상 및 개발 과정 중 비용이 절감되었고, 인당 처리과제 수가 증가해 2년 동안 약 1,800억 이상의 효과를 보았다(CIO Biz, 2009).

이외에도 삼성전자, LG전자, 현대자동차 등 제조기업을 중심으로 전자, 자동차, 중공업 산업에서 많이 활용되고 있으며, 아모레, CJ 등 소비재 산업과 SK에너지, 삼성BL 등 에너지 산업에도 도입 · 활성화되고 있다. 특히 신제품 개발에 있어 설계 부서와 생산 부서의 연계를 통한 협업체제를 활성화하면서 그 범위를 확대해 나가고 있다(디지털데일리, 2010).

5 성공적인 제품 개발을 위한 측정지표

기업이 체계화된 프로세스를 관리하고 측정하는 데 있어서 성과지표의 관리는 필수적이라고 볼 수 있다. James Harrington(2005)은 "측정하지 않으면 통제되지 않고, 통제할 수 없는 경우에는 관리되지 않으며, 관리되지 않는다면 개선할 수 없다."고 설명하고 있다. 신제품 개발 프로세스상에서 성과를 측정함으로써 기업은 과정을 평가하여 피드백을 제공하는 동시에 기업이 집중해야 하는 핵심 역량, 프로젝트의 선정, 협력 파트너의 필요성, 개발 팀의 관리 문제 등에 대한 통찰을 얻게 된다. 이러한 측정관리는 기업이 혁신전략과 프로세스를 향상시키는 데 중요한 측정도구로 활용되고 있다.

(1) 성과관리의 필요성

기술경영 과정에서 평가와 통제는 중요한 과정으로 크게 두 가지 측면에서 살펴볼 수 있다. 정선양(2005)은 이를 크게 기업의 내부적 측면과 외부적 측면으로 구분했다. 내부적으로 기술경영의 성공요인과 실패요인을 체계적으로 분석하는 도구가 필요한데, 기업에서 의사결정을 하는 데 있어서의 당위성 확보 및 제고의 필요성을 언급했다. 그리고 외부적인 측면에서는 해당 산업의 환경 변화에 대응하여 지속 가능한 기술 역량을 확보하는 데 필요하다. 신제품 개발 시 실패율을 줄이고 성공 가능성을 증대시키기 위해서는 성과관리가 필수적이다.

(2) BSC-NPD 성과측정

Kaplan과 Norton(1992)의 균형성과지표(balanced scorecard) 연구에서는 재무적 관점, 고객 관점, 내부 프로세스 관점, 학습과 성장 관점 등 네 가지 균형된 관점에서 기업의 성과지표를 제시하고 있다. 특히 내부 프로세스에서 혁신을 관리하기 위한, 개발 과정에서의 프로세스의 목표와 측정지표는 다음과 같다.

- 새로운 제품과 서비스의 기회 발굴
- 연구 · 개발 포트폴리오 관리
- 신제품 또는 신규 서비스의 디자인 및 개발
- 새로운 제품 및 서비스의 상업화

〈표 6-4〉는 위의 신제품 디자인 및 개발 관련 프로세스의 상세한 목표와 측정성과 지표를 보여 준다.

예를 들어, 개발 사이클 시간 단축이란 목표 안에서는 신제품 개발 프로젝트가 적시에 출시되었는지 여부, 평균 개발시간 및 스테이지 게이트 과정에 소요된 평균시간, 이에 따른 총시간(개념 정립부터 시장 출시)까지를 성과지표로 정의한다. 또한 각 개발 단계에서 프로젝트마다 소요된 비용이 예산에 비해 어느 정도인지를 파악한다. 그리고 각 제품 개발 프로세스 단계로 넘어가는 신제품 개발 프로젝트 수, 스테이지 게이트 분석에서 검토하는 제품 수 등을 고려한다.

표 6-4 신제품 디자인 및 개발 관련 프로세스의 목표와 측정성과지표

디자인 및 개발목표	측정항목
프로젝트 포트폴리오 관리	특허의 수, 특허인용 수 프로젝트 진행률 제품 개발 프로세스의 각 단계에 들어가는 프로젝트 수 스테이지 게이트 분석 또는 공식적인 개발 검토 프로세스를 사용하여 검토된 제품의 수
개발시간 단축	적시에 제공된 프로젝트 수 개발 프로세스의 개발, 테스트, 출시 단계에 사용되는 평균시간 총소요시간
개발비용 관리	각 개발 단계에서 프로젝트에 사용되는 예산과 실제비용 비교

6 요약

오늘날 급변하는 시장환경에서 혁신적인 신제품의 비중이 더욱 커지고 기업이 경쟁우위를 갖게 되는 데 큰 비중을 차지하고 있다. 또한 성공적인 신제품을 개발하는 능력은 기업을 성공으로 이끄는 가장 중요한 역량이다. 그러나 실제 기업의 신제품 성공률은 저조하며, 상위 기업과 하위 기업의 신제품 성공률이 큰 차이를 보인다. 이는 신제품 개발 프로세스 실행계획의 유무에서 그 원인을 찾을 수 있다.

프로세스는 고객수요와 관련하여 관련 신상품의 조기출시, 개발시간의 단축을 가져오고, 견고한 프로세스를 가지고 있다면 제품의 다양화를 실현하며 고객 대응시간이 줄어들어 비용이 감소된다. 이러한 이점을 가져다주는 신제품 개발의 프로세스는 일반적으로 기회 식별, 개념 개발, 제품 설계, 프로세스 설계, 제품 생산으로 통용되어 사용된다.

이를 특화시켜 만든 신제품 개발 프로세스 도구는 스테이지 게이트 프로세스, 품질기능전개, 실험계획법, 고장형태 영향분석, DFSS 등이 있다. 이러한 도구들은 신제품 개발 프로세스를 향상시키기 위해 일반적으로 많이 사용되고 있다. 이로 인해 수립된 체계적인 프로세스를 관리하고 측정하는 데 있어서 필수적인 것이 성과지표의 관리다. 이는 기술경영의 성공요인과 실패요인을 체계적으로 분석하며, 해당 산업의 환경 변화에 대응하여 지속 가능한 기술 역량을 확보하는 데 필요하다.

6 연습문제

1. 신제품 개발이 기업에 왜 중요한지 사례를 들어 설명하시오.

2. 신제품 개발의 세 가지 목표에 대해 사례를 들어 설명하시오.

3. 병렬적 개발 프로세스의 장점과 단점은 무엇인가? 병렬적 프로세스를 채택한 기업이 직면할 수 있는 문제는 무엇인가?

4. 스테이지 게이트 프로세스에 대해 설명하시오. 이 프로세스의 장점과 단점을 설명하시오.

5. 네트워킹 시대를 맞아 기업의 변화된 혁신활동에 대해 설명하시오.

6. 개발 프로세스에서 고객을 참여시키는 것이 어떠한 효과가 있는지 예시를 들어 설명하시오.

7. 개발 프로세스에서 공급자를 참여시키는 것의 장단점을 논의하시오.

Chapter 07

기술혁신의 보호와 관리

Qualcomm의 지식재산 전략

Qualcomm은 미국 남부 캘리포니아에 위치한 기업으로서 이동전화와 무선통신 기술 부문에 특화된 역량을 갖고 있다. 특히 Qualcomm은 부족한 주파수에서 더 많은 통화량을 효율적으로 지원하는 코드분할 다중접속(CDMA) 기술로 가장 잘 알려져 있다. Qualcomm은 기존 경쟁기업과는 달리, 광범위한 지식재산 포트폴리오를 통해 신기술을 좀 더 빨리 출시할 수 있는 실행력을 갖추게 되었으며, 이는 Qualcomm이 무선통신 업계의 리더로 성장하는 데 기여했다.

Qualcomm은 IP와 연관된 핵심 기술을 기반으로 한 비즈니스 모델을 추진했으며, 많은 인력과 자산을 갖지 않고도 지식재산 전략 및 관리를 통해 큰 수익을 창출할 수 있었다. 그리하여 2004년에는 49억 달러의 수익과 17억 달러의 순이익을 달성했다. 이러한 IP 기반의 비즈니스 모델을 통해 1,700여 개가 넘는 CDMA 관련 특허를 이용한 칩을 단말기 제조사에 판매하고,

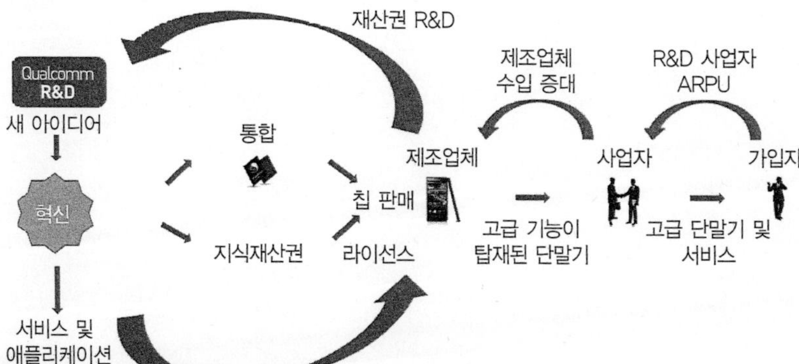

그림 7-1 Qualcomm의 지식재산 기반의 비즈니스 모델

출처 : 지식재산권 기반 비즈니스 모델 케이스 분석 및 시사점, 2009.

제조사는 생산된 단말기를 사업자에게 공급하여 고품질의 이동통신 서비스를 제공했다.

Qualcomm은 핵심 신기술에 대해 적극적인 R&D 투자 및 전략적 인수 등 경쟁력을 강화하면서 〈그림 7-1〉과 같이 디자인에 초점을 두고 1999년부터 외부 기업들에 생산을 위탁함으로써 적은 자산으로 높은 수익률을 달성하게 되었다. 그리고 CDMA 헤드셋 제조업체들이 라이선싱 비용으로 제품의 평균판매가격의 5%를 Qualcomm에 지불하는 구조의 비즈니스 모델을 구축했다. 이러한 라이선싱 비즈니스 모델에는 소프트웨어뿐만 아니라, 하드웨어와 관련된 IP(CDMA Operating System)도 포함되며, Qualcomm 칩셋에서 공통 프로그램 언어를 통해 애플리케이션을 자유롭게 사용할 수 있는 BREW(Binary Runtime Environment for Wireless)라고 불리는 미들웨어 영역까지 확대했으며, 다운로드 시 개발자와 Qualcomm이 라이선싱 비용을 받는 구조를 형성했다. 또한 크로스 라이선싱을 통해 고객의 지식재산 관련 비용 및 산업 내에서 지식재산권에 대한 분쟁을 최소화하려고 했다. 2009년부터 Qualcomm은 CDMA 칩셋 공급에 집중하여 지식재산 기반의 비즈니스 모델을 더욱 발전시켰다. 칩셋은 2008년 111억 달러 중 60%의 수익을 창출했으며, 기술 라이선싱을 통한 수익이 전체 수익의 33%를 차지하게 되었다. 무선통신 기술혁신이 중요한 국내에서도 Qualcomm은 모뎀칩으로 지난 10년간 5조 원이 넘는 로열티를 받아 가는 강력한 특허 포트폴리오를 가지고 있다.

개요

많은 기업들이 기술혁신 및 연구 · 개발을 통해 새로운 기술과 제품을 발굴하고 다양한 기술을 선택하여 필요한 자원을 획득하고 개발한다. 그러나 이런 기술 개발 결과에 대한 보호의 필요성을 자각하지 못해 가치 있는 지식재산을 타 경쟁사로부터 침해받는 문제가 나타났다. 특히 비즈니스 생태계가 글로벌화되면서 지식재산에 대한 분쟁이 더욱 심화되고 있는 상황이다. 따라서 기업의 경쟁력을 유지하기 위해서는 우수한 제품 개발과 함께 이와 관련된 지식재산의 효율적인 관리가 필요하다. 지식재산은 특허, 트레이드마크(상표), 저작권, 디자인, 기업 비밀에 이르기까지 다양한 유형이 있으며, 기업의 특성과 핵심 역량에 맞게 각 지식재산 관리 시스템 및 전략이 필요하다. 과거에는 비용의 절감이나 타사의 지식재산 침해 소송을 방어하기 위해 지식재산을 관리했다면, 지금은 라이선싱 전략 등이 다양한 지식재산을 대상으로 수익을 창출하고 시장의 독점적 지위를 획득하는 방법으로 활용되고 있다. 이제는 강력한 지식재산 포트폴리오의 구축이 기업의 지속적인 성장을 지원하는 중요한 요소 중 하나라고 볼 수 있다.

1 지식재산

최근 무형자산의 중요성이 증가되면서 많은 기업들은 지식재산의 중요성을 인식하는 동시에 이를 통해 혁신의 지속성을 관리하는 도구로 활용하고 있다. 이 장에서는 지식재산의 정의와 유형, 그리고 이를 통해 어떠한 지식재산 전략과 관리가 기업에서 이루어지고 있는지 알아보자.

(1) 지식재산의 정의

지식재산(intellectual property, IP)은 "인간의 창조적 활동 또는 경험 등을 통해 창출하거나 발견한 지식, 정보, 기술이나 표현, 표시, 그 밖에 무형적인 것으로서 재산적 가치가 실현될 수 있는 지적 창작물에 부여된 재산에 관한 권리"이다. 일반적으로 인간의 창조적인 활동은 산업, 과학, 문화 또는 예술 분야 등 모든 분야에서 발명 또는 고안하는 활동을 지칭하며, 해당 활동의 결과물로는 디자인, 문화예술 및 과학물, 저작물, 영업 비밀, 상표, 서비스표 등이 있다.

인간의 지식 활동을 통해 얻은 무형자산은 지식재산에 포함된다고 볼 수 있다. 기술경영 관점에서는 새로운 물질의 발견, 새로운 제조기술의 발견, 새로운 서비스, 새로운 기능의 개발 등 산업상 이용 가능성이 있는 것들을 의미하기도 한다.

(2) 지식재산 보호의 중요성

그렇다면 최근 들어 왜 지식재산에 대한 보호의 중요성이 커진 것일까? Davis(2004)는 무형자산 보호의 네 가지 주요 동향에 대해 다음과 같이 설명했다.

1) 경쟁우위의 원천 : 무형자산의 중요성 증대

최근 많은 기업들은 무형자산 또는 지식자산의 중요성이 커지면서 기존의 공장부지나 장비 자체가 경쟁적 우위를 가져다준다는 인식에서 기업의 원천으로 지식이나 노하우가 더 중요하다는 패러다임으로 전환되었다. 이러한 변화에 대해 미국 대형주 중심의 Standard & Poor's(S&P)는 1975년에는 시장가치가 17%였던 무형자산의 비율이 2008년 75%로 증가한 부분을 근거로 설명하고 있다. 또한 대부분의 유사기관이나 매체에서 발표한 글로벌 기업들을 보면, 기존 제품 중심의 기업보다 소프트웨어 기업 등이 시장가치 측면에서 앞서 나가는 현상을 나타냈다. 특히 IT 발전에 따른 무형자산의 가치화가 더욱 가속화되었다. 최근 화제가 되고 있는 삼성과 Apple 간의 특허전쟁도 무형자산의 중요성을 다시 한 번 확인시켜 주는 좋은 사례다.

2) 기업의 글로벌화

많은 비즈니스 활동들이 글로벌화되면서 지식재산이 더욱 전략적인 중요성을 갖게 되었으며, 다국적 기업들은 지역적 특성을 고려한 다양한 형태의 지식재산 전략과 관리 역량의 보유 필요성을 인지하기 시작했다. 예를 들어, 미국 등 선진국의 기업이 신제품 생산비용을 절감하기 위하여 개발도상국에 진출하게 되었을 때 생산공정 및 절차, 품질관리 등 지식재산이 유출될 수 있는 위험이 높기 때문에 지식재산 보호의 중요성이 더욱 커졌다.

과거에는 국가 간에 견제하기 위해 반덤핑이라는 수단을 이용하여 시장 진입장벽을 높였다면, 최근 글로벌 기업들은 체계적인 특허관리를 상대기업을 공격하거나 방어하는 수단으로 활용하는 패러다임의 변화를 주도하고 있다. 특허청 및 한국지식재산보호협회에 따르면 외국 기업이 국내 기업을 상대로 한 특허분쟁은 해마다 증가하는 추세다. 이와 반대인 경우는 상대적으로 적다.

표 7-1 국가별 특허분쟁 현황

(단위 : 건)

미국	한국	일본	EU
436	127	21	16

출처 : 어윤봉 · 정해식 · 박혜영(2011), 글로벌 IT 기업의 특허분쟁 현황, 정보통신산업진흥원.

표 7-2 국내외 기업의 특허분쟁

구분	2004년	2005년	2006년	2007년	2008년	2009년	2010년	2011년
한국 기업 제소	13	13	17	23	28	30	22	27
외국 기업 제소	28	38	37	73	87	95	92	30
전체	41	51	54	96	115	125	114	57

* 2011년 8월을 기준으로 조사한 자료로 2011년 데이터는 완성본이 아니므로 추세가 감소한다고 볼 수 없음.
출처 : 특허청(2011. 8), 한국지식재산보호협회.

대한상공회의소(2009)에서 조사한, 특허분쟁에 따른 국내 기업의 피해 실태와 대응 조사 결과, 특허분쟁을 경험한 대기업이 31.2%, 중소기업이 19.3%로 나타났다. 주요 분쟁 대상은 현재 보유한 핵심 기술이 58.8%로 가장 높게 나타났으며, 중요 생산기술 15.5%, 신개발기술 14.2%, 저활용기술 7.1% 순이었다. 이러한 분쟁의 결과로 소송비용 및 분쟁 장기화로 인한 피해(33.2%)가 가장 컸다. 시간이 갈수록 경쟁이 심화되어 보다 많은 기업들이 특허분쟁에 휘말리게 될 것이고 그에 따른 피해가 커질 우려가 있다.

3) 디지털 기술의 복사성과 이동성

IT의 발전에 따라 문서, 음원, 동영상 등 기존 제품과는 달리 분배비용과 재개발비가 절대적으로 절감되는 경제적 효과를 가진 동시에 음악 불법복제를 비롯해 다양한 문제점이 발생하는 상황에서 지식재산의 중요성이 증가하고 있으며, 정보유통 관점의 지식재산 보호의 중요성은 더욱 커질 것이다. 이를 설명하는 좋은 사례로 Napster, Nutella, CuteMX, iMesh, 그리고 국내 사례로는 소리바다가 있다.

디지털 형태의 창작물은 쉽게 공유가 가능하고, 이를 지원할 수 있는 시스템이 개발될 경우 해당 산업시장의 지식재산 권리가 침해되거나 수익성이 하락하는 등 지대한 영향을 끼칠 수 있기 때문에 디지털 기술에 대한 지식재산권을 보호할 수 있는 전략 및 예방정책은 중요하다.

음반물 지식재산권 침해

Napster

Napster는 1999년 Shawn Fanning이라는 미국 대학생이 인터넷을 활용하여 음악 파일을 공유할 수 있도록 개발한 프로그램이다. Napster가 일반인에게 공개되면서 피어투피어(peer to peer) 네트워크, 소위 말하는 P2P 산업에 대한 관심과 저작권에 대한 이슈가 발생했다.

Napster는 중앙의 서버 컴퓨터에 공유된 파일 목록을 보관하고, 사용자들이 특정 음악 파일을 요청하면 그 파일을 보관하고 있는 이용자의 컴퓨터로 중계를 해 주는 방식을 취했다. 파일의 목록만 Napster가 관리하고 다운로드는 음악 파일을 제공하는 이용자와 전송을 받는 이용자 사이에서 직접 이뤄지는 형태였다. 이런 방식으로 이용자들은 컴퓨터 내에 저장되어 있는 음악 파일을 상호 복제 및 교환함으로써 시장에서 판매되는 음반을 구매하지 않고 음악을 감상할 수 있게 되었다. Napster 이용은 무료였고, 회원 수는 최고 7,000만 명까지 증가했으며, 공유되는 음악 파일의 양이 기하급수적으로 증가했다.

그러나 Napster를 통해 유통된 음악 파일은 대부분 저작권이 있는 자료였기 때문에, 미국음반업협회(RIAA)는 음반 판매량 감소의 주요 원인을 Napster로 지목하고 연방 지방법원에 저작권 위반 혐의로 제소했으며, 미 연방법원은 Napster에게 저작권 음반 배포 중지를 명령했다. 그 결과 Napster는 음반 배포 사업을 중지하고 회사명과 지식재산이 Roxio에게 인수되었으며, Roxio는 P2P 네트워크 요소를 제외한 합법적인 온라인 음악 서비스를 시작하겠다고 공표하면서 Napster의 P2P 음악 공유 프로그램이 미국 음반시장에서 사라지게 되었다.

Napster의 P2P 음악 공유 프로그램은 직접 음악 파일을 다운로드하는 방식이 아니라, 음악 파일을 보관하는 이용자와 연결시켜 주는 방식으로 직접적으로 저작권을 침해하지는 않았다. 하지만 결과적으로 이용자들의 저작권 침해를 도왔다는 판결을 받게 되었다.

소리바다

소리바다는 한국판 Napster라고 불릴 만큼 비슷한 형태의 파일 공유 프로그램 서비스를 제공했다. 다만 Napster가 음악 파일 목록을 서버에 저장하는 형태였다면, 소리바다는 중앙 서버에 파일록을 저장하지 않고 서버에 접속한 이용자들의 컴퓨터에서 신속히 음악 파일을 검색하여 이용자 간에 음악 파일을 공유할 수 있도록 지원했다.

소리바다는 국내에서 폭발적인 인기를 얻고 800만 개 정도의 ID가 생성되었다. 소리바다가 저작권 침해로 피소되자 네티즌들은 소리바다 살리기 운동 등 음악 파일 공유 프로그램을 지지하는 입장을 표명했다. 그러나 소리바다가 직접적으로 저작권을 침해하지는 않더라도 이용자의 저작권 침해를 돕는 형태의 프로그램이기 때문에 저작권을 침해한다는 판결을 받았으며, 결국 서비스를 중단하게 되었다.

위의 두 사례는 공통적으로 저작권을 직접 침해하지 않았다는 특징을 갖고 있다. Napster는 음악 파일 목록을 서버에 저장했고, 소리바다는 저작권 침해 문제를 벗어나기 위한 발전된 형태로서, 음악 파일을 갖고 있는 이용자를 검색해서 매칭해 주는 시스템을 제공했다. 하지만 미국과 한국 모두 두 기업이 이용자의 저작권 침해를 지원한다는 이유로 금지명령을 내렸다.

출처 : 홍성태(2003), 지식재산권과 정보공유.

4) 지식재산권 보호규제의 경향

① 특허법

특허는 일반적으로 전 세계 각 국가의 법에 의해 보호받고 있다. 이러한 경향 때문에 각 국가별 특허법에 서로 상이한 부분이 존재하여 하나의 국가에서 부여받은 특허일지라도 다른 나라에서는 보호받을 수 없다. 따라서 여러 국가에 걸쳐 보호받기 위하여 각 국가의 특허법에 맞게 특허 신청을 해야만 한다. 이처럼 서로 상이한 특허법을 조화롭게 적용하기 위한 몇 개의 국제조약이 있는데, 대표적으로 산업자산 보호를 위한 파리회의와 PCT가 있다.

산업자산 보호를 위한 파리회의(Paris Convention for the Protection of Industrial Property, Paris Convention Priority)는 2009년 3월을 기준으로 세계 173개국이 참여한 국제 지식재산권 조약이다. 파리회의의 합의로, 회원국가의 시민이 자신의 나라에서 특허를 출원했을 경우 다른 회원국에서도 특허 보호에 대한 똑같은 권리를 행사할 수 있다. 따라서 파리회의를 통해, 지금까지 적용되었던 자국민과 외국인에 대한 특허법률의 차별적 적용을 폐지했다고 할 수 있다. 파리회의의 조약은 발명자들에게 '우선권'을 부여한다. 즉, 자신의 나라에서 특허나 트레이드 마크에 대한 보호를 신청한 사람은 다른 회원국에서도 특허에 대한 보호를 요구할 수 있어 국가별로 서로 다른 특허법에 맞는 특허 신청이 가능해졌다.

또 다른 매우 중요한 국제 특허 조약으로 PCT(Patent Cooperation Treaty)가 있다. 이 조약 역시 여러 국가에서 쉽게 특허를 출원할 수 있도록 해 주는 조약으로, 자국의 특허청(수리관청)에 특허를 신청하면 바로 전 세계 100개 이상의 나라에서 약 2년 반 동안 특허 보호를 신청할 권리를 보장받을 수 있다. 또한 PCT에 한 번만 비용을 지불하면 같은 특허를 다른 나라에 출원하기 위해 신청비용을 또다시 지불할 필요가 없다는 장점이 있다.

② 트레이드 마크

전 세계 대부분의 나라는 일정한 형태의 트레이드 마크 등록과 보호에 대한 절차를 가지고 있다. 각각의 나라에 개별적으로 트레이드 마크를 등록하는 번거로움을 없애기 위해 세계지식재산협회(World Intellectual Property Organization)는 국제 트레이드 마크 등록 시스템을 활용하고 있다. 이 국제 트레이드 마크 등록 시스템은 마드리드 협정(Madrid Agreement Concerning the International Registration of Marks)과 마드리드 협약(Madrid Protocol)을 기반으로 하는데, 마드리드 연합에 속한 국가의 시민이 자신의 국가에 트레이드 마크를 등록하면 권리를 획득할 수 있다.

③ 저작권

특허나 트레이드 마크와 다르게 국제적으로 원작자의 저작권을 자동적으로 보호할 수 있는 국제적인 저작권 보호법은 존재하지 않는다. 하지만 국내외 작품의 저작권 보호 과정을 단순화하기 위한 국제 저작권 조약이 있다. 이 중 가장 중요한 조약으로 문학작품과 예술작품을 보호하기 위한 베른 컨벤션(연합)을 들 수 있다. 베른 컨벤션은 회원국에게 자국 작품뿐 아니라 외국 작품에 대해서도 동일한 수준의 보호를 요구하고 있다.

2 지식재산권의 유형

지식재산권(intellectual property right, IPR)은 앞서 정의된 지식재산을 보호하기 위한 권리로서, 다양한 창조 활동에 따른 지식재산을 사용하는 데 시간적 제한을 두어 통제관리하는 것을 지칭한다. 이러한 통제관리는 부정적인 의미로서 특정 지식재산 사용 시 이를 규제하거나 금지하는 강제성을 가지고 있다고 볼 수 있지만, 지식재산의 통제를 통해 라이선싱, 판매, 임대하는 등 다양한 전략으로 혁신적인 제품이나 서비스를 보호하는 방안이 된다.

〈그림 7-2〉는 다양한 지식재산권의 유형을 설명하는 피라미드다. 기업 비밀은 가장 기본적인 지식재산으로서 가장 아랫부분에 자리 잡으며, 상위 수준으로 올라갈수록 이에 대한 보호가 강화되고 특허가 가장 큰 보호대상이다.

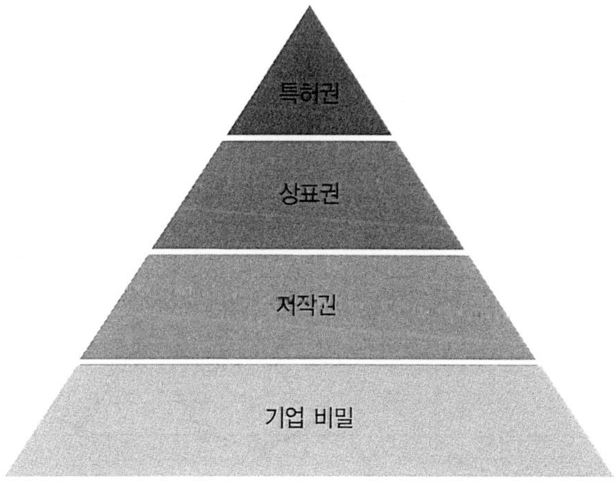

그림 7-2 지식재산권 피라미드

출처 : Kathleen R. Allen(2002), *Bringing New Technology to Market*.

지식재산은 창작물에 따라 다양한 형태로 보호할 수 있다. 〈표 7-3〉과 같이 크게 공식적인 기관에 등록해야 하는 지식재산과 지식재산 생성이 발생되는 시점부터 자동으로 권한을 갖게 되어 등록하지 않아도 되는 형태로 나누어지게 된다. 이는 세부적으로 각기 다른 부분을 보호하는 권한으로 활용한다.

표 7-3 지식재산의 유형

등록된 지식재산	특허, 디자인 등록, 트레이드 마크
등록되지 않은 지식재산	기업 비밀, 저작권, 디자인 권한, 트레이드명

(1) 특허

특허는 지식재산의 가장 기본적인 유형으로서 작업 과정, 생산된 제품, 또는 다양한 설비 등을 보호하는 재산권으로 정의된다. 미국 특허법에 의하면, 특허가 될 수 있는 조건은 다음 세 가지로 요약된다. 첫째, 만족할 만한 결과를 창출하여 유용해야 하며 현재의 개발품을 개선하거나, 새롭고 유용한 사용용도가 제시되어야만 한다. 둘째, 이미 특허가 출원되었거나 대중매체에 소개되지 않았어야 하며, 마지막으로는 당연하지 않아야 한다는 점이다. 이러한 세 가지 조건이 충족될 때 개발자는 자신의 발명품을 보호하기 위해 특허를 신청하여 한정된 시간 동안 특허에 대한 권리를 허락받게 된다. 〈그림 7-3〉은 국내 특허 등록 건수 및 특허 출원 건수의 추이를 보여 준다.

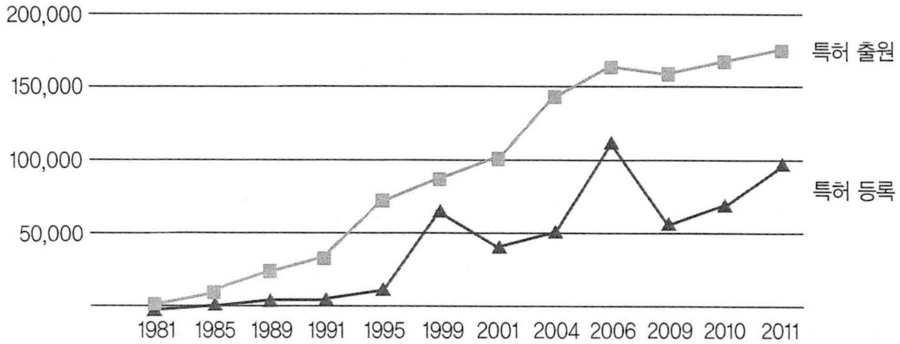

그림 7-3 국내 특허 등록 및 출원 건수

출처 : 특허청(2012), 연도별 등록건수, 연도별 출원건수(재구성).

특허는 미국 특허청(USPTO)에서 정의한 세 가지 유형이 있다(〈표 7-4〉 참조). 가장 일반적으로 알려진 특허는 발명특허이지만, 이외에도 의장특허와 식물특허도 정의되어 활용되고 있다.

표 7-4 특허의 유형

유형	설명
발명특허 (utility patent)	발명특허의 대상으로 프로세스, 설비, 개발된 신제품이나 제품 합성의 기능적인 부분의 유용성을 인정받았을 때 특허 예 : 새로운 의약품, 새로운 전자기기, 새로운 생산공법
의장특허 (design patent)	개발된 생산품의 디자인에 특허를 부여하며 발명품의 기능적인 요소보다는 시각적인 디자인 요소에 대한 특허 예 : 안경테, 자동차 디자인, 마우스 디자인, 펜 디자인
식물특허 (plant patent)	농작물의 우수한 신품종 또는 신계통의 육성 관련 권리 보호와 보급을 목적으로 주어진 특허제도

(2) 디자인 등록

디자인 등록은 의장 특허와 동일하다고 볼 수 있는데, 일반에게 공개되지 않은 디자인으로서 독창적인 요소를 포함한 디자인을 의미한다. 그중 산업 디자인권(industrial design rights)은 제품의 형상, 모양, 색채, 또는 이를 결합한 것으로서, 시각을 통해 미감을 일으키며 상품에 관한 것으로 심미적 창작을 보호하기 위한 디자인을 실시할 권리를 독점할 수 있는 것을 의미한다. 대표적인 사례는 Apple이 삼성에 디자인권 침해 소송을 한 분쟁 사건으로, 제품의 외관 디자인을 삼성이 무단 복제했다는 주장을 바탕으로 전 세계 각국 법원에서 판결이 진행되고 있다.

(3) 상표 및 서비스 출원

상표 출원은 일반적으로 자신의 상품을 타인의 상품과 구별하기 위하여 상품에 부착하는 표장으로서, 상품의 동일성을 표시하는 것이다. 상표 출원은 단어, 문장, 심벌 디자인 등 다양한 표식을 통해 각 제품 간의 제조기업을 구분하는 수단으로 활용된다. 이러한 상표 출원의 대표적인 예로는 Microsoft의 회사 문장이나, 모든 컴퓨터에 있는 Intel 칩, 자동차에 표시되어 있는 제조사 마크, Nike의 Swoosh 마크 등을 들 수 있다.

그리고 트레이드 네임은 회사명 상표의 일종으로서 회사가 업무를 수행하는 데 사용하는 명칭인데 트레이드 마크의 글자 부분을 말하기도 한다. Microsoft를 MS, Hewlett-Packard를 HP로 표현하는 것이 대표적인 예다.

삼성과 Apple의 특허전쟁

2011년부터 삼성과 Apple의 특허전쟁은 하이테크 기술 기반 기업들의 주목을 끌기 시작했다. 미국 캘리포니아 북부지역에 삼성을 디자인 관련 지식재산권 침해 혐의로 제소한 가운데 삼성이 이르면 6월 휴대전화 통신기술 관련 특허로 맞소송을 제기한다.

Apple의 고소 내용	삼성의 반론
• 갤럭시 디자인(둥근 모서리)은 카피한 것이다.	• 소비자들이 iPhone과 갤럭시를 혼동하지 않는다.
• 아이콘(통화, 메시지, 사진 등)이 같다.	• 독창적 디자인이다.
• 사용자 환경이 같다.	• 모든 안드로이드폰이 비슷하다.
• 한 손가락으로 화면 넘기는 것이 같다.	• 멀티터치는 범용 기술이다.
• iPhone 3G 왼쪽 볼륨버튼 기능을 베꼈다.	• 삼성만의 기술이다.

출처 : 미 일반인 배심원들 '디자인 특허 침해' ... 영 법정과 정반대 판결, 조선일보, 2012. 9. 27(재구성)

삼성전자와 Apple 간의 특허분쟁은 4월경 Apple의 소송제기로부터 비롯되었다. Apple은 자사의 스마트폰과 태블릿PC의 디자인을 삼성전자가 무단으로 도용했다는 이유로 소송을 제기했고, 이와 함께 미국 내 삼성전자의 스마트폰 및 태블릿PC 수입 금지를 요청하여 본격적인 특허분쟁의 서막을 알렸다. Apple이 제기한 삼성의 특허 도용의 내용은 갤럭시S의 둥근 모서리 디자인, 손가락으로 화면을 넘기는 멀티터치 방식, 좌 측면의 볼륨버튼 탑재, 통화와 사진 기능의 아이콘 등이다.

이에 삼성전자는 Apple의 소송제기 1주일 후 한국, 일본, 독일에서 Apple이 자사 기술을 침해했다고 제소하기에 이르렀다. 삼성 측에서 제기한 Apple의 특허 도용 내용은 데이터 전송 시 전력소모를 감소시키고 전송효율을 높이는 HSPA(고속패킷 전송방식) 통신표준 특허, 데이터 전송 시 수신오류를 감소시키는 WCDMA 통신표준 특허, 휴대전화를 데이터 케이블로 PC와 연결해 PC로 무선 데이터 통신이 가능하게 하는 특허 등이다.

현재 삼성전자와 Apple 간의 특허소송은 미국, 독일, 영국, 프랑스, 이탈리아, 네덜란드, 호주 등 9개국에서 50여 건이 진행 중이며, 2012년 8월 31일 현재 한국, 일본, 영국, 네덜란드에서는 1심에서 삼성의 승소, 미국의 배심원 평결에서 Apple의 승소가 각각 판결났고, 독일에서는 삼성, Apple 모두 유보 및 기각이 되면서 동률을 이루었다. 그 외 다른 소송은 여전히 진행 중이다.

삼성전자와 Apple의 특허소송은 시간이 흐를수록 매우 복잡한 양상을 띠고 있다. 이처럼 삼성과 Apple로 대표되는 특허분쟁의 과열양상은 관련 시장에 상당한 파급효과를 미칠 것으로 예상된다.

출처 : 국회입법조사처(2011), 삼성 – Apple 특허분쟁의 쟁점과 과제.

또한 서비스 마크는 주로 광고, 보험, 금융, 방송, 호텔, 레스토랑 등을 운영하는 서비스 사업자가 사용하는 마크다. 서비스는 제품과는 달리 무형적인 형태이므로 광고나 거래서류 등에 간접적으로 사용한다. 예를 들어 자동차 보험회사는 운전자와 계약을 체결할 때문서에 간접적으로 자신의 서비스 마크를 사용한다.

(4) 기업 비밀

최근 들어 많은 기업들은 자신이 개발한 제품이나 프로세스상의 혁신적 기술을 특허를 통해 공개하기보다는 기업 비밀의 형태로 사내에서 보호하는 방법을 선호하고 있다. 기업 비밀이란 외부인이 어느 특정한 지식재산 및 정보를 알 수 없도록 관리하는 것을 지칭한다. 예를 들어 Coca-Cola는 음료수 제조방법을 특허로 출원하기보다는 기업 비밀 형태로 보호하고 있으며, 이외에도 모바일 텔레콤 기업의 고객정보, 기업의 마케팅 전략, 제조 과정 등이 대표적인 예다.

(5) 저작권

저작권은 문학 창작, 음악 작곡, 시나리오 등 원작자의 작품에 부여되는 보호권한을 의미한다. 아이디어보다는 하나의 산출물로 인정받으며, 어떠한 주제에 관련된 다양한 관점에서 원작자의 창의성을 통해 만들어진 작품을 말한다. 일반적으로 저작권은 원작자의 일생 동안 보호받으며, 일반에게 공개되었을 때 70년 동안 보호를 받게 된다. 창작 활동의 결과물은 반드시 등록할 필요가 없지만 저자는 다음과 같은 형식을 반드시 창작물에 포함시켜야 한다.

ⓒ Copyright 2011 by 홍길동

그러나 저작권의 경우 공정사용 원칙을 통해 저작권 침해가 있더라도 다음과 같은 네 가지를 고려했을 때 침해행위를 한 사람의 사용을 정당화시켜 줄 수 있다.

- 저작물 사용의 목적 및 성격
- 저작물의 성질
- 사용된 부분이 저작물 전체에 차지하는 양적 · 질적 비율
- 그 저작물의 잠재적 시장 내지 가격에 미치는 영향

2011년에 미국과 유럽의 주요 국제 기업(54개)을 대상으로 실시된 지식재산 조사보고서

(Intellectual Property Survey Report)를 통해 기업들이 다섯 가지 유형의 지식재산을 중요시하는 정도를 알 수 있다. 혁신을 보호하기 위한 대상으로 기업들은 기업 비밀을 가장 중요하게 관리하고, 상표와 특허 순으로 해당 자산에 가치를 두고 있다.

오늘날 기업들은 특허, 상표, 저작권, 기업 비밀과 같은 지식재산 보호수단을 가지고 보안에 심혈을 기울이고 있다. 글로벌 시장환경의 경쟁이 치열해짐에 따라 이러한 활동이 더욱 중요해지고 방어막이 보다 크고 복잡하게 변하고 있다. 〈그림 7-4〉는 집적회로의 발명과 잠재적인 응용에 대하여 보호할 수 있는 열다섯 가지 지식재산 방어막을 보여 준다. 만약 집적회로의 발명가가 집적회로에 대한 권리를 충분히 광범위하게 주장하지 않는다면 경쟁자가 먼저 특허를 신청하여 실제 발명가가 로열티를 지불해야 하는 사태가 발생할 수도 있다. 그러나 경쟁자를 배제하는 등의 공격적인 특허전략은 보다 우수한 제품이나 신뢰성 있는 제품 생산을 차단하는 역효과를 가져올 수도 있다. 따라서 이러한 요인을 모두 고려하여 최적의 대안을 선택해야 할 것이다.

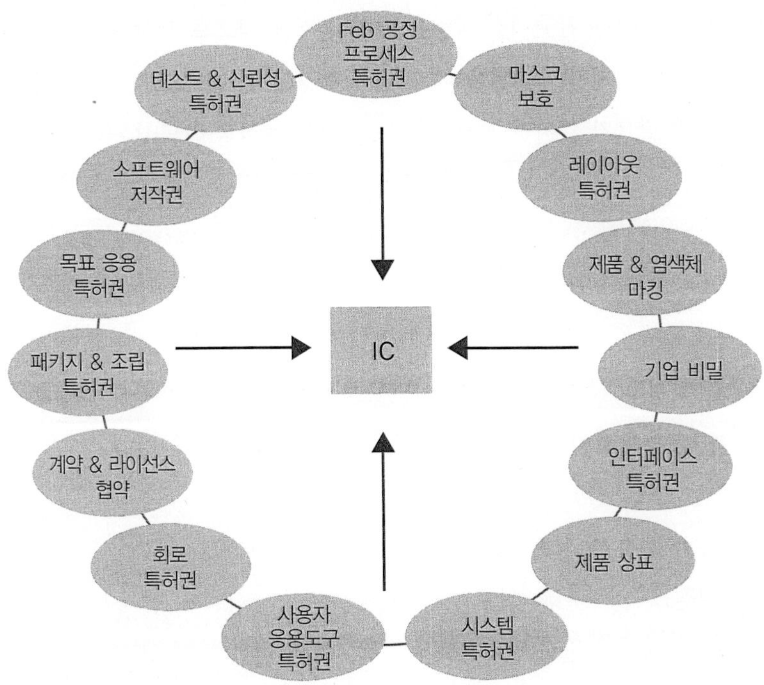

그림 7-4 집적회로 보호수단

출처 : Kathleen R. Allen(2002), *Bringing New Technology to Market*.

3 지식재산 전략과 관리

(1) 지식재산 관리의 패러다임

다양한 지식재산을 보호하는 데 있어 전략적 중요성이 점차 커짐에 따라 지식재산 관리도 〈표 7-5〉와 같이 세대 개념으로 진화 · 발전되어 왔다(현재호, 2008).

표 7-5 지식재산 경영관리의 세대 개념

구분	1세대	2세대	3세대
수준	특허에 대한 인식이 부족하고, 기관 차원의 특허관리 시스템이 구축되지 않음	특허 출원 · 등록 관리가 이루어지나 사업전략과 연계된 특허 전략 개념이 부족함	사업전략 및 기술전략과 정렬된 특허 포트폴리오 전략을 추진함
관리조직	특허 관리 부서 부재(연구자 개인의 판단에 따라 특허 출원 · 등록이 이루어짐)	연구 관리 부서 또는 특허 관리 부서에서 단순한 특허 출원 · 등록 업무를 수행함	특허전략 본부가 설립 · 운영되고, 전문변리사와 같은 전문인력이 배치되어 있음
주요 기능	특허 · 출원 및 등록	특허 출원 및 등록/Reactive 라이선싱	특허출원 및 등록/특허 포트폴리오 관리/기술 마케팅/라이선싱/특허자산 실사 · 평가
라이선싱	라이선싱 노력이 없음	Reactive 라이선싱	Proactive 라이선싱/기술 마케팅/특허 침해 소송
특허전략	전략이 없음	방어형 전략	공격형 전략

출처 : 현재호(2008), 첨단기술시대의 지식재산권 관리.

1세대는 지식재산 관리에 대한 인식이 부족하여, 연구 · 개발을 통해 새로운 신제품과 서비스를 출시하더라도 지식재산으로 자산화하는 과정이 수립되지 않았으며, 이를 전담하는 부서 또한 존재하지 않는 등 전반적인 지식재산 관리에 대한 중요성을 인식하지 못한 상태를 의미한다. 다만 연구자 개인의 판단에 따라 특허를 출원하거나 등록했다. 그리고 2세대는 기업이 성장함에 따라 특허 분쟁을 예방하기 위하여 이에 필요한 전담부서를 설립하고, 정형화된 특허 출원, 등록 관리 등 지식재산권에 대한 관리 시스템으로 기업의 위험을 줄이기 위한 '방어형 전략'을 추구했다. 3세대에서는 전략적으로 지식재산(IP)의 확보, 유지, 활용을 위해 기업의 조직전략, 기술전략, 연구 · 개발전략 등과 유기적으로 연계해서 발전시킨다. 기획 단계부터 사전 특허조사 또는 특허맵(patent map)을 통해 지식

세계적인 면도기 회사인 Gillette의 지식재산 방어전략

세계적인 면도기 회사인 Gillette는 1997년 독립적으로 움직이는 2개의 칼날에 의해 얼굴과 밀착되는 새로운 면도기를 시장에 출시했다. 기존 면도기와는 달리 면도기 카트리지 내부에 작은 스프링을 장착하는 아이디어를 포함하여 7개의 핵심 기술을 특허화했다. 이러한 핵심 기술을 좀 더 상세하게 분석하여 특허공격을 피할 수 있는 22개의 특허를 출원하여 특허 포트폴리오를 구성했다. 'Mach3'를 출시했는데 3개의 면도날이 최대한 밀착되도록 개발하는 데 7억 5,000만 달러를 투자했다. 이와 경쟁하기 위해 미국 제2의 건전지 생산 기업인 Energizer Holdings의 자회사인 Schick는 신형 4중날 면도기인 'Quattro'를 비슷한 시기에 출시하여 공격적인 마케팅을 이어 나갔다. Gillette는 Schick에서 출시한 제품에 대해 특허소송을 걸었으며 영업이익과 매출에 손실을 보았다고 주장했다. 두 회사는 특허분쟁으로 대립하게 되었으며, 이는 훗날 면도기의 턱밑 전쟁으로 알려졌다. 그러나 Gillette는 자신들이 개발한 제품에 대해 기술혁신 관점에서 경쟁하는 것이 기업의 발전을 위해 유용하더라도, 자신들이 기술을 보호하고 방어하는 데 지식재산 관리의 중요성을 인정한다.

출처 : 박재군(2010), "최강의 지재권 포트폴이오를 구축하라", 기술과 경영.

재산 전략을 전사적 · 체계적으로 수립하며, 라이선싱으로 기업의 수익을 창출하도록 '공격형 전략'을 추구한다.

따라서 전사적인 지식재산의 포트폴리오 관리를 통해 선별적으로 구성하여 지속적으로 모니터링을 강화하는 관리체계의 수립이 중요하다고 볼 수 있다. 앞서 서술한 Qualcomm 외에 Sony, Toshiba 등은 지식재산을 전략적으로 활용하여 새로운 수익을 창출하는 비즈니스 모델로 발전하는 공격형 전략을 선택했다.

(2) 지식재산 전략

지식재산은 크게 내부적인 관리와 외부적인 관리 등 두 가지 영역으로 나누어 관리된다. 내부적인 관리는 지식재산 부서를 어떻게 관리하여 내부 부서들과 어떠한 방법으로 의사소통을 해야 하는지에 초점을 맞추고 있다. 예를 들어 연구 · 개발 팀에서 특정 신제품에 대한 특허전략을 수립하여 지속적으로 관리하고 있는지, 또한 이를 통해 어떠한 전략적 접근방법이 규제대상이 되지 않거나 다른 나라에 효과적으로 적용될 수 있는지 등을 파악한다. 외부적인 관점에서는 다른 기업들의 지식재산권과 어떤 형식으로 대응하거나 협력해야 하는지, 또한 반대의 경우를 포함한 영역으로 설명될 수 있다.

지식재산 전략(IP strategy)의 개념은 지식재산을 통해 단독으로 활용되거나 기업의 다른 자원과 결합하여 전략적 목표를 달성하기 위해 활용되는 경우로 해석될 수 있다. 이러한 관점은 지식재산이 하나의 자산으로서 전략을 실행하는 데 활용되어 기업에 긍정적인 효과를 가져다주는 동시에 기업의 자산을 창출하거나 보호하는 내부 자원관리로 인식될 수 있다. 예를 들어 Qualcomm, Phillips, Thomson 등 다국적 기업들은 라이선싱을 통해 수익을 창출하고 있는데, 이는 공격적 전략의 대표적인 예라고 볼 수 있다.

이와 같이 라이선싱을 바탕으로 기업의 수익을 확보하는 전략은 1980년대 들어와서 활성화되었으며, 라이선싱 규모는 미국에서는 연간 950억 달러이며 세계 규모는 약 1,700억 달러를 차지하고 있다. 최근에는 개방형 혁신과 함께 특정한 경쟁적 상황에서 기술을 보호하는 것보다 기술을 공개, 제공함으로써 오히려 자사의 기술을 표준화할 수 있고, 다수의 기업에 기술을 제공함으로써 기술에 대한 가치가 증대되며, 이를 통해 시장을 석권하여 자연스럽게 독점의 위치에 오를 수 있게 된다. 물론 라이선싱을 통한 큰 수익이 2000년에 3,000여 개의 특허를 만든 IBM과 같은 큰 기업으로 돌아갈 수 있겠지만, 대부분의 중소기업들에게 라인선스는 다른 수익의 원천보다 로열티가 더 많은 투자회수를 불러 일으킨다.

이러한 성공적인 라이선싱은 체계적인 몇 단계의 표준화된 프로세스를 거쳐서 진행되며, 이를 통해 라이선스 판매자와 구매자 상호 간의 동의가 잘 성사되어야 한다.

1) 라이선싱 대상 결정

제품에서부터 프로세스, 노하우, 제조, 유통, 다른 제품의 생산에 이르기까지 라이선싱할 수 있는 것은 무궁무진하다. 하지만 상황에 따라 많은 차이가 있기 때문에 기업가는 가상 가치가 있다고 판단되는 것을 라이선싱해야 한다. 기업가들은 다양한 시장으로 기업을 확장하고 다른 기업과 협력하기 위해 핵심 또는 비핵심 기술을 라이선싱하기도 하지만, 반대로 기업의 독점적인 입지를 유지하기 위해 기술을 숨겨 두기도 한다.

2) 라이선스 구매자의 혜택 정의

어떠한 구매행위에서건 일반 구매자나 라이선스 구매자는 그들의 필요에 따라 이익이 되는 것을 구매할 것이다. 이러한 이익은 정의되어야 할 필요가 있으며, 과연 무엇이 구매자들에게 라이선스가 가치 있다고 느끼게 하는지 알아야 할 것이다. 라이선스 판매자의 가장 이상적인 가치는 고객들이 기술이전에 따라 관련 기술 및 노하우를 획득하는 것이다. 이러한 이점은 라이선스 판매자의 기대로도 쉽게 정의될 수 있지만 고객의 기대 역시 매우 중요한 부분임은 분명하다.

3) 시장조사 실시

라이선스 구매자가 제품을 구할 잠재적 시장에서 합리적인 수익을 창출할 수 있다는 보장을 확실히 하는 것은 매우 중요하다. 만약 라이선스 판매자의 기술이 새로운 개념이라면, 라이선스 판매자는 잠재적인 라이선스 구매자가 매력을 느낄 수 있는 시장 실현 가능성을 보여 줘야 한다. 시장 실현 가능성을 파악하기 위해 잠재적인 라이선스 구매자가 시장조사를 하게 되면 라이선스 판매자에게 협상을 시도하고자 하기 때문에, 라이선스 판매자가 사전에 시장조사를 실시하는 것이 더 현명하다고 볼 수 있다. 라이선스 구매자들은 자신이 선택한 시장의 부정적인 부분은 피하려고 하기 때문에, 라이선스 판매자는 부정적인 부분을 파악하고 이를 극복할 수 있는 방법을 모색해야 한다.

4) 라이선스 구매자 조사분석

라이선스 계약을 체결할 때, 잠재적인 라이선스 구매자가 라이선스 계약의 조건과 성공적인 기술의 상업화를 이행하기 위한 자원, 지식, 기술을 소유하고 있다는 점을 보장하는 것은 매우 중요하다. 라이선스 구매 후보자들은 이전의 라이선스 계약에 대한 정보를 라이선스 판매자에게 제공해야 하고, 라이선스 판매자는 그 정보를 통해 목표에 대한 성취도, 로열티 지불에 대한 신뢰도 등을 확인해야 한다. 이는 라이선스 구매자가 새로운 라이선스 계약하에 어떻게 행동을 할지 알려 주는 좋은 지표가 될 것이다.

5) 라이선스 계약의 가치 결정

지식재산은 기업의 자산 중에서 가장 저평가된 자산이라고 볼 수 있다. 라이선스 계약의 궁극적인 가치를 결정하는 몇 가지 요인은 다음과 같다.

- 얼마나 오랫동안 기업에 수입원을 제공하는지의 여부
- 지식재산을 구성한 기업과의 직접적인 경쟁의 잠재성
- 지식재산의 시장성에 위해를 가할 수 있는 법률이나 규제
- 시장환경 변화로 인한 지식재산의 가치 상실

이러한 요인을 고려하여 지식재산의 궁극적인 가치는 여러 단체 간의 협상에 의해 결정

DCAS(다운로드형 수신제한 시스템) 시장을 지배한 Alticast의 지식재산 전략

Alticast는 2007년 국내 CAS 시장 점유율 2.1%에서 약 3년 만에 CAS 시장의 50%, DCAS 시장의 80%를 점유하는 성장을 이뤄 냈다. 이런 기업의 성장 기반에는 디지털 데이터 방송 분야에서 핵심 원천이 될 수 있는 기술의 표준특허 확보가 있었으며, 이를 위한 지식재산 전략으로 MIRS라는 전략을 수행했다.

- M(market competitors trend & IPRs) : 시장 경쟁자에 대한 분석
- I(intellectual right properties map) : 특허에 대한 분석
- R(regulatios) : 규제 현황에 대한 분석
- S(standards) : 표준에 대한 분석

Alticast는 이 전략을 바탕으로 2004년 당시 외산기술이 100% 점유율을 차지하고 있던 CAS 시장에 진입하고자 했다. 시장 점유자의 특허 분석으로 표준과 관련된 정보를 수집하여 외국 기업의 기술선점이 강력한 시장 현황을 파악했으며, 그리고 이를 타파하기 위해 새로운 방식의 표준이 필요하다는 시장의 요구를 파악하고 정부와 함께 해결 방안을 모색했다. 특허 및 표준을 분석하여 정보통신부를 중심으로 한 규제의 제정 움직임을 주도하거나 여기에 참여하여 외화유출 방지라는 공동의 목표를 위해 특허 개발에 노력했다. 그 결과 DCAS 분야에서 세계적인 특허지도를 완성했으며, 결과적으로 해당 산업의 기업은 반드시 표준을 준수해야만 하고, 피해 가기 위해서는 상당한 투자를 요하는 특허를 확보함으로써, Alticast는 기업의 사업은 안정적인 수익을 창출하게 되었다. 이런 특허 및 표준의 획득은 직접적인 수입원이 될 뿐만 아니라 해당 분야의 전 세계 기업을 선도할 수 있는 전략이 될 수 있다.

출처 : 이진호(2010), "알티캐스트의 MIRS 전략", 기술과 경영.

될 것이다.

6) 라이선싱 프로세스 이해

지식재산의 보안이 유지되면서 기술이전을 효과적으로 진행할 수 있도록 관리하기 위해 전략을 수립하는 것은 매우 중요하다. 이를 위해서는 사전 미팅에서부터 첫 번째 미팅, 협상 단계, 라이선스 계약 체결에 이르기까지 각 상황에 맞는 대응전략이 필요하다.

(3) 지식재산 전략의 효과

Allen은 효과적인 지식재산 전략 수립은 다음과 같은 세 가지 효과를 기업에 가져다준다고 주장한다.

1) 단기적 독점 형성

특허나 지식재산권을 활용할 경우 가장 큰 이득이 되는 것은 경쟁자가 없는 선도자형 전략을 통해 단기적인 독점시장을 선점할 수 있다는 것이다. 또한 개발된 제품 관련 보완재를 개발할 수 있는 시간을 확보하는 면에서 유리하다. Xerox의 경우 약 20년 동안 복사기 시장을 독점했으며, 지속적인 성장동력을 가지게 되었다. 이는 기업이 어느 영역에 기술관리가 가장 절대적인지를 분별하여 관리하는 것이 필요하다는 시사점을 전달하고 있다.

2) 재무적 성과 향상

지식재산이 기업의 주요한 자산 중 하나로 인식되지 않는다면 자산 자체에 대한 가치부터 관리가 소홀해지면 수익성을 실현하지 못하는 경우가 일반적이다. 필요에 따라서 다양한 지식재산 관리를 통해 기업들은 새로운 수익을 창출할 수 있으며, 불필요한 지식재산은 학교나 다른 비영리기관에 기증할 수도 있다.

3) 기업의 경쟁력 향상

기업에게 지식재산 관리 및 전략의 중요성은 경쟁업체들의 기술적 현황 및 방향을 수집하여 기업 내 연구 · 개발 팀, 마케팅 팀, 신제품 개발 팀 등 타 부서에 가치 있는 정보를 제공해 줄 수 있다는 점이다. 이를 통해 기업은 어느 분야에 선택과 집중하여 혁신역량을 높일 수 있는지를 알 수 있다.

(4) 완전개방형 시스템과 완전폐쇄형 시스템

Schilling은 보호 메커니즘에 대해 완전폐쇄형부터 완전개방형까지의 예시를 보여 주었다. 완전개방형 시스템은 제품이나 서비스의 지식재산권을 보호하지 않으며 기술표준을 지향하는 시스템으로서 누구나 접근할 수 있는 새로운 기술로 구성된다. 예는 오픈소스를 지향하는 Linux 운영체제가 있다. 사용자가 운영체제를 개선하기 위하여 직접 참여할 수 있는 개방형 운영방식을 추구한다.

반면 완전폐쇄형 시스템은 다양한 형태의 지식재산을 독점적으로 보유하고 있다. 하지만 많은 기업들은 완전한 개방형이나 완전한 폐쇄형이 아니다. 대부분의 기술들은 두 형태의 시스템에서 부분적 라이선싱 방법을 채택하게 된다. 예를 들어 PS3, XBOX, Nintendo 등은 자신의 게임기 제작 기술에 대해 완전폐쇄형 시스템을 통한 통제력을 갖고 있으며, 인큐베이터 프로그램을 의무적으로 등록하여 개발도구에 접근할 수 있는 권한

지식재산의 무기화(특허괴물)

지식재산의 중요성이 부각되고 있는 가운데 지식재산의 핵심인 특허를 대상으로 비즈니스 모델을 구축한 기업이 설립되고 있다. 이런 지식재산 관리 기업은 매입특허를 직접 생산 활동에 활용하지 않고 기술과 관련된 제품을 생산하는 업체에 기술료와 합의금을 요구하여 수익을 얻는다. 핵심 지식재산, 특허를 무기화하여 관련된 기업에 대한 특허 침해 소송 등을 통해 수익을 창출하는 목표를 갖고 있는 지식재산 관리업은 산업시장의 경쟁력을 약화시키고 예측하기 어려운 손실을 발생시키기 때문에 특허괴물(patent troll)이라고 불린다. 특허괴물 기업에 의한 분쟁은 최근 들어 매년 400건 이상 발생하고 있다.

이러한 특허괴물 기업에 대응하기 위해서 국내의 글로벌 전자업체는 방어형 특허 관리 회사의 보호 시스템과 같은 보험에 가입하지만 고비용이 발생하므로 완벽한 해결책이라고 보기는 어렵다. 뚜렷한 대응 방안이 마련되지 않았기 때문에 핵심 보유 기술이 부재하고 특허관리 회사의 보호 시스템 가입이 어려운 중소기업의 경우 특허괴물의 공격으로 인한 예측 불가능한 손실에 대비해야 하는 어려움을 겪고 있다. 특히 국내 기업들은 특허 출원 점유율이 2005년에는 59.1%였으나 2008년 42.3%까지 지속적으로 하락하여 특허분쟁 부분에서 취약점을 드러내고 있다. 실제로 특허괴물 중 하나인 Inter Digital은 삼성전자와 LG전자를 대상목표로 설정하여 국내에 400여 건의 특허를 출원한 상태다. 이에 대비하기 위해 삼성은 특허관리 인원을 200명에서 500명까지 늘렸고, LG전자 또한 특허관리 조직을 확대해 나가고 있다. 그리고 AST나 RPX와 같이 특허괴물에 의한 피해를 방지하기 위해 설립된 지식재산 관리 회사에 회원사로 가입하여 특허괴물에 대비하고 있다. 한편 Microsoft, Intel, Sony는 50억 달러의 자본금을 유치하여 2만여 건의 특허 포트폴리오를 구축한 IV(Intellectual Ventures)를 출범시켰다. IV는 국내 대학들의 아이디어를 헐값에 구매하고 있으며 그 비율이 증가하는 추세다.

이렇게 지식재산을 기반으로 한 비즈니스 모델 구축이 본격화되고 있는 상황을 대비하기 위해 국가적인 대책이 필요한 실정이다. 지식재산 방어전략을 바탕으로 글로벌 지식사회에서 지식재산 경쟁력을 강화할 수 있을 것이며, 나아가 기업의 경쟁력까지 향상시킬 수 있을 것이다.

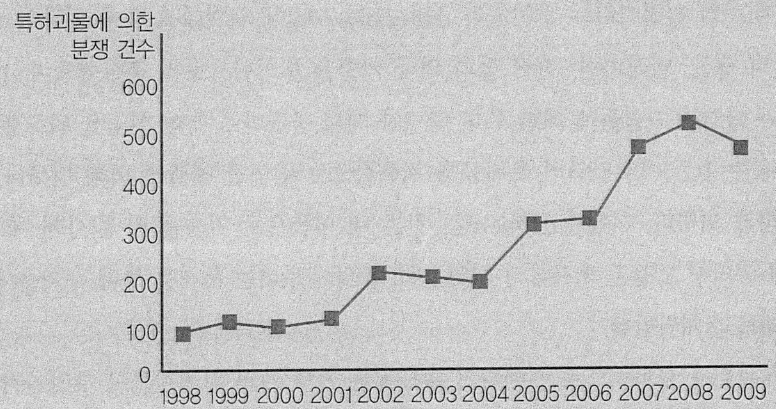

출처 : 윤상경(2010), "최근 Patent Troll의 동향과 친기업형 지식재산 전문회사의 활성화", 기술과 경영.

을 주고 있다. Apple의 iPhone, iPad도 유사한 형태로 앱스토어를 통해 개발업체나 개인이 앱을 등록하고 사용하도록 허용한다. Sun 자바의 경우, 시스템의 주요 핵심 부분을 제외하고는 사용자에게 개발 자유권을 주는 자유로운 라이선싱 서비스를 제공하고 있다. 또한 기술의 특성에 따라서 특허기간이 만료됨에 따라 폐쇄형에서 부분적 라이선싱을 거쳐 개방형으로 전환하는 시스템도 존재한다. 예를 들어 Monsanto의 Roundup이라는 상표의 제초제(除草劑)의 주성분으로 사용되는 글라이포세이트(Glyphosate)는 개발 당시 독점으로 개발되었으나 특허기간이 만료됨에 따라 2000년 이후부터는 다른 기업들도 제작기술을 사용할 수 있도록 개방되었다.

(5) 지식재산 관리

최근 들어 성공적인 기술집약적 기업들이 지식재산을 관리하는 것은 기업의 핵심 역량 중 하나라고 주장하고 있다. 그러나 67%의 미국 기업은 지식재산을 강력한 자산으로 활용하는 데 실패하고 있으며, 이러한 무형적 지식재산 중 35%의 특허가 활용되지 못하는 것으로 나타나고 있다.

기업의 지식재산을 기반으로 코스트센터가 수익센터로 전환되기 위해서는 이를 체계적으로 관리하는 프로세스가 요구된다. 이러한 관리 프로세스의 선진 사례로 일본 기업을 살펴보자. 일본 기업의 45% 이상은 제품이 복사되지 못하거나 타 회사에서 개발되지 못하는 지식재산 관리를 하고 있다. 그 외 41% 기업은 타 기업이 지식재산을 복사하지 못하도록 상용화하지 않은 상태로 보유하는 것으로 파악되었다.

세계적인 전자산업 기업인 Hitachi의 철학은 엔지니어로 하여금 지속적으로 발명해 나가는 것이 혁신의 원천이라는 것이었다. Hitachi는 제2차 세계대전 후에 외국의 반도체 생산, 컴퓨터 생산, 텔레비전, 전력 등의 외국 기술을 도입함으로써 출발했으며, 1970년대에 들어와 이러한 기술들에 대한 특허 약 2만 개를 발명하여 특허 신청을 완료했다. 그러나 Hitachi는 9,500만 달러의 특허료를 지불함으로써 연간 매출에 비해 너무나 큰 비용을 지출하게 되었다. 마침내 Hitachi는 일본 내 처음으로 기술을 타 회사에 제공하기 시작하면서 수익성 모델을 제시하게 되었으며, 1985년부터는 특허를 통해 수익을 창출하는 모범사례로 소개되었다.

지식재산 관리를 효과적으로 수행하기 위해서는 기업 내의 지식재산이 무엇인지, 또한 경쟁업체들이 지식재산과 관련해서 어떻게 움직이고 있는지를 인지하는 것이 중요하다.

다양한 정보 수집과 분석을 통해 기업의 지식재산 전략을 수립되려면 이를 위한 관리 프로세스를 수립하여 실행화해야 한다. Germeraad(1999)는 다음과 같은 정보를 갖고 지식재산 관리를 수행해야 한다고 설명했다.

- 기업에서 수행하고 있는 기술 또는 관련 지식재산의 유형
- 지식재산의 가치 : 어떤 지식재산이 라이선싱 가능성이 있는가? 가장 가치가 큰 것은? 방어용으로 사용될 지식재산은? 더 이상 필요가 없는 지식재산은?
- 해당 기술 분야 경쟁업체의 특허 수는 얼마인가?
- 기술 관련 해당 법이나 향후 기술정책의 방향
- 지식재산의 유효기간, 지식재산의 수명주기 현황
- 유지비와 향후 예상되는 지식재산 관련 지출비용

이러한 체크리스트 정보는 기업의 기술관리가 어느 정도 수준인지 알 수 있는 분석도구로도 활용될 수 있다.

지식재산 관리의 형태는 산업마다 다양하나 주로 전기전자 분야에서 가장 활발한 활동을 보여 주고 있으며, 이에 요구되는 실무관리 가이드라인을 통한 5단계의 지식재산 관리 활동은 다음과 같다.

1) 1단계 : 기존 지식재산 현황조사 및 기업에서 요구하는 신규 지식재산 발굴

기업 내에서 요구하는 지식재산이 무엇인지를 규명한다. 현재 기업 내에서 보유하고 있는 지식재산과 향후 자체 개발하거나 획득해야 하는 지식재산을 발굴하게 된다.

2) 2단계 : 현재 존재하는 지식재산과 새로운 지식재산 관리에 대한 기록

기업 내에서 연구 · 개발한 결과물을 새로운 지식재산으로 전환하여 체계적으로 관리하게 된다. 또한 라이선싱을 통해 외부 기술을 직접 획득하거나 기술 획득을 대행해 주는 제3자에 의해 획득하게 된다. 이러한 지식재산을 체계적으로 기록 · 관리하는 데이터베이스를 활용하기도 한다.

3) 3단계 : 지식재산 보호에 대한 의사결정

지식재산를 보호하는 데 있어 어떠한 형태가 있는지를 파악하고, 이에 따라 가장 적합한

의사결정을 내린다. 지식재산의 유형(〈표 7-3〉 참조)에 따라 등록 시 보호되는 유형과 개발을 동시에 보호받을 수 있는 유형으로 분류하여 결정하게 된다.

4) 4단계 : 지식재산의 활용

앞 단계에서 정의된 지식재산의 유형에 따라 기업을 통해 상업화할지, 내부적인 운영 기반을 위해 활용할지, 라이선스를 특정 기관에게 줄지, 또는 무료로 제공할지 등 다양한 의사결정을 한다.

5) 5단계 : 지식재산의 평가

주기적으로 지식재산의 가치가 어떻게 변화하는지를 평가하며 다음과 같은 의사결정을 내린다. 예를 들어 현재의 지식재산 형태 및 보호 · 관리방법을 그대로 유지하거나, 지식재산 보호 · 관리방법을 조정하거나, 시간적 경과에 따른 지식재산권을 타 기업에 허용하거나, 현재의 지식재산을 더 발전시킬 목적으로 변경 또는 개발하여 새로운 지식재산을 창출할 수 있다.

위 다섯 단계의 활동 등을 통해 기업은 관리유형의 지식재산 전략을 수립하고, 이에 따른 관리형태를 다양하게 추구한다. 특히 국내 기업들이 특허 관련 소송에 휘말리게 되면서 방어형 전략형태로 지식재산이 관리되고 있으며, 이에 대한 다양한 관리체계 및 조직 등이 만들어져 특허분쟁을 예방적인 차원에서 관리할 수 있도록 변화를 추구하고 있다. 그러나 외국 기업들은 공격형 전략으로 수익을 창출하고 이를 통한 새로운 비즈니스 모델을 만들어 나가는 형태를 취하고 있다.

4 지식재산 관리를 위한 지원도구 및 시스템

(1) 특허맵

기술 로드맵(technology roadmap, TRM)이 기술 개발의 위험을 감소시키기 위해 기술 개발의 실태를 알 수 있는 도구라면, 특허맵(patent map, PM)은 동일한 기술 개발 영역에서 활용되지만, 개발하고자 하는 제품 관련 문제가 발생될 수 있는 특허가 있는지를 파악한다. 또한 현재 개발하고자 하는 제품 관련 경쟁자는 누구이고, 협력하는 기업은 어디이며, 어느 기업에서 해당 제품을 생각하는지 등 좀 더 현실적으로 신기술 개발을 위한 기획 단계부터 시작되어 활용한다. 기술 로드맵이 개발하고자 하는 미래 기술을 발굴하는 데 초점을 둔다면, 특허맵은 좀 더 전략적으로 기술매매(기술이전, 기술제휴)가 필요한 경우에도 유용한 도구로 활용될 수 있다.

〈표 7-6〉과 같은 특허맵은 작성주체, 작성목적에 따라 다양한 형태로 표현될 수 있다. 특허동향을 순수한 기술에 대한 정보를 알기 위해 활용하거나, 이를 경영정보로 활용하거나, 권리정보로 활용할 수 있다.

많은 기업들은 현재의 기업 및 경쟁업체의 특허 현황을 통해 여기에 맞서는 기술전략을 수립할 수 있다. 이미 국내에서도 공공기관을 중심으로 개별 기업의 기술과제 및 분쟁에 대비하여 특허맵 작성을 지원하고 있는데, 단순 맵 제공이 아닌 맞춤형 특허맵을 작성할 수 있도록 지원한다. 최근 삼성전자를 비롯하여 많은 국내 기업들은 해외 기업들과의 특허분쟁에 체계적으로 대응하기 위한 체계를 수립하여 운영 중이다. 1968년 일본 특허청에서 일본의 선진기업들을 중심으로 작성하기 시작했으며, Hitachi의 경우 2005년부터 자사의 특허맵을 제작하여 본사 및 1,100개 그룹사의 특허내용을 통합적으로 보려고 시도했다. 특히 완성된 맵을 통해 중복 투자하지 않고 효율적인 연구 · 개발을 할 수 있었으며, 분쟁 발생 시에 그룹 차원에서 대항할 수 있었다.

표 7-6 특허맵의 목적, 종류, 예

목적	종류	예
• 기술 개발 동향 파악 • 연구 · 개발 테마 선정 • 틈새기술의 발견 • 기술 파급 상황	기술정보적 활용 맵	요지 맵, 레이다 맵, 기술분포 맵, 기술 맵, 템페스트 맵, 매트릭스 맵, 기술상관 맵
• 경쟁기업 동향 파악 • 상품 개발 흐름 파악 • 신용도 개발 • 시장 참여 상황 파악 • 기술적 범위 확인 • 발명자(인재) 동향 파악	경영정보적 활용 맵	출원 건수 동향 맵, 출원인 분포 맵, 발명자 맵, 특허공유 맵, 랭킹 맵, 신규 진입 맵, 기업상관 맵
• 기술적 범위 확인 • 특허 취득 가능성 파악 • 특허망 형성	권리정보적 활용 맵	특허 패밀리 맵, 구성요건 맵, 클레임 포인트 맵, 권리관계 맵, 심사관계 맵

출처 : 작성목적에 따른 특허맵의 종류, 정동일의 정보창고(http://www.han21.net/), 2009.

(2) 특허 포트폴리오

앞서 설명한 효과적인 특허전략을 수립하기 위한 도구로서 많은 기업들은 특허 포트폴리오를 활용하고 있다. 특허 포트폴리오는 독립적으로 수립되는 것보다는 사업전략 및 R&D 전략과 연계하여 전사적인 관점에서 수립되어야 한다. 자사와 경쟁사의 특허동향을 통해 자사의 기술 위치와 방향성을 판단하며, 이 분석 결과를 바탕으로 보유한 특허에 대한 선택과 집중 전략을 수립하게 된다. 예를 들어 세계적인 기업 Toyota는 질소화합물 흡장환원형 시스템의 특허 포트폴리오를 전체 308건으로 구성하여 집중적인 특허출원 시스템을 보유하고 있다. 포트폴리오 구성은 압도적 리더, 리드, 약간 우세 동등, 열세 등 네 영역으로 나누어 관리하고 있다. 이러한 기술별 특허전략을 통해 라이선싱 전략이 구현되며 좀 더 합리적인 의사결정을 수행하는 데 기여한다.

(3) 지식재산 관리 시스템

최근 지식재산을 체계적으로 관리하고 지원하기 위한 정보 시스템의 구축이 활발하게 진행되고 있다. 정보 시스템을 통해 방대한 특허정보를 데이터베이스화하며, 특히 분산된 큰 기업의 경우 이러한 정보 시스템의 활용이 필수적이다. 그러나 선행적으로 체계적인 프로세스의 확립이 요구된다. 앞서 설명한 관리영역에서 특허 출원 및 등록부터 유지관리 프로세스, 특허맵 작성 프로세스, 특허자산 실사 프로세스, 기술이전 라이선싱 프로세스, 특허분쟁 대응 프로세스 등 다양한 프로세스의 정의와 활용을 통해 이를 지원하는 정보 시스템을 구축하는 것이 올바른 접근방법이라 볼 수 있다. 예를 들어 필요한 특허에 대한 정보를 실시간으로 수집하고 데이터 마이닝 기술을 통해 가치 있는 정보를 조직의 의사결정자들에게 전달하는 테크놀로지 인텔리전스 정보 시스템이 개발되고 있다.

지식재산을 관리하기 위한 시스템은 다음과 같은 방향으로 변화했다.

1) 단순방어용

주로 담당자에 의존하여 지식재산을 관리하고 문서화하여 관리했기 때문에 정보를 통합하는 데 어려움이 있는 단계다.

2) 비용관리

담당자에 자산관리를 의존하는 형태이지만 단순방어용 시스템과는 다르게 특허사무소와 같은 전문가와 연계하여 지식재산을 관리하고 비용절감을 목적으로 하는 시스템이다.

3) 수익 창출

문서 형태로 지식재산을 관리해 온 기존 시스템은 연계성이 부족한 단점을 갖고 있었다. 이를 극복하기 위해 전자문서화를 지원하는 시스템이 개발되었고, 검색을 통해 집계가 용이한 형태로 변모했으며, 특허의 이력을 관리할 수 있게 되었다.

4) R&D 전략 통합화

전자문서화를 바탕으로 통합이 가능해짐으로써 발생하는 이점을 바탕으로 핵심 사업의 특허동향(로드맵)을 파악하고 핵심 전략 및 특허망을 구축하게 되었다.

5) 고도화

비즈니스의 목표와 연계한 지식재산 관리 시스템이다. 특허맵과 연계하여 전략특허를 발굴 및 분석하여 시장을 선도할 수 있는 지식재산 개발을 용이하게 한다. 이를 바탕으로 강력한 특허 포트폴리오 구성이 가능하다.

지식재산으로 수익을 창출한 Microsoft와 IBM의 지재권 포트폴리오 전략

특허 포트폴리오 전략의 대표적인 성공 사례로 Microsoft를 꼽을 수 있다. Microsoft는 강력한 지식재산, 즉 특허 포트폴리오를 구축하려는 전략을 수립했다. IBM과 비교했을 때 Microsoft는 특허 수 면에서는 뒤처지지만, IEEE의 특허 파워랭킹에서는 1위를 차지하는 등 특허의 가치 면에서는 세계 1위의 자리를 차지하고 있다.

Microsoft는 강력한 특허를 만들기 위해서 비용 및 시간 투자에 대한 망설임이 없었으며, 회사의 제품전략에 맞춰서 향후 특허를 어떻게 활용할 것인지 전략을 세우고, 제품의 성격과 맞지 않는 특허는 포기하고 회사의 전략에 부합하는 특허를 선택하여 가치 있는 특허 중심의 포트폴리오 전략을 구사했다. 그 결과 구축한 특허 포트폴리오가 광범위해졌고, 관련 사업 활동을 수행하는 기업은 Microsoft의 특허를 피하기 어렵게 되었다.

위와 같이 강력한 특허 포트폴리오는 기업의 수익 창출의 핵심이 될 수도 있다. IBM은 2009년 4,914개의 특허를 획득하여 연간 기술료 수익을 10억 달러 이상씩 벌어들이고 있다. 국내 기업들은 특허 포트폴리오 전략에 대해 방어적 입장에서 접근하고 있어서 매년 수억 달러의 기술료를 외국 업체에 지불하고 있는 실정이기 때문에 Microsoft, IBM과 같이 공격적으로 수익을 창출하고 신규 기업의 시장 진입까지 견제할 수 있는 특허 포트폴리오 전략이 필요하다.

출처 : 박재근(2010), "최강의 지재권 포트폴리오를 구축하라".

최근 글로벌 특허경쟁의 심화로 일부 국내 대기업은 전기전자, 자동차, 화학 업종 중소기업까지 정보 시스템을 구축하여 지식재산 관리를 강화하고 있다. 세계적인 철강기업인 포스코는 이미 1994년 철강업계에서는 최초로 온라인 특허관리를 시작하여, 2006년부터 특허, 사후관리까지 연계해 관리할 수 있는 특허 통합관리 시스템을 구축했다. 최근에는 공개 특허 분석을 통해 기술 개발 방향을 제시했으며, 특허동향 분석기능과 다른 회사 특

크로스 라이선스 전략을 활용한 LG전자

LG전자는 1998년 PDP 사업을 검토하면서 특허맵을 작성하여 선발기업들의 특허를 철저히 분석했고, 이 과정에서 Fujitsu, Matsushita 등 일본의 기업들이 원천 및 핵심 특허를 보유하고 있음을 확인했다. 그러나 HDTV에 대응할 수 있는 대형 디스플레이 패널로서 PDP가 가장 적합하다고 판단하고, 특허 문제라는 사업적 리스크는 있으나 이를 사업화하기로 결정하고 출시 전까지 특허 문제에 대한 대응 방안을 마련하기로 한 것으로 알려져 있다.

당시, LG전자는 Matsushita의 특허에 대한 정보를 미리 파악하고 회피 설계 및 대응 기술에 대한 특허 출원 등의 만반의 준비를 해 놓은 상태에서 Matsushita의 특허 침해 클레임을 받게 되었다. 물론 Matsushita의 특허 포트폴리오가 강하기 때문에 일부 특허료의 지불은 불가피할 것으로 예상했지만, 궁극적으로는 크로스 라이선스 상황을 예상하고 특허 사용 금지와 같은 상황은 발생하지 않을 것이라고 전망했다. 예상과는 다르게 Matsushita는 강한 공격(통관 보류 신청 및 고액의 특허료 요구)을 했지만, 이미 일본 세관의 통관 보류 조치는 2002년 Fujitsu가 삼성SDI에 사용하여 성공은 거둔 전례가 있었기 때문에, Matsushita가 이 수단을 동원할 것임을 예상하고 이에 대비하여 LG전자는 일본의 구매선에 대해 우회 수출로 공급을 조절하고 있었다. 그래서 실제적인 피해가 발생하지 않았고, 대응수단으로 PDP가 아닌 다른 분야, 즉 PC와 DVD 특허 문제를 가지고 Matsushita를 압박하였다. 그 결과 LG전자는 Matsushita의 특허공격을 피해 사업을 진행할 수 있게 되었다.

반소는 해당 분쟁의 기술에 관해서만 가능한 것이 아니다. 회사 대 회사 간의 포괄적인 크로스 라이선스도 얼마든지 가능하기 때문에 다른 기술 분야에서 역공격이 가능하다면 분쟁의 좋은 방어 및 해결수단으로 활용될 수 있다. LG전자는 포괄적 크로스 라이선스를 통해 성공적으로 특허분쟁을 해결했는데 특허경영 측면에서 다음의 몇 가지 성공요인을 들 수 있다.

- 사업의 의사결정 단계에서 특허맵 작성 등 충분한 특허분석을 바탕으로 위험감수
- 출시 전까지 특허 문제 대응 방안 수립이라는 목표를 가지고 철저히 사전준비
- Matsushita의 공격에 강력히 응수(한국무역위원회에 Matsushita 제품 수입 정지)
- 비즈니스의 영향 최소화를 위한 사전조치 이행
- PC와 DVD 등 Matsushita의 세계 시장 점유가 큰 분야를 자사 보유 특허로 역공

출처 : 특허청(2009), 지식재산 경영 · 관리.

허의 기술적 가치를 분석해 포스코의 영향도를 확인하는 특허가치 평가기능을 활용하여 제공하고 있다. 이를 바탕으로 연구 · 개발 초기 단계부터 제품 생산에 이르기까지 특허관리를 접목할 수 있는 지식재산의 전략적 관리를 달성한다.

현대자동차도 특허정보뿐만 아니라 아이디어 발굴과 특허 개발 및 유지 · 관리가 가능한 시스템을 구축하여 특히 하이브리드카, 전기차 등 첨단 차량에 탑재하는 각종 소프트웨어 등 특허분쟁을 사전에 예방하는 데 활용하고 있다. 이러한 시스템은 연구발명자와 특허 전담조직 간의 협업과 업무 프로세스를 투명화하고, 보통 3~4개월 또는 그 이상 걸리는 시간을 1주일~1개월로 단축하여 관리비용을 줄이며, 특허 대응력을 높이는 데 활용된다.

5 요약

기술혁신의 보호를 위해서는 지식재산에 대한 기업의 철저한 관리 및 전략이 필요하다. Qualcomm의 사례에서 볼 수 있듯이 지식재산은 기업의 기술을 보호하는 동시에 수익을 창출할 수 있는 중요한 비즈니스 요소다.

지식재산은 저작물의 목적과 성격, 성질에 따라 특허, 상표 및 트레이드 마크, 디자인, 저작권, 기업 비밀 등의 유형으로 나누어지며 기업의 특성에 맞게 관리비중을 달리하여 관리해야 한다.

지식재산 관리 패러다임은 지식재산 관리에 대한 인식이 부족한 1세대를 거쳐 방어용 전략에 급급했던 2세대로 변화했고, 현재는 공격형 지식재산 전략을 통해 수익을 창출하거나 시장의 독점적 지위 획득을 목적으로 하는 3세대까지 발전했다. 경쟁이 심화되면서 특허괴물(지식재산 관리 전문업체)이 등장하고 지식재산 관리의 중요성이 더욱 커졌다.

기업이 지식재산 관리를 성공적으로 수행하기 위해서는 특허맵과 같은 관리 시스템을 통해 자사의 지식재산 관리 현황과 방향성의 정립이 필요하다. 그리고 시장 및 특허 현황 분석을 통해 강력한 지식재산 포트폴리오를 구축하면 비즈니스 활동 외의 수익을 창출하고 신규 경쟁사의 시장진입을 견제할 수 있다.

7 연습문제

1. 기업의 기술혁신에 대한 중요성이 왜 커지고 있는가?

2. 지식재산의 유형은 무엇인가? 각 유형마다 차이점은 무엇인가?

3. 지식재산 전략이 과거에서 현재의 모습으로 어떻게 변화했는지 설명하시오. 또한 지식재산 전략에 대한 효과를 설명하시오.

4. 5단계의 지식재산 관리 활동에 대해 설명하시오.

5. 이 장에서 논의되지 않은 기술혁신에 대해 생각해 보시오. 그러한 기술혁신은 완전폐쇄형과 완전개방형 사이의 어디에 놓이는가?

6. 특허맵은 무엇이며, 어떠한 상황에서 효과적으로 활용될 수 있는지 논의하시오.

7. 삼성과 Apple의 특허분쟁에 대한 공격형 지식재산 전략과 방어형 지식재산 전략 간의 차이점을 설명하고, 전략이 성공하기 위한 핵심 요소를 논의하시오.

Part 03 기술 사업화

Chapter 08

시장 및 고객 분석

고객에 의한 기술로 시장을 장악하는 Apple의 능력

개인용 컴퓨터로 시작하여 음향기기를 통해 시장에서 입지를 굳힌 Apple은 개방적 마인드가 녹아 있는 단말기와 애플리케이션을 통해 단번에 시장을 매료시켰다. 이제는 굳이 시장조사를 실시하지 않더라도 주위를 둘러보면 iPhone과 iPad를 필두로 승승장구하고 있는 Apple의 막강한 브랜드 가치를 가늠할 수 있다.

PC 산업 전반에서 신제품이 매우 빠른 속도로 마구 쏟아지는 현실 속에서 Apple은 CQF(Customer Quality Feedback) 프로그램을 통해 품질 피드백을 제공받고 있었다. CQF는 실천적인 프로그램으로서, 잠재고객이 영업사원이 아닌 엔지니어와 직접적으로 소통할 수 있게 해 주는 매개체 역할을 했다. 이는 표적집단 면접(focused group interview, FGI)과 유사한 방식으로 운영되었지만, 출시 전이나 초기에만 일시적으로 행하는 것이 아니라 지속적인 과정이라는 점에서 FGI와는 차별성이 있다. CQF 프로그램은 근본적으로 Apple이 고객의 욕구와 선호에 맞출 수 있도록 해 주는 역할을 톡톡히 해냈다. Apple은 대상 제품에 대해 흥미가 있고, Apple의 컴퓨팅 환경에 적합하고 시의적절한 정보를 제공할 수 있으며, 이러한 일에 헌신할 수 있는 사람을 참여대상으로 삼았다. 선발된 고객은 개발 프로세스에 필수적인 참여자로서 출시 전의 원형 모델(prototype)을 제공받아 사용해 본 후 특성과 기능, 편의성, 실용성, 호환성, 그리고 서비스 직원과의 상호작용까지 전반적인 요소에 대하여 피드백을 전달하게 된다. 이때 제품에 대한 고객의 제안은 엔지니어에게 직접 전달된다. 또한 CQF 참여자로 하여금 체험기를 작성하도록 하여 또 다른 잠재고객에게 Apple의 고객 의견 반영과정을 투명하게 보여 주고 있다.

Apple이 시장을 장악할 수 있었던 것은 기술수용주기와 캐즘(chasm) 이론을 철저하게 이용했기 때문이라 할 수 있다. 우선 기술수용주기상의 혁신자 또는 선구적 수용자(early adopter)인 CQF 참여자들에게 특별한 권리를 부여하고 직접 제품개발에 참여하는 즐거움을 제공하여 그들의 만족도를 극대화했다. 그리고 만족감에 젖은 그들로 하여금 체험기를 작성하여 공개하도록 함으로써 초기시장과 주류시장 간의 캐즘, 즉 단절현상을 제거하면서 제품의 확산을 성공적으로 달성할 수 있었다. Apple은 지금 이 순간에도 '고객을 위한 기술의 개발'이 아닌 '고객에 의한 기술의 개발'을 통해 시장 장악력을 키워 나가고 있다.

개요

기술의 혁신과 개발이 매우 중요한 요소로 부각되고 있지만 기술 자체만으로 성공하기란 사실상 불가능하다. 때로는 극도의 첨단기술이 오히려 고객에게 외면당하기도 하고 진부한 기술이 시장에서 불현듯 반향을 일으키는 경우도 있다. 아무리 뛰어난 기술이라 하더라도 고객이 수용하기에 적합하지 않다면 그 가치를 인정받을 수 없기 때문이다. 기술의 채택뿐만 아니라 창조와 재창조까지도 시장과 고객에 의해 좌우되기 때문에, 개발된 기술이 확산되고 상용화로 이어지기 위해서는 시장과 고객의 요구 파악이 기술혁신과 개발에 반영되고 연계되어야 하며, 고객의 요구를 바탕으로 그에 맞는 시장을 조성해야 한다. 또한 그 기술과 관련된 시장 상황과 향후 시장가치를 선별적으로 가늠해 봐야 한다. 기술이 상용화되기 위해서 여러 가지 활동들이 선행해야 하지만 그중에서도 가장 중요하고 우선되어야 하는 활동은 그 기술이 사용되는 시장과 고객을 분석하는 것이라 할 수 있다.

1 시장 분석

시장을 분석한다는 것은 기술의 가치와 그 특성을 분석하는 활동, 시장의 특성과 현황을 설명하는 정보를 수집하여 분석하는 활동과 더불어, 향후 산업 및 시장에서 기업과 사회에 기여하는 정도를 평가하는 활동을 의미한다. 시장 분석에서는 시장의 가능성과 예상 점유율, 지역과 점포의 특성까지 점차 세부적으로 조사하기도 하지만, 시장을 정확히 분석하기 위해서는 과거부터 현재까지 시장의 변화를 살펴보고 앞으로의 동향을 파악해야 한다. 물론 시장에 영향을 미치는 경제 · 사회 환경 조사와 기업 간 경쟁체제, 경쟁적 우위, 잠재시장 발굴 가능성에 대해서도 반드시 분석해야 한다. 이를 통해 얻은 정보는 비로소 신기술의 사업화 시기와 마케팅 투자규모 등을 결정하거나 전략을 수립하고 세부목표를 실행하는 데 필수적인 정보로 활용될 수 있을 것이다.

(1) 환경 분석

기술 사업화 전략을 실행하기 위한 첫 번째 단계는 환경 분석이다. 이는 향후 세부적인 분석을 위한 초석이면서 기술 사업화의 당위성을 사전적으로 검토해 볼 중요한 기회가 된다. 환경 분석을 수행하기 위해 다양한 2차 자료를 구축하고 추가적인 자료를 조사하는 과정에서 기술 사업화 과제로 인한 기업의 위기와 기회, 강점과 약점 등을 파악할 수 있다. 환경 분석은 때로 기술 사업화를 포기하게 함으로써 기업의 자원을 보호하는 데 도움을 주기도 하지만, 대부분의 경우는 틈새시장을 공략하고 돌파구를 찾는 데 도움이 된다.

환경 분석은 사회, 문화, 경제, 정치, 그리고 인구통계와 자연적 환경 등 고객, 경쟁자, 산업구조에 영향을 미치는 가장 근원적인 요소의 동향을 파악하는 활동으로 기업의 전략과 밀접한 관련이 있다. 이러한 환경요소들은 기업과 끊임없이 상호작용하는 개방적 체계(open system)이므로 통제가 어렵고 면밀한 분석 없이는 지속 가능 경영의 목표를 이룰 수 없다. 따라서 기업이 환경 변화에 신속하게 대응하고 기술 사업화로 자사를 성장시키기 위해서는 환경 분석이 반드시 필요하다. 기업은 환경 분석을 통해 시장에 어떠한 신상품 기회가 발생하는지, 소비자의 선호도에 어떠한 변화가 나타나는지를 파악할 수 있음은 물론, 산업구조의 변화와 그에 대응하는 방법이 무엇인가에 대한 근거를 파악할 수 있다. 또한 이를 통해 인구통계학적 환경뿐만 아니라 경제, 사회, 문화, 제도, 정치, 자연적 환경 등의 추세를 알 수 있다.

1) 인구통계학적 환경

인구통계학적 환경은 인구밀도 및 규모, 인구 증가율, 지역, 나이, 성별, 직업 등의 특성을 말한다. 인구통계학적 환경의 변화는 시기에 따라 시장 전체 또는 일부에 중대한 변화를 발생시키며, 결과적으로 상품의 매출과 확산에 영향을 미친다. 일반적으로 인구 관련 자료는 국가에서 주기적으로 수집하는 데이터를 활용할 수 있으며, 지역, 나이, 성별 등은 표적시장이 속한 환경에서 설문과 같은 조사방법으로 1차 자료를 구축하게 된다.

2) 경제적 환경

인구의 규모보다 해당 지역 인구의 구매력이 매출에 더 많은 영향을 미칠 수 있다. 시장수요가 크더라도 실제 판매량과 관련이 없다면 시장 매력도가 급격히 낮아지게 된다. 소득, 준거가격이나 한계 지급 능력, 심지어 저축이나 신용상태는 소비자의 구매력을 결정하고 수요량에 영향을 미친다. 경제적 환경은 거시적 관점에서 GNP, GDP, 실업률, 생산 효율성, 인플레이션 또는 디플레이션 등의 여러 가지 지표를 통해 측정되며, 종합적인 경제동향은 주당 노동시간, 실업보험금, 주문량, 신설/폐지 공장 수, 건설지수, 산업 평균 재무성과, 원자재 수급 변화, 통화 유통 등에 의해 측정된다. 이러한 지표들은 경기변동과 관련이 매우 적거나 밀접할 수도 있는데, 대부분은 경제 추이가 모든 부분에 걸쳐 동일하게 나타나지는 않는다.

3) 사회 · 문화적 환경

사회 · 문화적 환경은 고객의 생활양식으로 나타나며 이를 간파한 기업은 더 다양하고 강력한 전략을 취할 수 있다. 예를 들어, 복고주의의 등장은 패션업계에 큰 반향을 일으켜 고객의 구매행동과 선호 의류의 변화뿐만 아니라 음식, 인테리어와 같은 또 다른 생활양식에도 영향을 준다. 이러한 추세를 이해하고 예측한 기업들은 사회 · 문화적 환경을 통해 더 큰 이익을 취할 수 있지만, 그렇지 못한 기업들은 뒤늦은 시장 재진입을 위해 많은 비용을 들여야 하며 자본력마저 받쳐 주지 못하는 기업들은 자연스럽게 도태된다. 때로는 광범위한 환경 특성이 지역에 따라 다른 성향을 보이기도 하므로, 적절한 지리적 범위를 선정하여 인구통계학적 특성과 결합, 분석을 하면 더욱 명확한 결과와 정보를 얻을 수 있다.

4) 법 · 정치적 환경

법 · 정치적 환경은 국가에 따라 그 특색이 짙게 나타나며, 정부기관의 정치적 이념, 사회단체의 유무와 영향력 등에 따라서도 시장과 고객의 활동에 영향을 미친다. 또한 기업의 활동은 각종 상법과 소비자보호법 등을 통해 규제를 받기도 하고, 이와는 반대로 기업지원법이나 특허법 등을 통해 지원을 받기도 한다. 이러한 법 · 정치적 환경은 시대에 따라 변하기 때문에 이에 대한 발 빠른 대응이 필수적이다. 최근 강조되고 있는 제조물 배상책임 제도는 기술 사업화의 관점에서 특히 중요한 고려 사항이라고 할 수 있다. 따라서 법 · 정치적 환경과 관련된 정보들을 다각적으로 분석하여 대응책을 수립해야 한다.

5) 자연적 환경

자연적 환경에 대한 관심은 각종 오염과 지구온난화, 자원고갈 현상에 따라 급속도로 증가하고 있다. 대표적인 예로 환경파괴를 줄이기 위해 탄소배출 억제를 도모하는 글로벌적인 노력은 근래 산업동향을 상당히 변화시켰다. 자연적 환경의 변화는 기업에 원가 상승, 원자재 부족, 대체 에너지 확보와 같은 새로운 이슈를 발생시켜 기업의 수익성에 직접적인 영향을 준다. 하지만 실제 시장에서는 기업이 자연환경의 변화로부터 받은 영향을 상품가격에 직접 반영함으로써 부담을 회피하려고 한다. 또한 자연적 환경 이슈에 발맞추기 위해 개발한 신기술과 신상품에 대해 항상 긍정적인 시각으로 바라보지는 않기 때문에 보

> **Bristol-Myers Squibb과 IBM : 환경정책을 통한 경쟁우위**
>
> Bristol-Myers Squibb과 IBM은 자연환경에 대한 사회적 관심과 법적 규제를 경영전략에 반영하는 것이 강력한 경쟁우위가 될 수 있음을 인식한 대표적인 기업이라 할 수 있다. Bristol-Myers Squibb은 기존의 모든 제품과 신제품들이 환경에 미치는 영향을 분석하여, 자사의 주력상품인 무알콜 헤어스프레이의 제조에 사용되는 유독성 염화메틸렌 대신에 물을 사용하는 방법을 개발했다. 이것은 소비재의 휘발성 물질 감소를 요구하는 캘리포니아 주민들의 압력에 대응한 것이기도 했지만, 결과적으로 이로 인해 생산원가도 낮출 수 있었다.
>
> 한편 IBM은 환경친화적인 제품을 위한 연구센터를 세우고 IBM PS2/E를 개발했다. 이 PC를 통해 부품과 나사의 수를 줄이고, 재활용이 가능한 부품을 제작하여 적극 활용했으며, 에너지 효율성을 향상시켰다. 이러한 환경친화적 요소들은 장기적인 측면에서 긍정적인 효과를 가져올 것이라 예상하고 적극적으로 대응한 사례 중의 하나라고 할 수 있다.

다 현명한 투자가 필요하다.

(2) 시장 현황 분석

다품종 대량생산체제가 보편화되고 시장상황이 빠르게 변화하는 환경 속에서 고객의 욕구를 충족시키는 제품을 출시하는 것은 매우 중요하다. 또한 시장 현황 분석을 통해 적극적으로 변화에 대응하고, 미래 시장을 리드하여 경쟁력을 확보해야만 꾸준히 살아남는 기업이 될 수 있다.

시장 현황 분석은 시장의 범위를 파악하고, 그 산업의 현재 및 잠재적 참여자가 느끼는 매력도를 측정하는 것이다. 시장 현황 분석에서는 시장의 범위를 규명하고 현재의 경쟁상황이나 잠재적 진입자의 시장 매력도를 판단하며, 시장의 외형적 요인과 구조, 시장수요를 예측할 수 있다. 시장 현황 분석의 수행은 〈그림 8-1〉과 같이 크게 착수 단계, 범위의 규명 단계, 시장의 외형 · 구조 · 수요에 대한 분석 단계, 종합정리 단계로 이루어진다.

1) 시장 분석의 착수

본격적인 시장 분석 작업에 들어가기 전에 마케터는 시장의 매력도를 결정하는 외형적 요인(시장규모, 시장 성장률, 제품수명주기 단계, 판매의 주기성, 수익성)과 시장구조 요인(잠재적 진입자의 위협, 구매자의 교섭력, 공급자의 교섭력, 현재의 시장 내 경쟁, 대체품의 위협, 정부의 역할)에 관련된 자사의 대내외 자료를 수집해야 한다. 마케터는 가능한

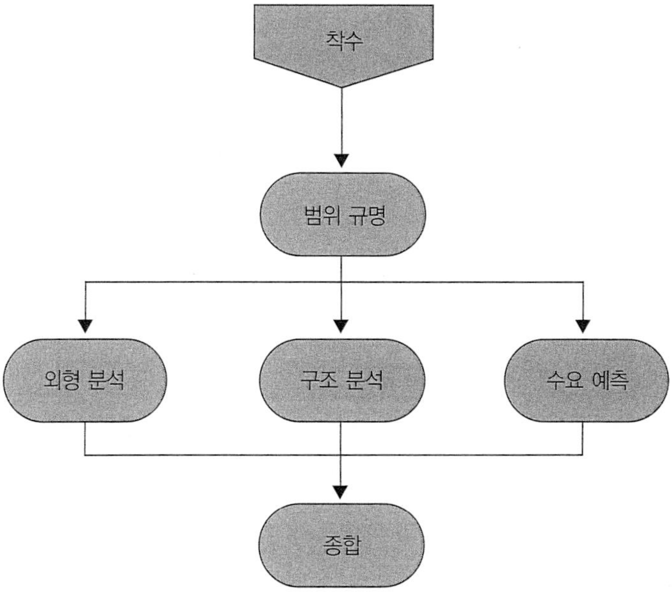

그림 8-1 시장 현황 분석의 단계

한 객관적이고 공식적인 자료를 광범위하게 확보해야 하며, 이것은 시장 상황을 정확히 규명하는 데 효과적이다.

2) 시장범위의 규명

시장은 욕구와 잠재 구매의사를 가진 고객, 그리고 고객의 욕구를 충족시킬 수 있는 상품이 모두 존재할 때만 형성된다. 따라서 시장은 고객의 욕구와 상품(편익) 사이의 관계를 규명함으로써 정의될 수 있다. 즉, 고객의 특정 욕구를 충족시키는 데 있어서 서로 대체될 수 있는 제품 또는 브랜드의 집합이 시장이다. 그리고 이런 제품들은 서로 경쟁하며 각각의 판매에 영향을 미친다. 예를 들어, 한정된 예산을 가진 어떤 고객이 거주환경(주택) 개선과 이동수단(자가용 차량) 마련이라는 두 가지 대안 중에서 고민하고 있다면, 주택 건설사와 자동차 제조업체 간의 경쟁상황이 조성된 것이라고 할 수 있다. 물론 이외에도 별장 임대나 해외여행과 같이 비슷한 비용이 드는 대안들과도 간접적인 경쟁관계에 있다.

따라서 시장을 정의하는 데는 동일한 고객욕구를 충족시키고자 하는 모든 상품과 상품군을 고려해야 한다. 이와 같이 시장범위를 규명하는 데는 기업이 충족하고자 하는 고객 욕구와 관련된 행동과 그 추세를 이해하는 것이 필수적이다. 고객의 욕구를 광범위하게 정의하고 이에 적합한 시장범위를 규명하고 나면 그로부터 시장의 구성형태를 파악할 수 있다. 고객의 욕구를 기준으로 제품시장이 규명되면 각 제품시장의 외형적 요인과 구조적 요인에 대한 분석을 하게 된다.

3) 시장 외형의 분석

시장의 외형적 요인들은 시장의 매력도를 나타낼 뿐 아니라 비교적 큰 관점에서 분석이 가능하기 때문에 주로 먼저 고려하게 된다. 여기에는 시장규모, 시장 성장률, 제품수명주기 단계, 판매의 주기성, 수익성이 포함된다.

시장규모는 자사제품이 얼마나 판매될 수 있을지를 결정짓는 가장 기본적인 요소다. 일반적으로 큰 규모의 시장은 작은 시장에 비해 더 많은 이윤 창출의 기회를 가져온다고 할 수 있으므로 시장규모가 클수록 시장의 매력도가 높다. 그러나 큰 규모의 매력도를 가진 시장일수록 경쟁기업의 진출이 많고, 이런 이유로 중소기업들에는 오히려 큰 규모의 시장이 매력도가 떨어질 수 있다. 이런 시장규모에 대한 분석은 시장 내 경쟁기업들의 점유율을 분석하는 것과도 연관이 있다. 기업이 현재 자사가 속한 시장의 범위를 어디까지로 보는가에 따라 개별 기업의 점유율이 달라질 수 있다. 따라서 시장규모 분석으로 마케팅 활동의 성과를 평가하고 그에 따른 전략을 재수립할 수 있다. 이는 시장규모 분석의 주된 기능 중 하나라고 할 수 있다.

성장률이 높은 시장에 참여하고 있는 기업은 장래에 보다 많은 이윤 창출이 가능하기 때문에 대부분의 기업은 빠르고 높은 성장을 보이는 시장을 원한다. 그러나 성장률이 높은 시장은 그만큼 많은 경쟁자들이 유입되므로 그 시장에 참여하는 기업 간의 경쟁을 보다 극심한 상태로 이끌 수 있다. 이런 상반된 현상 때문에 고성장률의 시장이 항상 기업에 유리한 것만은 아니다.

일반적으로 제품수명주기는 도입기(introduction), 성장기(growth), 성숙기(maturity), 쇠퇴기(decline)로 나누어진다. 도입기는 신제품이 시장에 소개되는 시기이므로 제품의 가격과 이윤율이 높은 데도 불구하고 제품 광고비의 과다한 지출 및 판매량의 부진, 높은 개발비 등으로 기업의 위험 또한 높다. 성장기는 제품에 대한 수요가 점점 증가함에 따라 시장규모가 확대되고 제조원가가 하락하여 기업의 이윤율이 증가하는 시기로서 기업의 위험이 현격하게 줄어든다. 성숙기는 높은 수익성 때문에 새로운 기업이 시장에 경쟁적으로 진입하여 가격인하를 통한 경쟁이 시작되고, 수요는 포화상태로 접어들기 때문에 경쟁력과 효율성이 떨어지는 기업은 시장에서 도태되는 위험한 시기다. 쇠퇴기에는 판매량이 급격히 줄어들고 이윤이 하락하며 고객이 상품을 외면하는 시기다.

보통 기업들에는 성장기에 해당하는 시장이 매력적으로 보이기 쉽지만 항상 유리한 것만은 아니며, 쇠퇴기의 시장이라고 해서 무조건적으로 소홀히 하거나 철수를 고려해야 하는 것은 아니다. 만약 쇠퇴기의 시장에서 기업이 자사의 독특한 강점을 활용하여 쇠퇴곡선을 완화할 수 있고 그리하여 독점적 우위를 누릴 수 있다면, 그 시장은 기업의 입장에서 더할 나위 없이 매력적인 시장이 될 수 있다. 따라서 각 제품수명주기의 단계별로 시장의 매력도가 고정된 것은 아니며, 기업들의 전략과 변화 대처 능력에 따라 다른 양상을 보이기 때문에 시장 전반에 대한 명확한 분석을 해야 한다. 이를 위해서는 다른 부수적인 분석을 병행해야 한다.

어떠한 제품시장은 판매량이 일정한 시기에 급격히 상승하고 그 시기가 지나면 다시 감소하는 주기적인 경향을 보인다. 또는 제품의 구매가 규칙적인 주기를 보이면서 등락을 거듭하는 때도 있다. 예컨대, 휴대용 전자제품은 졸업 · 입학 시즌에 판매량이 가장 많고, 이때의 매출이 한 해의 판매실적을 좌우한다. 또한 아이스크림이나 여행 산업처럼 계절에 따라 주기적인 경향을 나타내는 시장도 있다. 이런 주기적 경향이 타 산업에 비해 높으면 그 시장은 상대적으로 매력도가 떨어진다. 기업은 시장의 주기적 특징을 일차적으로 신중하게 고려한 후 자사의 적응 능력을 잘 판단하여 그 시장의 매력도를 평가해야 한다.

수익성에서도 시장마다 차이가 있게 마련이다. 예를 들어, 시장에 따른 수익성의 차이는 그 산업의 생산방식이 노동집약적인가 자본집약적인가와 제조기술, 경쟁강도 등에 의해 유발된다. 이런 요소에 비춰 볼 때 수익성이 높다고 판명된 시장은 그만큼 매력도가 높은 시장이다. 물론 절대적 수익뿐만 아니라 시간에 따른 수익성의 변동 가능성도 고려해야 한다.

수익성의 변동 정도는 시장의 위험에 관한 척도로 종종 사용되는데, 수익성의 변동이 잦고 그 폭이 큰 시장일수록 기업이 감수해야 하는 위험이 클 것이며 시장의 매력도도 떨어진다. 예를 들어, 조선 산업은 수주물량이 몇 건만 되어도 회사의 수익성이 매우 양호한 상태가 되지만 불황일 때는 매우 심각할 정도로 수익성에 타격을 입게 된다. 그러므로 수익성의 변동 가능성이란 척도에서 보면 조선 산업은 매력도가 떨어지지만 종합적으로 살펴보면 분명 매력적인 산업이라고 할 수 있을 것이다.

4) 시장구조의 분석

시장의 매력도를 나타내는 데는 앞에서 기술한 바와 같이 시장 자체의 요인들도 사용될 수 있지만 시장구조 요인도 중요한 부분을 차지한다. 시장구조 요인은 Michael Eugene Porter의 경쟁세력 모형인 5 force 모델로 표현할 수 있다. 5 force 모델은 시장의 경쟁구조에 관한 것으로서 시장 내 새로운 기업이 진입할 가능성, 구매자의 교섭력, 공급자의 교섭력, 기존 기업 간의 경쟁, 대체품의 위협 등으로 이루어져 있다. 오늘날에는 시장 실패가 계속되면서 자본주의의 개념이 변화되고 개선됨에 따라 정부의 역할이 경쟁세력구조 가운데 포함된다. 이 각 요소들 간의 관계는 〈그림 8-2〉와 같다.

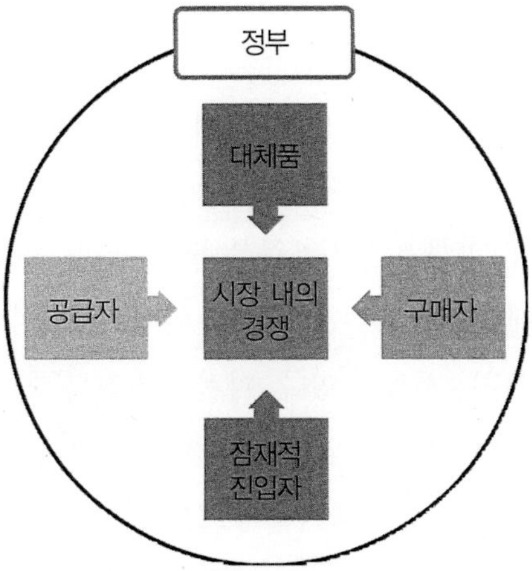

그림 8-2 경쟁세력 구조와 정부의 역할

잠재적 진입자(potential entry)의 위협은 자사가 현재 진출해 있는 사업 분야에 다른 경쟁기업의 출현 가능성이 높을 때 발생하며, 진입장벽이 낮아 경쟁체제가 가속화될 위기에 있는 시장은 그만큼 매력도가 떨어진다고 볼 수 있다. 경쟁자의 신규 진입에 따른 위협의 폭은 그 시장의 진입장벽과 새로 진입하려는 기업이 예상하는 기존 진출 기업들의 대응 정도에 따라 결정된다.

한 기업이 특정 시장에 진입하려 할 때 겪어야 하는 진입장벽에는 새로운 사업을 시작하는 데 소요되는 투입자본, 기존 기업이 규모의 경제 효과로 가지고 있는 원가우위, 기존 기업의 유통경로상의 우위, 시장 내 소비자들에게 인지된 기존 제품의 차별화 등이 포함되며, 정부와 법적 규제에 의해서도 진입에 어려움을 겪을 수 있다. 기존 기업이 어떤 시장 내에서 오랜 사업 경험과 규모의 경제 효과를 누리고 있다면 이는 신규로 진입하는 기업에는 가격경쟁력 면에서 불리하게 작용한다. 그러므로 진입장벽이 높으면 잠재적 경쟁기업의 진입이 어려워지고, 이는 잠재적 진입자의 위협을 줄여 줌으로써 그 산업의 매력도를 높게 만든다. 이와는 반대로 위협이 크다면 매력도가 반대로 낮을 것이다.

구매자(buyers)의 교섭력은 가격비교 정보를 얻기 편리한 오늘날 더욱 강해지고 있다. 구매자들은 가격인하, 품질향상 및 서비스의 증대를 요구할 수 있다. 또한 이득을 보기 위해 기업들을 서로 대립시켜서 구매 대상 시장에 영향을 미칠 수도 있다. 이때 구매자란 개인 소비자들 이외에도 조직구매자, 즉 기업들도 포함된다. 자사의 제품시장에서 구매자들이 강한 교섭력을 가지고 있다면 기업의 입장에서는 그 시장의 매력도가 낮아진다. 제품의 차별화 정도가 낮을수록, 구매자의 규모가 클수록, 그리고 대체품의 수가 많을수록 구매자의 교섭력은 높아진다.

그러나 한 시장에서 구매자의 교섭력은 항상 고정된 것이 아니라 시간의 경과에 따라 변동한다. 물론 희소한 제품을 취급하는 경우와 구매자 간의 경쟁이 치열한 경우에는 구매자의 교섭력이 약해질 수 있다. 자동차 생산기업이 철강 생산기업에 그다지 높은 교섭력을 가지지 못하는 이유는 자동차 생산에서 철강은 필수적인 원료이기 때문이다. 그러나 시간이 흐르면서 플라스틱이라는 대체품이 출현하면 자동차 생산기업의 교섭력이 상대적으로 증가할 수 있다.

공급자(suppliers)의 교섭력이 시장에서 강하게 작용하는 경우는 소수 공급자들이 여러 산업의 다양한 고객들에게 원료나 제품을 공급할 때다. 자사제품의 생산 시 특정 공급자의 부품이나 중간재가 꼭 필요하거나 특정 공급자가 거의 유일한 경우 공급자를 변경하려면 높은 전환비용(switching cost)을 필요로 한다. 따라서 한 기업이 활동하는 산업에서 공급자의 교섭력이 매우 강하다면 이 기업의 입장에서는 시장의 매력도가 떨어진다. 결국 공급자의 교섭력과 구매자의 교섭력을 결정하는 요인은 동일하다고 볼 수 있다.

대체품(substitutes)의 위협은 동종 산업뿐만 아니라 타 산업에 의해서도 간접적인 영향을 미칠 수 있으며, 때에 따라서는 한 기업의 제품 카테고리 간에 대체 위협이 존재할 수 있다. 특정 산업에서 경쟁을 벌이는 기업들은 넓은 의미에서 대체품을 생산하는 보이지 않는 기업들과 경쟁을 하고 있는 것이다. 그러므로 자사제품의 대체품이 시장에 출현할 가능성이 낮은 시장이라면 시장의 매력도가 높다고 할 수 있다.

대체품의 위협은 여러 부문에서 나타난다. 예를 들어, 플라스틱이나 유리 제품은 금속용기 시장에 대해 경쟁적 압력을 가할 수 있으며, 전자경보체계는 경호경비 산업을 대체할 수 있다. 이런 대체품이 주는 위협의 정도는 대체품의 가격 대비 성능이나 제공하는 편익에 대한 구매자의 반응 등에 의해 결정된다. 따라서 이런 대체품들이 자사제품과 실질적인 경쟁을 하며 그 시장의 수익성에도 영향을 미칠 수 있음을 유념해야 한다. 그리고 상대적으로 낮은 가격과 높은 수준의 성능, 그리고 고객의 대체비용 최소화를 위해 지속적으로 노력하는 대체품은 성공 가능성이 높으므로 강력한 경쟁자가 될 수 있다.

현재 시장 내의 경쟁(internal rivalry)은 동종의 제품을 생산 · 판매하는 경쟁기업의 수가 얼마나 되며 경쟁이 얼마나 치열한가의 정도로, 시장의 매력도를 분석하는 데 중요하다. 한 시장 안에서 많은 기업들이 치열하게 경쟁한다면, 그 시장은 소수 경쟁자들만 있는 시장에 비해 매력도가 낮은 시장이라 할 수 있다. 기존 기업 간의 경쟁강도는 주로 경쟁업체의 수, 각 경쟁기업이 그 시장에 부여하는 중요성 정도, 고정비가 전체 비용에서 차지하는 비율, 철수장벽의 유무 등에 의해 결정된다. 일반적으로 경쟁기업이 많거나 제품수명주기가 성숙기에 해당하면 경쟁이 심해지며, 각 기업의 목표와 전략이 다양하다면 경쟁은 더욱 심화된다. 또한 모든 경쟁자들이 그 시장을 전략적으로 중요한 시장으로 생각하거나, 제품의 특성상 차별화가 어려울 때는 가격에 중점을 둔 경쟁이 치열할 것이다.

우리나라와 같이 경제 전반에 걸쳐서 정부(government)의 역할이 비교적 강하게 작용하는 경우, 정부의 규제가 시장의 매력도에 미치는 영향을 주의 깊게 살펴봐야 한다. 정부의 규제는 직접적으로 시장구조에 영향을 미칠 수 있고 기업의 사업 활동을 직간접적으로 통제할 수 있다. 규제의 형태는 기업의 특정 산업으로의 진입과 철수를 직접적으로 제한하기도 하며, 독점규제를 통해 공급자들 간의 담합을 억제하는 식으로 나타나기도 한다. 또한 경쟁세력의 기본적인 특성마저도 변질시킬 가능성이 있다. 따라서 기업은 시장의 매력도를 평가할 때 정부의 역할을 하나의 시장구조 요인으로서 중요하게 검토해야 한다.

5) 시장수요의 예측

시장의 잠재수요(potential demand)와 판매를 예측하는 것은 기업의 위험을 피하고 투자효율성을 극대화하는 데 핵심적인 역할을 한다. 시장의 잠재수요는 일정기간 동안 자사제품이 속한 시장에서 동종의 모든 제품이 소비자에게 팔릴 수 있는 최대 판매가능액이다. 이때 판매가능액(sales potential)은 보다 좁게는 한 기업이 그 산업 내에서 실현할 수 있는 최대의 매출가능액을 의미한다. 그리고 잠재수요는 이상적인 상황에서 기업이 달성할 수 있는 최대 판매수준을 뜻한다. 판매 예측(sales forecasting)은 과거의 판매수준, 마케팅 노력 정도, 일반적 경영환경 등을 고려했을 때 예상되는 매출규모다. 따라서 한 기업의 2012년 판매가능액이 200억 원이라 할지라도 그 기업의 판매예측은 150억 원 정도가 될 수 있다.

잠재수요를 추정하기 위해서는 연쇄비율법, 구매력지수법, 표준산업분류법 등이 주로 이용된다.

① 잠재수요 예측

연쇄비율법(chain ration method)은 인구 전체에서 출발하여 구매 관련 조건(확률)들을 연쇄적으로 곱해 압축해 나가는 기법으로, 최초의 특정 계산규모에 사용률과 같은 일련의 비용을 곱해 나가는 사슬형식의 계산방법을 말한다. 이 방법을 이용할 때에는 총인구에서 해당 제품에 대한 욕구와 여건, 능력을 갖추지 못한 사람들을 제외해야 산출 결과가 왜곡되거나 과장되지 않는다. 한 기업의 특정 제품에 대한 판매가능액은 〈표 8-1〉과 같이 구할 수 있다.

표 8-1 연쇄비율법의 예

경기도 지역의 총가구 수	1,500,000
가구당 연간 가전제품 구입에 대한 지출액(₩)	400,000
경기도 지역의 가전제품에 대한 총지출액(₩)	600,000,000,000
가전제품 중 에어컨에 대한 지출비율(%)	5
에어컨에 대한 연간 총지출액(₩)	30,000,000,000
벽걸이형 에어컨 판매비율(%)	2
벽걸이형 에어컨에 대한 연간 총판매가능액(₩)	600,000,000

위 〈표 8-1〉과 같이 연쇄비율을 이용한 예측 결과를 통해 내년 경기도 지역에서 자사 벽걸이형 에어컨의 최대 판매가능액이 600,000,000원이 될 것으로 예측할 수 있다. 그러나 한편으로 이 수치는 경기도 지역의 벽걸이형 에어컨 시장을 완전히 독점할 때에만 가능할 것이다. 따라서 〈표 8-2〉와 같이 추가적으로 자사의 점유율을 고려하는 과정을 거칠 필요가 있다.

표 8-2 연쇄비율법의 예(점유율 반영)

벽걸이형 에어컨에 대한 연간 총판매가능액(₩)	600,000,000
시장 점유율(%)	45
시장 점유율을 고려한 총판매가능액(₩)	270,000,000

따라서 전체적인 잠재수요는 600,000,000원에 해당되지만 기업의 시장 점유율을 고려한 현실적인 잠재수요는 270,000,000원 정도로 예측된다.

잠재수요는 상기와 같은 연쇄비율법 외에 기존에 축적된 2차 자료를 이용해서 추정할 수도 있다. 우리나라는 이러한 자료가 충분치 않아 이를 이용한 잠재수요의 추정이 잘 이루어지지 않는 실정이다. 미국의 경우, 보통 소비재는 구매력지수법(buying power index, BPI)을, 산업재는 표준산업분류(Standard Industrial Classification, SIC)를 이용하여 잠재수요를 산정하고 있다.

구매력지수법은 소비재를 생산하는 기업이 자사제품의 지역별 시장 잠재수요를 추정할 때 자사제품의 사용에 영향을 미치는 몇몇 변수들을 검토하는 방법이다. 예를 들어, 음료수에 대한 시장 잠재수요가 인구라는 요인과 직접적으로 관련이 높다면, 우리나라 전체 인구의 23.8%가 서울 시민일 때, 음료 생산 기업은 서울시가 자사제품 총판매액의 23.8% 정도를 차지한다고 생각할 수 있다. 그러나 인구와 같은 하나의 요인만이 제품의 소비나 사용에 관여하기보다는 다수의 요인이 얽혀 있는 경우가 대부분이다. 따라서 여러 요인의 비중을 고려한 다요인지수(multifactor index)의 사용이 바람직하다. 이러한 다요인지수의 대표적 예는 미국의 Sales & Marketing Management에 의해 개발된 구매력지수(BPI)다. 이 지수는 지역별로 상대적인 소비자의 구매력을 나타내며, 아래와 같은 공식으로 구해진다.

$$BPI_i = \frac{5I_i + 3R_i + 2P_i}{10}$$

BPI_i = 지역 i의 구매력지수

I_i = 전국 가처분소득에 대한 지역 i의 비율

R_i = 전국 소매점 매출액에 대한 지역 i의 비율

i = 전국 인구에 대한 지역 i의 비율

예를 들어, 서울시가 전국 가처분소득의 30%, 총소매점 매출액의 40%, 총인구의 23.8%를 차지한다면 서울시의 구매력지수는 다음과 같다.

$$0.5(30.0) + 0.3(40.0) + 0.2(23.8) = 31.76\%$$

따라서 A 음료 회사는 자사제품의 전국 판매량 중 31.76%가 서울시에서 판매될 것으로 추정할 수 있다.

표준산업분류법은 산업재를 생산 · 판매하는 기업이 잠재수요를 추정하는 데 효율적으로 사용되는 방법으로, U. S. Census of Manufacture가 개발한 표준산업분류(SIC)를 사용하는 것이다. SIC는 모든 제조업을 20개의 주요 사업 분야로 분류하고, 분류된 산업 내에서 다시 재분류한다. 그리고 재분류한 결과를 다시 세부적으로 분류함으로써 전체 산업을 분류하는 코드다. 우리나라에서도 일반적인 산업분류를 위해 한국표준산업분류(Korea Standard Industrial Classification, KSIC)를 사용하고 있으며 총 다섯 자리 숫자로 표시된다. 예를 들어, #26511의 경우 각 번호가 의미하는 바는 〈그림 8-3〉과 같다.

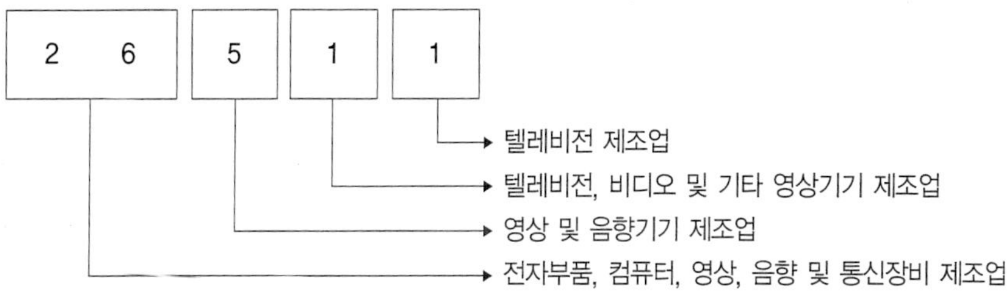

그림 8-3 KSIC의 예

산업재를 생산하는 어떤 기업이 자사제품의 잠재수요 예측에 KSIC를 사용하려면, 우선 자사제품을 필요로 하는 기업들이 주로 어떤 코드로 분류되었는지 알아봐야 한다. 예를 들어, KSIC #26211(액정 평판 디스플레이 제조업), #26219(플라즈마 및 기타 평판 디스플레이 제조업) 등에 속한 제조기업들은 텔레비전을 제조하는 기업이 자사의 디스플레이를 사용할 것으로 예측할 수 있다. 여기서 #26511(텔레비전 제조업)에 속한 기업이 판매액 10억 원당 2,000개의 디스플레이가 필요하다면 디스플레이 제조기업은 각 텔레비전 제조기업의 판매량에 비례하여 디스플레이의 수요량을 예측하여 잠재수요를 계산할 수 있다.

② 판매 예측

판매 예측은 판단적 판매 예측(judgmental qualitative forecasting method)과 같이 질적 분석방법을 활용해야 하는 경우도 있고, 시계열 분석(time series)이나 인과관계 분석(causal relations)과 같이 양적 분석방법을 활용할 수 있는 경우도 있다. 주로 전혀 새로운 카테고리의 상품이거나 계량적인 예측이 불가능할 때는 판단적 판매 예측을 사용하기 때문에 경험과 의견을 근거로 판매액을 예측하게 된다. 따라서 과학(science)적이기보다는 기술(art)적인 성격을 띠며, 객관적이고 정확도가 높은 방법과는 거리가 있다. 판단적 판매 예측기법으로는 최고경영자의 판단(jury of executive opinion), 판매원 의견 통합법(sales force composite), 델파이기법(Delphi method), 사례유추법(historical analogy) 등이 있다.

최고경영자의 판단에 의한 방법은 최고경영자나 경험이 풍부한 중역진이 산출한 예측치를 기업의 차기 판매예측치로 정하는 것을 말한다. 유능하고 경험이 풍부한 중역진은 지수법과 같은 각종 기계적인 예측방법을 적용해서 얻은 자료보다 자신들의 판단을 더 신뢰하는 경향이 있다. 이 방법을 사용하면 예측결정이 신속하다는 것과 경쟁, 경기전망 등과 같은 많은 주관적인 요소들을 한꺼번에 포함하여 예측치를 산출할 수 있다는 장점이 있다.

판매원 의견 통합법은 자사에 소속된 판매원들에게 각 담당지역의 판매 예측을 산출하게 한 다음 이를 모두 합하여 회사 전체의 판매예측치를 정하는 방법이다. 이 경우에는 각 판매원이 자신의 회사 내 지위나 개인적 성향 때문에 실제보다 과대평가하거나 과소평가할 여지가 많으므로, 정확한 예측치를 얻기 위하여 예측의 정확 여부에 대해 판매원들에게 인센티브를 부여할 필요가 있다.

델파이기법의 목적은 불확실한 특성 문제에 대해 전문가들의 합의를 도출하는 것으로, 전문가 개개인의 의견을 통합함으로써 미래 자사제품의 판매량을 예측하는 것이다.

사례유추법은 기업이 시장에 판매하려는 제품과 특징이 비슷한 다른 제품의 과거 판매 실태를 참고하여 제품의 판매나 도입 및 성장 패턴을 예측하는 방법이다. 만약 현재 판매하려는 제품과 유사한 속성이나 특성이 있는 타 제품이 있다면, 마케터는 그중에서 가장 유사하다고 생각하는 제품들을 순서대로 선정해서 이들 제품의 판매실적 자료를 분석하고 여기에 자사 나름대로 고려할 요소를 감안해서 판매 예측에 활용할 수 있다. 이 방법은 보통 중 · 장기의 비교적 긴 시간대를 요하는 예측에 적합하며, 대상제품과 비교제품 간의 차이 정도나 시장요소의 차이 정도를 얼마나 정확히 추정할 수 있는지에 따라 예측의 질이 좌우된다.

한편, 특정 제품의 매출액 변화와 같이 시간의 영향을 받는 자료를 시계열 자료라 하며, 시계열 자료 값들의 계열을 간단히 시계열(time series)이라 한다. 예를 들면, 과거 10년 동안의 매월 매출액을 기록한 자료라든지 과거 5년 동안의 광고비 지출액을 기록한 자료 등이 시계열 자료에 해당된다. 시계열 분석은 자료의 추세를 이해하고, 이를 통해 미래의 추세를 예측하기 위한 것인데, 보통 자료의 추세를 시간의 함수로 나타내는 것이 일반적이다.

이러한 시계열 분석의 기본가정은 시간을 가장 중요한 변수로 인식한다는 것과 과거의 자료들이 우리가 관심을 두는 미래 현상과 밀접하게 관련되어 있다는 것이다. 따라서 미래 현상을 예측하는 데 가장 유용하다는 것이다. 과거의 시계열 자료는 추세성(trend), 주기성(cycle), 계절성(seasonal), 불규칙성(erratic) 등 네 가지 유형으로 분류될 수 있다.

추세성은 시간의 경과에 따라 일정하게 변화해 온 매출실적과 같이 향후에도 동일한 방향과 크기로 변화할 것이라는 가정이 전제되어 있다. 따라서 당기 매출과 전기 매출의 차이만큼을 당기 매출에 더하면 차기 수요를 예측할 수 있다. 주기성은 경기변동과 밀접한 관계가 있다. 경기가 순환됨에 따라 매출실적이 주기적으로 변동하는 경우에는 그 주기를 파악하여 미래의 매출을 예측할 수 있다. 계절성은 동절기에 난방기의 수요량이 증가하거나 여름에 빙과류의 소비량이 늘어나는 것처럼 계절에 따라 변화하는 패턴을 파악하여 예측할 수 있다. 불규칙성은 위의 유형들과 같은 패턴이 발견되지 않고 예측 불가능한 요소가 수요에 많은 영향을 미치는 경우에 나타나며, 이러한 수요변동 요소를 제거한 후 보다 정교한 분석방법을 사용해야 하는 어려움이 따른다.

시계열 자료의 규칙적인 패턴을 찾기 위해서는 과거 자료의 불규칙적인 변동을 제거해야 한다. 이러한 불규칙인 변동의 제거하려면 이동평균법(moving average), 지수평활법(exponential smoothing) 등을 이용할 수 있다. 이동평균법은 과거 자료 중 최근의 추세에 대해 특정 기간별 평균을 계산하여 미래 수요를 예측하는 것으로 다음과 같은 방식으로 구해진다.

$$F_{t+1} = \frac{S_t + S_{t+1} + \cdots + S_{t-n+1}}{n}$$

F_{t+1} = $t + 1$기의 판매예측액
St = t기의 매출액
n = 이동평균의 산정에 사용된 기간 수

단순이동평균법에서는 특정 기간(n) 동안의 자료들을 동일하게 고려하지만, 지수평활법에서는 각 자료에 가중치를 다르게 적용하여 좀 더 정교한 예측을 하는 데 도움이 된다. 지수평활법은 최근의 자료를 보다 의미 있는 것으로 간주하고 과거의 자료일수록 그 비중을 감소시키거나, 이와는 반대로 최근 자료가 판매촉진이나 일시적 변동 등에 의해 왜곡된 경우 과거의 자료에 더 큰 의미를 둘 수도 있는 것이 가장 큰 장점이다.

지수평활법을 이용한 판매 예측은 다음과 같은 과정을 통해 산출된다. 아래 식에서 알 수 있듯이 값이 클수록 최근 자료에 크게 영향을 받게 되고, 반대로 값을 너무 작으면 수요변화에 신속하게 대응하지 못한다.

$$F_{t+1} = \alpha A_t + (1 - \alpha) F_t$$

F_{t+1} = $t + 1$기의 판매예측액
α = 평활상수
A_t = t기의 실제판매액
F_t = t기의 판매예측액

한편, 시계열 자료를 이용하여 단순히 데이터의 변화양상만을 분석하는 것이 아니라 그 변화를 일으키는 영향요인이 무엇인지 분석하는 인과관계 분석법은 보다 정확하고 발전된 기법이라 할 수 있다. 매출액과 상관관계가 높은 변수들이 무엇인지 도출한 후 이 변수들을 이용하여 미래 수요를 예측하는 방법으로서 회귀분석법(regression analysis)이 가장 대표적이다.

회귀분석법은 매출에 영향을 미치는 변수들과 매출액 간의 통계적인 함수관계를 이용하여 미래 수요를 추정하는 기법이다. 회귀분석 시에는 어떠한 요소들이 자사제품의 판매에 영향을 미치고 그중 어떤 요소가 가장 중요한 요소인지, 요소들이 판매에 영향을 미치는 정도는 각각 얼마나 되는지를 파악한다. 이를 통해 요소들, 즉 현재에 관찰된 독립변수들의 상태만을 측정해서 미래의 판매액을 예측하는 방법인 것이다. 회귀식은 다음과 같은 형태를 띤다.

$$y = \beta_0 + \beta_1 x_1 + \cdots + \beta_k x_k$$

y = 예측수요, x_1 = 독립변수, β_0 = 상수항, β_1 = 계수, k = 독립변수의 수

회귀분석법은 수요 예측을 위해 유용하게 쓰일 수 있지만 몇 가지 문제를 고려해야 한다. 핵심적인 영향변수들을 찾아내어 그에 대한 자료를 구축해야 하고, 자료의 관찰치가 너무 적지 않아야 하며, 독립변수 간의 상관관계로 인한 문제를 점검해야 한다. 관찰된 자

료들은 정규분포의 가정에 위배되지 않아야 하며, 최초 모형의 구성 시 고려하지 않은 독립변수가 없거나 최소화되도록 해야 할 것이다.

어떤 방법을 수요 예측에 사용할 것인지는 대단히 중요한 문제다. 그러나 앞서 말한 예측기법들은 모두가 나름의 특징이 있기 때문에 특정 기법이 한 기업에 언제나 유용하다고 보긴 어렵다. 기업이 특정 예측기법을 적용하고자 할 때에는 여러 요소가 고려되어야 하며, 특히 제품수명주기 관계는 상당히 중대한 영향을 미칠 수 있다. 지금까지 논의되었던 각 예측기법의 장단점과 사용상 적절한 제품수명주기 단계, 예측에 요구되는 시간범위별로 정리하면 〈표 8-3〉과 같다.

표 8-3 예측기법

기법	예측기간	적절한 PLC 단계	장점 및 단점
최고경영자의 판단	단기/중기/장기	전 단계 가능	• 예측결정이 신속함 • 객관적 측정이 어려운 요소도 포함됨 • 경영자 주관에 따른 편향의 우려
판매원 의견통합법	단기	전 단계 가능	• 판매원에 따라 예측이 왜곡될 가능성이 있음
델파이기법	장기	제품 개발 및 도입기	• 다수의 횡포 방지 • 돌발사건 대처의 용이
사례유추법	장기	제품 개발 및 도입기	• 신제품의 수요 예측에 유용 • 이익률 예측에 유용
단순예측	단기	성숙기	• 판매추세가 안정적이어야 함
이동평균법	단기	성숙기	• 기간범위의 결정에 주의를 기울여야 함
지수평활법	단기	성숙기	• 평활상수(α) 값의 결정에 주의를 기울여야 함
회귀분석	단기	성숙기	• 충분한 변수 자료가 필요함 • 변수 간 상관관계를 알아야 함 • 자료들이 정규성의 가정에 맞아야 함

2 고객 분석

고객은 누구인가? 고객, 즉 'customer'라는 말은 '관습'과 '맞춤'이라는 뜻을 지닌 'custom'에서 유래했다. 고객은 습관처럼 반복적인 구매행동을 하는 동시에 매우 다양한 욕구를 가지고 있다. 때문에 기업에서는 자사 고객을 면밀히 파악하여 욕구를 충족시킬 수 있도록 자원과 역량을 활용해야 한다. 특히 개인화되어 가는 현대의 사회적 특성에 따라 다양한 고객 유형을 파악하는 것이 필수적인 요소로 자리매김하고 있다. 고객의 성향과 특성을 파악해야 기업의 자원을 효율적으로 집중하거나 분배할 수 있고, 고객의 구매욕구를 자극하여 효과적인 마케팅 활동을 할 수 있다. 이러한 선순환적 마케팅이 이루어지기 위해서는 우선 고객의 행동을 이해하고, 고객의 유형을 선별할 수 있어야 한다. 실제로 매출에 기여하는 것은 고객의 생각이나 태도가 아니라 행동, 즉 구매이므로 고객 유형을 특성에 따라 계층이나 군집으로 분류한 뒤 그에 맞는 상품을 제공하기 위해 고객을 분석할 필요가 있다.

(1) 고객의 분류

위와 같은 고객의 정의에 따라 매우 다양한 고객 유형이 존재할 수 있다. 광의의 관점에서 고객의 유형을 분류할 때, 고객은 조직 내부의 고객과 외부의 고객으로 나눌 수 있으며, 전사적인 공급체인 내의 모든 구성원이 고객이 될 수 있다. 또한 고객의 유형을 체계적으로 분류하기 위해서는 개별적인 고객형태뿐만 아니라 고객 간의 관계까지 고려해야 한다. 고객과 기업의 관계는 일정하지 않고 진화하거나 퇴화할 수 있기 때문에 이러한 관계 변화에 따른 유형도 정의할 필요가 있다.

한 조직의 경계를 기준으로 조직 외부뿐만 아니라 내부의 구성원도 고객이 될 수 있다. 이것은 단순히 최종소비자만을 고객으로 간주하는 것이 아니라 상위 공급자나 하위 유통업자 등 공급체인의 모든 구성원이 고객이 될 수 있음을 의미한다. 이때 조직의 경계가 중요한 기준이 된다. 예를 들어 직접 소유, 운영하고 있는 유통조직은 조직 내부의 고객이지만 연구 · 개발을 외주로 위탁한다면 연구 · 개발 조직은 외부의 고객인 것이다.

최근에는 기업 내의 직원까지도 내부 고객으로 간주하여 그들의 만족을 제고하는 노력이 이루어지고 있다. 직원의 의견을 적극 반영하고 복지수준을 높여 직원의 기대치를 충족시킴으로써 결과적으로 직원이 고객을 응대하는 서비스를 개선할 수 있다. 만족도가 높은 직원으로 하여금 기업의 바람직한 이미지를 고객에게 각인시켜 결국 고객의 태도나 행동을 변화시킬 수 있다.

(2) 고객행동의 이해

고객의 행동은 고객의 태도로부터 나오고, 그 태도는 어떠한 자극에 의해 형성되는 지각과 판단으로 결정된다. 이러한 연결고리는 현실적인 고객행동을 이해하기 위해 점차 복잡하고 정교하게 표현된다. 또한 행동 후, 즉 구매 후 평가에 따라 재구매 여부가 달라지는 상황까지도 고려하여 고객의 충성도를 높이는 데 깊이 있는 분석을 실행할 수 있다. 더 나아가서는 구매 후 태도의 평가정보가 고객에 의해 재처리되어 재인식과 강화 과정이 순환됨에 따라 더 세밀한 분석이 가능하게 되었다. 이와 같이 고객행동이 일방적인 방향으로 나타나는 관점에서 순환적인 방향으로 흐른다는 관점까지 살펴보면 다음과 같다.

1) 전통적 고객행동 모델

고객이 제품을 구매하기까지의 절차를 단계적으로 표현하는 전통적 시각에서는 어떠한 자극이 고객에게 미치고 그로 인해 어떤 반응을 하는지 일방향적인(one-way) 행동 모델로 보여 준다. 전통적 고객행동 모델은 CAB 모델이 대표적이며 〈그림 8-4〉와 같다.

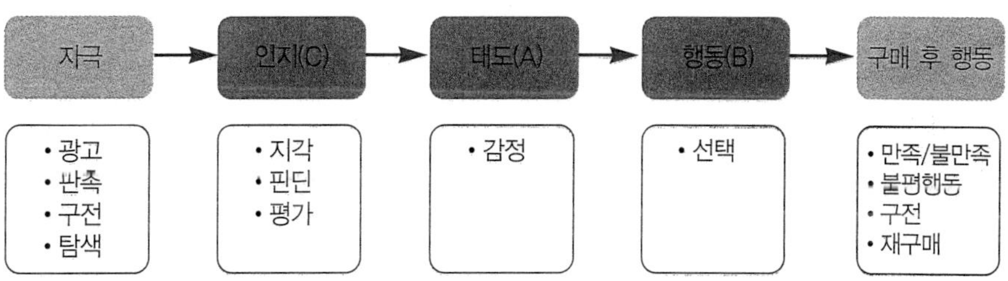

그림 8-4 일방향적 CAB 모델

자극은 여러 경로를 통해 이루어질 수 있다. 기업은 각종 매체를 이용한 광고를 통해 자사의 브랜드, 품질, 기능, 경험적 서비스에 대해 알리고, 판매접점에서는 할인이나 패키지, 체험 등을 통해 구매를 촉진한다. 때로는 고객이 다른 고객에게 특정 상품에 대한 의견을 피력하여 정보와 자극이 전파되기도 하고, 고객 스스로 구매하려는 상품을 탐색하는 과정에서 자극이 이루어지기도 한다.

이러한 자극에 노출되었을 때 고객은 상품의 정보와 이미지를 인지하고, 강한 자극은 각인되기도 한다. 그리고 그 상품의 구매동기가 있는지를 판단하고 구매의 필요성을 평가하게 된다. 그 후에는 여러 가지 정보를 종합하여 긍정적 태도나 부정적 태도를 보이고, 그 태도는 상품의 선택과 구매행동에 영향을 미치게 된다. 또한 구매 후 사용 과정에서 나타나는 만족과 불만족은 재구매나 불평행동으로 이어지며, 이는 지속적인 구전을 만든다. 하지만 이와 같은 일방향적 CAB 모델은 소비자의 과거 구매 경험을 고려하지 않고, 브랜드 충성도나 브랜드 관성과 같은 습관적 구매태도에 의한 소비자 정보처리 과정을 설명할 수 없다는 한계가 있다.

2) 순환적 고객행동 모델

순환적(circular) 고객행동 모델에서는 구매 후 행동이 구매 전 행동으로 순환된다. 만족과 불만족에 대해 다시 인지하는 과정을 거쳐 호의적 · 비호의적 태도의 강화로 나타나고, 이는 추후 구매 선택에 영향을 미치게 된다. 이러한 관계는 〈그림 8-5〉와 같이 나타낼 수 있다.

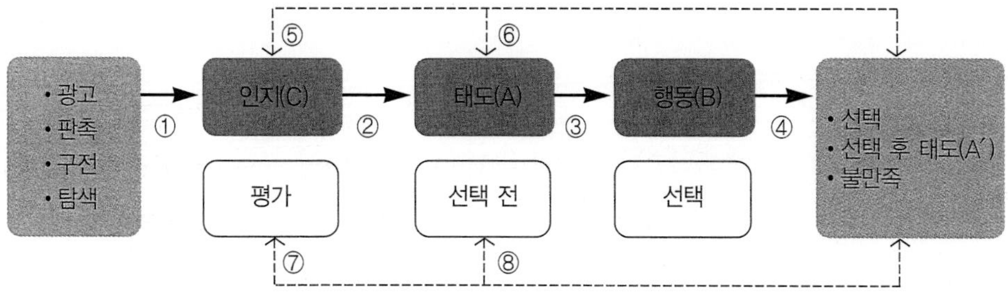

그림 8-5 순환적 CAB 모델

초기 경로는 일방향적 CAB 모델과 동일하게 ① → ② → ③ → ④의 경로로 연결되지만, 순환적 CAB 모델은 선택 후에 태도가 생성된다. 순환적 CAB 모델은 경로 ⑤와 같이 만족에 따른 태도의 호의적 태도 정보가 재인식되고, 경로 ⑥에서 태도에 의해 호의적 태도가 강화된다. 마찬가지로 경로 ⑦과 같이 불만족에 따른 태도의 비호의적 태도 정보가 재인식되면, 경로 ⑧에서 태도에 의해 비호의적 태도가 강화된다. 이와 같은 재인식과 강화 과정은 고객행동을 더 세밀히 분석하고 묘사하는 데 도움이 된다. 그뿐만 아니라 브랜드 선택에서 단순한 관성적 상황에서 벗어나, 기억에 의존하여 선택하는 상황인 '환기상표군', 자극에 의존하여 선택하는 상황인 '자극상표군', 기억과 자극이 혼합된 상황에서 선택하는 '혼합상표군' 등의 보다 다양한 상황을 고려할 수 있다.

(3) 고객 분석의 유형

제품을 구매하는 과정에 따라 고객의 유형이 달라진다. 특히 신기술이 도입된 제품에 대해서는 구매 과정을 분석하면 적절한 시장 대응방법을 파악할 수 있으며 단순한 인구통계학적 분석보다 더 많은 의미를 도출해 낼 수 있다. 고객의 소비행동 및 심리, 관심사, 선호 디자인 등은 구매 활동을 통해 알 수 있다. 고객의 유형을 분석하는 방법을 살펴보면 다음과 같다.

1) 기술수용주기 분석

고객이 제품을 구매하는 과정을 시간의 흐름에 따라 살펴보면 계층별로 구분이 가능하고, 각 계층별 구매행동의 특성에 맞는 전략을 세울 수 있다. 신제품이 출시되었을 때 고객이 수용하기까지 걸리는 시간은 기술을 받아들이는 관점과 속도에 따라 다르다. 이를 이용하여 고객의 유형이 정의될 수 있는데, 시간이 흐를수록 점차 많은 고객이 구매하면 신제품의 확산이 이루어진다고 볼 수 있다.

Everett Rogers(1950)가 제시한 혁신기술수용주기를 살펴보면 혁신제품에 대한 수용 의도가 높은 고객층부터 전통적인 제품을 지향하는 고객까지 다섯 계층으로 나눠진다.

혁신수용자(innovators)는 신제품을 경쟁적으로 받아들인다. 시장 출시 초기에 예상치 못한 제품의 결함을 신속히 보완하는 데 도움을 주거나 심지어는 제품 개발 과정에 직접

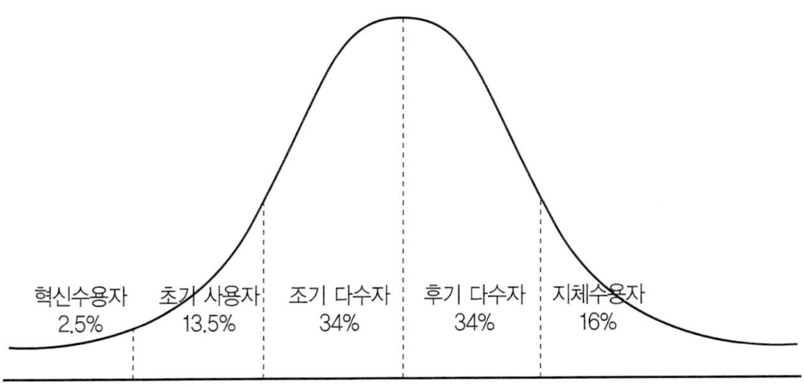

그림 8-6 혁신기술수용주기

개입하는 경우도 있다. 혁신수용자는 통상적으로 시장의 약 2.5% 정도를 차지한다. 초기 사용자(early adopters)는 약 13.5%의 시장 점유율을 차지한다. 이들은 신기술에 대한 관심과 선호도가 높고 미래의 경제적 · 전략적 가치를 중시하며 변화에 대한 적응력이 빠른 젊은 층이 주를 이룬다. 조기 다수자(early majority)와 후기 다수자(late majority)는 각각 34% 정도의 시장을 점유하는데, 조기 다수자는 복수의 대안을 마련하고 검증된 기술에 대해서만 점진적으로 수용하는 반면, 후기 다수자는 가격과 위험에 대해 매우 민감하고 보수적이며 기존 기술이나 제품에 대한 신뢰가 높아 전통적인 방식을 선호하기 때문에 상대적으로 긴 전환시간을 가진다. 지체수용자(laggards)는 기술에 대한 관심이 거의 없고 신제품 선호도가 매우 낮으며, 때에 따라서는 신기술에 대한 거부감이나 막연한 두려움이 작용하기 때문에 구매를 촉진하기 위한 마케팅 비용이 많이 드는 편이다.

한편, 캐즘 이론에서는 기술수용주기에서 나타나는 5개 각 집단의 경계에 틈이 존재하며, 이러한 틈을 잘 연결해야 주류시장으로의 확산과 성공이 이루어질 수 있다고 주장한다. 그중에서도 초기 사용자와 조기 다수자 간의 갭(gap)이 가장 크고 중요하며, 이를 '캐즘(chasm)' 이라고 한다. 따라서 캐즘은 궁극적으로 혁신수용자와 초기 사용자로 대변되는 초기 시장고객과, 그 이후의 집단들인 후기 주류고객 간의 연결을 위한 징검다리다. 이는 초기의 성장률이 반드시 후기의 성공을 보장하지는 않는다는 것과 후기의 성공으로 연결되려면 특별한 노력이 필요하다는 것을 암시한다. 캐즘 전과 후의 집단은 태도와 구매성향이 다르므로 이를 극복하기 위해서는 특정 시장이나 고객에 집중적으로 자원을 투입하고 시장 지배력을 확보하여 점유율을 넓히는 것이 중요하다. 또한 자원을 집중시키기 위해서는 시장을 세분화하고 표적 고객집단을 명확히 하여 경쟁적으로 유리한 입지, 차별화된 포지셔닝의 구축이 선행되어야 한다.

2) 라이프스타일 분석

신기술과 제품이 출시되어 고객이 이를 수용하기까지 걸리는 시간에 따라 유형이 구분될 수도 있지만 고객의 생활 패턴 역시 구매행동의 특성을 파악하는 데 중요하다. 고객의 성별, 연령, 학력, 소득수준, 주거지역 등의 인구통계학적 정보가 동일하더라도 관심사, 가치관, 행동 및 심리 특성 등의 생활양상에 따라서 제품이나 서비스의 구매 및 사용형태가 달라지기 때문이다. 이러한 생활양식은 인간 개개인이 삶을 살아가는 방식으로서, 성격이나 사회적 지위 같은 요소들보다 훨씬 많은 것들을 포착할 수 있도록 해 주며 사람의 행동, 상호작용 등의 전반적 패턴을 파악할 수 있도록 도와준다.

고객의 라이프스타일을 분석하는 기법에는 대표적으로 AIO(activity, interest, opinion)의 주요 차원을 비교 · 분석하는 방법이 있다. 첫 번째, '활동'에는 일, 취미, 쇼핑, 스포츠, 사교 등의 요소가 포함되고, 두 번째, '흥미'에는 음식, 패션, 가족, 레크리에이션 등이 포함되며, 세 번째, '의견'에는 자기 자신에 대한 문제, 사회적 이슈, 비즈니스, 제품, 교육 등이 세부 항목으로 포함되어 있다. AIO 기법은 고객에게 설문조사를 통해 얻은 데이터를 요인분석으로 범주를 축소한 후 표본을 만드는 것으로서, 비교적 간편한 방법이지만 특정 상품에 대해 세부적으로 분석하기 어렵다는 단점이 있다.

AIO 기법과 유사한 방법으로 VALS(values and lifestyles) 유형 분류가 있다. VALS 시스템은 주요 동기와 자원이라는 두 가지 주요 차원을 사용하여 소비자 집단을 크게 여덟 가지, 즉 혁신자, 사고형 집단, 성취형 집단, 체험형 집단, 신뢰형 집단, 노력형 집단, 자급형 집단으로 분류되며 그 관계를 표현하면 〈그림 8-7〉과 같다.

주요 동기(primary motivation)에 따라서는 이상 추구(ideal), 성취 추구(achievement), 자기표현 추구(self-expression) 집단으로 나뉜다. 이상 추구 집단은 지식과 원칙에 따라 행동하는 측면이 강하며, 사고형 집단(thinkers)과 신뢰형 집단(believers)이 이에 속한다. 성취 추구 집단은 자신과 동등한 지위에 있는 사람들에게 성공을 증명해 보이기 위해

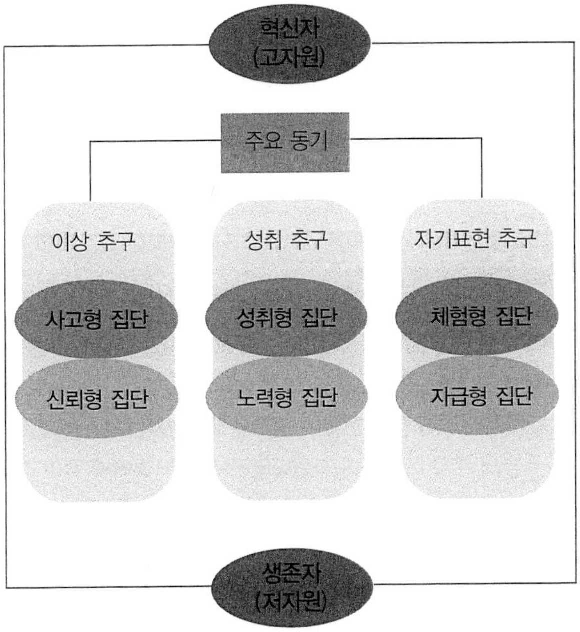

그림 8-7 VALS의 여덟 가지 생활양식

제품과 서비스를 구매하는 행동양상을 보이며, 성취형 집단(achievers)과 노력형 집단(strivers)이 이에 포함된다. 자기표현 추구 집단은 다양성과 모험, 신체적 · 사교적 활동을 중시하며, 체험형 집단(experiencers)과 자급형 집단(makers)이 이에 해당된다.

한편, 주요 동기와 관계없이 자원(resources)에 따라서 고자원(high resources) 보유 집단인 혁신자(innovators)와 저자원(low resources) 보유 집단인 생존자(survivors)로 구분될 수 있다. 혁신자는 자원이 많기 때문에 다양한 수준에서 주요 동기를 나타내지만, 생존자는 적은 자원을 보유하고 있기 때문에 주요 동기와 상관없이 기본욕구의 충족이 가장 우선시된다.

집단별로 자세히 살펴보면, 혁신자 집단은 풍부한 재정적 · 지적 자원을 보유하고 있기 때문에 세련되고 활동적인 사람들로서 고급품 판매회사의 틈새시장 표적이 된다. 사고형 집단은 원칙적인 사람들로 기본적인 것에 무게를 두기 때문에 만족스러운 품질과 가치를 가진 상품을 구매한다. 성취형 집단은 지위에 가치를 두는 사람들로서 자신의 성공을 보여 줄 수 있는 유명 브랜드를 선호한다. 체험형 집단은 젊고 생동감 있고 열정적인 사람들로서 문화상품과 패션, 간편한 음식 등에 대한 지출비율이 높은 편이다. 신뢰형 집단은 사고형 집단과 마찬가지로 보수적이고 전통적인 가치관을 가진 사람들이지만 상대적으로 자원이 풍부하지 못하기 때문에 친숙하고 잘 알려진 브랜드를 선호한다. 노력형 집단도 성취형 집단과 같이 지위나 신분에 가치를 두지만 성공을 보여 줄 수 있는 유명상품을 구매하기에는 자원이 넉넉하지 않으므로 유사한 스타일의 다른 브랜드 상품을 구매한다. 자급형 집단 또한 체험형 집단처럼 활동적이지만 보다 가족적이고 실용적인 상품을 선호

VALS를 활용한 Iron City의 광고전략

Iron City는 피츠버그에서 맥주 브랜드로 인지도가 높다. 하지만 판매량이 지속적으로 감소하여 기업 이미지 개선과 판매량 증가를 위한 전략을 다시 수립할 것을 계획하고 있었다. VALS를 이용하여 조사한 결과, 체험형 집단과 노력형 집단이 맥주를 많이 소비하는 것으로 나타났다. 또한 추가적인 조사에서 Iron City의 주요 고객층이 고령화되면서 맥주 소비를 줄이고 있으며, 젊은 층은 이 브랜드를 선호하지 않는 것으로 나타났다. 제철소의 직공들이 Iron City의 주 소비자로서, 그들은 스스로 세련되고 유쾌하며 열심히 일한다고 생각한다는 것을 알게 되었다. 이와 같은 조사 결과에 근거하여 Iron City는 새롭고 활동적인 도시 이미지를 부각시키고 젊은 체험형 사람들과 노력형 사람들이 즐겁게 놀고 활기차게 일하는 장면을 담은 광고를 게시했고, 한 달 만에 판매량을 26% 높일 수 있었다.

하는 경향이 있다. 생존자 집단은 대체로 고령의 소비자가 많고, 수동적이며 선호 브랜드 충성심이 깊지만 고차원적 욕구보다는 기본적인 욕구를 충족시키는 데 좀 더 관심이 많다.

물론 이와 같은 고객 분류는 매우 어렵고 경계가 뚜렷하지 않아 한 사람이 여러 집단에 중복되어 분류될 수 있다. 하지만 기존의 인구통계학적 방법에 비하면 훨씬 더 많은 의미를 도출할 수 있으며, 더욱 효과적인 대응을 가능하게 해 주기 때문에 고객을 분석하는 데에는 분명 중요한 기법이라 할 수 있다.

3) 고객가치 분석

고객 입장에서의 고객가치는 고객이 일반적으로 기대하는 만족도와 만족을 얻기 위해 지출한 비용 간의 차이로 기업이 고객에게 제공하는 가치라고 정의된다. 즉, 고객의 기대편익이 지출비용보다 현저히 많을수록 고객이 느끼는 상품의 가치가 커지게 된다는 것이다. 하지만 기업 입장에서의 고객가치는 고객이 기업에 제공하는 가치라는 의미에 더욱 중점을 두며, 가치가 높은 고객은 충성도가 높은 고객이라고 할 수 있다.

이와 같은 고객과 기업의 관점은 양면성을 띠는 것으로 보일 수 있지만 사실은 상호 보완적인 개념이라 할 수 있다. 고객 입장에서의 가치를 높임으로써 충성도 높은 고객을 확보할 수 있고, 우량고객은 기업의 이익에 기여하게 된다. 또한 고객을 기업에 주는 가치에 따라 분류하고 자원을 선별적으로 투입하여 충성도 높은 고객의 확보를 효율적이고 전략적으로 실행할 수 있다. 결국 어느 입장에서든 가치를 높인다면 모두에게 긍정적인 결과를 가져다줄 수 있다. 물론 기업의 입장에서 고객가치를 분석하여 혁신적인 상품의 매출 증대와 확산을 꾀하기 위해 꼭 거쳐야 할 전략적 과정의 하나라고 할 수 있다.

고객순자산가치(customer equity)는 고객생애가치(customer lifetime value)와 고객추천가치(customer referral value)를 합산함으로써 구할 수 있다. 고객생애가치는 고객으로부터 미래 일정기간에 얻게 될 재무적 이익의 흐름을 현재 가치로 환산한 것이다. 기업의 관점에서는 과거에 고객이 기여한 가치보다 미래에 기여할 가치를 중요시하게 된다. 따라서 고객생애가치를 정확하게 평가하기 위해서는 할인율(discount rate), 공헌 마진(contribution margin), 생애기간(lifetime), 활동확률 P(active)를 고려한다. 고객추천가치는 추천을 통해 직간접적으로 확보된 고객의 재무적 가치를 할인율에 따라 환산한 것으로서, 직접적인 구매가치뿐만 아니라 간접적인 기여가치까지 함께 평가하는 방법이다. 이외에, 고객 구매력과 더불어 상대적인 고객가치의 수준을 제시해 주는 고객 점유율(share of customer)도 올바른 고객 분석을 실행하는 데 중요한 역할을 하며, 최근성(recency), 구매빈도(frequency), 구매액(monetary)을 통해 고객의 질적 측면까지 고려한 RFM 모형도 고객의 수익 기여도를 분석하는 데 사용될 수 있다. 무엇보다도 중요한 것은, 이러한 고객의 가치를 평가하는 기법과 라이프스타일 분석, 수용주기 분석 활동들이 고객의 욕구, 동기, 성향을 파악하여 최적의 제품 및 서비스를 제공함으로써 고객과 기업 모두에게 이익을 가져다주기 위한 목적을 지니고 있다는 것이다.

8 연습문제

1 A기업은 흑맥주를 파는 업체다. A기업은 경기도 B시의 잠재수요를 예측하기 위해 다음과 같은 정보를 수집했다.

경기도 B시 지역의 총인구	400,000
B시 1인당 연간 주류 구입에 대한 지출액	650,000
주류 중 맥주에 대한 지출비율	0.25
흑맥주 판매비율	0.15
A기업의 시장점유율	0.30

(1) 연쇄비율법을 이용하여 경기도 B시의 흑맥주 잠재수요를 구하시오(점유율은 반영하지 않는다).

(2) 점유율을 반영한 연쇄비율법으로 경기도 B시에서의 A기업의 흑맥주 잠재수요를 구하시오.

2 다음은 한 기업의 3개월간 판매량을 나타낸 것이다.

월	3월	4월	5월
판매량	12,000	15,000	16,500

(1) 단순이동평균법을 이용하여 6월의 판매량을 예측하시오.

(2) 가중이동평균법을 이용하여 6월의 판매량을 예측하시오(단, 가중치는 3월 : 0.2, 4월 : 0.3, 5월 : 0.5).

(3) 지수평활법을 이용하여 6월의 판매량을 예측하시오(단, α값은 0.3).

3 국내 휴대전화 시장에서 스마트폰 보급률은 2009년에 1.7%에 불과했으나 현재는 53.7%로 급상승했다(2012년 7월 기준). 또한 전문가들은 스마트폰 보급률이 계속 상승할 것이라고 예측하고 있다. 혁신기술수용주기를 이용하여 현재 스마트폰을 구입하는 고객은 무슨 계층에 속하는지 설명하시오.

4 시장구조 요인을 분석하는 데 쓰이는 5 force 모델에서의 5개 시장 경쟁구조를 각각 설명하시오.

5. 판단적 판매 예측기법의 종류와 방법을 설명하시오.

6. 환경 분석의 구성요소를 설명하시오.

7. 전통적 고객행동 모델과 순환적 고객행동 모델을 비교하시오.

8. 고객의 유형에 대해 설명하시오.

9. 시계열 자료를 이용한 예측방법을 설명하시오.

10. 캐즘 이론을 설명하고 캐즘을 극복한 사례를 찾아보시오.

11. 고객의 라이프스타일을 분석하는 기법들을 설명하시오.

12. 환경분석 중 법 · 정치적 환경에 대한 대응의 성공적인 예를 찾아보시오.

Chapter 09

기업 역량 분석

FILA Korea : 강물이 흘러도 바위는 구르지 않는다

스포츠 의류 분야의 대표적 글로벌 브랜드인 FILA가 자회사인 FILA Korea에 인수된 후 미국발 세계 금융위기 속에서도 인수되기 전보다 더 많은 매출을 기록했다면 믿을 수 있겠는가? 미국과 중국, 유럽, 중동, 아프리카까지 세계적 물류망을 확보하여 높은 로열티 수익을 창출하고, 기업가치를 높일 수 있었던 것은 강한 영업력과 재무적 안정성이 확보되었기 때문이다. 기업 투자자들은 브랜드 가치나 글로벌 시장에서의 위상을 고려할 때 아직도 성장 잠재력이 많은 기업의 역량을 높이 평가한다. 환경의 변화와 세계적 금융위기도 역량이 갖춰진 기업에는 단지 흐르는 강물일 뿐이었다.

개요

신기술의 사업화를 고려할 때에는 시장 및 고객 분석 외에도 자사 내부의 역량 분석이 반드시 이루어져야 한다. 기업의 역량이 견고히 갖춰지면 시장환경의 변화에도 흔들리지 않는 강한 기업이 되기 때문이다. 따라서 기업의 역량을 분석할 때에는 역량이 확보됨으로써 실행할 수 있는 사업이 무엇인지만을 검토하는 것이 아니라, 고객의 요구를 충족시키기 위한 역량이 무엇인지를 검토해야 하며, 부족하다면 역량을 보완하고 강화하는 것이 목적이 되어야 한다. 즉, 역량의 활용보다 강화에 초점을 맞추면 고객가치를 창출할 기반이 마련된다. 이러한 역량 확보의 관점에서 자사가 보유한 자산의 가치, 보완해야 할 역량, 차별화 가능성에 대해서 면밀한 분석과 평가가 필요하다.

1 경쟁자 분석

기업 역량 분석은 기업의 강점과 약점에 대한 규명 및 평가, 자사가 직면한 외부 시장 기회와 전략적 기회에 대한 규명 및 평가, 자사의 경쟁적 위치의 강점 · 약점 평가, 현 사업전략과 기능별 전략의 효율성 여부 규명, 자사와 자사사업의 독특한 전략적 쟁점 및 문제점을 도출하는 과정이다. 따라서 기업 역량 분석은 목표, 전략, 능력을 파악하고 자사의 기회, 위협, 강점, 약점을 규명하여 사업영역 안의 목표고객을 대상으로 하는 경쟁에서 성공 가능성이 높은 전략을 수립할 수 있는 통찰력을 확보하게 한다.

기업 역량을 분석하기 위해서는 경쟁자 확인, 목표 평가, 현재 전략 평가, 실행 능력 평가, 미래 전략의 예측이 토대가 되어야 한다. 이와 더불어 성과 분석, 원가 분석, 강점 및 약점 분석, 내부 능력 분석, 그리고 과거와 현재를 아우르는 전략적 시계열 분석과 SWOT 분석이 필수적이다. 즉, 자사의 역량을 분석하기 위한 첫 번째 단계로 경쟁자의 분석이 선행되어야 한다. 경쟁자를 분석하여 경쟁자의 목표, 현재 전략과 능력을 파악함으로써 경쟁자의 미래 전략을 예측해야 한다. 경쟁자 분석은 수요 측면, 공급 측면, 그리고 관리적 측면에서 파악될 수 있다.

(1) 경쟁자 및 자사 분석의 착수

경쟁자 및 자사 분석 작업을 효율적으로 진행하기 위해서는 여기에 필요한 자료를 확보하는 것이 무엇보다 중요하다. 경쟁자에 대한 각종 자료는 여러 경로를 통해 수집할 수 있는데, 발표된 자료(2차 자료)와 현장에서 수집해야 하는 자료(1차 자료)로 구분된다. 2차 자료는 기업 분석보고서, 관련 협회의 출판물, 결산보고서 같은 기업 자료, 최고경영자의 어록, 신문과 잡지 등이 있다. 특히 각 기업에서 제공하는 각종 자료에는 그들의 전략, 제품 특성, 광고 내용, 조직, 기술 개발 상황 같은 경쟁자 분석에 필요한 정보가 많이 담겨 있기 때문에 매우 유용하다.

현장 자료 수집도 경쟁자를 분석하는 데 필수적이다. 경쟁자의 고객과 원자재 공급선, 그리고 기타 관련 인사들과의 접촉을 통해 경쟁자에 대한 깊이 있는 정보를 수집할 수 있다. 이런 정보는 특히 경쟁자 분석에서 다루어져야 할 핵심 쟁점들을 규명하는 데 도움이 되기 때문에 분석의 초기에 이루어지는 것이 바람직하다. 내부적으로는 사업성과, 원가 분석을 위한 자료를 확보해야 한다. 또한 경쟁자와 자사의 강점과 약점을 판단할 수 있는 통찰력을 가진 내부 관리자가 이 작업에 참여하도록 하는 것이 무엇보다 중요하다.

(2) 경쟁자 확인

경쟁자 분석은 경쟁자가 누구인지를 파악하는 것에서부터 출발한다. 기업은 제품형태, 제품범주, 본원적 편익, 가격에서 경쟁하고 있으며, 마케터는 이런 다양한 수준에서 자신의 경쟁자가 누구인지를 파악해야 한다. 경쟁자를 파악하는 방법은 일반적으로 공급 측면, 수요 측면, 관리적 측면의 세 가지 방법으로 분류된다. 이와 같은 경쟁자 확인방법이 네 가지 경쟁수준에서 경쟁자를 파악할 수 있는지는 〈표 9-1〉에서 살펴볼 수 있다.

표 9-1 경쟁자 확인방법

구분	공급 측면에서의 경쟁자 확인		수요 측면에서의 경쟁자 확인				관리적 판단
	표준산업분류	기술적 유사성	상표 전환	교차 탄력성	인지도	의사결정 과정	
제품형태	○	○	○	○	○	○	○
제품범주			○	○	○	○	○
본원적 편익	×	×	×	×	×	×	○
가격	×	×	×	×	×	○	○

1) 공급 측면에서의 경쟁자 확인

① 표준산업분류 이용

소비재인 경우, 자사의 제품이 속한 표준산업분류(SIC)를 이용하면 경쟁자를 정의하기 매우 쉽다. 이 방법은 사용이 용이하고, 정확한 경쟁상태가 밝혀지지 않았을 때 유용하나, 본원적 편익경쟁과 가격경쟁에 대한 고려가 없어서 장기적이고 포괄적인 경쟁관계를 파악하는 데 부적절하다.

② 기술적 유사성 이용

이 방법은 대체품의 기술적 유사성을 기초로 경쟁관계를 파악하는 것이다. 그러나 이 방법은 공급자 측면만을 강조하고 실질적으로 고객이 각 제품에 대해 어떻게 느끼는지를 명백히 설명할 수 없으므로 본원적 편익경쟁과 가격경쟁 수준에서는 경쟁자를 파악할 수 없다.

2) 수요 측면에서의 경쟁자 확인

수요 측면에서는 소비자들의 상표전환(brand switching) 확률, 수요의 교차탄력성, 인지도, 소비자 의사결정 과정의 추적을 통해 경쟁자를 파악할 수 있다.

① 상표전환 이용

상표전환 확률은 고객이 제품을 구매할 때 상표 사이에서 구매를 전환한 정도를 확률로 나타낸 것이다. 높은 상표전환 확률은 높은 경쟁강도를 의미한다. 경쟁관계는 상표전환 매트릭스에 의해 파악될 수 있으며, 〈표 9-2〉에 가상적인 예가 제시되어 있다.

표 9-2 상표전환 매트릭스

구분		이전 구매		
		A	B	C
현재 구매	A	0.5	0.2	0.3
	B	0.1	0.7	0.2
	C	0.4	0.2	0.4

〈표 9-2〉에서 A, B, C 상표 사이의 경쟁관계를 파악해 보면 A, B, C의 재구매율은 각각 0.5, 0.7, 0.4로 B 상표가 가장 상표애호도가 높다. 또한 A와 C 상표 상호 간에 상표전환이 많이 발생하기 때문에 A와 C 상표가 강한 경쟁관계라는 것을 알 수 있다.

상표전환에 의한 경쟁자 확인은 다음과 같은 문제점을 가지고 있다.

첫째, 이 방법은 소비자들이 상표전환을 할 수 있는 제품들을 마케터가 측정 전에 결정해야 한다는 것이다. 예를 들어, 마케터가 Coca-Cola와 Pepsi-Cola를 경쟁대상으로 결정하고 브랜드 사이의 전환 확률을 구할 수 있다. 그러나 실질적으로 콜라는 사이다, 주스 등과도 경쟁관계에 있을 수 있다. 이처럼 가격경쟁이나 본원적 편익에 의한 경쟁은 마케터의 고려대상에서 제외되기 쉬우므로 경쟁의 범위를 좁게 볼 가능성이 높다. 따라서 구매빈도가 높은 세분시장의 경쟁자 파악에 사용하는 것이 유용하다.

둘째, 상표전환은 상표들의 대체성에 의해 발생할 뿐만 아니라 소비자의 다양성 추구

상표전환 매트릭스를 이용한 경쟁자 확인 사례 : 라면 시장

상표전환 매트릭스에서 행은 지난번 구매한 브랜드를, 열은 이번에 구매한 상표를 의미한다. 그리고 행과 열의 상표가 동일한 대각선 부분의 숫자들은 해당 상표가 재구매된 경우의 수를 의미한다. 물론 이를 백분율로 나타내어 분석하는 것도 가능하다.

구분		최근 구매				
		신라면	뉴면	콩라면	짜파게티	빨개면
이전 구매	신라면	30	2	23	13	2
	뉴면	7	11	8	10	3
	콩라면	14	4	25	8	5
	짜파게티	3	3	5	10	2
	빨개면	5	3	8	7	7

상표별 재구매는 신라면이 30명으로 가장 높으며, 그다음은 콩라면(25명), 뉴면(11명), 짜파게티(10명), 빨개면(7명) 순이다. 이런 결과를 자세히 살펴보면, 소비자들은 다음 구매 시 현재 사용 중인 상표를 다시 재구매할 확률이 가장 높다는 점을 알 수 있다. 또한 이전에 신라면을 구매했다가 콩라면으로 상표를 전환한 사람은 23명이고, 콩라면을 구매했다가 신라면으로 상표를 전화한 사람은 14명인 것으로 나타나 신라면의 강력한 경쟁자가 콩라면인 것도 알 수 있다. 이 자료를 통해 상표전환이 비대칭성을 갖는다는 특징도 발견할 수 있다. 즉, 신라면에서 콩라면으로 상표를 전환한 경우의 수(23명)와 콩라면에서 신라면으로 상표를 전환한 경우의 수(14명)가 같지 않다는 것이다. 이런 점도 경쟁관계를 이해하는 데 도움이 된다.

대부분의 상표전환 매트릭스 분석은 비내구재를 대상으로 이루어지는데, 그 이유는 구매간격이 짧아서 구매의 반복과 상표전환 여부를 충분히 관찰할 수 있기 때문이다. 따라서 자동차, 냉장고, TV와 같이 구매가 자주 일어나지 않는 내구재에는 적용하기 힘들다는 단점이 있지만, 내구재에 대한 상표전환 매트릭스 분석이 불가능한 것은 아니다. 예를 들어, 자동차에 대한 상표전환 매트릭스 분석을 하게 되면 상표 간 경쟁 정도의 파악은 어렵더라도 세부 차종별 경쟁 정도는 파악할 수 있을 것이다.

행동에 의해서도 발생한다. 예를 들어, Coca-Cola를 선호하는 소비자라도 콜라에 일시적인 싫증을 느껴 칠성사이다를 구매했지만, 다음번에는 다시 콜라를 구매하게 되는 경우를 의미한다. 따라서 상표전환에 의한 경쟁의 측정은 상표 사이의 대체성 또는 다양성 추구와 관계없이 동일하게 측정이 되므로 정확한 경쟁의 측정이 이루어지지 않는다.

② 수요 교차탄력성 이용

수요의 교차탄력성은 A 제품 가격의 변화비율에 대한 B 제품의 판매량 변화비율을 의미한다. 만약에 교차탄력성이 0보다 크면 두 제품 사이에 경쟁관계가 있다는 것을 의미한다. 예를 들어, 콜라의 가격이 인상되었을 때 사이다의 매출량이 증가했다면 콜라와 사이다는 경쟁관계에 있다고 볼 수 있다.

교차탄력성을 계산하는 방법은 다음과 같다.

B 제품의 A 제품에 대한 수요의 교차탄력성
= B 제품의 수요량 변화율 / A 제품의 가격 변화율

이런 소비자의 상표전환 행동이나 수요의 교차탄력성에 의한 경쟁자 확인은 소비자에 대한 추측이 아니라 실제 소비자들이 어떻게 행동하는지에 대한 측정이므로 매우 유용하다. 그러나 구매빈도가 높은 비내구재에만 응용할 수 있고, 마케터가 경쟁제품 집합을 사전에 결정해야 하므로 제품형태나 제품범주 내에서의 경쟁구조 파악에만 유용하다.

③ 지각도 이용

제품의 특성에 대해 소비자들이 지각하고 있는 상태를 기하학적인 공간에 표시하는 방법은 다양한 기법이 있으나 일반적으로 다차원척도법(MDS)을 이용한다. 기하학적인 공간에서 지각도(perceptual map)의 각 차원은 소비자가 구매 혹은 인식할 때 기준이 되는 중요한 속성을 의미한다. 지각도 공간에서 인접한 제품끼리는 동일한 제품영역에 속해 있어 경쟁강도가 높다고 볼 수 있다. 즉, 지각도에서 각 제품이 가까이 있을수록 경쟁강도가 높고 멀수록 경쟁강도가 낮다.

④ 소비자 의사결정 과정 분석 이용

이 방법은 소비자가 제품을 선택할 때 사용하는 다양한 기준이 어떤 과정을 통해 적용되는가를 이용한 측정방법이다. 이 방법은 회고적인 방법(retrospective approach)에 따라 소비자가 구매하는 동안 어떤 생각을 하는지를 말하게 함으로써 의사결정 모델을 설정하게 된다. 의사결정 모델은 선택대상의 속성이나 선택 시 상황을 규명하고 이런 속성과 의사결정 절차의 유사성을 통해 경쟁관계를 파악한다. 이 방법은 본원적 편익경쟁과 가격경쟁 수준까지 경쟁자를 확인할 수 있다. 그러나 이 방법의 단점은 분석이 개인 수준에서 이

지각도를 이용한 경쟁자 확인 사례 : 맥주 시장

지각도에서 하이트, 카스, 오비라거는 일반 맥주군으로 하나의 경쟁집단을 형성하며, 벡스다크, 기네스, 스타우트 등은 흑맥주군으로 또 다른 경쟁집단을 형성함을 알 수 있다.

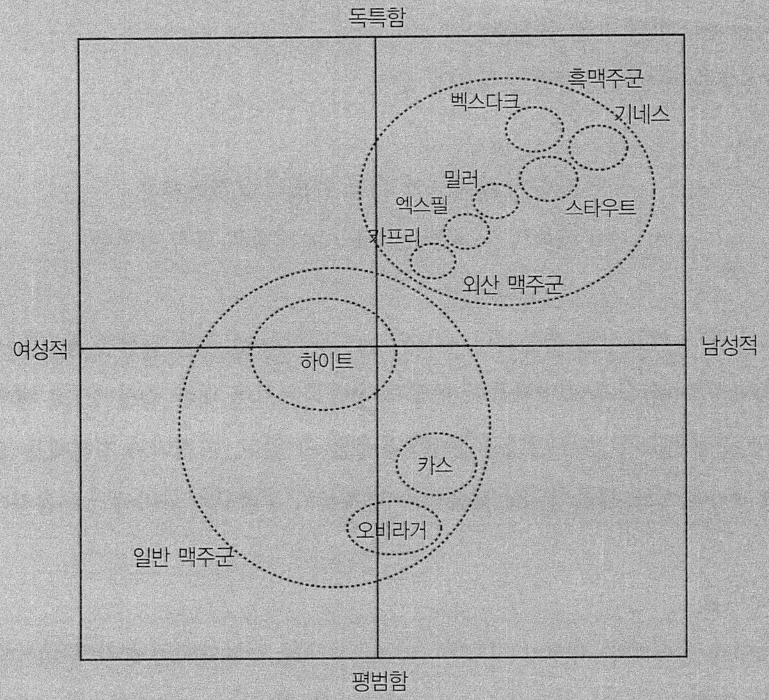

루어지므로 개인별로 인식하고 있는 선택기준, 대체품들에 대한 지식과 신념의 차이를 밝히기가 어렵다는 것이다. 또한 개인별 의사결정 모델을 집단화하는 데 상당한 어려움이 수반된다.

소비자의 의사결정 과정을 분석하는 방법과 제품에 대한 소비자의 지각에 바탕을 둔 지각도에 의한 방법은 소비자의 실제 구매행동 자료를 이용하는 것은 아니지만, 미래의 시장구조를 파악하는 데 통찰력을 제공하고, 더 광범위한 경쟁구조를 파악할 수 있다. 또한 산업재와 내구성 소비재를 포함한 모든 유형의 제품과 서비스에 적용할 수 있다는 장점이 있다.

3) 관리적 판단에 의한 경쟁자 확인

마케터는 자신의 경험, 판매원의 보고, 유통업자와 타 회사의 정보 등을 통해 현재나 미래의 경쟁자를 판단할 수 있다. 마케터의 사고 과정을 구조화하는 방법으로 〈표 9-3〉을 사용할 수 있다.

이 표에서 A는 제품형태 경쟁을 나타낸다. 즉, 제품이나 서비스는 기본적으로 동일하고 소구하고자 하는 시장도 동일하다. C는 다른 시장을 대상으로 하는 동일한 제품형태에 의한 경쟁관계를 의미한다. 가장 흥미로운 부분은 B로서 동일시장을 소구대상으로 하고 있으나 동일한 제품이나 서비스를 제공하지 않는 잠재적인 미래 경쟁자를 나타낸다. 이 경우 마케터는 B에 있는 어떤 기업이 미래에 직접적인 경쟁자가 될 것인지를 예측해야 한다. B 부분의 예로 제일제당이 있다. 제일제당은 과거에 조미료와 설탕 등 식료품을 생산 · 판매했으나 최근에는 가루세제, 샴푸, 비누 등을 생산하는 생활용품 사업부를 신설하여 LG화학의 주요 경쟁자로 등장했다. 그리고 D 부분은 현재 다른 시장에서 다른 제품이나 서비스를 제공하기 때문에 마케터는 D 부분의 경쟁자 예측이 가장 어렵다. D 부분에 대한 예측은 거시환경 분석에 의존하게 된다.

관리적 판단에 의한 경쟁자의 확인은 네 가지 경쟁수준 모두에서 경쟁자를 확인할 수 있다는 장점이 있다. 그러나 정확한 경쟁자의 확인을 위해서는 관리자의 경험, 직관과 앞서 설명한 방법들의 보완적 이용이 필수적이다.

표 9-3 경쟁의 관리적 판단

구분		제품/서비스	
		동일	상이
시장	동일	A	B
	상이	C	D

(3) 경쟁자 분석

마케터는 자신의 주요 경쟁자를 확인한 후에 〈그림 9-1〉과 같은 경쟁자 분석의 틀을 이용하여 구체적인 경쟁자 분석을 한다. 경쟁자 분석의 주요 내용은 경쟁자의 목표, 경쟁자의 현재 전략, 경쟁자의 강점 · 약점 분석을 통해 경쟁자의 미래 전략을 파악하는 것이다. 경쟁자의 미래 전략 예측은 자사의 마케팅계획을 수립하고, 변화하는 경쟁 상황에서 발생하는 기회와 위협에 효과적으로 대처하기 위해 필수적인 과정이다. 따라서 경쟁자 분석은 경쟁자의 미래 전략 예측에 초점을 맞추어야 한다.

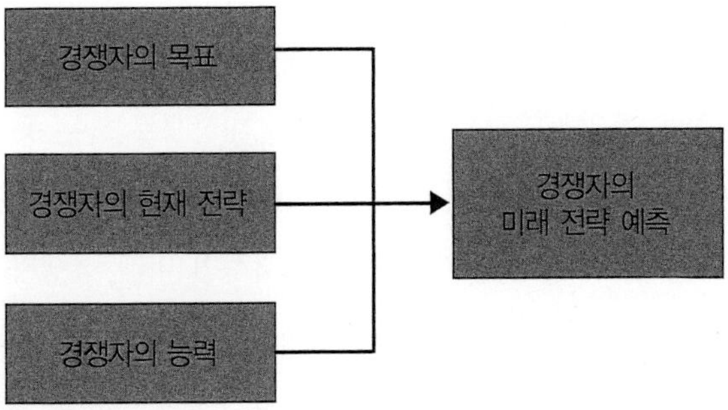

그림 9-1 경쟁자 분석의 기본틀

1) 경쟁자의 목표 평가

경쟁자 분석의 첫 번째 단계는 주요 경쟁자의 현재 목표가 무엇인가를 평가하는 것이다. 경쟁자의 목표 파악은 경쟁자가 특정한 전략적 행동을 하는 배경이 되므로 중요한 정보다. 경쟁자의 목표를 정확하게 인식하는 것은 경쟁자가 현재 시장에서 경쟁적 위치에 만족하는지의 여부, 전략 변경 가능성, 외부 변화에 반응하는 강도 등을 예측하는 데 도움이 된다. 특히 마케터는 경쟁자의 시장 점유율, 매출액 성장률, 수익성 등에 관한 목표가 무엇인지를 파악해야 한다. 경쟁자의 상표별 목표의 평가는 경쟁자가 어떤 전략을 추구할 것인지, 시장에서 경쟁자가 어떤 행동을 할 것인지에 대해 구체적으로 예측하는 데 매우 중요한 지침을 제공한다. 그러나 실질적으로 상표별 목표의 평가를 파악하는 것은 그리 용이하지 않다.

마케팅계획 과정에서 경쟁자가 선택할 수 있는 목표는 성장목표(growth objective)와 수확목표(harvest objective), 두 가지로 분류된다. 그리고 이런 경쟁자의 목표에 따라 시장에서 상이한 유형의 경쟁자 행동이 발견된다. 성장목표에서 가장 중요한 것은 매출량과 매출액의 증대이고 단기간의 이윤 증대는 이차적인 문제가 된다. 따라서 성장목표를 선택한 경쟁자는 가격인하, 광고비 증대, 촉진 활동 증대, 유통비용 증대 등과 같은 공격적인 행동을 전개하는 경향이 있다. 이와 반대로 수확목표를 선택한 경쟁자는 이윤 극대화를 위하여 가격인상, 마케팅예산 축소 등과 같은 방어적 행동경향을 보인다. 예를 들어,

1970년대 후반 Coca-Cola는 시장 점유율은 기존 수준을 유지하면서 이윤을 증대하는 데 일차적인 관심을 두었지만, 경쟁자인 Pepsi는 이를 시장 점유율 증대의 기회로 인식하고 공격적인 전략을 구사하여 시장 점유율을 상당히 증가시켰다.

2) 경쟁자의 현재 전략 평가

경쟁자 분석의 두 번째 단계는 경쟁자들이 설정한 목표를 어떤 방법으로 달성하려고 하는지를 파악하는 것이다. 즉, 경쟁자가 과거에 사용했던 전략과 그 성과, 그리고 현재의 전략을 면밀히 평가하는 것이다. 경쟁자의 과거 전략이 실패한 전략이라면 그 경험 때문에 미래에는 과거와 유사한 전략을 사용하지 않을 것으로 예측할 수 있다.

3) 경쟁자의 능력 평가

경쟁자의 강점 · 약점에 대한 지식을 통해 경쟁자가 특정 전략을 추구하는 이유를 추정할 수 있다. 뿐만 아니라 그런 지식은 자사의 전략 대안을 수립하고 선택하는 데 중요한 정보가 된다. 경쟁자가 약점을 가지고 있는 분야에서 자사의 강점을 개발하여 경쟁자의 약점을 이용할 수도 있다. 또한 경쟁자의 강점을 파악함으로써 그 분야를 우회하거나 강점이 중화되는 분야로 진출할 수도 있다. 경쟁기업의 강점 · 약점을 파악하면 그들이 현재 사용하는 전략의 오류를 발견하여 경쟁에서 우위를 점할 수도 있다. 이유는, 전망이 매우 좋은 사업 분야에서는 기업들이 유리한 위치에 있으려고 하므로 자신의 약점을 감추고 오히려 그것을 강점으로 부각하는 모험적인 행동도 할 수도 있다. 이때 상대방의 위장된 강점을 파악한다면 경쟁은 자사에 한층 유리하게 전개된다.

경쟁자의 능력을 파악하기 위해서 획득해야 하는 정보는 다음과 같은 5개의 범주로 구분될 수 있다.

① 신제품 개발 능력의 평가

이 방법은 경쟁자의 신제품 개발 능력의 질을 평가하는 것이다. 경쟁자가 우수한 신제품 개발 능력을 보유하고 있다면 혁신적이지 못한 기업에는 장기적으로 심각한 위험요인이 될 수 있다.

② 생산 능력의 평가

마케터는 경쟁자의 생산 능력을 평가해야 하는데, 서비스 기업이면 서비스 제공 능력을 측정해야 한다.

③ 마케팅 능력의 평가

경쟁자의 마케팅 능력을 평가하는 것은 매우 중요한 의미가 있다. 경쟁자가 강력한 제품 개발 능력과 생산 능력을 보유하고 있어도 마케팅 능력의 부재 때문에 효과적인 전략운용이 불가능한 경우가 많다.

④ 재무 능력의 평가

경쟁자의 자금확보 능력은 효과적인 전략운용의 제약조건으로 작용한다. 만약 경쟁자가 한 제품에 대해 거의 무제한적인 자금동원 능력을 가지고 있다면 자사의 전략수립 시 이런 점을 신중하게 고려해야 한다. 경쟁자의 재무비율, 은행과의 관계도 중요한 정보원천이며, 경쟁자 제품들 사이의 자금배분 비중도 매우 중요한 정보원천이 될 수 있다.

⑤ 관리 능력의 평가

경쟁기업 최고경영층의 특성은 경쟁자 전략에 대한 하나의 신호로 받아들여질 수 있다. 어떤 기업이 마케팅 전문가를 최고경영자로 임명한다면 공격형 전략을 구사할 것을 예측할 수 있으며, 자금이나 관리 전문가를 최고경영자로 임명한다면 방어적 전략을 구사하거나 내부 통제를 우선적으로 다루려는 의지로 이해할 수 있다.

4) 경쟁자의 미래 전략 예측

마케터는 경쟁자의 목표, 전략, 능력에 대해 평가한 후에 이를 기초로 경쟁자의 미래 전략을 예측해야 한다. 즉, 위의 세 가지 평가에서 얻은 정보를 바탕으로 경쟁자가 미래에 어떻게 행동할 것인지를 파악하게 된다. 결국 경쟁자 분석은 자사의 효율적인 마케팅계획을 수립하여 경쟁자의 미래 전략에 대응하는 것을 목적으로 한다. 따라서 경쟁자의 미래 전략 예측은 경쟁자 분석에서 가장 핵심적인 부분이 된다. 경쟁자의 미래 전략 예측은 위와 같은 과거 자료뿐만 아니라 연례보고서, 업계 전문지, 경제지, 기자회견 등의 2차 자료를 통해서도 가능하다.

2 자사 분석

자사 분석은 자사의 성과수준, 강점 · 약점, 제약조건을 파악하는 자기통찰의 과정이다. 자사 분석은 이용 가능한 정보의 양이 많으므로 일반적으로 경쟁자 분석보다 더 심층적으로 이루어질 수 있다. 경쟁전략의 수립과 효율적인 수행을 위해서는 현재 기업이 처한 경쟁적 위치의 면밀한 파악이 필요하다. 이는 현재 수행되고 있는 사업전략이 기업의 생존과 성장의 전략적 기초가 되기 때문이다.

자사 분석의 핵심내용은 자사의 내부 강점 · 약점에 대한 규명 및 평가, 경쟁적 위치의 강점 · 약점 평가, 현재의 사업전략과 기능별 전략의 효율성 여부 규명, 자사와 자사 사업의 독특한 전략적 쟁점 및 문제점의 도출이다. 이런 내용은 어떤 사업전략이 자사의 전반적인 상황에 적합한지를 판단하는 데 핵심적인 역할을 하게 된다.

(1) 성과 분석

일반적으로 자사 분석은 성과 분석을 기초로 한다. 사업성과의 정보는 특정 전략에 대한 검토 여부와 현재 구사하고 있는 전략의 수정 여부를 결정하는 데 토대가 된다. 성과분석은 다른 측면의 내부 분석에도 도움이 된다. 성과 분석은 사업단위의 전망을 예측하는 첫 단계로서, 자사의 제품 또는 사업 포트폴리오의 투자결정과 관련되어 있다. 즉, 성과 분석을 통해 사업의 청산, 현금회수, 현 수준 유지, 성장의 선택 등과 같은 전략적 의사결정의 기초자료를 얻을 수 있다.

성과 분석은 장 · 단기적인 사업전망을 반영하는 목표와 관련되어 논의되어야 한다. 즉, 기업의 목표가 장기적인 생존인지, 지속적인 성장인지에 따라 성과의 해석이 달라져야 한다. 예를 들어, 장기적인 생존이 기업의 목표라면 단기적인 현금회수나 시장 점유율 등을 기준으로 한 성과측정은 무의미해지고 혁신, 생산성 향상, 지원확보 등과 같은 성과기준에 성과측정의 초점을 맞춰야 할 것이다. 또한 매출액과 시장 점유율 등은 국가경제나 산업의 경기수준과 같은 외적 요인들과 관련해서 파악해야만 그 의미가 정확히 해석된다.

(2) 원가 분석

원가상의 우위는 기업이 시장에서 경쟁우위를 차지하는 중요한 원천 중의 하나다. 원가상의 우위는 경쟁이 치열한 시장 상황에서 기업에 더 큰 마진을 제공하고 가격경쟁에서도 유리한 버팀목이 된다. 따라서 원가 분석은 내부 분석의 중요한 요소 중의 하나다. 원가 분석에서는 현재의 원가구조와 원가수준을 파악하는 것 외에 미래에 예상되는 원가수준, 그리고 현재 및 미래의 원가우위 지속 여부를 경쟁자와 비교하여 분석하는 것도 병행되어야 한다. 일반적으로 기업이 원가우위를 획득할 수 있는 두 가지 중요한 원천은 규모의 경제와 경험곡선이다.

(3) 강점 및 약점 분석

경쟁시장 조건하에서 기업의 강점과 약점은 상대적인 의미가 있다. 따라서 기업이 갖고 있는 유형 및 무형의 자원은 주요 경쟁자와 비교하여 기업의 강점과 약점으로 평가되고 분석되어야 한다. 그리고 이런 기업의 강점과 약점은 현재 상태는 물론 미래 상태에 대해서도 예측되어야 한다. 따라서 강점 · 약점 분석에는 장기적인 관찰이 요구되며, 경우에 따라서는 현재보다는 미래 상태의 기회와 위협에 보다 중요한 의미를 부여하기도 한다. 기업의 강점 · 약점 분석에서는 마케팅, 재무, 생산, 인사, 회계 등의 경영기능을 중심으로 접근하는 것이 효과적이다.

기업의 강점 · 약점 평가 및 예측은 관리자나 의사결정자의 주관적 판단에 의한 방법과 통제 및 측정할 수 있는 객관적인 기준을 사용하는 방법이 있다. 이 두 가지 방법은 각각 장단점이 있기 때문에 단점을 제거하기 위해서는 두 방법을 혼합하여 활용하는 것이 효과적이다. 먼저 기업의 강점 · 약점 분석을 책임진 마케터는 현재와 미래의 기업의 잠재력을 주관에 따라 측정한다. 이런 주관적 측정 결과를 다음 단계에서 객관적 기준에 따라 평가하여 결과를 도출한다.

(4) 기업 내부 능력 분석

전략수립이란 환경변화에 대응하여 기업이 지니고 있는 내부 능력을 효과적으로 적용하는 과정이기 때문에 기업 내부 능력을 정의하고 그 구성요소를 규명하는 것이 필요하다. 기업 내부 능력이란 경영관리의 여러 가지 기능, 즉 마케팅, 연구 · 개발, 생산, 재무, 관리, 인사 등에서 경쟁자와 비교하여 보다 더 효율적인 능력을 말한다. 일반적으로 경쟁력, 가격력, 품질력, 연구 · 개발력, 기술력을 형성하는 요인을 추출하여 이것들을 전략적으로 활용할 수 있는지의 여부와 특히 이 중에서 어느 요인으로 핵심 성공요인(key success factor)을 형성할 수 있을지를 평가하여 기업 내부 능력의 유무와 강점 · 약점을 평가할 수 있다.

기업이 가지고 있는 인적 · 물적 자원과 기업체질, 기업문화는 물론 노사관계, 기업 이미지에 관계되는 여러 측면에서 자사 능력의 강점 · 약점을 평가하기 위해서는 우선 경영자원 요소들에 대한 정보의 수집과 평가가 이루어져야 한다. 경영자원 요소별로 정보를 수집할 때는 환경변화에 적응하는 전략의 관점에서 어떤 경영자원 요소가 중요할지를 파악하여 그에 대한 정보를 집중적으로 수집 · 분석하고, 어떤 요인이 핵심 성공요인을 형성하는 데 기여할 것이며, 또 어떤 요인이 장애요인이 될 것인지를 평가해야 한다.

(5) 과거와 현재의 전략

기업의 강점과 약점을 결정하기 위해서는 과거와 현재의 전략을 검토해야 한다. 종종 전략이 의도했던 것과는 다른 방향으로 전개될 수가 있다. 예를 들면, 한 기업은 획기적인 혁신으로 초기에 성공했고, 계속해서 연구 · 개발에 많은 자금을 투입했다. 이 기업은 혁신기업으로서의 위치를 굳혔다고 판단했으나 과거 20년에 걸친 회사경영 분석 결과, 회사의 성공이 생산에서의 강점과 규모의 경제 때문이었다는 것이 밝혀졌다. 연구 · 개발에 대한 노력은 제품의 품질 향상에 집중되었으며, 획기적인 기술의 발전을 이루기보다는 원가를 절감하고 더욱 신뢰할 만한 제품을 만드는 결과를 가져왔던 것이다. 따라서 이 기업의 강점은 연구 · 개발 능력이 아니라 규모의 경제 및 생산기법이었음을 알 수 있다. 이와 같은 기본전략이 무엇인지를 제대로 이해하면 조직의 강점과 약점이 어디에 있는지도 제대로 이해할 수 있다.

(6) SWOT 분석

전략수립은 기회를 활용하고, 위협을 회피하거나 새로운 기회로 변화시키는 것이다. 전략수립에서는 환경 변화에 따라 기회와 위협이 교차한다면 바람직한 전략 대안을 어떻게 선택할 것인가 하는 문제가 제기된다. 이런 문제를 해결하기 위해 조직 능력의 관점에서 일정시점의 주요 환경요인을 기회와 위협으로 분류하고, 이것들을 전략적 관점에서 자사의 강점 · 약점과 결합해 효과적인 전략을 수립하는 과정이 SWOT 분석이다. 즉, SWOT 분석은 강점(strengths), 약점(weaknesses), 기회(opportunities), 위협(threats)의 매트릭스를 통해 바람직한 전략을 수립하는 과정이다.

이때 환경에서 오는 기회와 위협, 조직의 강점 · 약점을 평가하는 방법에는 여러 가지가

표 9-4 SWOT 분석 시 고려해야 할 사항

강점 (내부적)	약점
• 탁월한 능력 • 적절한 재무적 자원 • 우수한 경쟁적 기술수준 • 구매자들이 자사에 대해 가지고 있는 호의적인 생각 • 인정받고 있는 마켓리더 • 잘 수행되고 있는 기능별 전략 • 규모의 경제 활용 • 비밀기술 • 원가상의 유리한 점 • 경쟁상의 유리한 점 • 제품혁신 능력 • 입증된 경영 능력	• 불분명한 전략의 방향 • 쇠퇴하는 경쟁적 위치 • 낙후된 시설 • 평균 이하의 수익성 • 관리적 깊이와 재질의 결여 • 주요 기술이나 능력의 결여 • 빈약한 전략수행 • 미해결의 내부 운영상 문제 • R&D 투자에서의 열등 • 열등한 제품의 품질 • 경쟁상의 불리점 • 평균 이하의 마케팅 기술 • 전략 변경에 필요한 자금동원력 부족 • 기타
강점 (외부적)	**약점**
• 새로운 시장과 세분시장에의 진입 • 제품계열의 추가 • 관련 제품으로의 다각화 • 보완제품의 추가 • 수직적 통합 • 더 나은 전략적 집단으로의 이행력 • 경쟁사 간의 화목 • 빠른 시장 성장 • 기타	• 새로운 경쟁자의 진입 가능성 • 대체제품의 판매량 증가 • 느린 시장 성장 • 역행하는 정부의 방침 • 증대되는 경쟁적 압력 • 경기후퇴와 경기변동에의 가변성 • 고객이나 공급자 교섭력의 증대 • 역으로 바뀌고 있는 인구통계 • 기타

있지만 일반적으로 마케터의 주관적 판단에 크게 의존한다. 따라서 전략수립과 관련된 집단이나 관리자들도 평가작업에 참여하여 주관적 판단에 따른 오류를 줄일 수 있다. 이는 전략도출 및 실행 시 주요 환경요인에 대한 공통된 인식의 보유가 중요하기 때문이다. SWOT 분석에서 고려해야 할 주요 사항은 〈표 9-4〉와 같다.

〈표 9-5〉, 〈표 9-6〉, 〈표 9-7〉은 앞에서 논의된 사항들을 전략수립 시에 유용하게 활용할 수 있도록 정리한 템플릿이다.

표 9-5 SWOT 분석 시 자사 분석 템플릿

	강점	약점
• 생산 능력		
– 공장(규모, 노후)	□	□
– 설비(자동화, 유연성)	□	□
– 근로자(기술수준, 노조)	□	□
• 상품 개발 능력		
– 기술(특허 수, 개발 단계)	□	□
– 연구 · 개발비(총액, 매출액 비율)	□	□
– 기술 개발(핵심 능력, 선점/모방)	□	□
• 마케팅 능력		
– 광고(능력, 인지도, 포지셔닝)	□	□
– 판매조직(능력, 규모, 유형, 위치)	□	□
– 서비스 능력	□	□
– 유통력(경로, 커버리지)	□	□
• 재무 능력		
– 유동성	□	□
– 현금흐름(외상, 재고회전율)	□	□
– 장 · 단기(부채비율, 차입선)	□	□
• 관리 능력		
– 핵심 인물(계획수립 능력)	□	□
– 인력충원(이직률, 숙련도)	□	□
– 조직의 유연성	□	□

표 9-6 SWOT 분석 시 환경 분석 템플릿

구분	기회	위협
경제적 환경	• • • • •	• • • • •
인구통계적 환경	• • • • •	• • • • •
사회 · 문화적 환경	• • • • •	• • • • •
기술적 환경	• • • • •	• • • • •
법적 · 정치적 환경	• • • • •	• • • • •
정치적 환경	• • • • •	• • • • •

표 9-7 자사의 기회와 위협

구분	기회	위협
제품	• • • • •	• • • • •
가격	• • • • •	• • • • •
광고/촉진	• • • • •	• • • • •
유통	• • • • •	• • • • •

SWOT 분석 사례 : 제일제당의 '햇반'

■ 강점

- 시제품의 맛이 뛰어나다는 소비자들의 평가
- 80%의 유통점에서 자체 진열장을 둘 정도로 유통 기반이 강력함
- 다양한 판촉 활동을 지속적으로 실행하여 기존 고객의 구매 증대
- 무균화 포장공법의 구현(무첨가 · 무방부제의 순수한 쌀밥의 맛과 품질을 6개월간 상온에서도 유지, 유통과 보관의 편의 최대화)
- 무균화 포장공법으로 높은 진입장벽 구축

■ 약점

- 새로운 제품 카테고리여서 소비자 인지도가 낮음
- 소비자는 호기심과 간편함 때문에 필요에 따라 일시적으로 한두 번 구입할 수는 있겠으나 자주 먹지는 않을 것이라는 의견이 지배적
- 무균포장밥은 품질은 우수하지만 투자비가 많이 들고 소비자 여건 성숙이 아직 미흡
- 초기 원가부담과 소비자 가격저항을 동시에 해결해야 하는 과제를 안고 있음

■ 기회

- 소량 구매자가 전체 매출에서 큰 비중을 차지하는 것은 사용빈도를 늘려 현 사용자들의 구매량을 늘릴 기회가 있음을 시사
- 특화된 상품밥의 소비 증가 추세는 '흑미밥', '영양밥' 등으로 제품계열 확장이 가능하다는 점을 나타냄

■ 위협

- 소비자들은 무균포장밥도 인스턴트의 일종이라고 생각하는 부정적인 이미지를 가지고 있음
- 소비자들은 기존의 상품밥 시장에서 냉동밥이나 레토르트밥에 대한 불만족 경험 때문에 무균포장밥도 맛없다는 부정적 선입견을 가지고 있음
- 저가로 무장한 새 경쟁자의 시장진입 가능성은 햇반의 현재 시장점유율에 위협요소로 등장하고 있으며, 이에 따른 가격인하는 마진폭을 떨어뜨릴 수 있음

9 연습문제

❶ 다음은 과자 제품에 대한 상표전환 매트릭스다. 다음 표를 보고 질문에 답하시오.

구분		최근 구매				
		A 과자	B 과자	C 과자	D 과자	E 과자
이전 구매	A 과자	25	12	3	14	2
	B 과자	7	8	6	15	12
	C 과자	5	9	13	17	3
	D 과자	10	5	16	35	20
	E 과자	4	8	10	23	5

(1) 과자 중 재구매 확률이 가장 높은 제품은 무엇인가?

(2) 재구매 확률이 가장 높은 제품((1)의 답)의 가장 강력한 경쟁 과자는 무엇인가?

❷ 자기 자신을 대상으로 강점과 약점, 기회요인과 위협요인을 생각해 보고 이를 토대로 SWOT 매트릭스를 만드시오.

❸ 1차 자료와 2차 자료의 차이점과 장단점을 제시하시오.

❹ 특정한 한 제품군을 임의로 선택하여 지각도를 만들어 보시오.

❺ 커피 믹스를 생산 및 판매하는 A 회사가 5% 가격할인 정책을 실시했다. 같은 시기에 녹차 티백을 판매하는 B 회사의 판매량은 7%가 줄었다. 교차탄력성을 계산하여 커피 믹스와 녹차 티백이 경쟁관계인지를 밝히시오.

❻ 상표전환에 의한 경쟁자 확인의 문제점을 설명하시오.

❼ 자사 분석의 방법에 대해 서술하시오.

❽ 경쟁자 분석 중 경쟁자의 능력을 파악하기 위해 필요한 정보의 다섯 가지 범주를 설명하시오.

Chapter 10

시장조사방법론 및 출시전략

IDEO : 혁신의 공장

2008년, Fast Company Magazine은 세계 5대 혁신적인 회사 중 하나로 디자인 회사인 IDEO를 지목했다. IDEO는 처음부터 디자인계에서 큰 영향력을 행사해 왔다. IDEO는 수백 개의 제품을 설계했고, 지난 10년 동안 다른 회사보다 많은 디자인 관련 상을 수상했다. IDEO는 Palm V, Treo 발신기/오거나이저/셀 전화기, Hewlett-Packard의 Omnibook 4100 서브노트 컴퓨터, Polaroid의 i-Zone 카메라, Steelcase의 Leap Chair와 잡지 소프트웨어 같은 첨단기술 제품을 설계했다. IDEO의 접근방식은 사람들의 내재하는 필요와 행동, 욕구를 드러내고 그것을 시각화함으로써 성장을 위한 기회를 발견하는 것이다. IDEO의 이사 Tom Kelley가 "우리는 특정한 그룹에 열광하지 않는다. 우리는 전통적인 시장조사에도 신경을 쓰지 않는다."라고 말한 것처럼, IDEO는 디자인에 있어서 특정 그룹에 대한 조사가 시장을 대변할 수 없고, 사용자의 명백한 요구만이 시장을 대변할 수 있다고 주장한다. 상호 규제적으로 구성된 디자인 팀은 사람들이 직면하는 문제를 이해하기 위해 실측적 범위의 공감할 수 있는 기술을 적용한다. 디자인에 대한 IDEO의 접근방법은 고객 중심의 정보를 정확히 파악하는 것이 얼마나 중요한지를 보여 준다. 기업의 성공과 실패는 고객에 대한 상세한 이해, 특히 고객이 어떻게 첨단기술이 접목된 제품과 서비스에 접근하는지를 얼마나 잘 이해했는가에 의해 결정된다.

개요

자사 기술의 가치와 유용성을 최대한 많은 사용자에게 효과적으로 알리고 활용하도록 하는 전략은 무엇보다 중요하다. 하지만 첨단기술 환경에서 시장 중심적 정보를 수집하기는 쉽지 않다. 고객은 새로운 기술이 현재의 문제를 해결하는 데 어떻게 사용되는지 잘 알지 못할 뿐 아니라, 그들이 가지고 있는 요구 사항이 무엇인지조차 인식하지 못할 수도 있다. 더욱이 이러한 환경에서 회사들은 아이디어 도출에서부터 시장도입까지의 시간 차이를 줄이면서 제품개발 프로세스를 가속화하려 한다. 이를 성공적으로 수행하기 위해서는 유용한 정보를 수집할 능력을 갖추는 것이 필수다. 시장 중심의 기업들은 고객에게 어떠한 제품을 판매할 것인지를 완전히 이해하기 위해 정보를 수집한다. 이런 의미에서 혁신적인 신제품을 개발하는 것은 현재 시장의 니즈와 동일선상에 있다. 가치 있는 기술에 더 큰 가치를 부여하기 위해서는 사용자의 니즈를 파악하거나 새로운 니즈를 창출하여 기업과 고객 간의 장기적인 우호관계를 이끌어 내는 마케팅 전략 프로세스를 사용할 필요가 있다. 고객의 욕구는 통상적으로 잘 알려져 있고 전통적인 마케팅은 기업이 그러한 고객의 욕구를 잘 이해할 수 있도록 돕는다. 사실상 전통적인 마케팅 기술은 제품 혹은 서비스가 고객에 의해 잘 이해될 때 가장 효과적이라고 할 수 있다.

1 신제품 개발을 위한 시장조사

일반적으로 신제품 개발(NPD)은 아이디어를 제안하는 것부터 시작한다. 궁극적으로 적은 비율의 신제품 아이디어만이 수익성이 있을 것으로 판단되기 때문에 가능한 한 많은 콘셉트가 만들어져야 한다. 개발 프로세스에서 제품에 중요한 콘셉트는 고정적으로 설정해 두고 여러 가지 옵션의 가능성은 열어 두는 방법을 사용하는 것은 시장과 기술의 변화에 대응하기 위한 유연성을 높여 주고, 제품 개발시간을 줄일 수 있게 해 준다.

콘셉트 테스트는 앞으로 개발하기에 더 적합한 것이 무엇인지 결정하기 위해 초기 단계의 아이디어들을 평가한다. 제한된 R&D 상황에서 성공 가능성이 가장 높은 한두 개의 콘셉트에 집중하는 것이다. 콘셉트 테스트 초기의 콘셉트는 한두 개의 단락으로 간단하게 기술되고 때로는 그 명칭과 가격이 제시되기도 한다. 잠재고객들은 이러한 제품에 대한 관심도나 구매의사, 독창성 등을 평가하게 되는데, 이를 통해 얻은 결과를 토대로 기업은 고객의 관심 사항에 대한 더 좋은 아이디어를 제공할 수 있고 상대적으로 인지도가 낮은 콘셉트를 제거하거나 개선할 수 있게 된다. 궁극적으로 콘셉트 테스트를 통해 회사는 제품을 공개하기 전 성공 가능성을 높일 수 있는 것이다.

이러한 과정은 초기의 광범위한 제품 콘셉트를 점점 좁혀 가는 일련의 단계로 계속된다. 결과적으로 이러한 콘셉트의 수는 철저한 평가가 가능한 규모까지 축소된다. 마지막 단계에서 잠재고객의 샘플 집단은 신제품의 최종 콘셉트를 접하고 이에 대한 많은 질문을 받고 진단평가를 하도록 요청받게 된다. 이는 일반적으로 인터넷의 속도, 파급력, 편리함, 유연성 때문에 인터넷을 통해 이루어진다.

(1) 콘셉트 테스트

1) 결합적 분석

제품 개발을 하는 동안 기업은 어떻게 제품의 특성, 브랜드 전략, 최대의 판매와 이윤을 낼 수 있는 최적가격을 결정하게 될까? 그리고 소비자는 그러한 제품을 시장의 다른 대체품과 어떻게 비교하여 평가할까?

다수의 첨단기술 제품(컴퓨터, 휴대전화 호출 프로그램, 제조장비)은 복잡하고 현란한 특징들로 구성되어 만들어진다. 결합적(conjoint) 분석은 다양한 브랜드와 가격 등 고객이 구매하는 데 영향을 주는 요인들을 통계적으로 예측할 수 있는 조사도구다. 결합적 분석에서 응답자는 제품속성의 조합(예 : 가격, 브랜드, 속도, 보증, 기술 서비스)에 관해 그들의 선호도, 즉 가격의 높고 낮음, 브랜드의 프리미엄이나 유용성 등 다양한 수준을 판단하도록 요구받는다. 이 분석의 목적은 각각의 속성에 대해 사람들이 만들어 내는 균형을 결정하고 각각의 속성에 내재된 중요성을 이끌어 내기 위함이다.

예를 들어, 결합적 연구는 시장에서 소비자가 더 세련된 제품에 더 많은 돈을 지불할 의사가 있는지, 혹은 더 낮은 가격에 세련된 제품을 구매하는 것을 고수할지에 대해 평가하게 된다. 다시 말하면, 결합적 분석은 완전한 제품을 내놓기 위하여 어떻게 다양한 제품의 특징들이 결합되는지에 대한 세부 사항을 검토하는 것이다. 결합적 연구를 구상하는 첫 번째 단계는 제품 옵션의 범위를 적정하게 특징짓는 제품속성의 수준을 개발하는 것이다. 포커스 그룹과 내부 전문지식은 나머지 부분의 단계를 구조화하기 위해 사용할 수 있다.

관리자가 자동차나 휴대전화의 위치를 기반으로 지도 정보를 제공하는 위성 위치확인 시스템(GPS)의 신규 브랜드를 위해 제품속성의 조합을 개발해야 한다고 가정해 보자. 소비자가 원하는 각각의 제품속성을 모두 충족하기 위해서는 비용이 많이 들기 때문에 회사는 공급가가 소비자의 지불의사금액(WTP)을 초과할 수 있도록 제품속성을 조합해야 한다.

포커스 그룹 혹은 내부 전문지식은 정확성, 디스플레이의 색상, 배터리 수명과 가격에 소비자가 가장 영향을 받고, 이러한 4개의 특성에 두 단계가 존재한다는 제안을 했다고 가정해 보자. 또한 엔지니어가 위치의 정확성, 배터리 지속시간과 제품가격을 자유롭게 설정하여 GPS 장치를 디자인할 수 있다고 하자. 총 16개의 제품 프로파일(두 가지 레벨을 가진 각각의 네 가지 특징, 또는 2×2×2×2)이 가능해진다. 이를 통해 마케터는 지불의사금액보다 낮은 가격으로 상세 특성조합을 개발할 수 있을지 결정할 수 있다. 그 후, 이 분석의 결과는 제품 개발과 위치 설정, 가격 산정을 위해 사용된다.

수많은 잠재고객을 대상으로 결합적 연구를 반복하는 것은 전체 시장에 있어 소비자 속성의 좀 더 확실한 견적을 제공해 준다. 이렇게 세분화된 속성의 견적을 통해 회사는 경쟁사의 브랜드 속성 값을 적용해 보며 어떻게 하면 자신의 브랜드가 확연히 구분되는 속성을 통해 경쟁 브랜드 제품을 능가할 수 있을지 알 수 있게 된다. 게다가 이러한 데이터는 시장에서 각 브랜드의 시장 점유율을 예측하는 데 사용될 수 있다. 결합적 시뮬레이터는 수요곡선과 대체효과, 혹은 자기잠식효과를 추정하는 데 사용될 수 있다.

위의 단순화된 GPS의 예시는 각각 2개의 레벨을 가진 제품의 네 가지 특징을 설명하고 있다. 제품이 속성당 많은 특징과 레벨을 포함하면 회사는 소비자를 유인하기 위해 제품에 고려되어야 할 사항이 무엇인지 좀 더 쉽게 알 수 있게 된다. 계층적 베이스 측정처럼 더 나은 통계적 특정기술만큼이나 선택적 결합분석(CBC) 같은 더 정교한 결합적 기술은 각각의 응답자가 평가할 대안의 수를 최소화하는 데 사용될 수 있다. 오늘날 수많은 결합적 연구는 매년 인터넷상에서 직접적 인터뷰를 통해, 혹은 이메일 설문조사를 통해 수행되고 있다. 회사는 신제품 디자인 또는 라인 확장의 성공을 위해 R&D 비용으로 상당한 자금을 확보하고 기존 제품을 재배치하며 더 수익성 있는 가격결정을 하기도 한다.

2) 고객방문 프로그램

시장조사를 위해 고객방문을 이용하여 아이디어를 얻는 방법은 수많은 업계에서 도전에 직면한 관리자에 의해 발전해 왔다. 고객방문 프로그램은 고객의 욕구를 이해하기 위해 각기 다른 기능을 하는 여러 팀으로 구성되어 고객을 방문하는 조직적 프로그램이다. 고객방문 프로그램은 새로운 제품 개발 아이디어뿐 아니라 고객의 만족에 관한 연구, 새로운 시장 부문의 발견 등 다른 이슈에도 유용하게 이용된다. 이러한 팀은 엔지니어, 제품 마케팅 대표, 회계 관리자, 판매원을 포함해야 한다. 여러 기능을 하는 이러한 고객방문 팀이 원활하게 일하기 위해서는 엔지니어링과 마케팅 간에 좋은 팀워크가 유지되어야 한다.

효과적인 고객방문은 다음과 같은 특성에 영향을 준다.

- face-to-face 커뮤니케이션 : 이는 복잡하고 모호한 새로운 정보의 전달을 쉽게 하여 개인적 커뮤니케이션 능력으로부터 영향을 받는 신제품의 개발에 유용하다.
- 필드 리서치 : 고객선상에서 하는 리서치는 제품의 실제 사용자들과 대화를 할 수 있도록 해 주며, 고객이 제품을 전반적으로 운용하는 데 있어 제품의 역할을 더 잘 이해할 수 있도록 해 준다.

- 직접지식 : 사람들은 자신의 눈과 귀를 가장 신뢰한다. 핵심적인 관리자가 문제와 필요에 대한 정보를 믿을 만한 정보원천으로부터 획득했을 때 고객 대응성이 개선된다.
- 상호적 대화 : 예기치 못한 놀랄 만한 통찰을 명확하게 하고, 처리하고, 새롭게 전환하며 다룰 수 있는 능력은 이러한 상호작용에 깊이를 더해 준다.
- 고객의 위치에 다중 의사결정자들의 포함 : 여러 가지 기술 제품은 많은 사람에게 구입되고 고객방문은 모든 참여자의 다양한 필요와 욕구가 다루어지도록 해 준다.

고객방문은 고객관계를 다루기 위한 도구 그 이상이다. 고객방문이 올바르게 구현될 때, 이는 첨단기술 제품 개발을 위한 중요한 통찰력과 유용성을 제공해 준다. 예를 살펴보자.

한 공장의 시험장비 제조 관리자는 고객을 일일이 방문하며 어떻게 고객의 시험장비가 셋업되었는지 검토했다. 그 팀은 곧 고객의 업무 장소가 다양한 기구들로 가득 차 있다는 것을 알게 되었는데, 어떤 곳은 그 기구들이 수용할 수 있는 공간 이상을 차지했다. 특히 이 판매업체의 장비를 사는 고객들은 장비를 자신의 눈높이에 맞추기 위해 여러 가지 임시방편을 사용하고 있었다. 이러한 방문 후, 판매업체는 '스카이훅'이라 부르는 새로운 모델을 생산해 냈다. 이것은 전과 같은 사양의 장비였으나 케이스 상단에 용접된 후크를 이용하여 어떠한 높이나 방향, 장소에 상관없이 쉽게 천장에 매달 수 있었다. 이는 때로는 높은 기술수준의 개선방안이 아니더라도 첨단기술 제품을 사용하는 고객들을 위해 새로운 가치를 창출해 낼 수 있음을 보여 주었고 상당히 성공적이었다.

3) 공감적 설계

새로운 아이디어를 얻기 위해 제품을 사용하는 고객을 직접 관찰하는 것은 직접적으로 고객에게 질문을 하는 것보다 유용할 수 있다. 예를 들면, 사용자들은 제품에서 느끼는 불편함에 대한 '자신만의 해결책'을 개발해서 이것을 습관적으로 사용하여 불편함을 인식하지 못하고 있을지도 모른다. 처음에 제시된 사례에서도 IDEO의 연구 접근법의 핵심은 사용자가 자신의 필요를 명확하게 표현하지 못할지도 모른다는 개념을 기반으로 한다.

공감적 설계는 사용자의 필요에 대한 직접적 표현보다 사용자 환경의 공감대를 통해 사용자의 필요에 초점을 맞추어 접근하는 것이다. 인류학과 민족지학에 기반을 둔 공감적 설계 연구는 마케터가 현재 사용자 환경에 대해 평가함으로써 미래의 변화와 향후 필요사항에 대해 추정할 수 있도록 도와준다. 고객에 대한 관찰은 고객들이 자신의 필요를 명확하게 표현하기가 어려울 때 이를 파악하는 통찰력을 제공해 줄 수 있다. 예를 들어, 제품을 사용하는 고객에 대해 관찰함으로써 마케터는 아래 사항들을 확인할 수 있다.

- **사용을 유발하는 환경** : 사람들이 제품이나 서비스를 사용하도록 촉진하는 환경이다.
- **사용자들이 표면화되지 않은 필요 사항을 극복하는 방법** : 예를 보자. 연구실 실험장비 제조업체의 엔지니어가 고객을 방문했을 때, 장비 사용 시 일정한 악취가 방출됨을 발견했다. 고객들은 그 냄새에 매우 익숙해져서 그것에 대해 언급하지 않았다. 제조업체는 이 제품에 환기 갓을 추가함으로써, 경쟁사 제품과 비교했을 때 주목할 만한 판매 실적을 올렸다. 인류학자 Tony Salvador는 인도 지방의 수많은 마을을 방문하며 2년을 보냈다. 그는 수천 개의 인터넷 키오스크가 도처에 생겨났다는 것을 알아차렸다. 그러나 문제는 전력이 오래가지 않아 하루에 몇 시간만 지속되고 정전시간이 길다는 것이었다. 이 관찰로부터 Intel은 트럭 배터리로 전력이 충당되고 화씨 113도의 온도에 견딜 수 있는 먼지 필터가 딸린 500달러의 공동 PC를 대량 생산했다.
- **다른 사용환경** : iPod이 조깅하는 사람들에게 엄청난 인기를 끈다는 것을 발견하고 난 후, Apple은 조깅을 즐기는 이들의 속력과 관련된 실제시간 업데이트, 운동시간, 그리고 지도를 바탕으로 운동경로를 짜고 이를 iPod NanoMap으로 송출할 수 있는 TrailRunner라는 소프트웨어를 Nike + iPod 스포츠 키트에 포함시켰다.
- **마케터들이 알지 못하는 제품의 변경** : 이는 고객들이 자신이 구매한 제품을 더 쉽게 사용하고 더 많은 가치를 창출해 내기 위해 변형한 방법이다. 하이브리드 자동차의 구매자는 더 높은 연료 효율을 만들어 내기 위해 엔진을 개조하는 것으로 알려져 왔다. 고객이 어떻게 제품을 변경했음을 발견해 낸 후, 자동차 제조회사는 비슷한 특성을 지닌 제품을 지속적으로 제공하게 되었다.
- **무형적 특성의 보이지 않는 중요성** : 이러한 무형적인 특성은 종래의 조사에서 쉽게 발견할 수 없는 항목인 소리, 감촉 등의 성질을 포함한다. 고객들은 어느 특정한 제품의 외관과 느낌이 중요한 것이 아니라고 말할 수도 있으나 미학은 가치에 있어 중요한 부분이다.

공감적 설계기법은 회사의 기존 기술적 능력을 최대한 이용해야 한다. 관찰을 통해 얻어 낸 지식이 고객의 요구와 결합되었을 때, 현존하는 조직적 역량이 새로운 제품의 아이디어나 시장을 겨냥하여 방향을 전환할 수 있다. 공감적 설계기법은 전통적인 시장조사를 대체하는 것이 아니라, 프로젝트를 이행하기에 앞서 추가적으로 제품을 테스트함으로써 아이디어의 흐름에 기여한다. 고객이 제품을 어떻게 사용하는지에 대한 그림을 그리기 위해 회사는 공감적 설계를 사용한다. 또한 프로젝트의 시작, 자금조달, 전략 개발, 벤더 옵션 평가, 실행 프로세스 관리, 지속적인 사용 및 유지 · 보수를 위해 공감적 설계를 사용하기도 한다. 회사는 고객의 환경을 진심으로 이해하고 알기 위해, 고객이 회사와 만나는 접점은 물론 그 이상에 초점을 맞추어 관찰해야 한다.

4) 선도사용자

첨단기술 환경을 조사하는 데 유용한 또 다른 방법은 초기에 제품을 이용하는 선도사용자 프로세스다. 선도사용자는 일반적 사용자들의 수준을 훨씬 넘어선 필요 사항을 가지고 시장동향 전방에 있으며, 자신이 직면하는 문제에 대해 적극적으로 솔루션을 도입하려는 사용자들을 말한다. 선도사용자, 말하자면 올림픽 선수들이나 항공우주 회사들은 시장의 일반적인 고객들보다 몇 개월 혹은 몇 년 빨리 첨단기술 필요 상황에 직면하게 되므로 자체적으로 필요에 대한 솔루션을 발견해 낸다. 마케터는 혁신을 위한 유용한 통찰을 얻기 위해 이러한 선도사용자들을 관찰할 수 있고, 선도사용자들의 혁신이 기업에 유용하다면 상업화하기도 한다. 예를 들면, Lockheed Martin은 티타늄 항공기계를 개발하는 과정에서 새로운 기계 가공기술을 개척해 냈고, 이 혁신은 후에 Lockheed 툴로 다듬어져 기계 툴 운용으로 상업화되었다.

선도사용자들은 솔루션을 개발하지 않더라도 적어도 자신의 필요에 대해서는 알고 있다. 선도사용자 프로세스는 더 빠르고 극단적인 문제와 부딪히는 선두에서의 필요 사항과 솔루션에 대한 정보를 체계적으로 수집하여 획기적인 혁신을 만들어 내기 위해 사용된다. 획기적인 제품에 대한 아이디어를 선도사용자를 통해 확인하고 체계적인 작업으로 전환한다. 개발 팀은 적극적으로 유망한 선도사용자를 찾아내고 사용자들의 아이디어를 고객에 필요 사항(요구)에 접목시킨다.

선도사용자들은 자사의 고객이 아닐 수도 있고 경쟁사의 고객이거나 산업 분야 밖에 위치할 수도 있다. 또한 선도사용자가 이미 문제를 해결했다면 그 필요 사항을 해결하는 것이 더 이상 이슈화되지 않을 것이므로, 그들을 파악하는 일이 비생산적일 수도 있다. 하지만 이러한 상황에서도 선도사용자들의 제품 사용을 관찰하고 그들만의 통찰력과 정보를 기반으로 공감적 설계를 사용하는 것이 중요하다. 팀은 새로운 콘셉트가 거시적으로 타깃 시장의 필요에 적합할지에 대해서 시니어 매니저에게 보고할 것이다. 그 팀은 회사의 비즈니스 잠재력을 선도사용자 프로세스에서 평가할 수 있다.

선도사용자 프로세스의 이점은 무엇일까? 궁극적으로 이 프로세스는 회사가 새로운 아이디어를 얻을 수 있도록 색다른 방법으로 정보를 모으고 사용할 수 있도록 한다. 또한 이는 선두 사용자와 다른 전문가 그룹이 서로 긴밀하게 일할 수 있도록 해 준다. 게다가 이러한 프로세스에는 여러 기능을 수행할 수 있는 팀이 포함되어 있기 때문에 독자적으로 일하는 환경에서도 고립된 것처럼 느끼지 않게 된다. 그러나 선도사용자 프로세스는 정보를 모으는 데 어려움이 있어 획기적 신제품 개발을 위한 최고의 방법은 아니다. 적절한 기업의 지원, 숙련된 팀, 그리고 충분한 시간 없이 이 프로세스는 성공하기 어렵다.

더욱이 선도사용자 프로세스의 주요 이슈는 지식재산과 관련되어 있다. 선도사용자 프로젝트 팀은 제안한 아이디어와 관련한 회사의 이윤에 대해 일정 권리가 있다. 신용보고서비스를 개선하기 위해 실시된 선도사용자 프로젝트에서 프로젝트 팀은 2명의 사용자가 혁신적인 온라인 신용보고 프로세스를 개발한 것을 알게 되었다. 사용자 중 하나는 서비스가 경쟁적 우위의 중요한 소스로 간주되었기 때문에 관련된 논의를 꺼려 했고, 다른 사용자는 "우리는 단지 개별적으로 이러한 서비스가 필요했기 때문에 개발하게 되었습니다. 귀사가 비슷한 서비스를 개발했다면 우리는 매우 만족했을 것입니다."라고 말했다.

많은 사용자들은 단순히 지적 도전 때문에 참여하게 된다. 사용자들의 초점은 자신이 사용하는 제품과 산업에 맞춰지는 경향이 있기 때문에, 그들은 일반적으로 아이디어를 공유하는 일을 기꺼이 하려 한다. 왜냐하면 이러한 아이디어는 일반적으로 직접적인 경쟁우위의 원천이 되지 않기 때문이다. 더욱이 그들의 지식을 자발적으로 공급자에게 전환함으로써 회사는 지속적으로 핵심 경쟁력에 초점을 맞출 수 있고, 공급망을 더 확보할 수 있다. 그러나 지식재산과 관련된 문제 때문에 고객이 공유하기를 주저한다면 물어보지 않는 것이 낫다.

5) 품질기능전개

품질기능전개(QFD)는 고객의 요구 사항을 디자인 결정 프로세스에 통합시킨 엔지니어링 도구다. 첫째로, QFD는 고객 방문, 공감적 설계, 선도사용자와의 공동작업 등을 통해 고객의 요구 사항이 무엇인지를 파악하고 제품설계 프로세스에 이러한 요구를 반영한다. QFD는 고객의 요구에 제품사양을 만족시키기 위해 신제품 개발 프로세스에 고객의 소리를 반영한다. 이 과정에서는 반드시 고객의 요구 사항을 모든 설계 결정에 반영한다. 이 프로세스의 최종적 결과는 고객으로부터 얻은 정보를 통해 설계된, 시장에 보다 높은 가치를 제공하는 신제품이다.

QFD는 마케팅, 엔지니어, 고객 사이의 긴밀한 협력을 요구한다. QFD는 제조산업의 전사적 품질관리(TQM) 운동에서 시작되었고, 시장지향 개념에 밀접하게 연결되어 있다. TQM 패러다임은 본래 고객에게 초점을 맞춰 고객을 위한 가치를 창출해 내기 위해 엔지니어링 부서와 마케팅 부서가 긴밀하게 통합되기를 요구한 프로세스에 그 기반을 둔다. QFD에서는 제품의 속성이 고객의 요구를 만족시키는지 확인하게 되는데, 여기서 제품의 다양한 속성의 상호연관성을 이해하는 것이 매우 중요하다. 예를 들면, 고객이 원하는 것이 프로세스의 빠른 속도일지라도, 그들은 이와 함께 더 낮은 가격을 원할 수도 있다는 것이다.

이러한 프로세스의 중심에 QFD의 핵심 툴 중 하나인 Kano 콘셉트(혹은 Kano 관점/다이어그램)이 있다. Kano 모델은 고객만족 또는 불만족 사이의 관계를 보여 준다. 제1형태, 1차원적인 품질 특성은 고객만족과 직접적으로 연관되어 있다. 이러한 특성을 강화하는 것은 만족의 증가로 이어지며, 일반적으로 고객에 의해 알려지고 표현된다. 예를 들면, 노트북 컴퓨터에서 배터리의 수명을 늘리는 것은 만족의 증대로 이어질 것이다.

만족과 비선형적 관계를 가지고 있는 다른 두 가지 유형은 만족하지 않는 고객을 위해 질적인 특성을 지녀야만 한다. 필수 속성의 결여는 고객의 불만을 유발하지만, 그 속성의 수준을 높이는 것이 제품에 대한 고객만족을 증가시키는 원인이 되지는 못한다. 또한 이

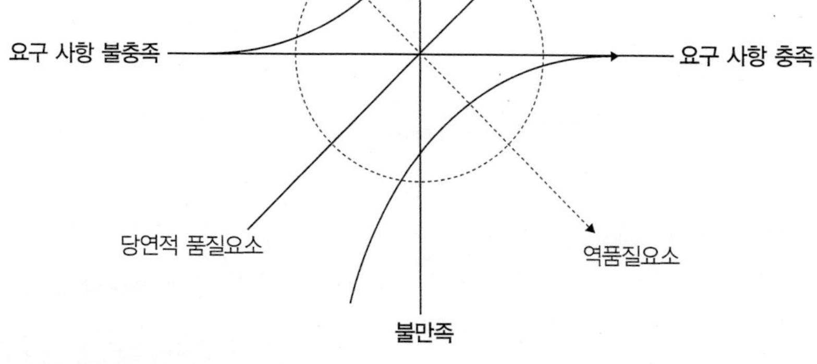

그림 10-1 Kano 모형 콘셉트

는 고객에 의해 가시화되어 나타나지 않을 수 있지만 제품의 기능에 있어 매우 필수적이다. 예를 들면, 랩톱 산업에서 컴퓨터는 내구성이 높아야 한다. 만일 노트북 컴퓨터가 험하게 다뤄질 때마다 부팅이 되지 않는다면 고객은 절대 만족하지 못할 것이다. 이와 반대로 노트북 컴퓨터가 일정한 충격을 견뎌 내게 만든다고 하더라도 노트북 사용자들의 만족을 눈에 띄게 이끌어 내지는 못할 것이다.

매력적 품질 특성은 만족과 지수함수 관계가 있다. 매력적 특성이 부족할 때 고객이 불만족하는 것은 아니나 이러한 특성들은 고객을 만족시키고 고객으로부터 매우 호의적인 반응을 이끌어 낸다. 종종 고객은 이러한 속성을 명료하게 표현할 수 없으므로 앞서 언급된 기술들을 통해 가시화했다. 제품혁신의 많은 전문가들은 매력적 품질 요소를 잘 발견할 수 있는 능력과 이를 실현할 기술을 가진 회사가 반드시 성공하게 되어 있다고 말한다.

QFD 과정은 설계방법의 수준을 높이는 것보다 설계 프로세스를 효율적이지 못하게 만드는 저항점을 밝힌다. 제품을 개발하는 데 있어 개발 팀의 요구와 고객 요구의 충돌을 해결하고, 마케팅 부서와 엔지니어링 부서 사이의 협업 프로세스를 개선하도록 한다. 한 연구는 QFD를 이용하는 것이 설계 품질을 강화하는 동시에 설계시간을 40% 단축하고 비용을 60%까지 줄인다는 것을 밝혀냈다. 시장에서는 신속한 것이 중요할지라도, 회사는 정확하게 고객 요구 사항을 충족시킬 수 있는 능력을 갖춰야 한다. 고객의 요구와 기대치는 빠르게 변화하고 있으며, 이에 대응하여 기술 개발의 속도를 높이면 안정된 품질을 유지할 수 없기 때문이다. 시장에 제품을 빨리 출시하려고 노력하기 위해 사실상 회사는 기본적 특성만을 조합하여 제품을 개발할 수도 있다. 회사는 신속함을 추구하는 데 있어 고객의 선택을 받기 위해 중요한 속성이 무엇인지 간과해서는 안 된다.

고객이 수용할 수 있는 수준으로 품질을 높이기 위해 QFD를 이용할 수 있다. 이 방법은 두 가지 이유에서 유익하다. 첫째로, 첨단기술 회사 대부분이 제품을 설계할 때 테스팅, 디버깅 등을 통해 만족스러운 제품 특성의 조합을 얻기 위해 노력하지만, 고객의 요구가 변경되거나 경쟁사가 비슷한 제품을 출시하여 시장우위를 차지하면 실패하게 된다. 다시 말해, 기술 개발 시 시간이 지연되면 시장에서 경쟁사에게 추월을 당하는 결과가 초래된다. 따라서 회사는 상대적으로 경쟁사보다 빨리 시장에 침투해야 하고, 꼭 필요한 최소한의 특성을 지속적으로 확보해야 하며, 매력적인 품질을 확보하기 위해 추가적 제품 확장을 고려해야 한다.

6) 프로토타입 테스트

프로토타입은 최종제품(또는 서비스)의 시제품 모델이다. 프로토타입은 제품의 구성에 있어 중요하지 않거나 기본요소들은 배제시킨 채 필수요소만을 제공한다. 프로토타입 테스트의 첫 번째 단계는 기술설계 명세가 적합하다는 것을 확인하는 것이다. 프로토타입이 기술적으로 개선이나 변경 요구를 받지 않았다면 적합한 상태로 만들어진 것이다. 그 후 프로토타입은 잠재고객에 의해 평가받는다. 이는 단순히 기술된 개념이 실제 물리적 형태로 어떻게 표현되는지를 보여 주는 중간 토대의 역할을 한다. 신제품에 대한 아이디어의 가상재현을 이용해 고객으로부터 피드백을 받을 수 있다.

7) 베타버전 테스트

베타버전은 회사가 곧 출시할 제품을 출시 전 미리 사용해 볼 수 있도록 공개한 버전의 제품이다. 기업은 베타 테스트를 통해 제품 개발 과정에서 미처 발견하지 못한 오류를 찾아낼 수 있고 제품에 대한 인지도를 높일 수 있다. 고객은 베타 테스트를 통해 비록 완벽하지는 않지만 사용하기에 불편함이 없는 제품을 무료로 사용해 보는 기회를 얻을 수 있다. 또한 베타버전 제품을 사용하면서 느끼는 느낌이나 불편함에 대해 생산자에게 피드백을 제공함으로써 제품 개발에 반영시킬 수 있다. 한편 개발자들이 내부에서 자체적으로 테스트하기 위해 만든 것은 알파버전이라 부른다.

(2) 고객 중심의 혁신

회사에 의해 주도되는 혁신은 흔히 찾아볼 수 있지만 실패할 확률이 매우 높다. 회사 내의 연구원이 고객의 요구를 자체적으로 발견하고 이를 해결하기 위해 아이디어를 테스트한 뒤, 내부적으로 정보를 공유하여 이를 추진하게 된다면 이러한 제품은 대부분 실패하고 만다. 하지만 회사에 의해 주도되는 혁신과 달리, 고객 중심적 혁신은 제품의 개발과 혁신을 위해 여러 사람의 의견을 모은다. 고객 중심적 혁신은 혁신의 공동창조를 활성화하기 위해 실험실 내부의 R&D 중심의 혁신에서 멀어질 것을 요구하고, 대신에 고객으로부터 근본적인 아이디어를 얻고자 한다. 실험실에서 시작되는 전통적인 첨단기술 혁신 프로세스와는 대조적으로, 사용자 중심의 혁신은 'R&D를 R&We' 로 전환시킨다. 「Economist」에는 고객에 대해 이렇게 언급되어 있다. "고객은 왕일 뿐 아니라 마켓 리서치의 수장이며, R&D의 최고 권위자이고, 제품 개발 매니저이기도 하다."

비즈니스의 새로운 패러다임에서는 (특히 마케팅 부분에서는) 회사와 공동으로 가치를 창조해 내는 고객의 역할을 강조한다. 고객 중심적 혁신을 가리키기 위해 수많은 용어들이 사용되었는데 그중 몇 개만 언급하면 고객 공동창조, 고객 공동생산, DIY 혁신, 피드백에 의한 설계 등이 있다. 다시 말해, 사용자가 기반이 된 혁신의 개념은 새로운 것이 아니라는 것이다. 새로운 것은 혁신의 프로세스 안에서 사용자 참여의 정도가 점점 중요해지고 있다는 것과, 혁신 프로세스에서 기업이 고객 커뮤니티의 힘을 이용한다는 것, 그리고 이러한 형태의 혁신이 계속되도록 돕는 회사의 의지다.

하지만 사용자 중심의 혁신에서 기업의 저항을 여러 곳에서 여전히 확인할 수 있다. 특히 첨단기술 시장에서 몇몇 회사는 자사의 지식과 기술이 고객의 신제품 개발 요구를 충족시키기에 부족하다고 생각한다. 또한 몇몇 회사는 이러한 고객 중심적 혁신이 고객에게 너무 많은 힘을 실어 준다고 착각해서 걱정을 하는 것 같다. 고객 중심의 개념은 단순히 고객으로부터 정보를 수집하는 것을 넘어서 고객으로부터 배우고 고객과 함께 협력하는 것을 의미한다.

1) 첨단시장의 예상

첨단기술 제품의 향후 판매를 예측하기란 너무 어렵다. 일반적인 제품은 정략적 방법으로 역사적 자료를 사용할 수 있지만, 신제품은 어떤 데이터도 존재하지 않는다. 소비자가 신규기술에 대한 기본적인 이해가 없으면 전통적 기술을 통해 얻은 데이터는 정확한 결과를 반영할 수 없다. 더불어 현재 존재하는 기술난을 고려하여 얻은 결과로는 신기술의 가능성을 정확하게 예측할 수 없다. 첨단기술 시장에서 소비자에 대한 정보를 얻는 것은 쉽지 않은 것이 사실이지만, 기업들은 제품에 대한 예상을 근거 없이 예상하지는 말아야 한다. 첨단기술 경영자들은 신제품이나 새로운 기술의 개발에만 치우쳐 있기보다는 시장을 예측할 수 있는 방법을 찾아야 할 것이다. 최첨단 제품에는 불확실한 요소가 많기 때문에 시장성을 예측할 때 체계적 과정을 사용하는 것이 다른 제품들보다 더욱 중요하다.

2) 예측방법

경영자는 예측방법을 선택할 때 다음과 같은 의문을 가져야 한다. 우리는 어떠한 것에 대한 예측을 원하는가(예 : 시장의 요구, 기업의 판매율, 기술적 유행)? 우리는 왜 예측을 해야 하는가(예 : 신제품 개발을 위한 투자, 제조 수용력)? 과거에 예측했던 것은 현재 어느 정도의 중요성을 가지고 있는가? 우리가 미래를 구축함에 있어 영향을 받는 것은 무엇인가? 예측했던 바를 바꿀 수 있는 것은 무엇인가?

예측을 하기 위한 방법은 정성적인 방법과 정량적인 방법으로 구분할 수 있고, 몇 가지 방법은 이 두 방법을 모두 사용한다. 기업이 예전에 경험했던 점진적 혁신이나 연속적 퇴보와 같은 경우는 역사적 자료에 의한 평균산출, 지수평활법 같은 정량적 방법이 적합하나, 아직 판매에 대한 기록이 없고 증가하는 혁신에 대한 시장성을 예측하는 데는 정성적 방법이 도움이 된다.

정성적인 방법의 예로는 델파이기법이 있다. 델파이기법은 전문가들의 의견을 종합하는 기법으로, 기존의 자료가 부족하거나 없는 상황에서 미래의 불확실한 상황을 예측하고자 할 때 주로 사용된다. 델파이기법을 통해 의견을 통합하기 위해서 중요한 문제에 대해 설문지를 우송하여 전문가에게 응답을 받는다. 여러 명의 전문가에게서 받은 결과를 요약하고 정리해서 그 결과를 다시 보내는데, 이 결과에 대해 전문가들은 자신의 판단을 재정비하고 다른 이들의 예측에 코멘트를 단다. 이러한 방법은 익명성을 보장하기 때문에 열린 토론의 장을 제공하여 전문가들의 다양한 제안이 이용될 수 있어 유용하지만, 신뢰도를 평가하기 어렵다는 점과 합치된 의견이 최상의 것이 아닐 수 있다는 점, 의견 합치에 시일이 많이 걸린다는 점 등 많은 제한점이 있다. 첨단기술 분야에서 이 방법을 사용하고자 할 때에는 전문가의 선택에 세심한 주의가 필요하다.

최근 연구는 구조적 접근이 유사한 예상을 하는 데 사용될 때, 그 예상 결과는 단일 전문가로부터 얻은 것보다 대체적으로 더 정확하다는 것을 밝혀 주었다. 이 예측방법은 새로운 제품의 성장 패턴을 예상하기 위해 현재 시장에 있는 또 다른 제품이나 그전에 존재했던 유사한 제품에 관한 자료를 사용한다. 새로운 제품의 성장 패턴에 특별하게 영향을 미칠 수 있는 환경적 요인과 시장 여건 또한 고려되어야 한다. 그 후 유사한 제품에 대한 판매 패턴을 기반으로 직관적 판단을 사용해서 새로운 제품에 대한 예상 판매 패턴을 추리할 수 있다. 이 기술은 두 제품 간 유사성이 클 때 유효하다. 중요한 속성으로는 기술지원, 사용의 편리함, 제품형태, 디자인 등이 있다.

예측을 위해 가장 폭넓게 사용되는 정량적 예측도구 중 하나는 Bass 확산모델로, 이 모델은 초기 예측기술로 사용될 수 있다. 이 모델은 유사하지만 대안이 없는 새로운 기술의 판매를 예상하는 데 가장 적절하다. 오랜 기간 이어져 온 연구는 다양한 혁신을 예상하기 위해 이 접근법을 사용해 왔다.

역사적 분석에서는 누적판매곡선의 가장 흔한 패턴이 S 형태다. S 곡선은 새로운 제품판매가 처음에는 천천히 증가하다가 그 후 급격한 속도로 성장한 후, 성장비율이 차츰 줄어 마침내 하락하는 모습을 나타낸다. Bass 확산모델은 확산 이론을 기반으로 이 S 형태 곡선을 설명한다.

확산 이론은 혁신이 시장으로 퍼지는 이유를 설명한다. 소비재 채택 과정에서는 상대적 채택시간을 바탕으로 혁신수용자(innovators), 초기 사용자(early adopters), 초기 다수자(early majority), 후기 다수자(late majority), 지체수용자(laggards)로 개인을 분류한다. 새로운 제품이 도입될 때, 잠재적 사용자의 마음에는 새로운 제품이 기존의 제품보다 상대적으로 우월할지에 대한 불확실성이 존재한다. 잠재고객은 새로운 제품에 대하여 정보를 획득함으로써 이 불확실성을 줄이려고 시도한다. 초기 사용자는 제품의 정보를 얻기 위해 대중매체와 다른 외부 소스에 의지하는 경향이 있다. 후기 사용자는 구두 의사소통이나 관찰과 같이 타인으로부터의 정보를 획득할 가능성이 더 크다.

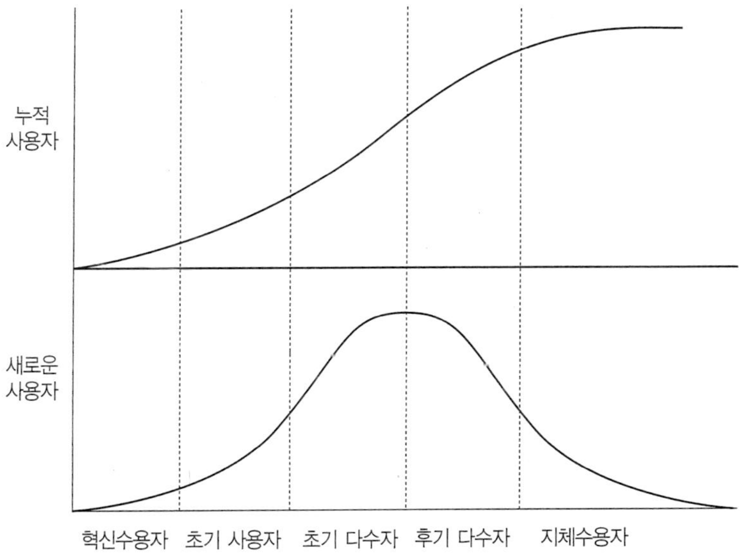

그림 10-2 혁신의 확산

Bass 확산모델은 새로운 제품의 사용자가 두 가지 유형의 커뮤니케이션에 의해 영향을 받는다고 가정한다. 하나는 대중매체와 개인 사이의 커뮤니케이션인데, 초기 사용자에게 큰 영향을 미치는 대중매체 효과는 제품 출시의 초기에 더 클 것이고, 반면에 후기 사용자 확산 과정의 마지막 주기에는 개인 사이의 커뮤니케이션 효과가 더 클 것이라는 것이다. 관리자는 혁신과 모방의 계수를 추정해야 한다. 이러한 계수는 간단하게 p(대중매체)와

q(구어)로 표현된다.

Bass 확산모델을 위한 식은 다음과 같다.

n_t(시간 t에서의 사용자 수(판매))
= (p × 남아 있는 잠재적 사용자의 수) +
(q × 사용자 비율 × 남아 있는 잠재적 사용자의 수)

보기에는 복잡하게 보일 수 있으나 표준 스프레드시트 프로그램에서 구현시킴으로써 쉽게 사용할 수 있다. 여러 가지 가정된 사항은 Bass 확산모델의 기초로서 응용 전에 입력되어야 한다. Bass 확산모델의 유용성과 증명된 실용성에도 불구하고 다음과 같은 상황이 아니면 유용한 방법이 아닐 수도 있다.

- 사용자 전체 수의 잠재시장의 크기는 전 시간에 걸쳐 일정하다.
- 새로운 사용자당 한 제품만 구입된다.
- 혁신과 모방의 계수는 전 시간에 걸쳐 일정하다.
- 새로운 제품혁신 자체는 그것의 라이프사이클에 걸쳐 변하지 않는다.
- 혁신의 판매는 단 하나의 지리적인 영역에 고정되어 있다.
- 마케팅 전략의 효과는 모델의 파라미터에 의해 적절히 수집된다.

3) 예측 시 고려 사항

예측자는 측정방법에 관계없이 개인적인 의견이나 기업의 성공을 위한 욕심이 예측 결과에 포함되지 않도록 주의해야 한다. 신기술 투자자들은 미래의 성공에 대한 예측을 부풀리는 편이고, 기술의 가능성에 대한 낙관적인 진술은 정확한 시장에 대한 예측과 혼동되기 때문에 사업가와 투자자들에게 피해를 준다. 마케팅 연구원들은 신기술 사용자를 연구함으로써 투자자들의 성공에 대한 편향적 예측을 막을 수 있다. 이는 신기술 사용자에 대한 접근이 어렵고, 정확한 시장조사를 위해서는 오랜 시간이 걸리며 많은 비용이 들어 진행되지 못할 수도 있기 때문이다. 신기술의 예측이 어려운 또 다른 이유는 동일 시장에서 기존의 기술과 신기술이 경쟁한다는 것이다. 이러한 상황은 기존의 기술이 시장점유율을 유지하기 위해 저가전략으로 가격을 낮추게 한다.

예측 담당자들은 예측 시 기존 기술의 장점을 확실히 고려해야 하고, 혁신의 성공에 대한 높은 기대를 최소한으로 완화시키는 방법을 사용하여 신기술이 기존 기술을 얼마나 빨리 추월할 것인가에 대한 예측을 해야 할 것이다. 그리고 예측 담당자들은 예측이 실현될 것을 기대하기보다는 이것을 사용하게 될 의사결정자들에게 좋은 정보를 주는 데 의미를 두어야 할 것이다.

2 신제품 출시를 위한 전략

신제품 출시전략을 위해서는 시장 세분화, 목표고객 명료화, 기업의 포지셔닝이 필수적이다. 이 과정은 크게 소비자의 요구, 선택, 구매 특성별로 시장을 나누는 과정, 각 분할시장 내 소비자를 파악한 후, 각 분야별 매력을 평가하여 목표시장을 선택하는 과정, 선택한 목표시장의 상품 입지와 신기술에 대한 이로움을 보여 주는 과정으로 요약 · 설명될 수 있다.

(1) STP 전략

1) 시장 세분화

소비지 그룹을 연령, 수입, 성별, 직업, 지리학적 조건, 소비자의 삶에 영향을 주는 가치관, 신뢰에 따라 세분화하면 상품의 사용량과 횟수, 제품에 대한 기대, 사용범위가 명료하게 구분될 수 있다. 전통적인 분할인 SIC(Standard Industrial Classification), NACS (North American Industry Classification System)와 같은 B2B 마케팅 코드도 중요하다.

B2B 최첨단시장에서 분할전략은 수직적 시장분할과 수평적 시장분할이 있다. 수직적 시장분할은 산업 분야별 분할이고 수평적 시장분할은 산업 분야를 넘나드는 분할 전략이다. 수평분할은 주로 일정한 기술을 일정한 비즈니스 과정에 자동화하기 위해 사용된다. 수평분할 접근은 소비자가 산업 분야를 넘나들 경우에 유용하게 사용되며, 기술을 적용하여 얻을 수 있는 혜택과 사용 접근방법을 공유하기 위해 쓰인다. 반면, 수직분할은 소비자의 사용이나 기술제품의 가치가 산업 분야에 따라 다르다. 일부는 수평 시장분할법에 대하여 명확하게 시장을 세분화하는 전략을 피하기 위한 변명이라고 하기도 한다. 수평분할은 시장분할에 있어 보다 큰 리스크를 지니고 있지만, 사실상 이를 통해 기업은 보다 큰 시장 점유율을 확보할 수 있고 리더의 입장에서는 다른 분야를 개척할 수 있다.

2) 고객 타기팅

기업은 세분화된 시장의 소비자를 이해해야 한다. 세분시장에 대한 평가가 중요한 이유는 판매수량을 예상함으로써 어떤 시장에서 매출이 더 발생할 것인지 가늠할 수 있기 때문이다. 최근에는 구매량에 의한 타깃시장의 선택과 더불어 타깃시장의 전형고객 수 또한 기업이 세분시장을 선택하는 중요한 기준이 된다는 것을 알게 되었다. 성장률을 예상하는 것도 시장의 매력도를 평가하는 데 도움이 된다. 점점 규모가 커지는 세분시장은 두 가지 이상의 매력적인 요인을 가지고 있다. 첫째, 세분시장이 성장한다는 것은 기업이 소비자의 요구를 잘 반영할 수 있으며 시장과 함께 성장해 나갈 수 있다는 것을 의미한다. 둘째, 시장의 성장은 다른 기업의 고객을 빼앗지 않으면서 새로운 소비자를 유인하는 것이라고 할 수 있다.

한편, 세분시장 내에서 타 기업과의 경쟁강도를 예상하는 것은 기업이 하나의 세분시장을 타기팅하여 집중하기 위한 비용을 결정하는 데 도움이 된다. 경쟁자의 수가 많은 세분시장 또는 경쟁자의 수는 적지만 세분시장 내에서 강력한 입지를 굳힌 경쟁자는 신규업체에 위협적인 요소가 된다. 이러한 상황에서는 신규업체의 기술이 기존업체에 비해 얼마나 더 우월한지가 경쟁에 중요한 요인이 되지 않는다. 중요한 것은 경쟁자들 사이에서 자신의 고객을 확보하기 위해 얼마나 노력할 것인가다.

마지막으로, 기업은 자신의 핵심 역량과 여력에 대해 자세히 파악하여 특정 세분시장 내에서의 고객요구에 대응이 가능한가를 가늠할 수 있어야 한다. 고객의 요구 사항에 적절히 대응하기 위해서 기업은 파트너링을 고려할 수 있다. 파트너링을 하면 여러 부작용이 생길 수도 있지만, 소비자들은 자신의 요구 사항에 알맞은 대응을 할 수 있는 기업을 찾기 때문에 현실적으로 도움이 된다.

3) 포지셔닝

차별화된 가치를 어떻게 고객에게 전달할지를 결정하는 것은 기업에 매우 중요하다. 경쟁환경에서는 비슷한 소비자를 대상으로 비슷한 제품을 판매하는 경쟁기업이 많이 존재하기 때문이다. 따라서 기업은 소비자가 보는 자사 제품의 이미지와 경쟁사 제품에 대한 이미지를 차별화해야 한다.

기업의 포지셔닝에 대한 중요성은 여러 가지로 설명될 수 있다. 첫째, 포지셔닝은 소비자의 인식에 의해 이루어진다. 결국 소비자가 새로운 기술을 구매할 것인지가 결정적인 요인이 되는 것이다. 기업은 소비자와 효율적으로 소통하여 원하는 포지션을 만들어 가야 한다.

시장 세분화와 타기팅 : 일본의 휴대전화 업계

일본의 인구 약 12억 명 중 휴대전화 가입자는 약 10억 명으로 일본에서 5명 중 4명은 휴대전화를 소유하고 있다. 일본의 휴대전화 시장은 성숙한 단계로 일반상품 시장과 점점 비슷해지고 있다. 이러한 환경에서 성공하기 위해서는 제품의 타깃시장과 가치비율을 정확하게 알아내는 것이 매우 중요하다.

우선, 시장을 분할하는 것의 중요성에 대한 설명이 필요하다. 첫 번째 단계이자 가장 중요한 단계는 시장분할의 목적을 세우는 것이다. 또한 연구를 시작하기 전, 어떻게 시장을 분할할 것인가에 대한 결정과 누가 이 분석을 사용할 것인가에 대한 결정은 매우 중요하다. 여러 분할시장에 유용하게 사용될 주요 제품의 기능을 알아보는 것과 이 제품들의 홍보 효과를 올리는 것이 시장을 분할하는 주요 목적 중 하나일 것이다.

■ **가설 설정** : 시장분할에 대한 목적이 신중하게 결정된 후, 기업은 시장의 소비자를 어떻게 나눌 것인가를 결정해야 한다. 이 단계는 나머지 네 단계를 위해 매우 중요하다. 가설을 개발하기 위한 방법으로는 회사 내에서 여러 파트의 사람들을 모으고 그들의 일상을 관찰해서 어떠한 소비자 타입이 시장에 있는지 브레인스토밍을 해 보는 것이다. 개발된 가설은 연구 과정의 설문지에 추가된다.

시장을 연령과 성별에 따라 분할하는 것은 시장이 성장 단계일 때는 유용하지만 이미 성장한 시장의 경우에는 다르다. 성별과 연령에 의한 분할은 사용자가 생각하는 휴대전화의 가치에 대한 이해를 구별하지 못한다. 특히 일본에는 성별에 따른 소득의 차이가 작기 때문에 심리학적 분할이 인구통계학적 접근보다는 잘 맞았다. 휴대전화에 대한 일본 소비자들의 요구 사항은 매우 다양한데, 어떤 소비자는 저렴한 휴대전화를 원하는 반면 다른 이들은 최신기술을 찾을 것이다. 따라서 우리는 연령과 성별을 이용해 시장을 분할하기보다는 사용자의 욕구나 휴대전화에 대한 심리학적 가치에 따라 분할해 보았다. 무엇보다 소비자가 생각하는 가치가 무엇인가에 대한 이해가 효율적 시장분할에 매우 중요하다.

■ **연구/분석** : 이 단계에서 회사는 시장분할 과정에서 사용될 데이터를 모아 설문지를 만든다. 설문지는 시장분할을 위한 아이디어를 얻을 수 있도록 만들어져야 하고, 설문 결과는 각 시장의 특성에 대한 이해를 도울 수 있어야 한다. 소비자들에게 휴대전화의 어떠한 기능이 접목되면 좋을지 생각해 보는 것이 쉬운 일은 아니지만, 이를 통해 다양한 답변을 얻을 수 있을 것이다. 몇 개의 세분시장을 정한 후 정밀 인터뷰나 그룹 인터뷰를 통해 신규 기술에 대한 생각을 발표하고, 이에 따른 사용자의 반응을 확인하여 세분시장을 결정하게 된다. 그리고 모든 조사가 끝난 후 세분시장을 확정하기 위해 데이터를 분석한다.

■ **결과 보고** : 휴대전화 업계에서 시장을 분할하고 타깃 고객을 정하는 것은 매우 도전적인 시도다. 휴대전화 업계는 고려해야 할 요인이 너무 많기 때문이다. 하지만 소비자시장을 분할하는 것은 기업이 공급자의 요구가 아닌 고객의 시각으로 제품을 개발하는 데 도움이 된다. 또한 시장을 분할함으로써 기업은 업계의 트렌드를 잘 따라갈 수 있게 된다.

둘째, 기업의 포지셔닝은 언제나 경쟁사의 영향을 받는다. 많은 기업은 자신의 신기술이 완벽하여 다른 업체는 비슷한 것을 제공할 수 없다고 생각하고 경쟁을 무시하는 실수를 범한다. 기술적으로는 그러한 예상이 맞을 수 있지만 소비자들의 인식은 언제나 예측할 수 없는 요소다. 소비자는 새로운 제품에 적응하기보다 기존의 방식을 고수할 수도 있는 것이다. 따라서 신제품의 포지셔닝은 일반적으로 현재 존재하는 기존의 시장 카테고리에 신제품에 적용된 기술이 잘 부합하는지를 주시하여 진행되어야 한다. 시장의 카테고리를 벗어나는 제품은 소비자와 판매채널에 혼란을 일으킬 수 있다. 만약 한 제품이 완전히 새로운 카테고리를 형성한다면 판매점은 이것을 자신의 가게에 들여야 할지 어느 코너에 배치해야 할지 결정하기 힘들게 되고, 소비자는 어디서 이 물건을 찾아야 할지 모른다. 또한 실용적인 소비자는 다른 제품과 이 제품을 비교하지 못하게 될 것이다. 시장의 리더는 신제품의 개발 과정에서 기존의 제품을 뛰어넘을 수 있는 새로운 제품을 만들어 내야 한다. 이러한 기업은 결과적으로 기업의 이전 버전 제품이 경쟁자가 될 수도 있다.

기업의 포지셔닝 전략에 도움이 되는 것은 다변량 분석 다속성 모형과 경쟁분석 지각도 기법이 있다. 다변량 분석 다속성 모형은 한 기업의 제품과 그 경쟁사의 제품이 그 제품의 장점과 기능을 어떻게 발전시켜 나갈 수 있는가를 파악하는 데 도움을 준다. 기업이 시장에 대한 초기 연구를 실시하기 어렵다면 우선적으로 판매직원, 고객센터, 설비 · 보수 관계자들을 통해 소비자에 대한 정보를 얻을 수 있다.

10 연습문제

1 스마트폰의 새로운 모델을 출시한다고 가정하고, 이 제품을 개발하는 데 어떤 부분들이 고려되는지 결합분석을 이용하여 설명하시오.

2 다른 시장조사 방법에 비교해 볼 때, 고객 방문 프로그램을 어떤 경우에 사용하는 것이 좋을지 기술하시오.

3 공감적 설계를 활용하여 주변의 제품 혹은 서비스를 조사하고 이를 통해 개선점을 찾아보시오.

4 현재 시장에서 선도사용자의 활동이 두드러진 제품 혹은 서비스 영역을 찾아보시오.

5 하나의 서비스를 임의로 선택하여 카노 모델로 분석해 보고, 개선점을 찾아 기술하시오.

6 각 예측방법의 장단점을 기술하시오.

7 이 책에서는 STP 전략의 예로 일본의 휴대전화 업계를 다루었다. 이를 참고하여 국내 시장에 진입한다고 가정했을 때 STP 전략을 이용하여 전략을 구상해 보시오.

(1) 선정된 시장을 시장 세분화 전략으로 세분화해 보시오.
(2) 세분화된 시장 중 하나를 타깃으로 정하고 이에 대한 근거를 기술하시오.
(3) 결정된 시장에서 포지셔닝을 진행하고자 할 때 고려해야 할 점을 기술하시오.

8 고객을 중심으로 한 제품 개발은 어떤 이점이 있는지 기술하시오.

Chapter 11

기술마케팅전략

Cisco의 유통채널 재조정

Cisco System는 연 18억 달러 이상의 매출을 달성했고, 전 세계 6,000여 개의 유통망을 확보하며 세계에서 가장 가치 있는 회사 중 하나로 인식되었다. Cisco는 초기에 직접판매 회사로 시작했다. 하지만 그 후 인터넷 사용 증가에 의한 폭발적인 유통의 성장에 힘입어 고객 증가에 대응하기 위해 유통채널 파트너가 추가적으로 필요하게 되었다. Cisco의 유통채널 전략은 대량의 유통망을 통해 제품을 팔아 급속도로 회사가 성장하는 것을 가능하게 하는 '박스푸싱' 전략이었다. 박스푸싱 접근에도 불구하고 Cisco 전략의 중요한 부분은 세일즈 조직과 마케팅 조직, 그리고 부가가치 판매자 간의 협력적 판매였다. 사실상 22% 정도의 수익은 자체적으로 고객을 조사하는 채널에 의해 생성되는 반면, 나머지 78%는 Cisco 자체에서 조사된 선도사용자들로부터 생성된 후 재판매업체나 다른 채널 멤버들에게 돌아갔다. 그러나 Cisco는 기술력의 감퇴와 더불어 내부에 과도한 경쟁이 유발되었다는 것을 발견했고, 전체 판매자 수를 줄이는 일을 시작하게 되었다. Cisco는 중간 판매자를 거치지 않는 온라인 판매채널을 개척하여 Cisco가 직접 최종소비자까지 연결될 수 있도록 만들었다.

채널 관리에 대한 근본적 접근에서 Cisco는 판매자들이 프리미엄 레벨에 관여할 수 있도록 기준을 변경했다. 판매량에 관한 조건을 제거하는 대신에 판매자들이 Cisco 솔루션에 제공한 가치를 바탕으로 분류된 포인트 시스템을 구축했다. 이러한 재범주화를 통해 소규모 숙련된 판매자들이 우량 판매자들과 경쟁할 수 있게 되었는데, 이는 Cisco로부터 받는 혜택이 동일했기 때문이다. 또한 자체 영업인력과 판매자 사이의 협력적 접근방법을 지속하고, 어떻게 수익을 올릴 수 있는가에 대한 섬세한 조언을 제공하며 컨설팅을 해 주었다. 이러한 채널 재설계를 바탕으로 전 세계 판매자의 수가 6,000명에서 3,000명으로 감소했고, 1,000명의 파트너와 함께 미국 비즈니스의 9억 달러를 창출했다. 기존 판매자와의 갈등에도 불구하고 Cisco는 선정된 시장 내에서 새로운 판매자와 협력하기로 선택했던 것이다.

개요

마케팅 전략을 수립할 때, 기업이 표적시장에서 포지셔닝을 가능하게 하는 마케팅 믹스(marketing mix)의 차원은 크게 네 가지가 있다. 제품(product), 촉진(promotion), 가격(price), 유통(place)이 그것이다. 마케팅 전략이란 이 네 가지 요소가 상호 보완작용을 잘할 수 있도록 조합하는 일련의 과정을 말한다. 마케팅 믹스를 효율적으로 통합하기 위해서는 마케팅 전략 수립 시 마케팅 믹스 사이에 일관성, 통합성을 고려하여 시너지 효과를 발생시켜야 한다. 이 중에서 제품과 촉진의 경우 그 연관성이 높으며, 가격과 유통의 경우 서로 연관성이 높다. 물론 네 가지 중에서 어떤 것도 독립적으로 수행될 수는 없지만 이 책에서는 첨단기술 제품이 이미 만들어져 있다는 전제하에 유통과 가격에 대해 중점적으로 설명했다.

1 유통전략

유통채널의 생산성은 비즈니스의 중요한 성공요인이다. 전자채널이 확장되면서 많은 비즈니스들은 기존의 직접채널, 간접채널에서 복합적으로 설계된 채널로 유통채널을 확장해 감으로써 전략 개발과 효과적 경영관리의 중요성이 점점 증대되었다. 전략을 관리하기 위해서는 일정한 경영 의사결정의 틀이 필요하다.

고객들이 제품을 회사 자체 사이트를 통해 직접적으로 구매하거나 소매상을 통해 간접적으로 구매할 수 있도록, 혹은 전자소매업자나 다른 유통채널로부터 제품을 구매할 수 있도록 많은 회사들이 '다중채널'을 사용하고 있다. Dell은 직접 판매하는 직접 유통채널 모델이 간접 유통채널과 함께 증가되어야 한다고 결정하면서 간접채널 파트너로 Wal-Mart를 추가했다. 광역 인터넷 접속의 증가로, 몇몇 산업은 물리적 유통채널을 완전히 제거하고 디지털 상품들은 인터넷을 통해 고객에게 전달되고 있다. 공급망 관리 소프트웨어 프로그램, 가상 사설망과 역경매를 포함한 전자 마켓플레이스, RFID와 같은 기술들이 지속적으로 유통채널을 능률화하고 더 많은 공급망을 제공한다. 유통채널 활동은 기존의 물류와 유통기능에 쓰이는 활동들과 마찬가지로 유통채널의 구조화와 유통채널 관계 관리를 포함한다.

유통채널 관리의 목적은 최종소비자에게 효과적 · 효율적으로 가치를 전달하기 위해 다양한 물류 프로세스와 유통 프로세스를 조정하는 것이다. 일반적으로 최적배송비 결정은 재고품 발주비용, 운송비, 리스크 관리, 수급의 불확실성 사이에서 균형을 유지하는 것을 포함한다. 또한 유통경로는 마켓플레이스에 있어 브랜드의 정체성과 기호를 확립하는 데 사용되기도 한다.

그러나 공급자와 제조업자들이 서로 상충되는 목표를 가지고 있거나 공동적으로 해결해야 할 문제를 고려하지 않을 수 있기 때문에 유통채널은 비효율을 야기할 수 있다. 일반적으로 제조업자들은 고객이 경쟁사 대비 자사의 브랜드를 선택하는 요인에 관심이 있는 반면, 중개업자는 지역시장에서 자신의 입지를 만드는 데 더 관심이 있다. 게다가 기술의 진보로 인한 제품의 고급화와 시장 변화의 빠른 속도 때문에 첨단기술 마케터는 유통채널에서의 재고를 최소화하기 위해 다양한 조치를 하게 된다. 효과적인 유통경로를 이루기 위해서는 회사가 시스템상에서 중복과 비효율성을 발견하도록 하고, 핵심 구성원과의 관계 개발과 협력, 비용상의 장점과 고객만족 모두를 달성하도록 노력해야 한다.

유통채널 관리는 생산자의 손을 떠난 제품의 인도와 지원에 신경을 쓰는 반면, 공급망 관리는 시장에서 고객에 의해 나타난 실제 요구와 제조공정의 모든 단계에 이용된 공급이 일치하는 것을 고려한다. 첨단기술 회사는 수요와 공급의 불확실성을 완화하기 위해서 모범적인 공급망 관리와 유통경로 설계를 활용하는 것에 대해 고민해야 한다.

(1) 채널구조

채널구조는 생산자에서 최종사용자까지 이르는 제품 흐름에 포함된 일련의 기업들로서 자체 영업인력, 웹사이트, 소매판로 등의 직접채널과 매개자나 매개체를 통한 간접채널, 그리고 다중채널로 나뉜다. 즉, 생산자에서 최종사용자까지 현재의 제품과 관련된 단계와 회사의 수를 의미한다.

제조자가 직접 회사 소유의 상점이나 웹을 통해 고객에게 물건을 팔고, 자체 영업인력과 소통하는 것이 직접채널구조다. 이는 제조자에 의해 소유, 관리, 제어되기 때문에 직접채널은 때때로 '수직적 통합형' 으로 지칭되기도 한다. 간접채널은 제조자가 고객에게 제품을 거래하고 팔고 전달하기 위한 매개체 중 하나다. 간접채널은 각각 독립적인 기업으로 구성되어 있기 때문에 '시장 중심적' 채널로 언급되기도 한다. 수직적 통합형이나 시장 중심적 채널의 중간 범위에 있는 채널로는 프랜차이즈나 협업체와 같이 계약상으로 관리되는 채널이 있다. 몇몇 사람들은 제조업체가 직접채널을 이용함으로써 중간 도 · 소매 마진을 줄여 제품의 가격을 낮출 수 있다고 주장한다.

하지만 유통채널 이론의 주의 깊은 고찰은 이러한 주장에 오류가 있음을 보여 준다. 중개자가 제거될 수는 있을지라도 그들이 고객에게 제공하는 다양한 서비스, 최종소비자와의 소통 등 그들이 행하는 다양한 기능이 제거될 수는 없다. 만약 회사가 직접채널을 이용하고자 한다면 제조업자 또는 고객은 이러한 점을 고려해야 한다. 또한 제품의 가격이 낮아질 수 있어도, 채널 멤버들이 추가적인 기능을 수행했으므로 그들에게 돌아가는 비용이 증가하게 된다.

게다가 중개자를 이용함으로써 접촉효율을 증대시킬 수 있다. 10명의 판매자와 10명의 고객으로 구성된 시장에서 살펴보았을 때, 각 고객이 각 판매자에 대해 평가하는 것은 10×10, 100번의 상호작용을 요구할 것이다. 그러나 유통회사가 더해짐으로써 각각 10명의 판매자와 10명의 고객들은 10×10에서 10+10 혹은 단순히 20으로 시장거래의 수를 줄이며 단 하나의 중개자를 통해 효율적으로 거래를 할 수 있게 된다. 접촉효율의 개념은 거래에 '비용이 들지 않는' 인터넷에서조차 사이버 중개자들이 급증한 주요 원인이라 할 수 있다. 예를 들면 온라인에서 고객들은 제품의 특징을 비교하기 위해 굳이 10개의 다른 웹사이트를 비교하려 하지 않는다. 하나의 사이트 내에 그 정보가 존재하기 때문이다.

유통과 물류는 제품의 개발과 마케팅에 있어 제조회사의 경쟁력과는 현저하게 구별되는 고유의 핵심 경쟁력을 요구한다. 그리고 유통 기능을 행하는 회사들은 직접채널로부터는 얻을 수 없는 규모의 경제를 획득할 수 있다. 직접 · 간접채널들은 상호 배타적이지 않다. 회사는 고객에게 제품을 전달하기 위해 이러한 조합을 어느 정도 사용할 수도 있다. 직접 · 간접채널의 조합을 사용하는 것은 하이브리드채널, 듀얼채널, 동시발생채널과 다중채널 마케팅을 포함해 몇몇 다양한 용어로 표현될 수 있다.

내부 브랜드 간의 경쟁, 혹은 동일한 타깃시장에 제품을 판매하려는 각각 다른 채널들의 경쟁은 간접채널이 추가되고 더불어 회사가 직접채널을 효율적으로 사용하게 되면서 더욱 치열해졌다. 회사의 직원들은 고정비용 내에서 회사의 투자를 정당화하기 위해 직접채널이 간접채널보다 더 효율적이라 생각하는 반면, 간접채널 멤버들은 회사가 직원만을 옹호할 것이라고 생각한다. 그래서 동시에 직접 · 간접채널을 사용하는 것은 특정한 조건하에서만 유용하다.

채널구조를 설계 시 첨단기술 마케터는 유통채널에 대한 고객의 다양한 선택, 선호도, 그리고 그러한 결정에 따르는 결과에 대한 것을 예상해야 한다. 예를 들면, 고객의 채널 선택에 영향을 미치는 유통채널의 속성은 사용의 편리함, 가격, 검색 활동, 서비스 정보, 품질, 심미적 매력, 편의성, 배합, 흥밋거리 등이 있다.

1) 직접채널

첨단기술 회사는 세 가지 종류의 직접채널에 대한 특정한 이슈를 접하게 된다.

- 직접판매와 마케팅 사이의 인터페이스
- 회사 웹사이트상의 판매
- 회사 소유의 소매판로를 통한 판매

직접판매의 경우, 영업사원을 고용하는 것은 많은 비용이 들지만 회사는 고객관계를 효율적으로 관리할 수 있고 판매 프로세스도 제어할 수 있게 된다. 많은 회사들은 단골고객이나 핵심 산업의 상하관계와 같은 주요 고객/시장 부문에 접근하기 위해 영업사원을 고용한다. 간접채널을 이용할 때, 회사는 유통업자와 다른 채널 구성원의 주요 접점방식으로서 직접판매에 의존한다.

영업력 관리는 매우 특화된 분야다. 효과적인 영업력 관리는 직접판매와 간접채널 사이의 문제를 해결함과 동시에, 영업 부서와 마케팅 부서 간의 인터페이스도 다루게 된다. 영업 부서와 마케팅 부서는 일반적으로 조직 내에서 분리된 기능을 행하므로 갈등을 겪기도 한다. 그러나 영업 부서와 마케팅 부서가 서로 협력하여 일할 때, 회사는 영업주기와 영업비용을 줄일 수 있음은 물론, 고객과의 관계를 개선할 수 있고 더 나은 성과를 도출할 수 있다. 예를 들어, IBM은 영업 부서와 마케팅 부서가 서로 독립적으로 일했는데, 이때 영업 부서가 미처 신제품을 활용할 준비가 되어 있지 않을 때 마케팅 부서가 신제품을 발표하는 일이 종종 발생했다. 이러한 문제들을 해결하기 위해 IBM은 영업과 마케팅 활동을 통합하기로 하고 새로운 방법을 고안해 내게 되었다.

많은 회사들은 자신의 웹사이트를 통해 제품을 제공한다. 종래의 오프라인 채널과 더불어 회사의 웹사이트를 사용하여 제품을 판매할 때, 이 전략은 '브릭스 앤드 클릭스(bricks and clicks, 온라인 판매와 오프라인 상점 판매가 혼합된 기업 비즈니스 전략)' 모델로 흔히 언급된다. 이때 회사는 기존의 직접 · 간접채널로부터의 반작용을 고려해야 한다. 많은 회사들이 웹 기반의 영업채널을 추가할 때 기존 다른 채널의 저항을 경험한다. 이러한 저항은 다른 채널로부터 매출이 이동하거나 잠식되기 때문이다. 사실상 이러한 갈등은 웹 기반의 주문을 이행할 때 간접비용이 발생하게 되나 저조한 웹 판매로 인해 중개인이 제거되거나 생략된다는 것을 의미한다. 물론, 웹 판매가 곧바로 성장으로 이어지는 경우가 있지만 내재적인 복합성으로 인해 절충적 접근이 더욱 선호된다. 예를 들어, 회사는 소매업자, 도매업자, 박리다매 소매상, 전통적인 중개상 등의 간접채널과 동시에 메일, 텔레마케팅, 인터넷 채널과 비즈니스를 위한 영업사원 등의 직접 마케팅 채널을 가지고 있을 수 있다.

첨단기술 기업이 활용한 직접채널의 예로 회사 소유의 소매점이 있다. IBM은 개인용 컴퓨터 판매를 위한 첫 제품센터를 1982년 뉴욕에 열었다. 1986년 낮은 실적으로 인해 NYNEX에 매각되었는데, 이때 IBM의 상점은 84개로 늘어나 있었다. 개인용 컴퓨터 사업 붐이 일어났을 때, Gateway는 적극적으로 회사 소유의 상점을 확대했지만 2004년, 188개의 모든 상점이 문을 닫아야 했다.

1991년 7월에 Sony는 '갤러리 스토어'를 시카고에 런칭했다. 갤러리 스토어는 회사의 가전제품 라인 전체를 대중에게 오픈한 미국의 첫 번째 쇼케이스였다. 1996년에는 Sony 스타일 쇼룸을 오픈하여 소매전략을 업데이트함으로써 2008년 6월까지 57개로 상점을 확대했다.

이러한 엇갈린 성공 사례에도 불구하고, 지난 몇 년 동안 많은 첨단기술 가전제품 회사들은 이 대열에 합류했다. Apple은 2001년 회사 소유의 첫 상점을 버지니아 맥린에 열었다. 놀랄 만한 성공을 거둔 Apple은 20% 가까운 수익을 낸 호주, 미국, 영국, 일본, 캐나다, 이탈리아 6개국에 2008년까지 215개의 소매상점을 열었다. 많은 회사들이 Apple의 소매전략을 모방하려고 노력했다. Palm은 공항과 쇼핑몰에 자체 숍을 열었고, Dell은 2006년에 소비자들이 Dell 컴퓨터와 노트북, 대형 스크린 TV와 다른 제품들에 대해 실제 사용해 볼 수 있도록 뉴욕과 댈러스에 2개의 소매상점을 오픈했다. 또한 Dell은 미국 전역에 걸쳐 160여 개의 쇼핑몰에 제품 키오스크를 가지고 있었다. Nokia는 현재 세계 18개 상점 오픈을 목적으로 시카고와 뉴욕, 런던, 헬싱키, 모스크바, 상하이에 본점을 가지고 있다.

왜 IBM과 Gateway 같은 회사들은 직접채널 전략에 실패하고 Apple 같은 회사들은 성공했을까? 그 이유 중 하나는 채널발전 이론에 의해 설명될 수 있다. PC 산업 초기에는 초기 사용자들이 더 많은 대체품목을 찾아야 했기 때문에 IBM이나 Gateway와 같은 단독 브랜드 소매점에 가기가 쉽지 않았을 수 있다. 그 후, 시장이 자라나고 주류 소비자가 시장으로 더욱 유입되면서 소비자들은 사전 정보를 통해 단독 브랜드 상점을 방문하는 것에 확신을 가질 수 있었다.

또 다른 이유로는 Apple이 2001년부터 iPod으로 주요 소비자들을 끌어당겨 자체 매장 내에서 신나는 경험을 하도록 한 것이 굉장한 파장을 일으킨 것을 들 수 있다. Apple은 간접채널로부터 제공되는 서비스에 만족하지 못했기 때문에 직접소매 비즈니스에 들어선 것으로 보인다. Apple의 소매전략은 컴퓨터 회사에서 가전제품 회사로 전환하는 데 매우 적합했다. 직접소매채널을 운영함으로써 회사가 마케팅전략의 실행에 어떻게 관여하는지를 간접채널에 효과적으로 전달할 수 있다. 앞서 말한 것처럼, 많은 첨단기술 회사에 영향을 끼치는 문제점은 영업과 마케팅의 서로 다른 역할로 인해 시스템, 프로세스, 방법, 보상 시스템이 일치하지 않아 최고의 실적을 내지 못한다는 것이다. 직접소매채널은 Apple과 같이 회사가 최상의 결과를 이끌어 내기 위해 소매판매가 마케팅전략에 완전히 통합되게 한다. 그러나 대부분의 다중채널이 그렇듯 회사 소유의 직접채널은 간접채널의 중개자들과 갈등을 일으킬 수 있다.

2) 간접채널

간접채널은 제조자를 지원하기 위한 영업과 마케팅, 고객 서비스의 지원, 설치, 트레이닝, 유지 · 보수와 창고관리를 포함한 다양한 채널 기능을 가진 중개자에 의존하는 것이다. 예를 들면, 컴퓨터 제조사인 Acer는 2007년 Hewlett-Packard, Dell, Lenovo에 이어 세계에서 네 번째 규모의 PC 회사로 등극했다. 「Business Week」는 Acer의 성장이 Acer 컴퓨터의 저렴한 가격과 '색다른 유통'의 결과라고 했다. Acer는 오직 간접유통 모델을 통해서만 제품을 판매했고, 저렴한 가격에도 불구하고 경쟁업체들보다 소매업자에게 더 높은 수당을 제공했다. 간접채널을 이용할 때 주요 이슈는 중개자의 타입과 이용할 수 있는 중개자의 수다.

간접채널은 다양한 형태의 중개자에 의존할 수 있다. 유통회사는 주로 제조업체로부터 직접 제품을 구매하고 재판매자나 소매업자와 같은 다른 중개자들에게 판매를 한다. 예를 들면, 플로리다의 클리어워터에 소재한 Tech Data는 영세 소매업자부터 우량 기업까지 다양한 소비자에게 IT 제품과 서비스를 유통시킨다. 보통 지역적으로 운영되는 재판매자들은 최종소비자들이 필요로 하는 제품과 서비스를 제공함으로써 최종소비자와 더 가까운 관계를 형성하고 있다.

첨단기술 제품을 파는 재판매자는 부가가치 판매자(VAR)나 부가가치 중개인(VAD)으로 지칭된다. 이들은 첨단기술 회사로부터 제품을 구매하고 그들의 전문지식을 입혀 가치를 더한 후 특정 시장에 번들 솔루션을 내놓는다. 예를 들면, 일리노이 샤움버그에 본사를 둔 Meridian IT Solutions는 Cisco Systems와 다른 제조업체들의 부가가치 판매자다. 시스템 통합자들은 일반적으로 매우 광범위하거나 복잡한 프로젝트를 다루는 특정한 고객을 위해 특성화된 업무를 담당하는 전문 재판매자다. 또 하나의 예로, 「Fortune」이 선정한 500대 기업 중 하나인 SAIC는 고객에게 IT 시스템의 통합 서비스를 제공한다. 부가가치 판매자와 시스템 통합자들이 효과적으로 비즈니스 고객의 수요를 충족시키는 반면, 첨단기술 마케터들은 오프라인과 온라인 소매업자, 카탈로그, 키오스크를 포함한 어느 정도의 간접채널을 통해 최종소비자의 수요를 충족시킨다.

간접채널을 사용할 때, 회사는 그 범위의 정도와 내부 브랜드 간 경쟁의 균형을 이루며 각각의 지역 혹은 구역 내의 얼마나 많은 중개자를 사용할 것인지 결정해야 한다. 앞서 Cisco의 사례에서 볼 수 있듯이, 회사들은 통상적으로 가능한 한 다양하고 넓은 시장을 원하고, 그들이 사용할 수 있는 가능한 한 많은 중개자를 통해 제품을 판매할 것이다. 이러한 방법을 통해 회사는 추가적으로 시장범위를 확보할 수 있을지 몰라도 그 대가가 동반된다.

회사가 어떠한 지역이든지 중개인을 많이 보유하면 각각의 중개인들은 그 지역 내의 다른 중개인들과 경쟁하는 내부 브랜드 간 경쟁을 하게 된다. 시장에서 다른 브랜드나 다른 제품 간의 경쟁은 생산적이나, 이러한 내부 브랜드 간 경쟁은 갈등과 가격폭락을 야기한다. 동일한 브랜드를 판매할 때, 재판매자들은 종종 가격경쟁에 의존한다. 하지만 이는 시장에서 제조업자의 명성이나 품질 인지도를 하락시키고, 중개자들 스스로에게도 판매수익을 줄이는 결과를 초래한다. 판매수익의 감소는 첨단기술 제품에 요구되는 서비스에 어려움을 느끼게 되는 요인으로 작용한다.

장기적 관점으로 보았을 때 과도한 범위설정은 위와 같이 여러 가시 문제점을 가져올 수 있다. 그러므로 시장에서의 범위 정도를 결정함에 있어 회사는 '제한적인 범위'와 '과도한 범위' 사이에서 균형을 잘 맞춰야 한다. 유통업체의 특정한 영역에 관해 독점적 권리를 부여하는 방식과 같이, 수직적 혹은 영역적 제한은 내부 브랜드 간 경쟁을 억제하고 채널 멤버들 간의 조화를 촉진시키기 위해 사용될 수 있다.

3) 기술의 라이프사이클에 대한 채널구조의 발전

회사가 사용하는 채널은 기술의 라이프사이클에 따라 전형적으로 변화한다. 시장에 새로운 기술이 처음 등장하면 영업방식은 자연스럽게 OEM(주문자 상표 부착 생산), 독자적인 소프트웨어 판매자, 통합자에게 초점이 맞춰진다. 시장 내에서 기술이 기반을 확보하고 목표치가 달성되고 나면 부가가치 판매자들은 주요 영업채널로서 통합자와 손을 잡게 된다. 부가가치 판매자와 초기 사용자들은 새로운 기술이 시장에서 얼마나 가치 있으며 지속적으로 필요한지를 결정한다. 그리고 간접채널의 총체적인 효율성을 높이기 위해 판매자들은 시장범위를 확장하고, 부가가치 판매자의 기반을 넓힐 수 있도록 유통업자와 슈퍼스토어(superstore)가 함께 일하게 된다.

기술이 임계량에 근접한 고성장의 단계에 들어서면서 종래의 중개자 채널은 매우 필수적이다. 유통회사, 부가가치 판매자, 그리고 전통적 소매상은 각각 성장하는 시장 내에서 범위를 추가하려고 한다. 이 단계에서 조기 채널 멤버들은 현재의 기술을 유지하면서도 더 새로운 기술과 기회로 이동하려 할 것이다. 일단 기술이 표준화되어 성숙 단계에 이르면 대량 판매채널이 점점 중요해진다. 기술이 성숙도에 도달함으로써 전자제품, 사무용품 가게 등의 이용이 눈에 띄게 증가할 것이다.

물론, 여기서 묘사된 모델에는 예외가 있다. 몇몇 제품의 첫 번째 성공은 소매채널과 함께 이루어질 수 있다. 예를 들어, 제품이 가정에서 사용되는 것이라면 판매업체는 통상적으로 해당 고객이 물건을 구매하는 소매상점이나 인터넷을 통해 제품을 판매해야 한다. 하지만 만일 신제품이 비즈니스 고객을 대상으로 한다면 고객들이 새로운 것으로 전환하는 데 어려움을 겪을 수 있기 때문에 더 보수적인 접근이 필요하다.

Geoffrey Moore는 신제품에 대한 수요를 창출하고 격차를 줄일 수 있도록 하기 위해서는 직접판매채널이 가장 효과적이라고 믿는다. 또한 수익의 양과 예측 가능성은 직접판매 모델이 성공 여부를 결정한다고 주장한다. 지역에 상관없이 50만 달러부터 몇 백만 달러의 수익 흐름을 요구하는 1명의 영업 고문을 지원하기 위해서는 선판매와 후판매의 양에 따라야 한다. 연간 120만 달러의 할당량을 채우기 위해 영업사원은 월 10만 달러를 채워야만 한다. 만약 영업 사이클이 6~9개월이라면, 그리고 성공적으로 마감하는 비율이 반반이라면, 12~18개월간 지속적으로 10만 달러 목표를 달성해야 하거나 금액이 큰 몇몇 거래가 있어야 한다. 소매채널 모델은 주류시장에 성공적일 수 있지만, 이상적으로 시장의 차이를 커버하기에는 적합하지 않다. 또한 소매채널은 고객들이 수요를 충족하기 위해 채널을 찾는 상황에 적합하나, 새로운 수요를 창출하지 않으며 전체 제품의 개발에 기여하지 않는다.

(2) 채널 관리

채널 관리는 채널 구성원들 사이의 갈등을 해결하고 협력과 조화를 장려하기 위한 관리적 메커니즘으로 법적 문제, 암시장에 대한 통제, 다중채널 마케팅에 있어서의 경영적 충돌에 대한 통제 등이 있다. 다중채널 마케팅이 대부분의 첨단기술 회사에서 다루는 표준이 되고 있기 때문에, 갈등을 최소화하고 수행 능력을 최대화하기 위한 하이브리드 채널을 어떻게 관리하는가가 중요하다. 여기서 관리방식 구조 혹은 채널 관리에서 쓰이는 조화의 메커니즘과 최근 첨단기술 유통에 있어 집중적 관심을 받는 두 가지, 구속과 독점거래 관련 이슈들이 다루어져야 한다. 제조업자들은 마케터와 채널 중개자 사이에서 조화방식, 용어, 조건, 시스템, 상호작용을 관리, 안내하고 모니터링하기 위한 프로세스를 명확하게 해야 한다.

관계를 조화시키는 두 가지 접근방식은 권위적인 통제와 쌍방적인 통제다. 권위적인 통제는 규칙을 개발하고 설명하며, 사실상 상대편에게 결정을 강요한다. 쌍방적인 통제는 두 회사 공통의 투자에 기인한다. 관계적 표준으로도 알려진 쌍방적 통제의 자세는 융통성과 시장 불확실성 내에서의 적응, 이익과 부담의 상호적 공유, 협력적인 대화에의 약속에 투영되어 있다.

조화의 방법은 일반적으로 관계 형성의 초기 단계에 형성된다. 관계가 시작되면서 마케터들은 채널 멤버의 신뢰를 얻기 위해 영향력을 행사한다. 비강제적 영향력이 정보와 설득력 있는 논쟁에 기반을 두는 반면, 강제적 영향력은 약속과 위협에 기반한다. 강제적 영향력이 채널 멤버의 시장에 대한 의존성이 높을 때만 효과적이라는 연구에서 알 수 있듯이, 기업들은 강제적 영향력 시도를 할 때 신중해야 한다. 채널 멤버의 신뢰를 얻기 위한 가장 효과적인 비강제적 영향력 전략은 3개의 요소, 즉 주장을 만들고, 증거를 제시하며, 채널 멤버가 행동하도록 촉구하는 것을 포함한 합리적인 주장이다. 사실상 유통채널 멤버들은 직접이든 간접이든 경제적으로 동기가 부여되어 있다. 그러므로 채널 멤버의 목적을 제조업체들과 일치시키는 것이 소득구조의 핵심이다. 그리고 때로는 채널 멤버들 사이의 상대적 권력 균형 또한 어떻게 채널 멤버가 행동하는가에 큰 영향을 미친다.

(3) 채널 성능

채널 성능은 각각의 채널 구성원을 모니터링하고 평가하는 것이다. 그 기준은 공급자 이익에 대한 판매자의 기여, 공급자 판매에 대한 판매자의 기여, 성장에 대한 판매자의 기여, 판매자로서의 유능함, 신뢰, 적응성, 충성도, 판매자에 대한 고객만족 등을 예로 들 수 있다.

iPhone 가격 딜레마

2007년 1월 9일에 샌프란시스코에서 열린 세계 Mac 컨퍼런스에서 Steve Jobs는 6월에 Apple이 iPhone이라는 iPod 뮤직 플레이어와 인터넷 기능이 포함된 휴대전화를 출시할 것이라고 발표했다. 4기가바이트와 8기가바이트 버전으로 2개의 버전이 있는데 소매가격은 각각 499달러와 599달러였다. 록빌, Changewave Research에서 2월에 실행된 설문조사에 의하면 3명 중 1명은 가격이 높다는 이유로 iPhone에 관심이 없다는 결과를 보였다. iSupply의 분석가들이 iPhone에 대한 구성의 예상가를 분석하여 499달러 버전은 245.93달러로, 599달러 버전은 280.83달러로 계산되었다. 라이언 김은 「San Francisco Chronicle」의 Tech Chronicles 블로그에서 가격이 iPhone에 걸림돌이 된다는 내용을 썼다. 대부분의 스마트폰 사용자는 250달러 정도의 음악기능이 지원되는 스마트폰과 가격을 비교했다.

그럼에도 불구하고 iPhone은 혁신적인 기술을 접목하여 사용자에게 새로운 즐거움을 제공했다. 출시 당일 사람들은 이 제품을 구매하기 위해 며칠 전부터 줄을 섰다. Apple은 iPhone을 출시하고 30시간 만에 27만 개의 판매량을 올렸고, 같은 기간 동안 AT&T는 14만 6,000명이 iPhone 계약을 했다고 보도했다. Apple 온라인 판매점에서는 주문을 하기 위해 2~4주를 기다려야 했다. Apple은 9월 말까지 100만 개의 iPhone이 판매될 것이라고 예상했다.

2007년 샌프란시스코의 모스콘센터에서 Steve Jobs는 499달러짜리 iPhone은 중단되었다고 발표했다. 또한 599달러짜리 iPhone은 399달러로 가격이 인하될 것이라고 했고, 이렇게 Apple은 연휴 시즌 동안 판매를 과감하게 밀고 나갔다. 이것은 많은 분석자들을 놀라게 했는데, 그 이유는 iPhone이 높은 가격에도 불구하고 두 달간 판매목표를 달성했고 소비자를 만족시켰다고 보았기 때문이다. 또한 이러한 가격인하는 처음 두 달간 iPhone을 구매한 첫 구매자들을 혼란스럽게 만들었다. Apple 홈페이지에 iPhone 소비자들이 올린 공개글에 Steve Jobs는 가격인하에 대해 사과한다고 했고, 9월 15일부터 14일 이전에 iPhone을 구매한 고객에게는 200달러의 현금을 환불해 주겠다고 했다. 다른 iPhone 고객들에게는 향후 Apple 제품과 서비스 구매를 위한 100달러 크레딧이 제공되었다. 9월 10일에 Apple은 74일간 100만 개의 iPhone을 판매했다고 보도했고, 이것은 이들이 예상했던 기한보다 3주나 빠른 것이었다.

2 가격전략

많은 하이테크 기업들은 R&D에 투자한 만큼 높은 가격을 책정하길 원하지만 여러 가지 요인들로 인해 가격을 올리기란 쉽지 않다. 하이테크 기업은 기술이 빠르게 변화하고 그 진보 가능성이 크기 때문에 제품수명이 계속적으로 짧아지고 있다는 어려움이 있다. Moore의 법칙은 여기에도 예외 없이 적용되어 18개월 정도마다 제품의 성능이 가격인상 없이 2배로 향상된다. 다시 설명하자면 18개월 정도마다 같은 단계의 기술이 절반가로 떨어진다. 이렇듯 신제품은 더 나은 가격으로 출시되고 기존 제품의 가격을 낮춰야 하는 상황이 발생한다.

또한 네트워크의 외형적 영향으로 첫 번째 제품의 가격이 시장의 가격책정에 영향을 준다. 네트워크의 외형적 영향이 존재한다는 것은 사용자가 늘어날수록 제품의 가치가 올라간다는 의미다. 몇 가지 예로 전화, 인터넷 포털과 소셜 네트워크 사이트가 있다. 첫 번째 제품의 가격은 이를 생산하기 위한 비용과 뒤따르는 복제품을 만들기 위한 비용에 비해 매우 높다. 예를 들어, 인터넷이나 CD로 배포되는 소프트웨어 개발을 위한 비용은 소프트웨어를 개발하고 시험하고 디버깅할 프로그래머나 전문가를 고용하는 비용에 비해 낮을 수 있다. 이 두 가지 요인은 낮은 가격구조를 통해 대중에게 맞춰 가야 한다는 압력이 된다.

더불어 새로운 기술에 대한 가격대비 소비자의 혜택은 가격책정에 영향을 미친다. 기업이 이전보다 향상된 제품을 잇달아 소개하면 소비자들은 기존 제품의 가격이 떨어질 것을 기대하여 구매를 늦출 수 있다. 예를 들어, 태양에너지의 가격은 1980년대 중반부터 90%가 하락했고 5년 동안 지속적으로 40%가 하락했다. 기술의 발전은 비용 효율성뿐만 아니라 생산규모 측면에서도 긍정적인 영향을 미쳐 2014년에는 태양에너지로 얻은 전기가 기존 전기에 비해 경쟁력 있어질 것이다. 이러한 상황에서 경영자들은 거래선 변경으로 발생할 수 있는 비용을 줄이고 업그레이드를 위한 특별혜택을 제공하여 고객들이 경쟁사로부터 이동해 오도록 유혹할 것이다. 이를 위해서는 새로운 기술의 가격을 과감히 낮춰야 한다.

경쟁변동은 시장의 새로운 참가자가 파격적인 혁신과 비즈니스 모델로 등장할 수 있음을 말하는 것이다. 예를 들어, Voice-over-Internet Protocol(VoIP) 기술인 Skype는 누구든지 Skype의 홈페이지에서 무료 소프트웨어를 설치하고 인터넷에 접속하면 세계 어디서나 무료로 국내외 전화통화를 할 수 있는 서비스를 제공한다. 기존에 설립된 통신업체들은 이러한 '무료' 서비스와 경쟁하기 위해 통신 인프라에 투자하도록 압력을 받는다.

또한 인터넷은 개인과 기업으로 하여금 과거에 비해 더욱 높은 차원으로 가격비교를 하도록 하고 낮은 가격을 위한 협상을 하도록 돕는다. 인터넷은 구매자가 생산자의 가격과 비용에 대한 정보를 쉽게 찾도록 해 주어 구매자의 제품 선택에 도움을 주고 가격의 투명성을 제공한다. 예를 들어, 소비자는 자동차를 구매할 때 인터넷에서 딜러가격 정보를 찾든지, 온라인 구매 서비스로 낮은 가격을 제공하는 딜러를 추천받을 수 있다. 이렇듯 인터넷은 구매자의 검색을 더욱 효과적이게 만든다. 또한 역경매방식을 통해 공급자의 최저가격이나 제품과 서비스의 판매희망가격을 알 수 있다. 더욱이 온라인 가격 정보의 투명성으로 인해 과거에 국제시장에서 일반적이었던 차별적 가격전략을 이제는 더 이상 사용할 수 없게 되었다. 인터넷을 통한 저가 및 무료공급의 가능성은 소비자들이 가격에 대해 더욱 민감해지도록 만들었다.

이전 제품과의 호환성 문제, 기존 제품을 위한 지원, 사업규격의 변화, 파생상품 가격책정 등 모든 것이 가격책정을 할 때 고려되어야 한다. 가격책정은 기존 마케팅에서도 매우 복잡한 결정이었다. 하이테크 환경에서의 가격책정은 하이테크 제품의 기술과 서비스가 기존보다 훨씬 더 복잡하다는 것을 보여 준다.

(1) 가격결정의 3C

가격결정은 〈그림 11-1〉과 같이 원가(costs), 경쟁(competition), 고객(customers)에 의해 이루어져야 한다. 3C 중 하나 또는 2개의 기반으로 가격을 책정하면 불안정한 상황이 된다. 안전한 가격책정 전략은 세 가지 요소를 모두 체계적으로 고려해야 한다.

그림 11-1 가격결정의 3C

1) 원가

저가 기반의 포지션을 가지고 있는 업체들은 뛰어난 절대원가력이 있거나 향후 세대의 기술에 의해 소멸 가능성이 없는 경우가 아니라면 저가 기반 포지션을 포기해야 한다. 예를 들어, 기존 기술에서 규모의 경제에 의한 절대원가는 새로운 기술이 나타나면 절대원가가 적용되지 않는다.

2006년 11월에 Sony Playstation 3(PSI/3)가 20기가 콘솔로 500달러에 출시될 당시 Sony Playstation 2는 250달러에 판매되었다. Sony는 PS/3가 강력한 그래픽 프로세서와 고해상도 블루레이 DVD 드라이브가 더욱 비싼 기술이기 때문에 그 가격을 정당화했지만 전문가들은 기기가 판매될수록 Sony에 손해가 있을 것으로 추측했다. 사실상 Sony는 2,000만 개의 기기를 판매해야 생산단가를 맞출 수 있는 상황이었다.

이러한 가격책정과 원가회수책정 외 하이테크 기업의 원가기준 가격책정에 중요한 기반은 기업의 경험곡선이다. 〈그림 11-2〉와 같은 경험곡선은 기업의 축적된 생산량이 2배가 되면 원가가 내려가는 것을 보여 준다.

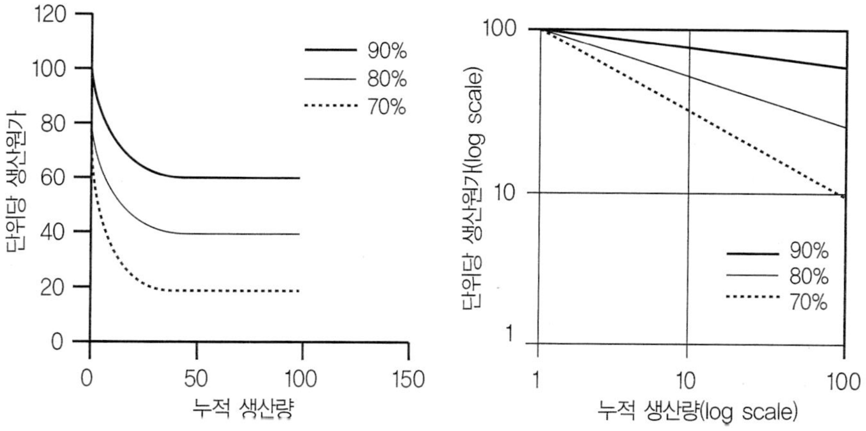

그림 11-2 경험곡선

이러한 비용절감은 학습효과, 특수화의 결합이다. 직원들은 더욱 효율적으로 일하고, 구매가는 떨어지며 생산라인은 더욱 원활해진다. 〈그림 11-2〉는 학습효과가 이전보다 강해지고 수량이 증가할수록 평평하게 되는 것을 보여 준다. 하나의 제품당 직접비와 축적 생산단가는 선형 경험곡선을 만들어 낸다. 경험곡선의 효과에 의한 첫 번째 가격책정전략은 기업을 위한 것으로, 제조 과정 초기에 원가에 대한 손해를 기꺼이 감당하여 새로운 소비자나 경쟁자를 억제하는 것이다. 경험곡선의 효과에 의한 두 번째 가격책정전략은 경험곡선의 효과가 나타날 때 제품가격을 낮추는 것이다. 이러한 오버타임 수정 전략은 기준가 시장분할과 일치하고 후기 사용자는 초기 사용자보다 가격에 더욱 민감하기 때문이다. Toyota는 이러한 요소를 조합하여 하이브리드 엔진 Prius의 가격을 책정한 것으로 보인다. 개발 및 생산 초기비용에 대한 지출에도 불구하고 Toyota는 가격을 낮추어 이를 판매했다.

2) 경쟁

가격은 경쟁자 벤치마킹을 통해 형성된다. 다른 경쟁자들이 먼저 가격을 정하도록 한 후 자신의 가격을 그 이하나 같은 가격으로 정하기도 하고, 자신이 원하는 시장에서의 포지셔닝에 따라 그 이상의 가격을 정하기도 한다. Dell이 저가의 가격정책으로 자신의 위치를 포지셔닝하는 동안 Apple은 혁신적인 제품과 프리미엄 가격책정으로 차별화를 시도했다. 하이테크 경쟁에서 자신의 혁신이 너무나 새롭기 때문에 경쟁자가 없을 것이라고 생각하는 것은 잘못이다. 고객은 언제나 새로운 기술에 맞춰 가기보다 이전의 문제점을 해결할 수 있는 혁신을 선호한다. Motolora의 한 임원은 "우리의 가장 큰 경쟁자는 IBM이나 Sony가 아니라 현재 사람들이 일을 하는 방식이다."라고 말했다.

일부 하이테크 기업들은 소비자의 요구 사항이라면 무엇이든지 충족하기 위해 타 기업과 유사한 기술을 사용하는 것을 경쟁이라고 근시안적으로 생각한다. 경쟁을 좀 더 넓게 본다면 기업이 경쟁적 위협과 기회를 이해하는 데 도움이 된다. 예를 들어, 석유 가격이 올라가면 수소연료전지의 경쟁이 심화되는데 이것은 가격적으로 더 이로운 듯 보인다. 경제 전문가들은 이것을 요구 사항의 교차 가격탄력성이나 다른 제품판매 증감률에 의한 한 제품의 증감률이라고 한다.

어느 한 제품의 판매량이 떨어지면 다른 한 제품의 가격이 오르는 것과 같이 제품들은 경쟁적 대체로 여겨진다. 일반적인 견해로 많은 경쟁업체들이 시장에 진입할수록 가격은 떨어진다. 하지만 정보와 관련한 제품은 그 반대일 수 있다. 정보적 제품은 품질에 대해 알려져 있지 않고, 다른 판매자의 상품들은 보조적인 것으로 여겨진다. 이 경우 소비자의 정보에 대한 신뢰가 높아지며 많은 판매자들은 가격을 내리기 보다는 더 올라가게 만들 수 있다. 이것이 바로 Forrester나 IDC와 같은 업체들이 제품의 시장성에 대한 예상의 대가로 몇 천 달러씩 받는 이유이기도 하다. 그럼에도 불구하고 그들의 시장규모에 대한 예상은 적지 않은 오류를 포함한다.

3) 고객

가치에 대한 소비자의 인식은 경영자들이 넘어서는 안 되는 가격한도를 알려 준다. 소비자들은 구매로 얻을 수 있는 혜택과 가격에 대해 균형을 맞춘다. 하이테크 기업의 경영자들은 소비자들의 혜택 대비 가격에 대한 인식을 완전히 이해하기 어려워한다. 혁신적인 기업은 새로운 기술이 너무나 매력적이고 정교하며 '혁신적'이라고 생각하기 때문에 소비자들에게도 이러한 장점이 훤히 보일 것이라고 생각한다. 또한 혁신적인 기업은 전환비용, 학습효과 등을 포함한 소비자의 가격에 대한 인식을 인정하지 않기도 한다.

고객들이 인식하는 제품에 대한 혜택은 다음과 같은 것들이 있다.

- 기능적 장점 : 엔지니어나 기술에 민감한 소비자를 매혹시킬 기술력
- 성능적 장점 : 제품의 안정성, 내구성, 효율성 등의 고려요소
- 금전적 장점 : 신용, 리스 등의 옵션을 사용할 수 있는지 여부
- 개인적 혜택 : 최초 사용자로서 생기는 심리적 만족감, 리스크를 회피하기 위해 잘 알려진 브랜드를 구매함, 올바른 선택에 대한 전문성 인정 등

가격에 대한 소비자의 생각은 비슷하면서도 다양하다. 구체적으로는 다음과 같은 것들이 포함되어 있다.

- 금전적 비용 : 가격 외 운송, 설치 및 운영비
- 금전적 비용이 아닌 경비 : 제품 고장에 대한 리스크, 이전 장비 또는 관련 제품의 진부화에 대한 고려, 이동비용, 학습효과와 B2B 제품, 기계장치 유지와 고장으로 인한 공장 정지 시간

참조가격은 소비자가 제품 구매가를 평가하기 위한 표준이다. 이것은 소비자의 사전 경험과 현재의 구매환경에 의존한다. 다만 내구적인 기술제품의 중간구매 사이클이 길 경우, 지난 구매에 대한 정보는 확실한 벤치마킹이 아닐 것이고 오히려 현재의 경쟁자 가격에 의한 참조가가 더욱 타당성이 있다. 또한 내구적 기술의 참조가격에 영향을 주는 소비자의 비용에 대한 중요한 요소로 기존 기반에 대한 기대되는 가용성의 크기, 보안품 제공능력과 거시경제적 조건, 가격동향 등이 있다.

소유 총비용(또는 생활주기비용)은 소비자들이 비용을 보는 한 방법이다. 이것은 소비자가 제품이나 서비스를 이용하기 위한 총비용에 반영된다. 소유 총비용에는 지불된 초기 가격(자금비용 포함)과 운송 및 설치비용, 유지 및 수리비용, 장치 실행비용, 공급 및 기타 전력비용 등 제품수명 동안 발생하는 비용이 포함되어 있다. 소유 총비용을 가격책정전략

에 응용하는 것은 기업이 제품을 자사제품에 알맞게 포지셔닝하는 데 도움을 준다. 소유 총비용이 경쟁제품보다 낮게 보이는 것은 소비자를 매혹시킬 수 있다. 이것은 새로운 사업의 시작에 드는 경비나 새로운 또는 업데이트된 추가장비를 위한 투자라고 할 수 있다. 마찬가지로 소비자가 가장 저렴한 제품을 구입하는 것은 가장 비싼 제품을 구매할 수 있는 것에 대한 매력 요인이 될 수 있다. 소유 총비용의 콘셉트가 기업의 가치제안에 얼마나 중요한지를 보여 주는 두 가지 예가 있다.

① 에너지 효율적 제품

소비자가 에너지 절약적 기술을 구매하는 것을 어려워하는 이유는 기존의 기술보다 더 비싸기 때문이다. 예를 들어 300~400달러 정도의 전기온수 보일러의 교체품으로 태양열로 온수를 만드는 장비의 가격은 3,000달러 정도가 된다. 마찬가지로 백열전구는 39센트면 교체할 수 있으나 소형 형광전구는 6달러나 한다. 에너지 절약적 장비의 소유 총비용을 계산하기 위해서는 제품의 수명기간 동안 절약되는 연간 에너지 절약비용을 구매가에 포함하여 조절해야 한다. 재무적 상식을 가지고 있는 소비자는 이 소유 총가치를 할인계수에 적용할 것이고, 통화의 현재가치가 미래의 달러가치보다 높을 것임을 안다. 예를 들어, 냉장고 평균 사용기간을 15~20년으로 볼 때 효율적인 에너지 사용이 가능한 모델은 850달러이고 기존 모델은 750달러라고 하면 에너지 효율적 모델은 연간 25달러의 에너지비용이 절감되고(가장 에너지 효율적인 가전제품의 경우 이보다 더 절감될 수 있다), 15년 동안 357달러 내지는 더 많은 비용이 절감될 것이다. 결국 두 제품의 가격 차이인 100달러보다 3배나 높은 효율을 가져온다는 것을 알 수 있다.

② 소프트웨어 서비스

많은 비즈니스 혁신 또한 소유총비용 전략의 혜택을 누릴 수 있다. 예를 들어, SaaS(software as a service)는 클라우드 컴퓨팅이라고 불리며, 소비자가 소프트웨어를 사용하기 위해 등록을 하고 서버로부터 소프트웨어 벤더가 호스팅되는 서비스다. SaaS의 가격책정전략은 일반적으로 일회성 가격이 아닌 월정액 방식의 요금이다.

Mckinsey라는 컨설턴트는 소프트웨어를 구매해서 소유한 고객과 SaaS에 회원 등록을 하여 소프트웨어에 접근할 수 있는 고객의 CRM 소프트웨어의 소유 총비용을 비교해 보았다. 총비용의 구성에는 조달비용, 구현 및 배포, 교육, 사용자 정의 및 비즈니스 프로세스 수정, 데이터센터 시설, 사용하지 않는 라이선스와 예측할 수 없는 고장에 대한 비용이 포함되어 있다. 그 결과, 판매/라이선스 모델의 소유 총비용이 SaaS를 통한 소프트웨어 공급비용보다 33% 정도 높다는 것이 확인되었다.

Mckinsey & Company에 의하면 SaaS는 다음과 같은 이유로 소유 총비용을 낮출 수 있었다.

- 소비자의 인프라 및 애플리케이션 테스트가 필요 없다.
- 오직 제한된 사용자 정의가 필요하다.
- 간단한 인터페이스와 셀프 트레이닝, 셀프 서비스 기능을 통해 교육의 필요성이 감소된다.
- 지속적인 비즈니스 프로세스 변경 관리가 불필요하다.
- 20%의 사용되지 않는 라이선스비용을 줄여 준다.
- 99.9%의 서버 사용성과 안정성을 제공한다.

미리 자리를 잡은 몇몇 업계 사람들은 소프트웨어 서비스에 대한 아이디어를 놓치기도 했다. Sibel은 Salesforce.com에게 CRM 애플리케이션의 온라인 공급을 리드할 수 있도록 했는데, 비슷한 경우로 소유 총비용 전략에 의한 오픈소스 소프트웨어가 있다. 여기서는 소비자가 새로운 하드웨어를 위해 먼저 투자해야 하기 때문에 총운영비용이 낮아지는 결과를 가져온다. 예를 들어, Morgan Stanley의 Institutional Securities Division은 4,000개의 기존 소프트웨어인 하이 파워서버를 Linux에서 제공하는 보다 저렴한 기기로 바꾸었다. 이러한 변화로 5년 동안 절감된 비용은 1억 달러가량이었으며, 그 결과 Linux의 시장점유율이 2000년 0%에서 2003년 13.7%, 2007년 33%로 오르게 되었다.

(2) 3C를 통합하는 성공적 전략

3C 통합전략은 성공적 가격책정전략을 세우기 위한 중요한 요인이다. 비용에만 초점을 맞추면 근시안적이고 문제를 일으킬 가능성이 있다. 마찬가지로 경쟁에만 초점을 맞춘다면 획기적인 기술혁신의 경쟁이 하이테크 시장에서 매우 혹독할 수 있다. 이 두 가지 문제점을 통해서 가격정책에 대하여 오직 원가나 경쟁에만 초점을 두지 않고 소비자의 관점 역시 고려해야 한다는 사실을 알 수 있다. 경영자가 가격에 대한 소비자의 관점을 고려할 때, R&D에 대한 투자비나 제품제조에 대한 비용 등은 소비자에게 그다지 중요하지 않다

는 것을 인지하는 것이 중요하다. 또한 소비자는 제품을 구매하고 사용하기 위해 자신이 지불하는 비용만큼 기업이 부담하는 비용에 대해서는 크게 생각하지 않는 편이다.

예를 들어, LG 인터넷 냉장고는 2002년에 미국에서 8,000달러인 엄청난 소매가격으로 출시되었다. 그 이후 2005년에 모든 기능을 가지고 있는 이 제품의 가격을 3,999달러로 낮추어 소비자가 대략 2,000달러는 냉장고에 대한 비용으로, 나머지 2,000달러는 컴퓨터, TV, 냉장고 문에 있는 LCD 디스플레이에 대한 비용으로 생각할 것이라고 예상했다. 하지만 LG는 소비자들이 냉장고에 내재된 컴퓨터의 모든 기능을 사용하기보다 날씨나 사진과 같은 몇 가지 기본적인 기능만을 사용한다는 것을 곧 알게 되었다.

1) 고객 지향적 가격책정

소비자 가치적 관점에 의한 가격책정을 하기 위해 경영자들은 다음과 같은 단계를 사용할 수 있다.

① 기업은 소비자가 제품을 어떻게 사용할 것인지 충분히 이해함으로써 고객 지향적 가격책정이 가능하다. 한 제품의 최종소비와 비용편익에 대한 분석은 구별될 수 있는데, 예를 들어 같은 Quicken Tax 프로그램을 구매하더라도 소기업의 세금 컨설팅을 위한 것과 개인의 세금 납부를 위한 것은 목적이 다르기 때문에 제품가치도 다르게 생각될 것이다. 소비자의 사용이 다양하듯이 경영자들은 최종소비(사용 경우)에 의해 분류를 해야 한다. 최종소비분할과 같은 비즈니스시장은 수직시장이라고 하며, 이것은 여러 업계의 다양한 소비자 분할이 각각 다르기 때문에 제품 사용과 관련된 가격 검토를 위해 사용된다.

② 기업은 소비자가 제품을 사용하여 얻을 수 있는 혜택에 초점을 두어야 한다. 소비자가 얻을 수 있는 혜택에는 기능적, 운영적, 금전적, 개인적 장점이 포함된다. 이때 기업이 제품기능의 혜택을 위한 비용에만 초점을 맞추지 않도록 주의해야 한다. 예컨대 25인치 드릴비트를 구입하는 사람은 드릴비트 자체를 원하는 것이 아니라 25인치 크기의 구멍을 뚫을 수 있는 것을 원한다. 소비자는 기능이 아닌 그 혜택을 구매하는 것이다.

하이테크 기업은 자신의 혁신적인 기술을 지나치게 강요하기 쉬운데 실제로 기술/개발 직원들이 강력하게 주장하는 혜택은 소비자들에게 와 닿지 않는 경우가 대부분이다. 이러한 문제점을 극복하기 위한 올바른 길은 소비자의 요구 사항에 중심을 두는 것이다. 예를 들어, 컴퓨터를 마케팅할 때 광고에서는 메가헤르츠, 메가바이트, 픽셀, 해상도 등의 용어를 계속 사용한다. 소비자들은 각 분야당 높은 숫자일수록 더 좋다고 알 수는 있겠지만 이러한 '개선된 성능'이 실제로 어떠한 것을 주는지는 모를 수 있다. 프로세스 속도(기능이 작동하기 위해 기다리는 시간이 줄어듦), 더 나은 저장용량(지속적으로 높아지는 소프트웨어 프로그램을 위한 것), 스크린의 보다 나은 선명도와 같은 말을 한다면 소비자에게 전문기술 용어를 사용하면서 제품의 혜택을 이해시킬 수 있다.

고객의 혜택에 대한 또 다른 예는 Parker-Hannifin의 가격책정전략의 개선에서 찾아볼 수 있다. Parker-Hannifin은 상업적, 이동성, 산업적인 제품, 그리고 항공우주 시장의 모션과 컨트롤 기술의 다양한 제품을 생산하는 제조기업이다. 2001년 Donald Washkewicz가 CEO가 된 후 그는 가격을 35% 낮추도록 제안하여 기업이 각 제품당 비용을 정가에 맞추었다. 자세한 가격조사를 위해 컨설턴트를 개입시킨 후 그는 조절된 가격을 알려 주고 제품당 가격이 얼마가 되어야 하는가만을 생각하는 것이 아니라 소비자가 그 가격에 구매할 의사가 있는가를 고려하도록 했다. 이러한 새로운 접근방법은 기업의 매출을 2002년에 투자금의 7%, 2006년에는 21%로 올리는 성과를 얻었다.

③ 기업은 소비자의 비용을 계산해야 한다. 여기에는 정보수집비용, 제품구매 및 다른 기타 비용인 배송, 설치, 관리, 교육과 같은 비용과 비금전적 비용이 포함된다. 또한 소비자가 구매결정을 할 때 생각하는 가격과 혜택에 대한 균형을 이루어야 한다. 가령 고화질 TV를 구입할 경우, 미국의 소비자는 2009년 2월 18일부터 TV 수신이 디지털로 전환되는 것을 고려해야 했다. HDTV로 교체하든가, 디지털 터너가 내장되어 있는 디지털 방식 DVD 플레이어를 구입하든가, 디지털-아날로그 변환장치를 구입하지 않으면 그들의 TV는 먹통이 되는 것이었다. 기존의 TV 세트가 새로운 방송규격에 무용지물이 되고 자신들이 즐겨 보는 방송을 접하지 못하는 것에 대한 '비용'은 새로운 디지털 TV로 장비를 업그레이드하기 위한 강력한 자극이 될 수 있었다. 다만 소비자들은 구매에 의한 일부 경비로 설치와 비싼 케이블을 포함한 셋업비용을 생각할 것이다. 많은 전문가들은 이미 소비자들이 케이블이나 위성 서비스에 가입했기 때문에 큰 변화가 없을 것이라고 했다. 케이블과 위성방송사들은 나서서 고화질 프로그래밍과 설치에 대한 호의적인 메시지와 HDTV 구매 시 쉬운 설치 패키지를 제안했다. 그리고 부정적인 소비자 반발을 우려한 미국 정부는 변환기 구매 시 반환되는 40달러짜리 쿠폰을 한 가정당 2개까지 신청할 수 있는 기회를 주었으며, 컨버터는 개당 약 50~70달러에 판매되었다.

B2B 분야의 예로, 병원에서 RFID(radio-frequency identification, 라디오 주파수 식별) 칩 기술을 적용하는 것을 보았다. 많은 병원에서 공통적으로 가지고 있는 문제점은 필요한 장비를 찾는 일이다. 예를 들어, 병원에서 간호사들이 환자가 조절하는 마취 펌프를 숨겨 놓는다는 것을 알아냈다. 이것은 병원의 장비가 부족해서가 아니라 필요한 시점에 물품을 찾을 수 없기 때문에 문제가 되었다. 간호사들은 이 펌프를 숨겨 놓음으로써 자기가 필요할 때 찾을 수 있다고 생각했다. 그래서 병원의 응급실에서는 장비에 RFID 택을 부착하여 필요한 기구를 손쉽게 찾을 수 있도록 했다. 50달러짜리 RFID 택은 배터리와 수신기가 내장되어 있었고 병원의 고속무선 네트워크를 통해 장비의 위치를 찾을 수 있었다. 그 결과로 의료직원들은 장비를 찾는 데 소요하던 시간을 하루 평균 20분이나 줄일 수 있었다. 또한 도난 그리고 장비를 부적절하게 다루어 발생하는 장비에 대한 손실이 줄었다. 이러한 문제점이 발생했을 때 RFID 칩이 보낸 시그널을 보고 5분 이내에 직원이 물품을 검색할 수 있다. 또 다른 장점은 장비가 일정한 업무범위 이외에 보다 넓은 범위에서도 사용 가능하여 불필요한 장비 재고가 없어졌다는 것이다. 병원은 추가 장비를 구매하지 않음으로써 연간 장비 구매비용을 약 100만~200만 달러 절약할 것으로 예상했다.

2) 고객 지향적 가격결정의 의미

고객 지향적 가격책정은 다음과 같은 이유로 경영자에게 도움이 된다.

첫째, 이 분석 결과는 경영자들이 제품에 의한 가격책정을 하지 않았기 때문에 상업화하기 위한 개발과 준비가 되었다는 것을 의미하고 아직은 초기 디자인 과정이라는 것을 말한다. 가격을 디자인 변수로 생각하는 것은 기업이 소비자가 개입된 적절한 비용/혜택에 대한 균형을 이해하는 데 도움이 된다.

둘째, 이 분석을 통해 다른 세그먼트의 각 소비자들이 같은 제품에 대해 다양한 가치를 생각하는 것을 알 수 있다. 가격은 소비자가 인식하는 가치와 특정 소비자층을 고려해야 한다. 소비자들이 같은 제품의 가치를 다르게 여기는 것과 각각의 선호하는 서비스 레벨이 다르다는 사실은 다양한 소비자층에 의해서 기업의 수익성이 큰 영향을 받을 수 있음을 말해 준다. 고객 지향적으로 가격책정을 하는 기업은 판매의 기반이 아닌 소비자에 의한 수익 기반이어야 한다. 소비자에게 서비스를 제공하기 위한 경비에는 판매 전 비용, 제조비용, 유통비용과 애프터세일 서비스비용이 포함된다. 활동 기반 비용책정 실행을 적용하는 것과 SAP, Oracle이나 Salesforce.com과 같이 기업을 위한 CRM 소프트웨어로 각 고객의 단계에 의한 수익성을 얻을 수 있다. 이러한 분석은 가격책정에 대해 보다 유익한 도움을 준다. 예를 들어, 4개의 산업계(미국 하이테크 기업 서비스 공급자, 미국 우편 서비스 기업, 프랑스 식품판매 사업, 독일 다이렉트 부동산 중개)의 소비자 조사에서 단골고객은 새로운 고객보다 더 낮은 가격을 지불하고 서비스를 제공받으려 하기 때문에 더 많은 비용이 들어간다는 것을 알게 되었다. 단골고객이 수익성이 없다고 판단되면 가격을 조절 · 인상해야 한다.

Microsoft : 통합 마케팅 커뮤니케이션

2006년 3월에 Microsoft는 그해 말 시행하게 될 통합 마케팅 커뮤니케이션 캠페인인 'People Ready Software'를 발표했다. 그것은 Window Vista와 Office 2007을 기업 고객들에게 프로모션하기 위해서였다. 캠페인의 주제는 MS의 소프트웨어 컬렉션이 고객의 회사를 돕고, 비용을 낮추며, 일의 생산성을 높이는 동시에 협력하게 하여 회사 내의 데이터베이스 검색, 비즈니스의 정보 수행, 고객관계를 관리함으로써 혁신을 가속화한다는 내용이었다. 또한 이 캠페인은 서비스 회사로서 IBM의 시장 점유율을 감소시키고자 했다. 중요한 것은 사용자들에게 Microsoft의 소프트웨어가 매우 익숙하지만, Microsoft는 Windows 2000이나 Office 2003 이후 꽤 오랫동안 Office 제품의 주요 공개가 없었기 때문에 비즈니스 사용자들을 대상으로 한 신제품 캠페인이 필요했다.

캠페인은 「Wall Street Journal」, 「New York Times」, 그리고 다른 신문들에 8개의 지면 광고로 시작되었다. 또한 뉴욕에서는 Bill Gates와 Steve Ballmer가 Vista에 공헌한 Microsoft의 파트너인 Intel, AMD와 더불어 Dell, HP, Sony, Toshiba와 같은 여러 컴퓨터 제조회사와 함께 무대에 오른 중대한 발표가 있었다. 주요 기업의 최고 정보통신 책임자(CIO)들은 제품의 설명을 보기 위해 이 행사에 초대되었다. 광고는 신문은 물론 TV와 기술 잡지, 웹사이트상에 소개되었다. 이들 광고에 쓰인 Vista 고유의 슬로건은 "놀라움은 지금부터 시작됩니다"였다. Interpublic Group의 샌프란시스코 광고 대행사인 MaCann Erickson이 만든 이 캠페인에 Microsoft가 지불하게 될 금액은 500만 달러로 추정되었다. 기업 고객들이 소프트웨어를 업그레이드하는 데 조직 내의 긴 의사결정 사이클을 가지고 있기 때문에 Microsoft는 'People Ready Software' 캠페인을 통해 실질적 제품의 개시보다 9개월을 앞섰다.

탄탄한 광고와 프로모션 믹스는 기존 시장에서와 마찬가지로 첨단기술 시장에서도 상당히 중요하다. 이 중요성은 기업의 조직 리스크를 줄임으로써 공식 상장된 미국 기업들의 주식 반환을 늘릴 수 있다는 광고와 R&D의 고비용을 밝혀낸 연구에 의해 뒷받침되었다. 주요 마케팅 커뮤니케이션 툴은 전통적 광고, 박람회, 세일즈 프로모션, 홍보, 매스컴, 다이렉트 마케팅, 대인 직접판매 등을 포함한다. 이러한 전통적인 미디어뿐 아니라 마케터들은 점점 유료검색 광고, Second Life 같은 가상세계에서의 마케팅, 모바일 마케팅, 새로운 미디어를 사용한 광고와 프로모션을 실행하고 있다. 또한 오늘날 대부분의 회사들은 마케팅 커뮤니케이션 노력에 있어 핵심이 되는 웹사이트를 보유하고 있다.

소비자는 기업이 공정하게 가격을 책정할 수 있도록 견제하는 역할을 한다. 몇몇 가격 책정 관행, 예를 들어 높은 연료비, 생명을 위협하는 금지된 처방의약품, 새로운 고객보다 기존 고객에게 더 높은 가격을 부과하는 것 등은 불공평하다는 인식을 준다. 소비자 그룹이 대중적으로 항의하기 위해 목소리를 높이면 기업은 대중과의 관계에 위기를 맞게 된다. 이러한 상황에 대응하기 위해 기업은 가격인상의 이유에 대한 정보를 가능한 한 많이 제공해야 한다. 한 조사에서 소비자에게 비용의 차이를 지불하는 이유를 설명했을 때 좀 더 쉽게 받아들인다는 것을 알게 되었다. 그들의 부정적 감정을 해소하기 위해서는 높은 수준의 상호작용과 소비자 서비스가 필요하다. 경영자들은 각기 다른 소비자들에게 차별화된 가격을 요구할 수 있고, 이것을 불공평하게 생각하는 것을 피하기 위해서는 필요에 의한 것이라는 사실과 차별화되는 것이 더 낫다는 것을 소비자에게 보여 줄 필요가 있다.

3 통합 마케팅 커뮤니케이션

많은 기업들에게 있어서 광고와 프로모션이 혼합된 마케팅 전략이 주효하다. 광고와 프로모션(A&P)은 타깃의 범위와 비용효과를 기준으로 설명될 수 있다. A&P는 타깃의 범위와 비용효과를 기준으로 설명될 수 있다. 비용효과를 측정하는 유용한 방법 중 하나는 경비효율지표(*CPM*)로, *M*은 로마숫자로 1,000을 의미한다.

$$CPM = \frac{\text{광고와 프로모션 툴의 가격}}{\text{그 툴이 미치는 범위의 사람 수}}$$

경비효율지표는 다양한 미디어 툴의 상대적 비용효과를 비교할 수 있도록 해 준다. 이는 총 광고비용을 특정한 미디어 광고를 보는 사람 수에 따라 계산함으로써, 미디어 범주에 걸쳐 서로 다른 미디어와의 유사한 점이 비교 가능하다. 또한 경비효율지표는 온라인 광고를 위한 주요 가격책정 모델 중의 하나다.

A&P 피라미드의 아랫부분은 광고대상의 더 넓은 범주를 가지며 대상당 가장 저렴한 금액을 취한다. 피라미드 윗부분의 툴은 대부분 더 좁은 범주와 대상당 높은 금액을 가진다. 이 피라미드는 전통적 커뮤니케이션 툴을 사용하는 범주와 대상당 가격에 있어 트레이드오프를 가지는 반면, 새로운 커뮤니케이션 툴인 인터넷은 비용이 효율적이고 피라미드의 모든 레벨에서 사용될 수 있어 스케일의 변화가 가능하다. 이 피라미드는 광고와 프로모

션을 위한 조정장치로 쓰일 수 있다. 기업은 이 툴을 낮은 단계와 별개로 피라미드의 높은 단계에 단독적으로 적용해서는 안 된다. 피라미드의 낮은 단계에서 툴의 역할은 제품과 브랜드에 대한 인식을 만들어 내고, 더 비싸고 협소한 툴을 사용하기에 앞서 가능성 타진을 위한 '워밍업'을 하는 것이다.

예를 들어, 신제품은 업계 잡지나 블로그에 무료로 제품 사용 후기를 통해 알려질 수 있다. 제품의 발표와 더불어 생기는 선도사용자들에게는 브로슈어나 부수적 자료가 담긴 직접 우편물, 답변을 요구하는 이메일을 보낼 수 있다. 가능성을 전망하는 소비자들이 관심사를 계속 표현한다면 전화나 이메일 혹은 영업사원의 방문 등 더욱 개인적인 방법으로 연락을 시도할 수 있다. 중요한 것은, 피라미드의 높은 레벨 툴을 사용하는 것은 낮은 레벨 툴의 효율성과 효과성의 영향을 받고 가능성을 전망하는 사람들의 지속적인 관심에 맞춰진다는 것이다. 타깃에게 꾸준히 메시지를 전달하기 위해 조직된 캠페인에 홍보 툴을 사용하는 것은 통합 마케팅 커뮤니케이션이 된다. 광고와 프로모션(홍보) 툴을 적절한 업무에 맞추는 것은 각 툴이 수행해야 하는 목적에 맞춘 각 툴의 강점과 약점에 바탕을 둔다. 툴의 사용은 눈앞에 있는 업무에 맞춰져야 한다.

A&P 믹스의 각 요소들에 대한 관련 논의는 간결하다. A&P는 특정 지식의 높은 수준을 요구하기 때문에, 첨단기술 마케터들은 더 발전된 A&P의 미묘한 차이와 문제점들을 해결하는 추가적인 연구를 해야 한다.

(1) 미디어 광고

광고는 인쇄나 라디오, 텔레비전, 빌보드 등, 또는 특정 잡지와 같은 매스미디어 채널을 사용하는 비용을 지불하는 커뮤니케이션의 형태다. 피라미드의 밑부분에서 첨단기술 기업들은 주요 미디어와 업계지 모두 미디어 광고를 사용한다. 업계 잡지는 산업 분야를 모두 아우르는 수평적 발행과 마찬가지로 수직적 발행(특정한 산업군)을 포함할 수 있다.

특정한 미디어를 선정함에 있어 중요한 문제는 각각의 특정한 미디어 매체가 회사의 타깃시장과 어느 수준까지 겹치는지의 여부, 매체의 비용효과(CPM), 브랜드 메시지와 미디어 매체의 편집된 내용과의 조화, 시행될 광고의 규모와 빈도 등이 있다. 어떻게 첨단기술 기업은 적절한 미디어 수단을 가려낼 수 있을까? 광고대행사가 좋은 출발점이다. 만일 기업이 광고대행사의 서비스를 활용하지 않는다면, Nielsen Company의 일부인 Standard Rate and Data Service(SRDS)는 적절한 미디어를 산업별, 개체별 등으로 찾기에 좋다. 또한 미디어 서비스 기업인 CMP미디어는 전 세계 기술의 광범위한 구축자와 판매자, 이용자를 아우르는 이벤트, 웹사이트, 업계 소식지를 가지고 있다. 마지막으로, 온라인 혹은 미디어 아울렛의 판매 관리자 광고에서 볼 수 있는 미디어 키트는 특정한 미디어 장치뿐 아니라 그러한 미디어 장치의 청중, 광고율, 앞으로의 특별한 이슈에 대한 스케줄, 업계 내 다른 출판물, 관련 통계 등에 관해서도 유용한 정보를 제공한다.

기업은 브랜드 메시지를 빠르고 쉽게 전달하면서 수많은 경쟁 광고들을 물리칠 수 있는 효과적인 메시지를 만들어야 한다. 단순 이목을 끄는 것과 브랜드 메시지를 강화하는 것 사이의 균형을 유지하기는 어려울 수 있다. 몇몇 기업들은 주목을 끌기 위해 실질적으로 브랜드 메시지와는 큰 관련이 없는 '어필' 만을 중요시하는 광고를 제작하여 실수를 범한다. 또 다른 기업들은 너무 많은 기술적 디테일을 기술하여 소비자가 이해할 수 없는 광고를 만들기도 한다. 최고의 광고는 디테일을 놓치지 않으면서도 주요 이점을 민첩하고 효과적으로 어필하여 수많은 광고의 경쟁을 뚫으면서 동시에 흥미를 끄는 광고일 것이다. 예를 들어, Apple의 'Mac 사용자 대 PC 사용자' 의 유머러스한 TV 광고는 Windows 기반 PC에 대비하여 Mac의 굉장하고 멋진 이미지를 만들어 내는 데 효과적이었다. 2008년 가을, Microsoft 역시 각계각층의 사람들을 포함하는 TV 광고인 '나는 PC다' 라는 이미지 캠페인을 시작하기도 했다.

(2) 홍보

홍보(PR)는 기업이 고객과 비즈니스, 주주들, 그리고 주요 이해 당사자들이 관련된 커뮤니티(예 : 정부 규제기관, 산업 동업조합)의 영업영역을 증가시키기 위해 행하는 일련의 활동을 말한다. 더불어 스포츠 이벤트, 자선기금, 캠페인 형태의 마케팅(비영리 단체와 더불어 행하는), 기업 철학이나 중요한 이슈를 다룬 기업 광고, 혹은 봉사 활동(예 : 회사 중역의 연설, 투어)과 같은 후원 행사를 포함할 수 있다. 매스컴의 주목은 기업의 제품이나 활동과 관련하여 뉴스미디어에서 다뤄지는 모든 범위를 일컫는다. 기업은 원하는 뉴스를 얻기 위해 언론 컨퍼런스나 대 언론 공식발표, 혹은 스테이지 이벤트를 주최할 수 있다. 회사들은 여러 미디어를 통해 공보를 유포하기 위해 웹을 이용할 수 있다.

첨단기술 기업은 대중과의 친화를 유지해야 하므로 긍정적 이미지를 키우는 데 있어서 주요한 미디어와 원만한 관계를 유지해야 한다. 첨단기술 제품의 론칭 이후 결함이 발견되었을 때, 미디어가 그것을 크게 이슈화할 것인지, 아니면 신문이나 잡지의 안쪽 페이지에 몇 단락으로 가볍게 다룰 것인지는 그동안 기업과 미디어가 어떠한 관계를 쌓았느냐가 관건이다. 2006년에 800만여 명의 랩톱 사용자에게 영향을 미칠 수 있는 이슈로 Sony의 리튬이온 배터리 과열 화재 사건이 있었는데 뉴스는 이를 전 세계에 헤드라인으로 보도했다. 하지만 2007년에 Apple의 CEO Steve Jobs의 스톡옵션 소급적용 관련 혐의는 미디어로부터 거의 주목을 받지 않았다. 이렇듯 첨단기술 기업은 PR 노력에 대해 전략적으로 사고해야 한다.

(3) 네트워크 중립성

네트워크 중립성은 모든 웹사이트, 콘텐츠, 플랫폼이 고속 데이터 통신망의 수요를 위해 동등하게 다뤄져야 한다는 아이디어다. 이는 몇몇 통신회사로부터 옹호받은, 일부 기업이 데이터를 고속 전송하기 위해 더 많은 비용을 지불해야 한다는 '단계적 서비스' 관점과 대조적인 양상을 보인다. 다시 말해 다른 기업들이 느린 차선을 이용하도록 내버려 두는 반면, 몇몇 기업들이 고속 차선을 이용하기 위해 '통행료'를 지불하는 것으로 비유될 수 있다.

네트워크 중립성 옹호자들은 고속 데이터 통신망을 제공하는 회사들이 강력한 그들의 마켓 파워로 기업을 차별하지 못하도록 해야 한다고 주장한다. 그에 반해 네트워크 중립성 반대자들은 인터넷에 매우 큰 데이터 용량을 보내는 YouTube와 같은 회사들이 운용의 핵심 기반인 필수 고속 데이터 통신망 구조에 비례해서 비용을 별도 지불해야 한다고 주장한다.

(4) 기타 도구

1) 다이렉트 메일

다이렉트 메일은 일반적으로 광고나 홍보보다 더욱 정확하게 대상을 겨냥할 수 있기 때문에 광고 또는 홍보의 툴보다 피라미드의 더 높은 레벨에 위치한다. 보통 메일링 리스트는 몇몇 리스트 브로커로부터 얻을 수 있고 가능성 있는 리스트에 대한 부가적 정보 또한 Standard Rate and Data Service(SRDS)로부터 얻을 수 있다. 비용은 일반적으로 이름 하나당 가격으로 책정되고, 자주 업데이트되는 더 정확한 대상의 리스트는 가격이 더 높다. 기업은 메일의 빈도뿐 아니라 타깃시장의 잠재적 크기를 고려하여 얼마나 많은 메일을 보낼 것인가도 결정해야 한다. 통상적으로 한 번 메일을 보내는 것으로는 결과를 얻어내기 어렵다. 다이렉트 메일과 동등한 것은 온라인 뉴스레터나 특정 대상을 타깃으로 한 이메일 커뮤니케이션을 들 수 있다.

2) 박람회, 세미나, 교육

박람회나 시사회, 세미나, 교육은 피라미드의 높은 쪽에 해당되는 것으로, 비교적 높은 비용으로 한정된 고객에게 영향을 미친다. 그러나 한 연구에서 제품을 시사회에 노출시키는 것이 시사회 후에 판매 사이클을 통해 비즈니스 바이어의 진행을 가속화시킨다고 입증했다.

매년 1월 라스베이거스에서 열리는 국제가전전시회(CES)는 새로운 제품과 혁신적 기술을 선보이며 타 제품과 비교할 기회를 제공한다. 이러한 박람회는 출품비용, 디자인과 부스 셋업 비용, 박람회를 위한 스태프 비용(여행, 식대, 여비 등) 등을 포함해 출품자에게 상당한 비용일 수 있다. 박람회 비용은 박람회, 산업 분야, 그리고 지역에 따라 다르다. 매년 봄, 독일 하노버에서 열리는 CEBIT라는 오피스와 정보기술 관련 박람회가 있는데, 2008년 CEBIT의 첫 번째 출품자를 위한 스페셜 패키지는 $15m^2$에 5,000유로(약 57,300달러)로 책정되었다. CES에서는 $200ft^2$의 최소 가격이 6,000달러 이상이었다.

특히 CES나 CEBIT와 같은 큰 규모의 박람회에서 기업들은 경쟁사 대비 확실한 노출을 하기 위해 투자를 아끼지 않는다. 만약 기업이 참가자들의 이목을 제대로 끌지 못해 부스 방문 유도에 실패했다면 비싼 박람회 참여비용 대비 성과물이 적을 수밖에 없다. 회사는 자기의 부스에 최대한 많은 사람들을 끌어들이기 위해 노력해야 한다. 또한 사용자로부터의 피드백이나 박람회 후 평가 역시 중요하다. 비용과 리스크에도 불구하고 박람회는 기술과 시장, 경쟁제품의 불확실성을 감소시키는 데 도움을 주기 때문에 제품과 서비스 마케팅에 효과적이다. 온라인 박람회와 웨비나(사용자들이 그들이 있는 지역에서 참여할 수 있도록 하는 웹 기반의 세미나) 또한 A&P 피라미드의 이 레벨을 이용하는 또 다른 방법이다.

3) 카탈로그, 문헌자료, 매뉴얼

기업은 고객에게 부가적인 정보를 제공하기 위해 브로슈어나 부수적인 자료를 제공해야 한다. 이러한 자료들은 고객과의 초기 대화를 기반으로 구축되어야 하고 고객들이 이해할 수 있는 용어로 제품의 주요 장점을 공개해야 한다. 기술 기업들은 때로 그들만의 부가적 자료를 '데이터 시트'라고 부르는 실수를 범한다. 비록 고객과의 관계에 있어 기술적인 뒷받침이 되는 전문적인 자료가 필요할지라도 그러한 디테일한 자료는 오히려 제품의 강점을 전달하는 데 방해가 될 수 있다. 상대적 이점(비용 대 이익), 양립 가능성, 정보처리 상호운용, 확장성, 서비스, 품질보증과 같은 요소들이 다뤄져야 한다. 특히 기존의 솔루션보다 가격이 더 나가는 신기술이 있다면 소유의 총비용 측면에서 접근하는 것이 효과적일 수 있다. 종종 기술 회사들은 유망한 고객에게 유포하기 위해 자신이 개발한 기술과 그것이 고객에게 주는 이점에 대해 상세히 기술하는 기술서를 준비한다. 이러한 문서, 즉 매뉴얼은 잠재적 고객에게 회사에 대한 더 많은 정보를 주고 신뢰를 갖도록 도와준다.

4) 텔레마케팅

텔레마케팅은 아웃바운드와 인바운드 방식으로 나누어진다. 인바운드 전화는 회사의 콜센터에 고객이 수신자 부담 전화를 할 때 이루어진다. 고객과의 관계를 유지하기 위해 특정한 고객을 담당하는 사람을 두는 것은 리소스의 효율적인 사용이 될 수 있다. 텔레마케터는 필드 영업사원을 지원할 수 있고, 질문에 답을 하고, 고객과의 접촉을 유지한다. 2003년 10월, 미국 의회는 텔레마케터로부터 전화를 받고 싶지 않은 국가 차원의 'Do Not Call' 리스트를 만드는 법안을 통과시켰다. 2007년까지 약 1억 4,500만 개의 전화번호가 이 리스트에 등록되었다. 이는 원치 않는 전화를 감소시키는 데 효과적이었으나 마케터들의 커뮤니케이션 채널의 효과를 축소시켰다.

5) 개인 판매

피라미드의 가장 높은 레벨에 있는 개인 판매는 각각의 영업인력이 한 번에 1명의 고객을 응대하는 것이다. 규모가 작은 기업들은 홍보자금을 마련하는 데 어려움을 겪기도 하고 메일링하기 위한 리소스 부족을 겪을지 모르나, 실질적 이슈는 그들이 현재 가지고 있는 리소스를 비효율적인 환경에서 사용할 능력이 되는가이다. 기업들은 피라미드의 하위 레벨에서 툴을 활용함으로써 고비용 툴의 가치가 극대화됨을 보장할 수 있다. 단, 이 단락의 의미를 오해하지는 말아야 한다. 이는 개인 판매와 고위 관리자를 사용한 고객 확보가 중요하지 않다거나, 최고 관리자와 기술인력이 고객 방문 프로그램에 투입되는 것이 가치 없다고 말하는 것이 아니다.

예를 들어, 컴퓨터 저장장치 제조기업인 EMC의 경우, 고객이 선정한 최고 영업 간부를 고객 본사에 파견한 것이 경쟁사들 사이에서 비즈니스를 성공할 수 있었던 핵심요인으로 알려져 있다. 이와 유사하게, 고급 반도체 제조와 장비 실험사인 Semitool의 경우, 타깃에게 개인 판매를 주로 하고 있으나(반도체 제조업자) 잠재고객과의 커뮤니케이션을 위해 박람회와 브로슈어도 사용하고 있다. 이로부터 배울 수 있는 것은 여러 리소스의 중점적 가치는 고객들이 기업의 메시지를 수용할 준비가 되어 있을 때 극대화될 수 있다는 것이다.

6) 인터넷

첨단기술 기업과 전통적 기업은 비슷하게 인터넷에 광고와 프로모션 지출 비율을 늘리고 있다. 디스플레이(배너 타입) 광고, 유명상표 후원, 안내 광고, 검색 광고, 제휴, Web 2.0, 바이러스성 마케팅, 위젯, 모바일 광고는 모두 수많은 전통 광고나 프로모션 툴을 보완하는 비용효율이 높은 인터넷 기반의 툴이다. 실제로 점점 더 많은 기업이 온라인 광고를 도입하고 있다. 2006년에 글로벌 광고 지출에서의 인터넷 점유율은 총 1억 8,700만 달러의 가치로서 5.8%를 차지했다.

11 연습문제

1. 현재 시장에 존재하는 기업 중 하나를 선정하고, 채널구조를 조사하시오.

2. 유통채널에서 직접채널과 간접채널이 무엇을 의미하는지 설명하시오.

3. 하이테크 기업의 가격전략에 영향을 주는 요인을 설명하시오.

4. 가격결정의 3C에 대하여 기술하시오.

5. 소유 총비용이 무엇인지 구체적인 예를 들어 설명하시오.

6. 고객 지향적 가격책정을 통해 얻을 수 있는 이점을 기술하시오.

7. 경비효율지표가 의미하는 바를 설명하시오.

8. 네트워크 중립성에 대해 설명하고, 이를 국내 환경에 적용하는 것이 타당한지 자신의 견해를 밝히시오.

9. Cisco 시스템의 예를 이 장에서 다루어진 내용을 통해 분석하시오.

Chapter 12

비즈니스 모델 구축과 가치평가

무형자산의 가치

하이마트의 전신은 1987년 가전제품의 도소매업을 위해 설립된 (주)한국신용유통이다. 하이마트는 대우전자의 국내 유통망 역할을 담당했으나 1997년 아시아 금융위기 직후에 대우전자가 파산하면서 종업원지주회사의 형태로 독립하게 되었다. 1999년에는 회사명을 '주식회사 하이마트'로 변경하고 꾸준히 성장하여 2002년에는 국내 100대 기업에 들게 되었다. 삼성전자, LG전자와 같은 가전 제조사의 전속 대리점이 주도하는 전자제품 유통시장에서 하이마트는 가전제조사에 종속되지 않고, 다양한 제조업체의 제품을 한 장소에서 구매할 수 있게 하는 영업방식의 '전자제품 전문점'으로 자리 잡았다.

소비자에게 다양한 브랜드의 제품을 한눈에 쉽게 비교하고 구매할 수 있도록 편의성의 가치를 주면서 하이마트는 급속하게 성장했다. 하이마트는 1999년 한 해 동안에만 약 150여 개의 점포를 개점하여 2000년 말에는 총 211개의 직영점을 가지게 되었다. 2002년 이후에도 눈부신 성장을 거듭하여 2007년에는 국내 가전유통시장에서 시장 점유율 17%을 차지하며 업계 1위 자리를 굳혔다. 2002년부터 꾸준히 대중매체를 통한 광고를 효과적으로 실시한 결과 전자제품 유통업체로서 높은 인지도를 가지게 되었으며, 한국능률협회가 선정하는 전자전문점 브랜드파워 1위를 5년 연속 달성하기도 했다. 하이마트는 전국적인 유통망을 통해 규모의 경제를 달성하여 효율적으로 점포 관리를 했으며, 자체 전산망을 운영함으로써 재고를 합리적으로 관리하며 영업의 효율을 높였다. 차별화된 전문 서비스를 제공하기 위해 전자제품의 기능과 사용방법을 설명해 주는 '세일즈 마스터' 제도를 도입하여 2005년 노동부에서 공식 인증을 받았고, 이 자격증을 취득한 직원만이 하이마트 매장에서 상담업무를 할 수 있게 했다. 또한 배송 및 설치 품질을 높이기 위해 'CS 마스터' 제도를 운영하여 고객만족도를 높이고자 노력했다. 유진그룹에 인수되기 전까지 하이마트의 실적은 꾸준히 성장했다.

유진그룹은 1967년에 군납 건빵 회사인 영양제과로 사업을 시작했다. 그러다가 1980년대에 유진기업과 유진종합개발을 설립하면서 레미콘 사업을 중심으로 발전해 왔다. 2004년 유경선 회장이 취임한 이후에 유진그룹은 적극적인 기업 인수합병 활동을 통해 급속하게 그룹의 규모를 성장시켰다. 하지만 레미콘이 중심이 되는 사업구조로는 성장의 한계가 있었다. 미래에 건설경기가 둔화되어 그룹의 주력사업인 레미콘 사업의 수익성이 떨어질 것으로 전망되었기 때문이다. 그래서 유진그룹은 미래의 성장동력을 확보하기 위하여 시멘트와 레미콘이 아닌 새로운 분야의 기업 인수합병에 관심을 기울이게 되었다. 자산규모가 1조 2,500억 원, 매출액이 8,179억 원이었던 유진그룹은 2007년 12월에 자산규모가 1조 120여억 원, 매출액이 2조 3,000여억 원에 달하는 하이마트 인수의 우선협상자로 지정되었고, 2008년 1월에 하이마트를 인수하면서 유통업으로 사업영역을 확장했다. 하이마트를 인수할 때 1조 9,500억 원의 인수금액을 조달해야 했기 때문에 유진그룹은 하이마트를 인수함에 따라 사업 부문뿐만 아니라 재무 상황까지 변화하게 되었다.

2007년 12월 10일, 유진그룹은 당시 하이마트를 소유하고 있던 코리아CE홀딩스(아시아 최대 사모투자펀드인 Affinity Equity Partners, AEP의 자회사)와 하이마트 지분 100%을 1조 9,500억 원에 인수하는 지분양수도 계약을 맺었다. 정확한 내용은 알려지지 않았지만 유진그룹이 지불한 금액은 인수 경쟁상대였던 GS그룹이나 MBK파트너스가 제시한 금액보다 약 2,000억~4,000억 원 정도 많은 것으로 시장에서 추산되었고, 시장에서는 유진그룹이 하이마트를 너무 비싸게 샀다는 의견이 제시되기도 했다. 하이마트의 인수가격이 높았던 이유는 유진그룹이 하이마트의 미래 영업성과에 많은 프리미엄을 지불했기 때문이다. 그에 따라 유진그룹의 하이마트 인수 과정에서 1조 7,500여억 원의 영업권이 발생했다. 인수결정 당시에 하이마트의 순자산 공정가액은 2,000억 원에 미치지 못하는 상황이었으므로 유진그룹은 하이마트의 영업권에 대해 1조 7,000여억 원을 지불한 셈이었다.

유진그룹은 하이마트 총인수자금 1조 9,500억 원 중 자체적으로 6,000억 원, 금융권 차입으로 1조 500억 원, 전환사채 발행으로 3,000억 원을 조달하여 하이마트를 인수했다. 하이마트의 인수차입금은 2013년까지 상환하도록 예정되어 있었다. 그러나 하이마트 인수를 위한 차입금의 규모가 워낙 컸기 때문에 하이마트 자체 수익으로 막대한 차입금을 상환하기는 어려웠고, 유진그룹은 하이마트를 상장시켜 주식시장을 통해 자본을 조달하려고 계획했다. 그러나 하이마트는 2005~2007년 동안 연간 1,100억~1,400억 원 수준의 영업현금흐름을 창출했음에도 기업공개 시 경영성과 요건을 충족시키지 못해 기업공개에 어려움을 겪었다. 양호한 현금흐름에도 불구하고, 인수를 위해 조달한 부채에 대한 막대한 이자비용과 인수 시점에 지나치게 크게 산정한 영업권의 상각액이 연간 875억 원 정도에 이르러 2008년에는 621억 원, 2009년에는 371억 원의 당기순손실을 기록했다.

개요

많은 경우 과학자나 엔지니어들은 자신이 개발하는 기술에 엄청난 집중을 하지만 정작 그것이 가지고 있는 잠재적인 사업 가능성에 대해서는 큰 관심을 기울이지 않는다. 그러나 최근에는 과학기술자들이 자신이 개발한 기술로 어떻게 돈을 벌 수 있느냐는 중요한 이슈에 대해서 점점 더 많은 관심을 가지기 시작했으며, 더 구체적으로는 어떻게 그 기술과 기술을 보유한 회사가 주주, 투자자, 고객, 가치사슬 파트너들에게 가치 창출을 할 수 있는지에 대하여 고민하고 있는데, 이것이 바로 비즈니스 모델을 만드는 과정이다. 특히, 많은 기업들이 진정한 경쟁우위를 점할 수 있는 독특한 비즈니스 모델의 가치와 필요성을 깨닫게 되면서 그 중요성이 더욱 부각되었다. 많은 비즈니스 모델이 등장하면서, 진정한 해결과제는 어떻게 이 모델들의 능률을 장기간 동안 지속시키며, 모방으로 인하여 그냥 하나의 평범한 상품으로 몰락하는 것을 막는 것이다. 혁신적인 비즈니스 모델은 사업의 가치에 아주 중요한 기여를 한다.

미국 기술시장은 1946년에 한 하버드대학교의 교수와 보스턴 지역의 몇몇 은행가와 기업가들이 ADR이라는, 미국의 첫 벤처 투자회사를 설립하고부터 형성되었다. 500만 달러가 안 되는 초기자본으로 그들은 하버드대학교와 MIT 주변의 새로운 기술을 데이터마이닝했다. 이들의 가장 큰 성공은 한 젊은 MIT 연구원 Ken Olson을 만나면서부터 시작되었다. ADR은 7만 달러를 Olson의 Digital Equipment Corporation(DEC)에 투자했고, 이 투자는 1971년에 거의 5,000배가량 가치가 증대했다. 이 시점부터 기술회사 투자는 성장 포트폴리오의 주요 구성요소가 되었다.

또 하나 기술투자의 중요성을 나타낸 사건은 1980년 Genentech의 IPO였는데, 이 생명공학 회사는 그때까지만 해도 판매 가능한 상품이 거의 없었고, 몇 년간 적자가 발생할 전망이었다. 이러한 암울한 전망에도 불구하고, 1980년 Genentech의 신규 상장은 시장 역사상 가장 급증한 주식의 사례가 되었다. 1시간이 안 되어 35달러에서 88달러로 주가가 상승했고, 당시에 「Fortune」 100대 회사이며 100년 넘은 역사를 자랑하는 American Can Company를 능가하는 시가총액을 달성했다.

오늘날 회사에 가치를 매기는 일은 많이 어려워졌는데, 이것은 현재 회사들이 일반적으로 무형자산을 유형자산과 4 : 1 정도의 비율로 보유하고 있기 때문이다. 주요한 무형자산은 지식재산, 브랜드, 출판권, 라이선스가 있는데, 이것들은 각각 회사에 가치를 더해 준다. 회사 자산의 대부분이 무형자산인 회사의 가치를 신뢰 있게 측정할 수 있는 방법을 개발하기 위하여 많은 노력을 기울이고 있다. 몇몇 초기 연구 결과들은 이러한 무형자산의 개발을 위한 R&D 비용 1달러당 18.70달러 수입이라는 비율을 제시했다. 이들의 수익은 실제로 제품을 생산해서 파는 데에서 나온 것이 아니라 라이선스 매출에서 나온 것이다.

그러나 이러한 비율이 새로운 기술회사에도 적용될 수 있을까? 새로운 회사의 경우에 적절한 기술이나 회사의 가치를 도출하는 것은 매우 어려운 일이다. 이미 자리 잡은 회사들의 경우, 가치를 매길 때 다른 회사들이 비교 대상이 될 수도 있고, 주가 수익률(price/earnings ratio)이 활용되어 가치를 도출할 수도 있다. 또한 과거 경영실적, 경험된 제품 라인, 그리고 이미 형성된 소비자와 공급자에 기반을 둘 수도 있다. 그러나 새로운 회사의 경우에 과거의 입증된 실적에 근거하지 않은 미래 예측 수익은 단지 추측일 뿐이다.

이 장에서 설명될 방법들은 다양성 범주의 가치를 찾을 수 있게 도와줄 것이다. 그 이유는 어느 한 도구도 주어진 기업이나 기술의 가치를 산출할 때 필요한 모든 요소들을 고려할 수 없기 때문이다. 궁극적으로 가치를 매기는 과정은 판매자와 구매자의 협상이며, 이 협상은 각 주체가 가지고 있는 기업의 시장가치에 대한 인식과 가치평가의 기반이 되는 여러 가추정에 대한 이해를 반영한 것이다. 이 장은 비즈니스 모델에 대한 논의로 시작해서 가치평가까지 다룰 것이다.

1 급진적 혁신 비즈니스 모델

점진적 혁신 프로젝트는 기존 기술을 향상시키기 때문에 비즈니스 모델을 찾아 고군분투하는 일은 드물다. 그러므로 가치사슬은 안정되어 있고, 고객들은 제품과 친숙하며, 수익을 창출하는 방법은 상당히 표준화되어 있다. 이것은 이러한 점진적 혁신을 생산하는 팀들이 근본적으로 새로운 모델을 찾아 나서면 안 된다는 것이 아니라, 시장에 이미 많은 사례들이 존재할 때 비즈니스 모델을 만드는 것은 그렇게 어렵지 않다는 뜻이다. 사실은, 성공적인 비즈니스 모델 혁신의 사례를 분석해 보면 대부분 급진적이거나 혁명적인 모델보다는 진화적인 모델을 수용한다. 이는 가장 효율적인 전략이 비즈니스 모델이 정체되지 않도록 지속적으로 다시 점검하고 수정하는 것임을 암시한다.

그러나 시장에 전례가 없는 급진적인 혁신 프로젝트의 경우에는 상황이 약간 다르다. 이런 경우에 팀은 다른 산업에 있는 비즈니스 모델을 연구하고 추정해서 자신이 속해 있는 산업에 적용하거나 고객요구를 파악하여 비즈니스 모델을 끌어내야 한다. 실행 가능한 모델을 추정함에 있어 어려움을 잘 보여 주는 예는 바로 광섬유 산업이다. 어느 응용 프로그램이 미래에 광 네트워크 기술을 발전시킬 것인지에 대한 산업 전반적인 합의가 없고, 이러한 의견 불일치는 산업의 비즈니스 모델에 반영된다. 광섬유 기간망 도매 사업자와 ISP(Internet Service Provider)들은 인터넷 프로토콜이 가장 중요해질 것이며 서비스가 인터넷을 통해 시행될 것이기 때문에, 그들의 비즈니스 모델이 정보와 서비스를 인터넷을 통해 지불하는 것을 상정한다. 반면에 통신 사업자들은 아직 구리 통신망에 비중을 두고 있어서, 음성과 데이터의 융합은 이러한 비즈니스를 위협할 수 있고 음성통화 서비스에 의존하는 비즈니스 모델들의 이익률을 저하시킬 수 있다고 판단한다.

방위산업 청부업체인 Hughes의 기존 비즈니스 모델은 위성기기의 판매와 서비스를 정부와 산업 고객 중심으로 운영했다. 그러나 국방 예산이 감소하는 것을 감지하고, Hughes는 기존의 방위계약상의 손해를 보전해 줄 수 있는 새로운 비즈니스 모델을 개발해야 한다고 깨달았다. 1990년대 초반에 Hughes는 새로운 직접적인 고객을 상대하는 비즈니스를 개척하기 위해 DIRECTV 사업부를 설립하고, 월 단위 요금으로 고객 개인 집 위성장치를 통해 케이블 채널과 영화를 감상할 수 있게 했다. 시기가 적절했고, 이 사업부의 이익은 2001년까지 Hughes 전체 이익의 77%까지 성장하게 되었다. 이는 기존 비즈니스를 근간으로 더욱 많은 사업 기회를 찾으려고 하는 많은 상황에서 새로운 비즈니스 모델이 어떻게 등장할 수 있는지를 보여 주는 좋은 사례다. 비즈니스 모델을 성장시키는 것은 기업이 가치사슬상 자신의 위치를 명확히 고려하는 것에서 시작된다.

(1) 가치사슬에서의 전략적 포지셔닝

비즈니스 모델을 성장시키는 첫 번째 단계는 개발하고 있는 기술과 관련된 가치사슬을 알아보는 것이다. 비즈니스에서 상류는 모든 공급자, OEM, 생산자를 포함한다. 반면 하류는 모든 유통업자와 소매업자같이 생산자와 사용자를 연결해 주는 중개인들이다. 기업이 가치사슬의 어디에 위치하는지는 그 기업의 역량과 밀접한 관계가 있으며, 기술이 라이선싱되었거나 새로운 벤처의 존립 기반 역할을 하는지의 여부, 그리고 사업가가 어떠한 비즈니스를 실행하고 싶어 하는지가 중요하다. 궁극적인 목적은 비즈니스가 수익을 창출하고, 장기간 동안 유지되도록 하며, 전략적 제휴를 통해 기업가치를 상승시키는 데 도움이 되어 기업 목표 달성을 할 수 있게 하는 위치를 찾는 것이다.

DSL 사업자들은 전통적으로 가치사슬상에서 도매상업자였는데, 이 비즈니스 모델이 곧 그들의 종말로 이어졌다. 예를 들어, DSL 사업자였던 Northpoint Communications는 2011년 2월에 파산 보호를 신청했고, 주가가 25센트로 떨어지자 NASDAQ에서 퇴출되었다. DSL 비즈니스 모델의 문제는 도매업자로서의 수입을 고객을 제공하는 ISP 재판매업자 및 구리 통신망과 기타 설비 공간을 임대해 주는 통신사업자와 분배해야 한다는 것이다. 만약 그들이 DSL 서비스를 직접 판매하고 ISP 사업자들로부터 벗어나면 수익성이 높아질 수도 있었다. 그러나 이러한 접근은 성공적이지 못했다. DSL 사업자 Rhythms Net Connections를 예로 들면, 80%의 고객이 직접 서비스하는 소매고객이었으나 2011년 8월 1일 파산법 제11단원을 근거로 기업 재편성 신청을 했다.

DSL과 ISP 분야의 실패 사례가 이어지자, 선도적인 DSL 사업자였던 Covad Communications는 비즈니스 모델을 개편해서 ISP와의 통신두절로 고충을 겪는 고객들에게 서비스를 제공하기로 했다. 이 새로운 모델은 'The Safety Net Program'이라고 불렸고 통신 서비스의 중단을 최소화하는 방식으로 새로운 서비스로의 이동을 제공함으로써 혼란과 스트레스를 줄여 주었다. DSL은 근본적으로 상품이며, 변화무쌍한 통신시장에서 비즈니스 모델을 변화시키며 환경에 적응하고 부가가치 서비스를 제공할 수 있는 유연성은 단순히 좋은 비즈니스 관행이 아니라 생존의 문제다.

가치사슬상 비즈니스의 위치를 결정하고 나면 누가 누구에게 비용을 지불해야 하는지, 관련된 가격전략을 도출하는 것이 중요하다. 아마도 비즈니스 모델은 수차례의 검증절차를 반복적으로 거치게 될 것이며, 사업가의 기업에 최적화되어 있을 뿐만 아니라 가치사슬에 있는 다른 모든 파트너들에게 가장 좋은 결과를 내는 모델에 도달할 것이다. 기업들은 가격을 책정할 때 생산비용만 고려할 뿐 시장의 지불 의사는 고려하지 않는 경우가 많다. 생산비용과 시장의 지불 의사는 초기에 프로젝트의 타당성을 조사할 때 검증되어야 하는데, 그 이유는 시장이 수용할 수 있는 가격이 생산비용을 정당화할 수 있는 수준에 미치지 못한다면 기업가의 입장에서는 프로젝트 진행을 중단할 수도 있기 때문이다. 결국, 근본적으로 고객들이 비즈니스의 성립 여부를 결정하기 때문에, 그들이 제안된 가격에 어떻게 반응하는지는 비즈니스의 성공에 굉장히 중요하다.

점진적 혁신의 상황에서는 결정된 비즈니스 모델이 고객들이 어느 특정 제품을 이용하는 방식에 변화를 가져올 것인지를 밝혀내는 것도 매우 중요하다. 그 변화는 그만한 가치가 있는 것인가? 예를 들어, Texas Instruments는 광섬유 케이블이나 위성을 통해 영화를 극장에 제공하는 새로운 디지털 기술을 생산 중이다. 이러한 기술은 극장 입장에서는 값비싼 새로운 장비의 구매를 요구한다. 영화를 분배하는 스튜디오의 입장에서는 비용절감의 효과를 누리게 될 것이 자명하지만, 극장 주인들이 이 기술로 인해 어떤 이득을 볼 것인지는 확실하지 않다. Texas Instruments가 극장 주인들에게 돌아갈 혜택을 확실히 보여 주기 전까지는 이 기술은 시장의 주류가 되지 못할 것이다.

(2) 점진적 환경에서의 급진적 혁신

Leifer 등이 『Radical Innovation』에서 제시한 연구 결과에 따르면, 점진적 혁신을 추구하는 기성 기업은 여러 가지 도전에 직면한다는 것을 알 수 있다. 어느 정도 성공의 맛을 보았기 때문에, 이러한 회사들은 자신이 추구하는 것이 무조건 옳다는 오류를 범하게 된다. 그러나 연구에 의하면 기성 기업들은 다음과 같은 문제에 직면한다는 것이 입증되었다.

- 기존 제품의 자기 시장 잠식을 어떻게 막을 것인가?

- 새로운 기술로 교환할 때 드는 높은 비용으로 인한 고객들의 저항을 어떻게 극복할 것인가?
- 기존 비즈니스 모델의 관성을 어떻게 피할 것인가?

이 중 마지막 문제가 아마도 가장 중요할 것이다. 확고하게 자리를 잡은 기업들은 짧은 시간 안에 기존 비즈니스 모델에서 벗어나 성장의 기회를 제공하는 새로운 제품, 서비스, 비즈니스 실행으로 옮겨 갈 방법을 찾아야 한다.

(3) 수익구조의 다변화

과학자들은 가끔 기술을 일반에 공개해야 그 기술이 가지고 있는 모든 잠재적인 시장에 도달할 수 있다고 생각한다. 예를 들어, 어느 개발자/기술 허가자(licenser)가 새로운 분자를 합성하여 특허권을 얻었다고 가정해 보자. 그 새로운 분자는 약물, 살충제, 아니면 식품 첨가물의 기반이 될 수 있는 잠재력이 있다. 만약 개발자가 현명하게 여러 다른 산업에 있는 사람들을 초대하여 이 기술에 대해서 배울 수 있게 배려한다면, 실험실을 떠나 회사를 차릴 필요 없이 여러 다른 산업에서 다양한 수입원을 창출하는 모습을 볼 수 있을 것이다.

다양한 수입원 창출의 중요성을 보여 주는 한 좋은 예는 1998년 Scott Shane이 MIT에서 3차원 인쇄 기술에 관해 한 연구다. MIT는 4명의 MIT 연구원들을 대표하여 Three Dimensional Printing Process(3DP)에 관한 특허를 신청했다. 3DP 과정은 명시된 성분을 만들기 위해 결합된 분말층을 만든다. 다른 대부분의 연구원들처럼 이 4명은 회사를 차릴 의도가 없었고 오직 지식 추구에 동기를 부여했다. 따라서 MIT 기술 라이선싱 사무소는 적합한 기술 피허가자를 찾아야 했다. 이 기술의 라이선스 발급이 가능한 9년 동안, 여덟 팀의 사업가들이 기술의 본질을 파악하고, 기술의 개발과 활용을 위해서 벤처 사업도 고려했다. 그들은 빠른 시제품화에서부터 3차원 치관골 형성, 시간차를 두고 투여되는 약물과 개인 조각품까지 다양한 산업에서 응용할 수 있는 방법을 찾았다. 결과적으로 개발자들은 인식하지 못했던 8개의 다른 응용방법을 찾아냈다. 이 사례를 통해 배울 몇 가지 교훈은 다음과 같다.

- 사업 기회는 대개 산업 경험으로부터 생기므로 기술을 여러 산업에 있는 많은 사람들에게 노출하는 것이 중요하다.

- 핵심 기술의 가치를 이해하고 보호해서 이것이 여러 면에서 응용되고 특허를 받을 수 있게 해야 한다.
- 기존의 개발 팀을 넘어서 새로운 응용방법을 찾아야 한다.
- 기술이 그 분야에서 기준이 되거나 지배적 기술로 자리 잡을 수 있게 하려면 기업의 핵심 역량 밖에 있는 응용 분야에 라이선스를 부여하여 기술 사용자 수를 극대화해야 한다.

2 효과적인 비즈니스 모델의 구축

가장 효율적인 비즈니스 모델을 만드는 데에는 많은 요인이 작용한다.

- 가치사슬과 가치사슬이 운영되는 방식에 대한 이해 : 급격한 혁신이나 심지어는 점진적 혁신도 새로운 기술이 가치사슬상의 모든 파트너들에게 아주 큰 영향을 미칠 것이기 때문에 시스템적 접근방식을 필요로 한다. 그러므로 가치사슬에 새로 합류하는 구성원은 혁신이 자신뿐만 아니라 가치사슬에 있는 모든 구성원에게 어떻게 가치를 창출할 것인지 파악할 준비가 되어 있어야 한다.
- 가치사슬에서 기업의 위치 : 가치사슬에서 가장 많은 가치를 창출하는 곳을 찾는 것이 중요하다. 잠재적으로 강한 파트너나 기업의 실적을 위협할 수 있는 다른 기업도 파악해야 한다. 가치사슬 파트너가 적절하지 않다면 가치사슬을 수정하거나 현재 보유하지 않고 있는 기술을 추가 습득해서 약한 파트너가 비즈니스에 피해를 주지 않게 해야 한다.
- 기업이 실험하고, 습득하고, 비판적으로 평가할 수 있는 능력 : 불확실성에 봉착했을 때—모든 기술 벤처들은 어느 측면에서든 불확실성에 직면한다—기업은 미리 상황을 점검해야 한다. 즉, 지속적으로 평가 · 수정하고 다시 테스트해야 한다. 이렇게 하면 기업은 시장에서 가장 효과적으로 경쟁하고 살아남는 방법을 배울 것이다. 이 과정은 기업이 시장에서 고객, 공급자, 그리고 비즈니스에 영향을 주는 누군가와 소통할 때 가장 좋은 효과를 발휘한다.
- 기업 스스로 비즈니스를 방어할 수 있는 능력 : 기업이 급진적인 기술을 도입한다는 것은 다른 누군가를 비즈니스로부터 쫓아내는 것을 의미한다. 그렇기 때문에 성공적인

시장 안착을 기대하면 안 된다. 급진적인 기술을 도입하기 전에 경쟁자들의 반응을 예측할 수 있으므로 기업은 반응적이기보다는 상황을 앞서서 주도해야 한다. 가치사슬 파트너들에게 왜 그들의 미래가 이 기업과 기업이 창조한 기술에 의존할 수 있는지 증명할 준비가 되어 있어야 한다.

〈표 12-1〉에는 새로운 비즈니스 모델이 도출될 수 있는 영역이 정리되어 있다.

표 12-1 신규 비즈니스 모델 창출 기회의 원천

가치사슬상에서 위치 변경	서비스되지 않거나 충분히 서비스되지 않는 틈새시장과 소비자 불만족 사항을 찾는다.
가치사슬의 재창조	현재 가치사슬을 파괴하고 완전히 새로운 가치사슬을 창조한다. 다른 산업으로부터의 유추를 통해 가치사슬의 재창조를 위한 영감을 받을 수 있다.
부가가치의 재정의	만약 경쟁자가 산업에서 소비자와의 계약을 추구하고 있다면, 기업은 먼저 소비자가 원하는 일을 파악하고 이를 수행한 후에 결과물을 턴키로 제공할 수도 있다. 이는 J.D. Powers & Associates가 시장조사 산업에서 행하는 방식이다.
기업	소비자가 어디에서 시간을 많이 보내는지 파악하고 그곳에 제품을 제공한다. 만약 소비자가 많은 중개상들을 거쳐 제품을 접하게 된다면 소비자에게 직접 판매하는 것도 고려해 볼 수 있다.

3 가치의 동인

많은 유무형의 변수들(R&D, 지식재산, 추가 성장, 기술 포트폴리오 등) 기업 발전의 단계별로 가치평가에 영향을 미친다. 투자자들은 시장위험, 기술위험, 그리고 경영진과 관련된 위험요인을 주목할 것이다. 인지하는 위험요소가 커질수록 투자에 대한 요구 수익률도 함께 높아질 것이다. 투자자들이 고려하는 중요한 위험요인은 다음을 포함한다.

- 시장의 규모와 시장이 기술을 받아들일 준비가 되어 있는지의 여부
- 기업의 경쟁우위와 그 우위를 유지할 수 있는 능력
- 경영 팀의 기술, 경험, 실적
- 벤처의 상승 잠재력

- 벤처의 하락 잠재력
- 투자자에게 적절한 퇴각시간
- 거시경제 상황과 벤처가 속한 산업의 현재 상태

기술 가치의 주된 동인을 먼저 논의할 것이며, 이후에 평가 과정 자체에 대한 논의가 이어진다.

(1) 미래 성장의 가치

성장하기 위해서 기업은 현재 기업의 성장에 쓰이지 않는 현금인 잉여현금흐름을 고정자산, 무형자산, 그리고 운영자본에 투자해야 한다. 그다음에 기업이 성장하는 속도는 투자자본수익률×투자율이다. 예를 들어, 5% 성장을 달성하기 위해 기업은 영업수익의 25%에 해당하는 투자율을 기록해야 한다(20%×25% = 5%). 더욱 빠른 성장을 위해서는 잉여현금흐름을 더 투자해야 한다. 더욱 높은 성장률을 기록하기 위해서는, 예를 들어 20%의 성장률을 달성하기 위해 기업은 잉여현금흐름의 100%를 투자해야 한다. 이러한 이유에서 왜 기업들이 빠른 성장을 위해 부채나 자본 운송수단(equity vehicles)을 통해 자금조달을 하는지 쉽게 알 수 있다. 사실 20%의 고수익이 아니라 자본비용 이상의 수익을 내는 투자기회를 찾는 것 자체가 쉽지 않다.

그러나 R&D는 그런 수익을 창출해 낼 수 있다. 문제는 많은 기업들이 R&D가 추가 창출하는 가치를 실현할 수 있을 때까지 버틸 수 있는 여력이 없다는 것이다. R&D에 투자하는 비용에 R&D에서 파생되는 고속성장을 지원하는 비용까지 추가하면, 왜 기업들이 수년간 적자를 내는지 쉽게 알 수 있다. 그러나 장기간으로 보았을 때, 기업이 만약에 높은 성장률을 지속시킬 수 있으면 사업은 더욱 가치가 커진다. 그리고 투자자본에 대한 이익률이 높아질수록 매 1%의 추가 성장은 더욱 높은 수익을 창출한다. 다른 한편으로는, 기업이 그저 자본비용만을 벌어들인다면 기업가치는 절대 증대되지 않을 것이다. 그렇다면 논리적으로 봤을 때, 만약 자본비용보다 수익률이 더욱 낮으면 기업가치는 실제로 떨어질 것이다. 기업이 긴 기간 동안 높은 성장률을 유지하는 것은, 시장에서 기술의 가치에 영향을 주는 여러 가지 요소들이 작용하고 기업이 지속적으로 자본비용보다 높은 수익률을 기록해야 하는 능력을 갖춰야 하기 때문에 어렵다.

성장을 통해 가치를 창출하는 데에는 다른 방법도 있다. 〈표 12-2〉는 이러한 방법들과

표 12-2 성장을 통한 기타 가치의 원천

수행 주체	내용
매우 지속 가능함	
시장 성장	기존 비즈니스는 GDP의 성장에 맞먹는 비즈니스 성장을 영위한다. 기타 시장들은 장기적으로 연간 5~10% 정도의 성장률을 보인다. 성장 시장에서 자리 잡는 것 자체가 가치 창출에 도움이 된다.
시장 침투	R&D는 소비자의 전환비용이 과도하지 않다면 오래된 기술을 대체하는 신기술을 창출함으로써 가치 창출 전략에 이바지한다. 주기적으로 매우 혁신적인 제품을 개발하는 것은 성장을 유지하기 위해 필요하다.
시장 점유율	시장 성장 전략을 유지하기 위해 확보한 시장 점유율이 유지되어야 한다. 이 점은 비즈니스의 모든 영역에서의 개선에 의해 달성되지만 특히 R&D 영역이 제일 중요하다.
장기적으로 지속 가능하지 않음	
가격	높은 가격은 기술이 새롭고 경쟁이 없을 경우에만 유지 가능하다. 궁극적으로 가격은 비용 아래로 내려가게 되고 수익성은 생산량을 늘려 보전하게 되므로 가격경쟁은 지속 가능하지 않다.
제조비용 절감	제조비용의 절감은 일시적으로 가치를 창조할 수 있으나 결국 한계에 다다르게 된다. 특허로 보호되는 생산공정만이 특허 유효기간만큼만 지속 가능하다.
간접비 절감	간접비 절감은 제조비용 절감과 유사하지만 R&D 지출과 연동되지 않는다는 점에서 더욱 효율성이 떨어진다.

시간에 따른 지속성을 보여 준다.

(2) 지식재산권의 가치

제품수명주기가 줄고 제품을 만들거나 개발해서 시장에 내놓는 시간이 짧아지면서 더욱 많은 기업들이 경쟁우위로서 지식재산의 필요성과 가치를 깨닫고 있다. 법원이 특허 사용자에 대해 호의적인 자세를 취하고 있고, 지식재산으로 경쟁을 조종하고 운영할 수 있는 새로운 기회가 창출되고 있다.

어떤 기술적 지식재산(intellectual property, IP)의 가치를 평가하든 간에 그 기술에 대한 비즈니스 모델을 만드는 것이 선행되어야 한다. 평가되는 지식재산은 인식이 가능해야 하며 기업의 다른 자산과 구별되어야 한다. 또한 무형이어야 하고 미래에 경제적 이윤을 창출할 수 있어야 한다. 지식재산은 라이선싱 로열티의 형태로 여러 번 판매될 수 있기 때문에 기업에 가치를 창출한다. Dell은 1999년에 비즈니스 방법 특허권으로 IBM과 16억 달러 상당의 상호 특허 사용 허가를 체결했고, 이로 인해 Dell은 낮은 가격의 부품을 받고 IBM에 대한 수백만 달러의 로열티 지불로부터도 자유롭게 되었다. 미국의 특허 라이선스 매출규모는 1990년 150억 달러에서 2000년에는 1,100억 달러 상당이 되었다. 10년 후에는 5,000억 달러 수준이 될 것으로 예측되고 있다.

지식재산의 가치평가는 보통 기술적 평가에서부터 시작하는데, 이것은 발명의 개념, 범위, 이론적 기반, 기술의 잠재적인 응용방법에 대해서 정의한다. 가치평가의 다음 단계에서는 발명을 특허화할 수 있는 가능성에 대해 평가하고 기업이 특허권을 부여받은 후 보호할 수 있는 능력도 평가한다. 새로운 활용의 경우에는 전례가 없기 때문에 비교를 통한 접근이 적절하지 않다. 고객들이 기술을 구매할 것인지 또는 언제 구매할 것인지가 모두 불투명하다.

1930년대 미국 농림부는 왜 농부들이 명백히 우수한 기술을 쓰는 것에 대해 꺼림칙해하는지 이해하기 위해 Adoption-Diffusion(A-D) 모델을 활용했다. A-D 모델은 기술의 최종사용자가 새로운 기술에 어떻게 반응하느냐에 따라 다섯 가지 범주로 나눴다.

- 혁신수용자(innovators) : 변화가 익숙하고 주위 사람들보다 훨씬 전에 새로운 기술을 받아들이는 것에 대해 열의를 보여 주는 사람들이다. 이들은 제품이 완벽하지 않을 것임을 안다. 사실 이들은 불완전함을 발견하여 발명회사에 알리는 것을 즐긴다.
- 초기 사용자(early adopters) : 새로운 제품을 시도하는 데 굉장히 흥미를 가지고 있지만, 첫 번째가 되는 것을 피하는 사람들이다.
- 조기 다수자(early majority) : 새로운 기술에 대한 초기 사용자들의 반응을 관찰하고, 그들이 위험을 무릅쓰고 쓸 만큼 편안해질 때까지 기다리는 사람들이다.
- 후기 다수자(late majority) : 시장의 절반이 기술을 채택할 무렵, 후기 다수자들이 시장에 들어온다. 이들은 기술이 잘 검증되고 증명되었으며 시장에 출시된 지 조금 시간이 지난 것을 원한다.
- 지체수용자(laggards) : 구매자들 중 가장 보수적이며, 변화에 저항하기를 포기하고 기술을 받아들이는 마지막 사람들이다. 이들은 가격에 매우 집착한다.

미국 매사추세츠 주 액턴에 있는 Technology Marketing Group Inc.(TMG)는 이 모델을 화학공업에 적용했고 놀라운 결과를 얻어냈다. 이들이 언급한 회사는 제약 분야의 연구, 개발, 생산에 이용할 기술을 개발했다. 제품 개발 이전에 이 회사는 기술평가를 통해 계속 기술 개발을 진행하는 것이 옳은지를 판단하고 싶었다. 이 회사는 보통 제약회사들이 혁신의 최첨단에 있기 때문에 적어도 초기 사용자 범주에는 속할 것이라고 생각했다. 많은 제약회사들과의 논의 후, TMG는 이 새로운 기술 채택에 수반되는 지체시간이 5년이라는 것을 발견했다. 산업에서 혁신자들이 아직 이 기술을 쓰거나 채택하지 않았다는 것을 고려하면 이 제품의 판매량이 충분한 수준에 도달하는 데에는 10년 정도 걸릴 것이라고 예상되었다. 결국, 그 기간에 계산된 투자수익률에 의해 이 기술을 추구하지 않는 방향으로 결론을 내렸다. 이 예시는 오로지 초기 사용자나 혁신수용자들만을 고려한 가치가 아닌 다섯 가지 범주의 모든 사용자들을 대상으로 한 기술 채택시간을 추정하는 것이 얼마나 중요한지를 보여 준다.

(3) 균형 잡힌 포트폴리오의 가치

확실히 자리 잡은 기업들은 보유하고 있는 다양한 포트폴리오의 R&D와 기업의 투자가 제공하는 이윤과 경쟁우위를 만끽할 수 있다. 예를 들어, 한 제품은 이미 캐시카우(cash cow)가 되었을 수도 있고, 다른 제품은 천천히 성장하되 추가적인 자본을 필요로 하지 않고, 또 다른 제품은 중요한 개발비용이 투입되었고 R&D의 막바지 단계에 있으며 향후 수년간 개발비용이 회수되지 않을 수도 있다. 만약 R&D 프로젝트가 기업이 보유한 유일한 것이라면, 이 제품을 출시하기 위해 외부 자본을 찾아봐야 했을 수도 있다. 그러나 균형 잡힌 포트폴리오와 많은 현금을 제공해 주는 캐시카우 프로젝트 덕분에 새로운 제품의 출시를 위한 자금을 조달할 수 있다. 다각적이고 균형 잡힌 포트폴리오는 융통성을 제공한다. 기업에 대한 가치의 관점에서 보면, 전체적인 포트폴리오는 높은 가치를 가지고 있고 새로운 프로젝트가 투자자본에 대해 이윤을 제공하기 시작하면서 이 가치가 증가할 것이다.

(4) 기술사용협정의 가치

기술의 라이선싱은 영리사업이 없어도 가치가 창출될 수 있음을 증명한다. 라이선싱은 또한 기술을 자유롭게 사고 판매할 수 있는 시장을 만들고, 기술의 가치평가에 또 다른 기준이 되고 있다. 라이선스 협약의 가치는 기술 허가자(licenser)와 기술 피허가자(licensee) 간 협상의 결과이며, 기술 피허가자에게 주어진 권리와 연동되어 결정된다. 이것은 기술의 개발비용과는 무관하다. 만약 라이선스가 독점적이고 여러 주체가 라이선스에 관심이 있다면 라이선스의 가치가 상승할 수 있다. 라이선스 협약은 근본적으로 기술 허가자와 기술 피허가자 간의 파트너십이기 때문에, 가치가 최대화되도록 두 단체가 모두 윈윈할 수 있는 협정을 끌어낼 강한 동기가 있다.

Boer는 라이선싱 시나리오가 두 가지 상황—입증된 기술과 입증이 안 되거나 부분적으로만 입증된 기술—으로 나뉠 수 있다고 제안했다. 입증된 기술의 경우에는 정확한 로열티 금액이 기술에서 발생하는 이윤과 시장의 힘이 적절한 균형을 이루는 선에서 책정된다. 로열티 책정 시 기반으로 할 수 있는 기존 산업 사례나 전례가 보통 존재한다. 그러나 입증이 안 된 기술의 경우에는 기술 피허가자가 시장에서 기술을 성장시키고 입증하는 데 큰 위험을 무릅쓰기 때문에 보통 로열티가 더 적다. 사실상 기술 피허가자는 발명자가 되어 기술 허가자의 위험을 줄여 주는 것이다.

일반적으로 기술 피허가자는 자신의 자본을 일부 투자해야 하고 이 투자에서 발생하는 수익으로 자본비용 그리고 위험을 감수한 대가로 적절한 수준의 프리미엄을 회수해야 한다. 다음과 같은 공식으로 이를 표현할 수 있다.

(자본투자액 + R&D 투자액)
× (투자수익률 − 자본비용의 가중평균) + 라이선스 사용료

이 경우, 라이선싱 매출은 세금을 지불한 후에 이익을 증가시킨다.

대부분의 산업은 기술 허가자가 기술 피허가자를 확보하기 위해 지킬 수밖에 없는 로열티를 설정했다. 이 비율은 산업별로 2~3%에서 많게는 15%까지 다양하다. 덧붙여 4분의 1 경험 법칙에 의하면, 발명에서 나오는 세전 이익은 다음과 같은 방식으로 나누어야 한다고 제안한다—25%는 발명가에게, 25%는 개발업자에게, 25%는 제조자에게, 25%는 배급업자에게. 그러나 발명이 전체 제품 가치에서 차지하는 비중이 상대적으로 작다면 로열티는 이 점을 반영해서 적게 책정될 수도 있다. 로열티를 시장의 크기에 적용하여 수치화하면 기술의 가치가 대략적으로 추정될 수 있다.

그러나 할인율은 어떻게 결정되어야 할까? 기술 피허가자는 위험성이 일상적인 비즈니스에서 감수하는 것보다 높지 않으면 실제 자본비용과 동등한 로열티를 원할 것이다. 그러나 위험성이 상당히 높다면 할인율도 비례해 높아질 것이다. 특허권을 우회하여 발명하는 비용이나 제품 개발 지연에 수반되는 비용 등, 목표를 달성하는 데 드는 대안의 비용도 고려되어야 한다. 로열티나 라이선스의 가치에 영향을 줄 수 있는 요소는 다음을 포함한다.

- 지식재산 보호의 성격과 범위
- 시장의 성격과 크기
- 기술 개발상의 단계
- 기술의 중요성
- 기술응용의 범위
- 기술의 특허 획득 가능성
- 시장에서 받아들여지기까지의 지체시간(A-D 모델)
- 경쟁기술의 존재와 성격
- 기술을 개발하고 상업화하는 데 필요한 투자의 액수

기술 허가자로서, 라이선스 관계를 진지하게 고려하는 후보자들을 거르고 이들에게 시간과 노력을 집중할 수 있도록 기술 피허가 후보자들에게 환불 가능한 평가 수수료를 청구하는 것이 중요하다. 협상이 진전이 있고 라이선스 계약서 초안이 마련되면 기술 허가자는—특히 독점적인 라이선스의 경우—선수금을 요청해야 한다. 선수금을 지불하는 것은 기술 피허가자의 기술에 대한 진정성을 보여 주는 것이다. 기술 피허가자가 성실한 태도도 기술활용에 임할 것을 장려하기 위해 최저 로열티, 즉 라이선스 계약을 지속하기 위해 매년 지불해야 하는 최소한의 액수를 요구하는 것은 좋은 방법이다. 그러나 이 전략은 기술 허가자의 유연성이 요구된다. 기술 피허가자가 기술 개발 과정에서 어려움에 직면하면 일시적으로 그 최소 로열티를 지불하지 못할 수도 있기 때문이다. 또한 판매매출과 연동되는 러닝 로열티도 고려할 수 있다. 러닝 로열티는 판매량 또는 기타 적절한 판매지표에 대해 고정비율로 명시할 수도 있고 아니면 변동비율로 체결할 수도 있다.

(5) 가치가 할인되는 경우

어떤 가치동인은 기술 기업의 시장가치를 향상시키는 반면, 다른 요소들은 가치를 떨어뜨린다. 투자자들은 컨트롤 프리미엄을 요구할 수 있는데 이는 방만하게 경영되는 기업에 적용하는 할인이나 불이익의 개념이다. 가치가 할인되는 정도는 회사가 가지고 있는 부채비율 정도, 영업 외 자산의 성격과 규모, 그리고 가능한 사업 기회를 활용하지 않아 발생한 기회비용 등과 연관이 있다. 투자자들은 시장성이 부족한 면에 대해서도 할인한다. 즉, 주식이자의 가치, 기업 재무구조의 안정성, 매수 가능한 주식이 지배 지분인지 소액주주

지분인지, 그리고 기초자산과 자기자본의 크기 등에 대한 부분이다.

(6) 가치평가 절차의 사례

〈그림 12-1〉은 투자자 관점에서의 가치평가 절차를 묘사한 것이다. Trojan Haptics라는 가상의 기술회사의 경우를 상정한 것인데, 이는 맹인이 촉각으로 인터넷을 이용할 수 있는 기술을 개발하는 새로운 미디어 회사다.

1) 1단계

Trojan의 창업자들은 3인의 엔지니어로 구성된 팀인데, 이들은 초기 단계의 연구를 위해 100만 달러를 투자했다. 초기 라운드의 우호적인 자본이 추가적인 300만 달러를 제공해 주었다. 이 단계에서 투자자들은 점증비율이라는 것을 적용하는데, 이것은 초기 투자자들과 창업자 간에 협상으로 결정되는 승수다. 일반적으로 산업에서 유사한 거래 시 적용되는 비율로 결정된다. 초기 자금조달 라운드에서 4 정도의 승수가 중간 정도로 여겨진다. 이 점을 염두에 두고, 기업가치(후평가가치)는 다음과 같은 공식으로 도출된다.

$$\text{(누적 R\&D 투자액} \times \text{점증비율) + 조달자금}$$
$$= \text{기업가치 (\$1M} \times 4\text{) + \$3M = \$7M}$$

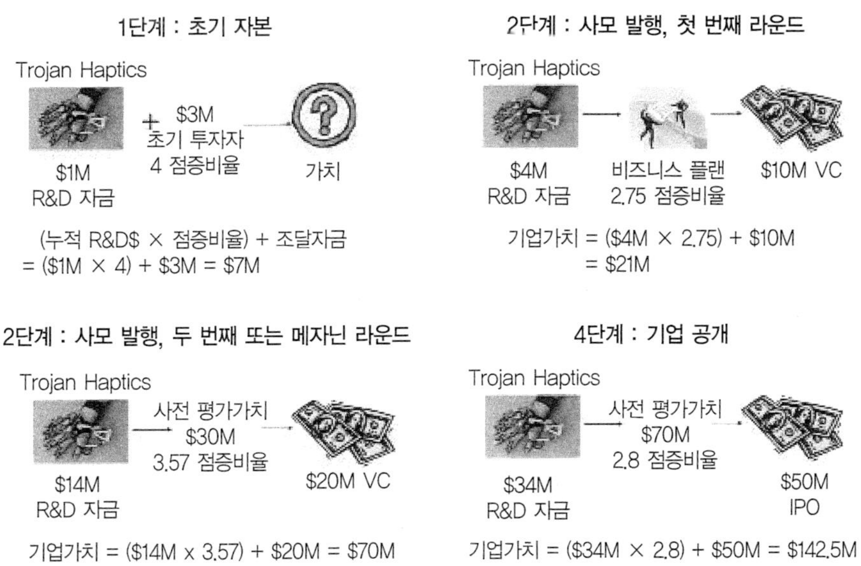

그림 12-1 가치평가 과정의 예시

400만 달러의 사전 평가가치는 위험요소 감소로 창출된 것이다. 처음 시작할 때, 그들은 기술을 R&D 타당성 분석 단계까지 발전시킬 수 있는 100만 달러의 연구자금을 만들 가능성이 40%가 될 것으로 예상했다. 그들은 이 목표를 우호적 자본 300만 달러로 충족시켰다. 이렇게 하여 그들이 다음 목표를 달성할 확률은 이제 100%다. 이 점을 초기 단계 투자자들이 지켜본 것이다.

2) 2단계

기업은 사업 초기 단계에 적자를 헤쳐 나가게 도와줄 수 있는 자금이 필요하다. 경비 지출 속도라는 용어가 여기서 적용된다. 경비 지출 속도는 회사가 현금을 사용하는 속도다. 만약 신생 기업이 1,000만 달러의 자금이 있고 연간 경비 지출 속도가 400만 달러라면 2.5년 만에 현금이 바닥날 것이며, 새로운 펀딩 단계로 돌아가야 할 것이다. Trojan의 경우에는 누적된 R&D 지출이 400만 달러로 커졌다. 실행 단계에서 기업의 R&D 진척은 상당히 유망하고 사업계획도 준비되었다. 그러나 이러한 사건들은 초기 단계에서 투자자들의 이익이 4배가 된 기존의 발견보다는 훨씬 덜 흥미롭다. 투자자들과 기업은 1,100만 달러의 사전 평가가치를 협상했고, 이것은 점증비율 2.75와 동일하다. 투자자들이 회사에 지불하기로 한 1,000만 달러를 더하면 2,100만 달러 상당의 기업가치가 된다.

3) 3단계

신생 기업이 여러 라운드의 사모 발행을 거치거나 다른 자금조달 활동, 예를 들면 다른 기업과의 합작투자나 새로운 벤처의 설립과 같은 활동을 진행하는 것은 꽤 흔한 일이다. 이 사례에서는 이러한 활동이 일어나지 않는다고 가정한다. Trojan은 기술 개념과 기술의 타당성을 증명했고 점증비율 3.57에 사전 평가가치 5,000만 달러를 달성했다. 또한 이제 R&D에는 1,400만 달러를 투입했다. Trojan은 점점 더 큰 액수를 받고 있지만, 또한 고속성장을 하고 있고 경비 지출 속도도 커졌다. 이 시점에서 Trojan은 기업공개 준비 과정에서의 자금조달 방식인 메자닌 금융(mezzaning financing)으로 2,000만 달러를 조달한다. 이 현금은 기업을 7,000만 달러의 기업가치로 이끈다.

$$\text{기업가치} = (\$14M \times 3.57) + \$20M = \$70M$$

4) 4단계

IPO의 시점에서 Trojan은 성공적으로 시장을 타진했고 그들의 기술이 널리 받아들여짐을 확인했다. 이제는 시장에서 빠르게 성장하는 데 필요한 자금을 만들기 위해 IPO를 계획 중이다. 점증비율 2.8에 근거하면 Trojan의 기업가치는 1,452억 달러로 성장할 것이다.

$$기업가치 = (\$34M \times 2.8) + \$50M = \$145.2M$$

이 기술 신생 기업의 특이한 점은 기업운영 활동이 없이도 첫 번째 라운드와 두 번째 라운드 자금조달 과정에서 기업가치 증대를 100% 이상 달성하고, 세 번째 라운드에서 80% 더, 그리고 IPO에서 35%를 더 증대한 것이다. 물론 이는 당시 IPO 시장의 활황에 힘입은 것이다.

4 가치평가를 위한 재무 모델

일반적으로 금융 가치평가 방법은 기업이 계속 존속한다는 가정 아래 미래 어느 시점의 시장 분석에 기반을 둔다. 장부 가격이나 청산가치를 계산하는 유일한 이유는 가치평가의 기반을 만들어 주기 위해서다. 그러나 기술 벤처에서는 자산이 주로 무형이기 때문에 문제가 된다. 뿐만 아니라, 주가수익률(P/E ratio)을 이용하면 신생 기업의 가치가 자리를 잡은 공개 기업들의 가치를 기준으로 산정되므로 새롭고 초기 단계에 있는 기업에 주가수익률을 적용하는 것은 부적절하다. 그럼에도 불구하고 주가수익률은 벤처 자금업계에서 이용되는 주요 도구이며, 뒤에서 더 논의될 것이다.

가치평가는 다음 세 가지 가정에 바탕을 둔다.

- 현재가치 : 현재의 기업의 운영, 마케팅, 재무전략으로부터 발생하는 가치
- 시장가치 : 공개시장에서 얻을 수 있는 가격
- 청산가치 : 비즈니스가 청산될 때 실제 자본의 가치

신생 벤처의 경우에는 시장가치가 아마 가장 적절한 가정일 것이다.

여기서는 무형자산을 평가하는 다양한 재무 모형이 고려될 것이다. 어떠한 가치평가 방

법을 선택하든 짚어 봐야 할 몇 가지 요인이 있다.

- 지식재산의 경제적 수명
- 기술의 경제적 수명
- 기술의 전이성
- 상업화에 대한 제한
- 대체상품의 개발비용
- 유사한 기술에 상응하는 투자수익률

(1) 비용에 근거한 가치평가

비용에 기반을 둔 평가는 지식재산 투자의 실제 비용 계산에 의존하며, 더불어 인플레이션과 투자자가 요구할 수 있는 투자수익률을 참조한다. 간단해 보일 수 있지만, 예를 들어 새로운 기술의 연구와 개발에 쓰이는 액수와 기술의 실제 시장가치 사이에 연관성이 없다고 나타난 연구 결과도 존재한다. 만약 기술이 실패하거나 상업성이 없다면 개발에 쓰인 모든 금액은 손실되는 것이며 회수가 불가능하다. 비용에 근거한 가치평가 방법은 절사율(hurdle rate)로 쓰일 수 있지만, 정확한 가치평가를 위해서는 다른 방법들과 함께 활용되어야 한다.

(2) 지적 자본 관리

지적 자본은 인적 자본(직원의 노하우, 능력, 기량, 전문성 등), 조직 자본(특허권, 프로세스, 경영 시스템 등), 고객 자본(고객 충성도, 고객의 호의, 공급자와의 관계 등)으로 구성된 무형자산이다. 가장 잘 알려진 지적 자본 가치예측 방법은 시가-장부가 비율인데, 이것은 지적 자본이 시장가치와 장부 가격의 차이로 가장 잘 나타난다는 가정에 기반을 두고 있다. 만약 기업의 시장가치가 1억 달러(주식 수×주식 가격)이고 장부 가격이 6,000만 달러라면 그 차이인 4,000만 달러가 기업의 지적 자본 가치다. 그러나 이러한 지적 자본 관리(intellectual capital management, ICM) 방식은 지나치게 단순화되어 있으며 투자자들의 기업가치 인식에 영향을 줄 수 있는 시장 변화에 취약하다는 비판을 유념해야 한다.

(3) 현금흐름 할인 모델을 통한 가치추정

초기 단계의 기업, R&D 프로젝트, 증권의 가치를 평가할 때 가장 흔하게 쓰이는 방법은 현금흐름 할인 모델(discounted cash flow, DCF)이다. 이 모델은 3~5년 동안 예상되는 기업 현금흐름의 현재가치를 계산한다. 일반적으로 고려하는 기간은 기업이 IPO나 다른 유동성 자산과 관련된 일을 언제 기대하는지와 밀접한 관련이 있다. 현금흐름은 매출 수입에서 영업비용과 부채상환(이자는 포함되지 않음)을 제하고 고려기간 끝에 예상되는 기업의 잔존가치를 더해서 계산된다. 이 모든 것은 위험요인을 고려한 가중평균자본비용을 근거로 현재가치로 할인된다. 이 방법은 가치의 실물경제 단위인 현금흐름에 기반을 두기 때문에 다른 방법보다 우수하다.

DCF 모델에는 다음과 같은 네 가지 기본요소가 있다.

- DCF 모델을 위한 가정 : 가정은 어떤 모델이 형성되는 데 기반이 되는 세부 사항이기 때문에 중요한 부분이다. 이러한 가정들은 산업에서의 관행, 현재 경제 상황, R&D 비용, 운영자본 요건, 마케팅전략, 매출에 근거한 예상수익에 근거해야 한다.
- 예측기간 : 투자자들이 보통 투자를 유지하는 최대기간이 3~5년이기 때문에 예측도 그 정도 기간이 필요하다. 게다가 5년 이상의 예측은 빠르게 변화하는 환경하에서 부정확할 가능성이 높고, 5년 이후의 가치예측치를 할인하면 가치평가에 별다른 영향을 미치지 않는다.
- 잔존가치 : 이것은 예측기간 끝에 기업이 영업을 지속할 경우 적용되는 '계속 기업' 의 가치다. 잔존가치는 영업이 지속될 것이라고 가정하기 때문에 장부 가격이나 청산사치에 근거한 종가와는 다르다. 잔존가치를 계산하기 위해 소득 자본화(income capitalization)와 시장 곱셈(market multiple) 기법이 사용될 수 있다. 소득 자본화 접근법에서는 예측기간의 마지막 해 수익을 할인율 또는 수익을 유지하기 위해 필요한 자본이자로 나눈다. 시장 곱셈 접근법에서는 고려 중인 기업이 예측기간의 끝에 IPO나 기업매입을 계획할 때 활용된다. 이 방식에서 수익은 유사한 공개기업의 P/E 비율과 곱해진다. 이 두 가지 방법은 모두 많은 불확실성을 가지고 있고, 특히 소득 자본화 방식은 수익 예측의 정확도에 영향을 받는다.
- 할인율 : DCF 모델의 가장 중요한 요소 중 하나는 바로 현금흐름의 현재가치를 결정하는 할인율이다. 할인율은 예상되는 투자수익률 혹은 자본이자다. 할인율이 증가할

때, 기업의 현재가치는 감소한다. 할인율을 도출하는 데 쓰이는 가장 흔한 도구 중 하나는 바로 자본자산 평가 모델(capital asset pricing model, CAPM)이며, 이 모델은 할인율을 두 가지 요소—무위험 부채의 비용과 사업의 유형에 관련된 리스크 프리미엄—에 근거하여 계산한다. 이 방식은 보통 10~20%의 할인율을 도출한다. 그러나 대부분의 벤처 투자자들은 자본자산 평가 모델을 사용하지 않는다. 벤처 자본 평가 방법을 위한 추가 내용을 위해서는 '벤처캐피털 방식' 부분을 참조하기 바란다. 또한 상세한 DCF 모델의 예는 Boer의 『The Valuation of Technology』를 참조하기 바란다.

(4) 로열티 협약방식

로열티 협약방식(royalty method)은 가상적인 라이선스 협약을 가정한다. 지식재산은 지식재산권 사용으로 기술 허가자에게 지불되는 세후 로열티 수익흐름을 자본화해서 그 가치가 평가된다. 이 방식은 특허권 협약이 빈번히 발생하는 산업에 적합하다.

(5) 실물옵션 모델

1997~2000년에 투자자들이 기술회사들에게 기대한 막대한 수익성과 2000년 4월에 닷컴 회사들의 붕괴로 인해 발생한 기술 주식의 평가절하로, 많은 투자자들이 이제는 기술평가에 실물옵션 모델(real options model)을 진지하게 고려하고 있다. 실물옵션은 증권, 통화, 상품에 적용되는 금융옵션과 유사하다. 이 경우에는 변화하는 경영환경 아래서 경영 의사결정을 심사숙고해야 하는 상황에 적용된다.

Boer는 석유 산업에서 새로운 탐사에 착수하는 상황을 예로 들었다. 지질학자들이 석유 발견의 가능성이 보이는 지질구조를 찾아내면 석유 매장지가 말랐을 확률을 도출해야 한다. 그들은 또한 석유 매장지의 대략적인 크기와 개발을 위한 구조물을 건설하는 비용도 산출해야 한다. 전통적인 현금흐름 할인분석은 이러한 경우에 마이너스의 순 현재가치를 산출할 가능성이 높기에 프로젝트는 아마도 폐기될 것이다.

실물옵션 접근으로는 투자에 대한 분석이 주식 매입 선택권을 구입하는 상황의 분석과 유사하게 진행된다. 이 경우에는 옵션의 행사가격이 생산시설비용이다. 해당하는 증권가치는 생산되는 석유의 가치에서 석유를 추출해 내는 비용의 차이다. 그러므로 탐사의 비용이 100만 달러이고(옵션의 비용) 생산시설의 비용이 500만 달러면 석유의 미래 비용은 이 숫자들보다 나아야 할 것이다. 만약 석유의 비용이 필요한 만큼 높은 정도가 되면 500

만 달러를 시설에 투자하고 석유 생산을 시작하는 결정이 내려질 수 있다. 탐사에 100만 달러를 투자하는 초기의 결정은 추정된 석유를 찾을 확률과 석유의 가격이 시설비용을 보전하기 충분한 수준까지 오를 확률에 근거할 것이다.

이 중 첫 번째 위험성은 '고유위험' 이라고 하며, 이것은 석유 매장지가 예상보다 말랐거나 작을 위험성이다. 이러한 위험성은 특정 산업에 활용되는 도구로 지질학적 구조를 산업의 기준 사례에 대비, 분석하여 줄일 수 있다. 고유 위험성이 높을수록 벤처의 가치는 낮아진다. 두 번째 위험은 '시장위험' 인데, 이것은 시장의 변동성(volatility)—석유의 가격이 너무 높거나 낮을 위험성—이다. 시장위험은 벤처의 가치를 올려 준다.

(6) 벤처캐피털 방식

기술이나 기업가치를 평가하는 벤처캐피털 방식(venture capital methods)은 흔히 그들이 운영하는 포트폴리오에 대한 요구조건에 의해서 결정된다. 일반적으로, 관련된 비즈니스와 위험성에 따라 투자를 5년 안에 3배로 올리든가(연평균 투자수익률 71%), 5년 안에 10배로 올리려고 한다(58%). 이 수치들은 회사가 성숙 단계로 진입하면서 내려가며, 벤처캐피털 기업이 신생 기업에 40%가 넘는 수익을 추구해도, IPO를 하려고 하는 회사에는 투자의 위험성이 상당히 줄었기 때문에 25~30%만 요구할 수도 있다. 다음은 흔히 쓰이는 벤처캐피털 가치평가 기법이다.

1) 하키 스틱 접근법

하키 스틱 접근법(hockey stick approach)에서는 벤처캐피털 기업이 시작하면서부터 지분 보유기간 동안 필요로 하는 투자수익률을 결정한다. 그러고는 그 기간의 마지막에 기업의 시장가치를 계산하기 위해 P/E 비율을 수익(earning)에 적용한다. 하키 스틱이라는 용어는 그래프로 그려졌을 때 초기 단계에는 수익이 없다가 빠른 성장을 보여 주는 곡선을 만든 데서 유래했다. 벤처캐피털 기업은 다음의 공식으로 필요로 하는 주식 보유 비중(percentage ownership)을 계산한다.

$$(\text{초기 투자금액} \times \text{예상 수익}) \,/$$
$$(\text{세후 수익} \times \text{유사한 } P/E) = \text{주식 보유 비중 } p$$

한 기법이 3년에 100만 달러의 투자를 필요로 했다고 가정하자. 투자자는 투자의 5배에 이르는 수익을 기대한다. 기업의 3년 후 세후 수익은 120만 달러로 예측되며, 투자자는 공개시장에서 유사종목들에 근거해 적절한 *P/E* 비율을 14라고 결정했다. 위의 보유 공식을 이용해 투자자는 기업의 주식 29.8%를 얻으리라 예상할 것이다.

$$(\$1M \times 5) / (\$1.2M \times 14) = 29.8\%$$

2) 시장비교 및 유사거래 방식

시장비교 방식(market comparison methods)에서는 공개기업들에 대한 정보를 수집하고 관련된 승수가 논의가 되고 있는 기업과 비교된다. 유사거래 방식(comparable transaction methods)에서는 유사한 기업 주식들의 최근 거래 상황이 고려되고 이때 실제 활용된 승수는 논의가 되고 있는 관심 기업 주식의 거래의 적절한 수익 승수를 도출하게 된다. 이 방식의 효율성은 기업 관련 수치의 정확도와 관심 기업과의 유사 정도에 의해 결정된다.

5 요약

기술 그 자체가 중요한 만큼 주주, 투자자, 고객, 그리고 가치사슬상의 파트너들에게 돌아가는 수익과 가치도 중요하다. 매일같이 새로운 비즈니스 모델들이 쏟아져 나오고 있고, 이러한 환경에서 비즈니스 모델의 유효성을 지속적으로 지켜 내고 경쟁자들의 모방으로 인해 평범한 제품으로 전락하는 것을 방지하는 것은 매우 어려운 일이다. 비즈니스 모델은 정적이지 않고 동적이며 계속 진화한다. 비즈니스 모델 개발의 첫 단계는, 기업이 지속 가능한 수익을 창출할 수 있게 해 주는 가치사슬과 가치사슬상의 위치를 찾는 것이다. 효율적인 비즈니스 모델은 복수의 수입흐름을 가지고 있어야 한다. 비즈니스 모델은 궁극적으로 기술과 기업의 가치평가에 영향을 미친다.

투자자는 기술 기업의 가치평가를 고려할 때 여러 요인, 즉 시장의 규모와 시장이 기술을 받아들일 준비 정도, 지속 가능한 경쟁우위, 경영 팀의 기술과 과거 실적 등을 고려한다. 가치를 향상시키는 동인에는 성장성, 기술의 새로운 적용 가능성, 균형 잡힌 기술 포트폴리오, 라이선스 협약 등이 있다. 방만한 경영, 높은 부채비율, 비운용 자산의 규모, 기술을 활용하지 않아 발생하는 기회비용 등은 기술의 가치를 떨어뜨린다. 또한 가치평가를 위한 다양한 재무적 모델, 즉 비용 기반 가치평가, 지적 자본 관리, 현금흐름 할인 모델, 로열티 협약방식, 실물옵션, 다양한 벤처캐피털 방식 등이 있다.

12 연습문제

1. 효율적인 비즈니스 모델이 달성해야 할 것은 무엇인가?

2. 가치의 동인은 비즈니스 모델과 어떻게 융합될 수 있는가?

3. 신생 기술 벤처기업에 적합한 재무적 가치평가 모델은 무엇이며, 그 이유는 무엇인가?

4. 비용 기반 가치평가 방식의 주된 단점은 무엇이며, 이는 어떻게 극복될 수 있는가?

Chapter 13

창업을 위한 자금조달

Prepare for the Money Hunt

차세대 성장동력으로서 녹색기술과 관련한 기술 개발 투자가 중요해지고 있는 가운데 지난 2002년 비츠로테크와 KTB 네트워크는 비츠로셀을 공동 인수했다.

1987년 10월, 대우전자는 전자기기가 디지털화되면 전지산업이 커질 것으로 보고 리튬1차전지 사업에 뛰어들기 위해 '테크라프'라는 벤처기업을 세우고 세계적인 특허 보유업체인 미국 Wilson Greatbatch로부터 기술이전을 받았다. 하지만 예상만큼 시장은 성장하지 않았고 부가가치가 낮은 저성능의 전지를 생산한 탓에 적자경영에 허덕이게 되었다. 또한 대우그룹이 2002년 해체되면서 결국 비츠로그룹에 경영권을 넘기고 비츠로셀로 간판을 바꿔 달게 되었다.

이 회사는 경영권 승계 후 곧 변신에 나섰다. 수익률이 낮은 저성능 리튬1차전지 사업을 과감히 접고 고성능 리튬1차전지 개발에 집중해서 품질 경쟁력을 높인 것이다. 그 결과, 저성능 전지 중심의 영업구조였던 2006년에는 매출이 237억 원에 머물렀지만 고성능 전지 판매가 본격화된 2009년에는 433억 원으로 뛰었다. 프랑스 Shaft, 이스라엘 Tadiran 등에 이어 세계 3위의 리튬1차전지 메이커로 부상한 것이다.

비츠로셀의 장승국 대표는 코스닥 상장을 보름 정도 앞둔 2009년 10월 12일 기자간담회를 갖고, 약 1년 반 동안 코스닥 상장을 준비한 결과 28일에 그 성과를 거두게 될 것이고, 공모를 통해 조달한 자금 중 180억 원가량은 생산량을 늘리기 위한 설비투자에 활용할 계획이라고 밝혔다. 상장 대표 주간사인 현대증권에 따르면 19일부터 이틀간 진행된 비츠로셀의 공모주 청약은 배정물량 64만 주에 대해 1,302만 7,890주의 청약이 이뤄졌으며, 청약증거금은 358억 2,000여만 원에 달했고 최종 경쟁률은 20.36 : 1을 기록했다.

코스닥 상장이 이루어진 28일, 장승국 대표는 한 TV 매체와의 인터뷰를 통해 코스닥 상장을 선택한 세 가지 이유에 대해서 밝혔다. 첫째, 시장과 매출의 확대에 따라 현재 생산 능력을 조만간 넘어설 것으로 예상되고 이에 생산 능력을 확대할 수 있는 시설 투자자본을 확보하기 위함이다. 둘째, 고객, 투자자, 직원 및 회사와 관련된 모든 사람들에게 신뢰를 줄 수 있도록 경영 투명성을 높이고 이를 통해 장기적인 기업 가치를 높일 수 있기 때문이다. 셋째, 회사의 미래는 인재의 확보에 있다. 전망 있는 코스닥 업체로 시장에서 인정을 받으면 보다 높은 수준의 인적 자원을 확보할 수 있을 것이다.

또한 인터뷰에서 리튬1차전지의 적용 사업군과 비츠로셀의 강점에 대해서 밝혔다. 먼저 리튬1차전지의 주요 적용 산업군은 다음 4개와 같다.

첫째는 비츠로셀 매출 비중의 약 55%를 차지하는 에너지 산업/그린 에너지 분야다. 구체적으로 전기, 수도, 가스 등의 전자식 계량기의 전원이 주요 적용 분야다. 전자식 계량기는 스마트미터(smart meter)라고도 부르며, 현재 이슈가 되고 있는 스마트 그리드(smart grid)의 실용화 첫 단계가 현재 깔려 있는 기계식 계량기의 전자식화다. 국내에서는 스마트 그리드가 이슈가 되고 이전부터 해외 전자식 계량기 시장에서 활발히 활동하고 있으며 이미 전 세계 35개국에 판매하고 있다. 스마트 그리드의 기술 태동 단계부터 시장의 주요 플레이어로 성장하고 있고 스마트 그리드 기술이 발전, 보편화되고 있는 현재 그 수혜를 누리고 있으며, 이 분야는 앞으로 눈부신 시장 증대가 예상되었다.

다음으로 군과 보안장비 분야에서 비츠로셀은 15년 이상 연간 약 100억 이상의 군납을 한국군에 독점으로 공급해 왔으며, 최근 호주, 일본 등의 해외 군대에 납품을 하고 이 분야는 전체 매출의 35%를 차지했다.

세 번째로는 현재 약 5%의 매출을 차지하고 있으나 가장 성장성이 클 것으로 예상되는 Active RF-ID 분야로 유비쿼터스 시대의 전원으로서 큰 성장이 예상되는 분야다.

마지막으로는 전자제품의 장기간 메모리 백업용으로 사용되는 전자기기 적용 분야다. 예로는 밥솥의 메모리 백업용 전지를 들 수 있으며, 전자제품의 스마트화에 따라 전지의 적용이 늘어날 것으로 예상되었다.

비츠로셀의 강점은 20년 이상 축적된 기술과 연구 역량으로 매년 매출액 5% 이상을 R&D에 투자해 40여 건의 핵심특허와 공정기술이 집약된 30여 건의 실용신안을 확보한 것이다. 또한 자체 설계로 개발된 자동화 설비와 철저한 품질관리를 통해 글로벌 톱 수준의 공정자동화에 성공했다. 다양한 제품군을 고객에게 제공하며 전문경영인 체계를 통해 스피드 경영을 이루어 내고 있다.

이렇게 비츠로셀은 지난 20여 년 동안 지속적으로 기술력을 발전시켜 리튬전지 관련 특허를 다수 보유하고 있으며, 지속적인 성장을 위하여 끊임없이 새로운 애플리케이션의 개발, 슈퍼커패시터와 하이브리드 전지, 연료전지 분야 등의 신기술 분야로 개발과 진출의 영역을 넓히고 있다. 비츠로셀의 이 같은 성공은 막대한 자본을 필요로 하면서도 투자회수 기간이 길다는 전지산업의 난관을 극복했다는 점에서 업계의 귀감이 된다.

개요

새로운 기술 벤처를 시작하는 데 있어서 가장 큰 어려움 중 하나는 바로 회사가 장기간 동안 유지될 수 있게 도와주는 자원 기반을 만드는 것이다. 사업 개념이 새롭고 기술이 아직 증명되지 않았을 때 상황은 더욱 힘들게 마련이다. 신생 기술 기업은 경험이 부족한 관리, 직원들의 헌신 부족, 미숙한 시스템과 관리, 일관성 없는 품질이 특징이 되는 동태적 조직이다. 이런 점들은 '새로움의 부채'라고 불리는데, 이런 위험성은 신생 기술 벤처의 특성 때문에 증폭되는 경향이 있다. 기술 벤처는 전통적인 벤처보다 상업화 과정에서 훨씬 많은 자원을 필요로 하고 더욱 복잡한 문제에 직면한다.

자원은 크게 유형자산, 지적자산, 인적자본, 금융자본으로 분류된다. 자원 구성상의 특이성이 신생 벤처에게 중요한 경쟁우위를 창조해 낼 수 있다는 연구 결과가 있다. 기업가는 가치사슬상의 어디에서라도 공급자, 유통업자, 고객, 투자자 등 자원 파트너를 찾을 수 있다. 공급자는 기업가에게 신용한도로 신생 벤처의 현금 유동성을 보장하는 데 도움을 준다. 그들은 또한 신생 벤처와 동업자가 되어 새로운 제품의 디자인과 개발을 함께 할 수도 있다. 유통업자는 기업가가 창고에 입고시키고 유통시키는 데 드는 추가적인 초기 비용을 줄일 수 있게 도와준다. 고객들이 신제품을 위해 생산비용을 감당할 정도의 착수금을 낼 수도 있고, 투자자들은 회사가 더욱 성장하도록 도와주기 위해 추가적인 자금을 제공할 수도 있다.

자원 파트너들은 신생 첨단기술 회사에 내재되어 있는 위험성에 대해 잘 알고 있다. 이러한 이유 때문에 파트너는 신생 벤처의 첫 번째 파트너가 되기를 꺼려 하는 경우가 많으므로, 기업가 입장에서는 향후 다른 파트너들을 확보하는 데 도움이 될 수 있는 첫 번째 파트너를 찾는 것이 중요하다. 이런 상황에서 기업가는 향후 파트너들이 몰려오게끔 유인하기 위해 첫 번째 파트너로부터 적어도 조건부 투자를 유치해야 한다. 불행하게도 자원 파트너의 선택은 누가 기업에 처음으로 투자할 의향이 있는지에 달려 있다. 그러나 이런 접근방식은 신생 벤처의 가치를 최대화하지는 못한다. 모든 자원 투자 결정은 효율성, 시급성, 협상력 사이의 조화에 의해 이루어진다. 기업가는 항상 최고의 결정을 내리지 못하고 최고의 가치를 제공하는 파트너를 선택하지 못하게 된다. 대신, 조금 덜 효율적인 파트너를 선택하고 그 대가로 기업의 지분을 더욱 소유하려 할 것이다.

이 자기자본의 최대소유방식은 기업이 천천히 성장할 때는 괜찮지만 오늘날의 불안한 시장환경에는 어울리지 않는다. 이상적으로 기업가는 순차적으로 파트너들을 만나고, 파트너들은 다른 파트너들의 수락 여부에 따라 투자 여부를 결정하게 된다. 그런데 만약 누구도 처음 투자를 하려 하지 않으면, 기업가는 사업기회가 사라지기 전에 투자 합의를 끌어내기 위해 파트너들 사이에서 오락가락하게 되는 결과를 초래할 수가 있다.

기술 기업가들이 첫 번째 투자를 받기 힘든 가장 큰 이유 중 하나는 바로 기술의 가치를 관심 있는 사람들에게 적절하게 보여 주지 못한다는 것이다. 새로운 회사이고 영향력도 작기 때문에 자원 제공자들의 관심을 받는 것조차 어려울 수 있다. 뿐만 아니라 그들은 파트너들이나 이사회의 외부 인증 없이는 자기 비즈니스의 가치에 대해 잠재적인 펀딩 출자자들에게 확신시키지 못한다. 이러한 상황은 기업가들에게 진퇴양난이다.

이 장에서는 신생 기술 벤처의 자금조달과 시작 단계일 때 활용할 수 있는 여러 가지 펀딩의 출처를 알아본다.

1 창업의 위험과 자금조달의 단계

정보의 비대칭성이야말로 첨단기술 벤처가 초기 자본과 신규 자본을 얻는 능력에 가장 큰 영향을 준다. 기업가는 기본적으로 잠재적인 투자자들보다 자신의 벤처에 대해 많은 정보를 가지고 있기 때문에, 벤처에 대한 투자자들과 대출기관들의 자세에 영향을 주는 갈등이 생길 수 있다. 이러한 정보의 비대칭성은 기술 벤처의 초기 자본 단계에 가장 극명하다. 이 초기 단계에서 기술은 아직 증명이 되지 않았기 때문에 기술이 창출해 낼 시장을 평가하기가 어렵다. 사실 급격한 혁신의 경우에는 시장이 아예 존재하지 않고, 처음부터 만들어져야 할 수도 있다. 이 단계의 위험성은 대부분의 투자자들에게는 견딜 수 없을 정도이며, 왜 많은 초기 단계의 제품 개발이 정부 보조금에 의존하게 되는지 설명해 준다.

기술 회사의 단계적인 개발은 투자자들에게 추가적인 위험성을 주게 되는데, 그 이유는 새로운 벤처의 어느 단계에서든지 자금이 충족되지 않으면 실패로 이어질 수 있기 때문이다. 생명공학 벤처는 개발기간이 10~15년까지 길게 지속되기 때문에 이 위험성에 특히 많이 노출되어 있다.

모든 기술 벤처에는 여러 종류의 위험 요인이 있다. 위험성의 종류는 기업이 현실적으로 어떠한 종류의 투자자들을 끌어들일 수 있을지와 이 투자를 위해 포기해야 하는 본인들의 지분 정도를 결정한다. 〈그림 13-1〉은 벤처기업이 창업 전에서부터 기입싱징까지 직면하는 다양한 위험 요소를 묘사한 것이다. 또한 벤처의 각 단계에서 어떠한 자본 투자자들이 관심을 가질지도 보여 준다.

초기 자본 단계는 창업 전에 발생하며 일반적으로 제품 개발 및 사업 착수 준비와 관련된다. 이 단계에서 위험성은 기술의 실현 가능성 및 효과적이고 효율적인 제조방법을 찾지 못할 위험성과 관계가 있다. 이 단계에서 기업가는 제품 개발과 실험, 그리고 사업 개념의 실행 가능성에 주력한다.

초기 단계 혹은 착수 자본은 기업이 첫 고객을 상대하고 공식적으로 사업을 시작할 때 필요하다. 사업이 시작되는 순간, 기업가는 시장, 시장 진출과 연관된 위험성, 그리고 시장의 제품 수용을 위한 임계점에 도달하기 위해 고객을 확보하는 데로 초점을 옮긴다.

늦은 단계에서나 성장을 위한 펀딩 시기에는 기업가의 초점이 경영 문제로 이동한다.

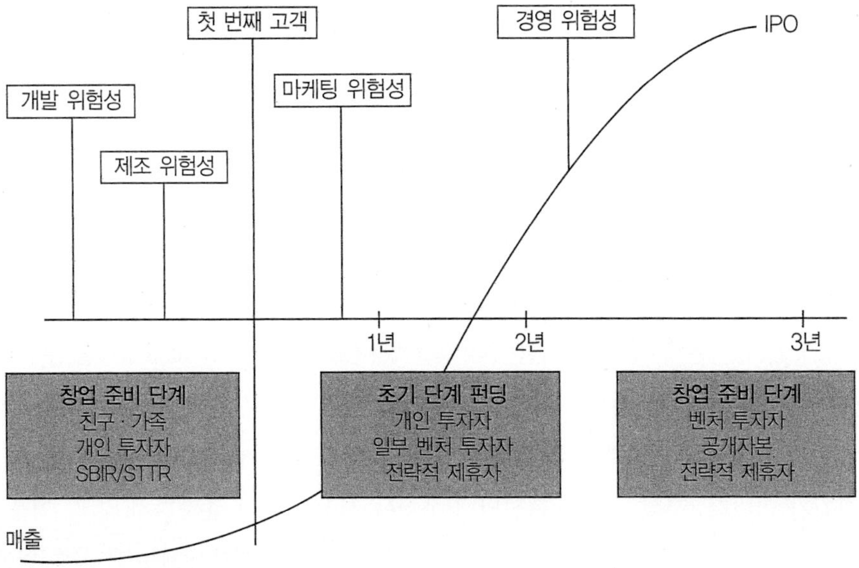

그림 13-1 위험성 발생시점 및 관련 자본

기업의 성장을 위한 전문적인 경영과 성장 과정을 조정할 수 있는 시스템을 도입할 필요가 있다. 기술 회사를 성장시켜 본 경영 팀을 데려와 리더십 역할을 하도록 하는 경우도 있다.

2 초기 투입자본

자금조달에 있어서 가장 위험성이 있는 단계는 초기 자본 단계, 즉 기업이 아직 제품 개발 단계인 때이다. 이 시기의 높은 위험성은 위험/보상 곡선과 연관이 있다. 대부분의 투자자들은 기술 벤처에 투자 시 투자의 위험성을 최소화하고 보상을 최대화하고 싶어 한다. 가장 큰 위험성은 당연히 기술의 개발 과정에 있고, 가장 작은 위험성은 기업이 자리를 잡고 고객들이 기술을 받아들일 때다.

초기 자본 단계와 연루된 이 높은 위험성 때문에 이 단계에서는 대부분 친구, 가족, 그리고 비즈니스 기회를 믿는 사람들로부터 자금조달을 받게 된다. 신생 벤처가 이 단계를 지나 더욱 다양한 종류의 외부 자금을 끌어들이기 위해서는 빠른 시일 내에 정상적인 기업운영 상황에 도달해야 하고 빠른 현금흐름과 손익분기점을 제공하는 제품 판매와 서비스를 시작해야 한다. 이 단계에서 간접비는 최소화되어야 하고, 기업은 능력이 있더라도 과다한 지출을 요구하는 경영인을 영입하면 안 된다. 만약 기업이 엔젤 투자자나 벤처 투자자들의 외부 자본이 필요할 것으로 예상한다면, 기술과 시장을 증명함으로써 이들이 인지할 수 있는 위험성을 최대한 빠르게 줄이는 것이 좋다. 이러한 행동들은 벤처기업이 투자자들을 상대할 때 협상우위를 점할 수 있도록 도와줄 것이다.

(1) 우호 자본

처음 시작하는 기업가들은 경험도 적고 담보물도 없으며 자원도 적기 때문에 자신을 믿는 친구나 가족에게 의지해서 초기 자본을 확보하는 경향이 있다. 이러한 자본은 다른 자본보다 쉽게 확보할 수 있을지 몰라도, 장기적으로 보았을 때는 이것은 자본들 중에 가장 비싼 것일지도 모른다—사람들이 말하듯이 평생을 갚아야 하는 것이다. 기업가는 친구나 가족에 대한 접근을 조심스럽게 해야 하며, 이들로부터의 자금조달과 관련된 특이한 위험성도 인식해야 할 것이다. 안타깝게도, 일부 기업가들은 소송에 휘말리지 않을 것이라는 믿음으로, 다른 곳에서 얻은 대출보다 가족에게 빌린 돈을 훨씬 쉽게 생각하는 경우가 많다. 그래서 친구나 가족에게 자금을 조달한 문제로 감정이 상하거나 관계 악화를 초래할 수 있다.

친구나 가족에게 접근하려 할 때, 기업가들은 대출을 받기보다는 기업의 자기자본을 현금과 교환하는 방식을 고려한다. 이런 경우에 기업이 성공한다면 이 우호적인 투자자는 이로 인해 이득을 볼 것이다. 그러나 이러한 우호적인 투자자들이 짧은 기간에 대단한 수익률을 요구하는 상황이 오지 않도록 기업의 목표를 제대로 이해시키는 것이 중요하다. 그러나 기업이 실패할 경우, 친구와 가족처럼 보통 주를 가지고 있는 주주들은 자금회수 시 순위가 뒤로 밀리는 경우가 많다. 이러한 상황을 방지하는 하나의 방식은 전환사채 거래구조를 활용하여 채권자는 투자액수에 대하여 이자를 받을 수 있고, 기업이 향후 성공했을 때 미래의 어느 구체적인 시점에 지분으로 바꿀 수 있는 권한을 주는 것이다. 이러한 거래는 기업이 충분한 수익을 낼 수 있고 이자를 지불할 수 있는 상황에서만 활용되어야 하며, 펀딩거래에는 전담 변호사가 있는 것이 좋다.

회사와 우호적인 투자자들이 성공적인 경험을 공유하도록 보장해 주기 위해서는 다음과 같은 가이드라인이 중요하다.

- 만약 우호적인 투자자가 제안에 거절하면 집요하게 계속 물어보지 않는다(특히 관계가 중요할수록).
- 기업 정보를 완전히 공개한다. 기업가는 친구나 가족들에게 정직해야 하고 사업 개념을 부풀리면 안 된다. 만약 회사가 기대에 미치지 못하면 이들과의 관계에 피해를 줄 수도 있기 때문이다. 우호적인 투자자들이 정보를 잘 알고 결정을 내릴 수 있도록 모든 위험성이 완벽하게 공개되어야 한다.
- 우호적인 투자자의 여윳돈보다 많은 액수를 받지 않는다. 다시 말해서, 기업이 실패할 경우에 투자자는 손실을 보게 되지만 재정적으로는 온전할 것이다.
- 모든 금융 협정은 글로 남긴다. 투자자가 친구나 가족일라도 이 거래는 사업적인 거래이고 연루된 모든 관계인들이 보호받을 수 있는 구조여야 한다.
- 투자자들을 알고 그들이 어떻게 반응할지를 알아 둔다. 침묵을 지키는 투자자인지, 아니면 매일 전화를 해서 투자 상황을 보고받기 원하는 적극적인 투자자인지를 잘 알고 있어야 한다.

(2) 신용카드 및 기타 대출

많은 기업가들은 특히 생명공학 이외의 산업에서 다른 선택권이 없을 때는 창업자금을 신용카드로 조달했다. 신용카드 자금조달은 비싸지만, 사업을 아예 시작하지 않는 것보다는 나을 수 있다. 오늘날 Visa와 American Express 같은 신용카드 회사들은 작은 기업들에게 무담보의 대출한도를 제공하고, 기업가가 대출을 지불할 수 있는 능력을 보이면 한도를 늘리기도 한다. 또한 기업가들은 온라인 검색엔진에서도 돈을 빌려 줄 사람을 찾을 수 있다. 어떤 사이트들은 선불 수수료도 받지 않고 작은 회사들과 돈을 빌려 줄 사람들을 연결해 준다.

몇몇 기업가들은 자산 판매를 통해 친구와 가족에게 자본을 확보한다. 이 방법은 기업가가 기업의 자산을 친구나 가족에게 팔고, 그것을 임대차 계약으로 다시 받는다. 자산을 취득한 사람(임대인)은 세금 공제를 받고, 기업가는 시장보다 더 좋은 조건으로 자본을 확보할 수 있다.

(3) 지분 교환

지분과 현금을 교환하는 것은 초기 단계 기업의 경우에는 흔한 일이지만, 기업가들은 가끔 지분을 전문적인 서비스, 전문 경영 지식 등과도 교환한다. 신생 기업이 자금이 시급하게 필요할 때 지분을 주는 방식에 솔깃해져, 그 결과로 향후 자금조달 단계에서 창업자는 주식가치의 희석화에 시달릴 수 있다. 발행된 주식의 일정 부분을 이러한 용도와 미래에 인재 유치를 위해 비축해 놓는 것도 중요하지만, 초기 단계에는 되도록 많은 지분을 보유해야 한다. 그렇게 함으로써 나중에 상당한 가치를 창출해 냈을 때 소유권 방어를 위해 너무 많은 지분을 포기하지 않아도 된다.

투자자들을 끌어들이면서 기업가에게도 이득이 되는 또 다른 방식은 바로 환수기법이다. 이 기법에서는 초반에 지분 투자자에게 어느 정도 주식의 일부를 주고 대신에 특정 액수의 자본을 받는다. 그리고 거래조건은 기업이 정해진 기준 대비 상대적인 실적에 따라서 변화할 수 있다. 만약 기업의 실적이 좋고 정해진 기준을 초과하면 기업가는 초기에 주어진 지분을 일부 돌려받는다. 이 방식은 불확실성이 높은 기간일수록 효율적이다. 변동성이 높은 시기에 적합한 또 하나의 기법은 상환우선주인데, 기업이 파산할 경우 투자자들에게 우선권을 준다.

기업공개가 확실하지 않은 환경에서는 투자은행이나 상업은행과 연루되어 있는 증권 인수 회사와 일하는 것이 기업의 단기 이익을 보호하는 데 도움이 될 수 있다. 그럼으로써 기업가는 어느 방향으로 흘러갈지 모르는 상황에 대비할 수가 있다. 만약 IPO가 실현 가능성이 없으면 은행가는 거래가 보류될 동안 연결 융자를 발행할 수 있다.

(4) 전략적 제휴와 기타 중개인의 활용

투자자들과 전략적인 파트너들은 신생 기술 벤처에 대해서 두 가지 정보, 즉 벤처와 창업팀의 실적과 경험, 그리고 네트워크 파트너들(공급자, 고객, 유통 업자 등)의 숫자와 자질을 모을 수 있다. 기업이 취득한 특허권의 수는 새로운 기술 벤처의 실적과 경험을 평가하는 방법이 될 수도 있다. 특허권이 몇 개 있으면 이는 기업이 의미 있는 기술적 능력이 있고 우수한 과학자와 공학자가 있다는 것을 암시한다. 새로운 벤처의 경험이 충분하고 부족한 점이 없는 경우는 드물기 때문에, 투자자들은 기업이 부족한 점을 채워 주기 위해 맺은 파트너와 제휴사의 네트워크를 검토하게 된다. 성공적이고 평판이 좋은 파트너와 연계됨으로써 일어나는 후광 효과는 아무리 과장해도 지나치지 않다.

Aldrich와 Fiol은 투자자들이 신생 벤처의 잠재적인 성공을 고려할 때 근거가 될 수 있는 3개의 사회적인 메커니즘을 식별했다. 두 기업이 관계를 형성할 때, 상호 간에 이득과 위험이 있다. 예를 들어, 작은 기업의 실패는 큰 기업의 평판에 피해를 줄 수 있다. 그에 반해서 작은 기업은 대체로 큰 기업과의 관계에서 이득을 본다. 이 상호작용적인 관계는 Aldrich와 Fiol의 첫 번째 메커니즘이다. 두 번째 메커니즘은 질적인 평가인데, 이는 능력 있는 파트너는 대개 불확실한 상황에서도 품질을 판단할 수 있다는 것이다. 만약 유명한 회사가 신생 기업과 연루되고 거래하면 이는 곧 신생 기업에 인증 도장을 찍는 것과 마찬가지다. 세 번째 메커니즘은 신뢰성이다. 만약 작은 회사가 크고 유명한 회사와 제휴관계를 맺는다면 큰 회사로부터 신뢰를 얻었다고 추정해도 괜찮다. 작은 회사가 큰 회사와 제휴관계를 맺으면 작은 회사는 더욱 유명한 평판을 얻고 관계사들로부터 품질이 높고 신뢰가 있다고 인정받을 수 있다.

부채나 지분 자본을 활용하기 싫어하거나 하지 못하는 기업가들은 전략적 제휴를 통해 자본을 유입할 수 있고 전문지식과 역량을 제공받을 수 있다. 전략적 제휴로 얻는 자금은 다른 자원에서 얻는 자금보다 금액이 적긴 하지만, 이는 신생 기업에게 장기적인 이득을 가져다주는 관계를 공고히 해 줄 수 있다. 만약 신생 기업이 해외 진출을 모색한다면 은행가가 위험성이 너무 높다고 판단해서 불안해할 수 있고, 이런 경우 해외 전략적 제휴가 유일한 대안일 수도 있다. 해외 전략적 제휴의 또 다른 혜택은 국제 은행가의 중재자가 될 수도 있고 해외 고객으로부터 수금하는 데 도움을 줄 수도 있다는 것이다.

(5) R&D 파트너십

초기 자본투자 단계에서 많은 관심을 받는 제휴의 하나는 R&D 파트너십인데, 그 이유는 기술 벤처가 확실히 자리 잡은 기업이나 정부 출연 연구소, 그리고 기타 정부기관과 R&D의 위험성을 나눌 수 있는 점 때문이다. 정부기관과의 이러한 파트너십은 협력계약의 형태를 띠는데, 정부나 지방자치 혹은 대학과 함께 연구를 지원하거나 독려한다. 또한 연구 및 개발 협약의 형태가 될 수도 있는데, 정부 출연 연구소와 기술 벤처 같은 단체가 인력, 서비스, 시설, 혹은 장비를 함께 활용하는 데 합의하고 특정 연구를 같이 진행하거나 기업이 연구소 같은 정부시설을 활용할 수 있게 하는 협약이 될 수도 있다.

전략적 제휴는 종종 새로운 기술을 빠르게 R&D 결과물로부터 상용화할 때 쓰일 수 있는 가장 좋은 방법이다. 차량 레이다 시스템을 개발하고 제조하는 VORAD Safety Systems는, 유체동력과 지능형 트럭 시스템 분야를 전문으로 하는 80억 달러 가치의 제조사인 Eaton Corporation과 파트너십을 맺었다. Eaton은 VORAD의 기술에 관심이 있었지만 걸린다. 그러므로 생명공학은 당연히 장기적인 투자를 요한다. 이는 벤처 회사가 끊임없이 자금조달 모드를 유지하고 있다는 점을 의미하고, 이로 인해 연구 노력의 효율이 떨어질 수 있다.

- 기술은 일반적으로 개발 과정의 가장 초기 단계에 있으며 증명되지 않았다.
- 대부분의 생명공학 원천 기술은 기업이 소유하는 것이 아니라 대학이나 연구소에서 특허를 받는다.
- 생명공학 기업의 가치는 특허권 포트폴리오나 연구 팀의 신뢰도 등 무형자산으로 측정되기 때문에 가치의 계산이 매우 어렵다.

1) 초기 단계

보통, 과학자들은 과학적 발견의 매우 초기 개발 단계(seed stage)에 생명공학 기업을 시작한다. 이 단계에서 주요 기업들은 기초적인 연구를 지원해 준다. 기술을 입증하고 상업적 응용을 고려하기 위해서는 추가적인 자금이 필요하다. 그러므로 기업가는 기술과 초기 시장조사의 결과가 얼마나 유망한지에 기반하여 엔젤과 벤처 투자자로부터 초기 자본을 구하게 된다. 초기 자본 단계에서 지분을 양도할 때에는 대가가 큰데, 투자자가 짊어질 위험성이 얼마나 낮은지에 따라 기업 전체 가치의 49%나 그 이상이 될 수도 있다. 전문적인 경영인에게 제시하기 위해 유지하는 20% 정도의 지분 이외에는, 적어도 두 번째 자금조달 단계까지는 창업자들이 나머지 지분을 관리하게 된다. 팀의 목표는 충분한 가치를 창출해서 다음 자금조달 단계에서 충분한 자본을 확보하여 기업이 FDA 승인의 첫 번째 관문을 통과하는 것이다.

2) 1단계 펀딩 : FDA 1단계 테스트

FDA 1단계 테스트는 의약품, 절차, 혹은 다른 생명공학의 안전성을 평가하도록 설계되어 있으며 보통 18개월 정도 지속된다. 초기 단계의 결과에 따라 이 단계를 통과하는 데 필요한 자금의 규모가 달라지는데, 보통 초기 단계에서 필요한 것보다 상당히 높으며 1,500만 달러에서 2,000만 달러의 범위에 있다. 이 단계에서 특허권과 전문지식 같은 지식재산의 습득을 통해 기업의 가치가 더욱 올라간다.

3) 2단계 펀딩 : 비즈니스 모델

기업은 기술의 과학적 가치를 확립하면 비즈니스 모델을 개발하게 된다. 이 시점에서 기업가들은 더욱 다양한 자금조달 대안을 접할 수 있다. 다음 두 가지 기본적인 비즈니스 모델이 생명공학에서 널리 활용된다—Fully Integrated Pharmaceutical Company(FIPCO) 모델과 라이선싱 모델.

① FIPCO 모델

FIPCO 모델은 본질적으로 기술의 발견에서부터 시장에 진출할 때까지 모든 것을 다른 외부의 파트너 없이 이행하는 신규 벤처다. 이 모델은 자본집약적이며 제품 개발에 요구되는 빠른 속도와 거대 제약회사들의 존재로 틈새시장을 찾기가 어려워지자 최근 몇 년간 인기가 없어졌다. Centocor과 NeoRx는 성공적으로 이 모델을 도입한 회사들이다. 이 모델은 제조 능력을 갖추고 마케팅과 유통 역량을 갖추기 위해 필요한 자본을 확보하기 위해 IPO를 필요로 한다. 불행하게도 IPO에서 벌어들이는 자금의 액수는 회사를 FDA III 단계 실험과 시장진출까지 지탱하기에는 부족한 경우가 대부분이다. 1996년 Boston Consulting Group에 의하면 제약회사의 신약 개발부터 시장 진출까지 평균적으로 5억 달러의 비용이 든다고 하며, 반면 2000년 첫 분기에 IPO를 통해 조달한 자본의 평균은 1.14억 달러였다.

그럼에도 불구하고 공개기업의 경우에는 기업가가 전에 없던 많은 자금조달 방법을 가지고 있다. 이는 그들의 발행주식을 희석시킬 것이지만, 그들은 추가 IPO를 통해 시장에서 추가 자본을 조달할 수 있다. 또한 기업공개를 한 생명공학 회사들이 흔히 쓰는 방법 중 하나인 공채증서의 일환인 전환사채를 고려해 볼 수도 있다. FDA의 승인이 임박한 III 단계의 마지막 시기에 채권을 발행하는 것은 실행 가능성이 더 크다. 다만 기업가들은 채권에 대한 반복되는 이자 지급이 회사의 현금흐름에 부담이 될 수 있다는 점을 명심해야 한다. 이 방식은 투자자가 부채를 지분으로 바꿀 선택권을 가지고 있어서 회사보다는 투자자에게 훨씬 더 유리하다.

② 라이선싱 모델

라이선싱 모델에서 과학자들은 기술의 개발과 입증에 집중하고 활용처의 개발 혹은 활용 자체를 이미 제조, 마케팅, 유통채널을 확보하고 있는 기성 제약회사에 라이선싱한다. 이 모델은 자본은 가장 적게 들지만 자금조달 옵션이 매우 적다. 보통, 새로운 회사는 큰 제약회사와 라이선스 계약을 하고 판매액 중 협상된 로열티를 받는다. 또는 큰 제약회사의 입장에서는 포트폴리오를 다양화하기 위해서 작은 신규 생명공학 회사를 매입할 수도 있엔젤 투자자는 잘 아는 산업에 투자를 한다. 또한 그들은 경영 팀을 이해하는 데 많은 무게를 둔다. 기업은 굉장한 성장 잠재력이 있어야 하고, 엔젤 투자자는 벤처 투자자처럼 높은 수익률을 기대하지는 않지만 평균적으로 연간 20%가 넘는 성장을 기대한다. 벤처 투자자처럼 엔젤 투자자도 기업의 매각, 합병, 또는 다음 단계의 펀딩 등과 같은 사업에서 퇴각할 수 있는 방법이 필요하다.

엔젤 투자자는 온갖 종류의 감성을 지닌 채 투자를 고려한다. 엔젤 투자자는 투자하는 기업의 기업가보다 보통 20살 정도 많고 직접 성공적인 기업가가 된 경험이 있기 때문에 어떤 때는 기업가의 멘토가 되기를 원한다. 젊은 기업가의 사업에 투자함으로써 엔젤 투자자는 매일매일의 고군분투 없이 사업을 시작하는 체험을 다시 할 수 있다.

〈표 13-1〉에는 엔젤 투자자가 대체적으로 꺼려 하는 사업의 속성을 보여 준다. 만약 기업가의 사업이 이들 특성 중 일부와 맞아떨어진다면 개인 투자자에게 더욱 매력적이게 보이도록 비즈니스 개념이 재고되어야 할 것이다.

엔젤 투자의 과정은 세 가지 단계가 있다. 첫 번째 단계는 새로운 벤처 투자 기회를 검토하는 것인데, 여기서 엔젤 투자자가 원하는 기업의 모습과 맞지 않아서 거절되는 경우가 대부분이다. 그러나 어떤 기회가 받아들여지면 두 번째 단계가 시작되고 투자자는 사업계획, 사업 자체, 그리고 기업가를 빈틈없이 확인한다. 투자자가 검토를 계속 진행하기로 결정하면 마지막 단계에서는 투자의 계약조건을 결정하기 위해 당사자 간 협상이 이루어지게 된다.

엔젤 투자자나 엔젤 네트워크를 만나는 가장 좋은 방법은 변호사, 회계사, 컨설턴트, 대학교수, 은행가처럼 전문적인 조언자를 통하는 것이다. 엔젤 투자자는 아는 사람을 통해 사업계획서를 얻는 것을 선호하기 때문에 무작정 개인 투자자에게 연락하는 것은 좋은 방

표 13-1 엔젤 투자자가 기피하는 상황

엔젤 투자자가 꺼려 하는 개인 투자 상황의 유형	
• 모방(me-too) 상품	• 부실한 기업 비전의 정의
• 지식재산의 부재	• 경영 팀의 부재, 일인 기업가 중심
• 100마일 이상 떨어진 장소에서 진행되는 사업	• 경험이 부족하고 약한 경영 팀
• 성숙기 또는 쇠퇴기의 산업	• 7년 이상 남은 수익 실현 시기
• 15% 이하의 자본수익률(ROI)	• 익숙하지 않은 비즈니스와 산업
• 충분치 못한 소비자 중심의 시장조사	• 이사회에서 투표권이 없는 소수 주주의 입지
• 경쟁구도 분석의 부실성	• 너무 많은 다른 투자자

법이 아니다.

(2) 벤처 캐피털과 창업 기업

닷컴 붕괴를 제외하면, 벤처 투자자는 항상 시장에서 새로운 벤처를 평가하기 때문에 새로운 벤처의 성과에 대해 괜찮은 예측력을 지니고 있다고 여겨진다. 그러나 이들의 전문 지식과 벤처를 평가하는 엄격한 기준에도 불구하고, 벤처 투자를 받은 기업의 40% 정도는 투자이익을 돌려주는 데 성공하지 못한다. 이 통계수치는 어느 사업에나 존재하는 불확실성과 위험성을 잘 나타낸다.

벤처자금은 대부분 연금기금이나 다른 기관의 자금과 같은 주된 투자자가 80% 정도를 소유하는 파트너십의 형태를 띠고 있다. 포트폴리오 관리자가 자금의 20% 정도를 담당한다. 이 관리자는 포트폴리오의 실적에 따라 보상을 받는데, 이러한 이유 때문에 그들은 흔히 3~5년의 단기 실적에 치중하게 된다.

벤처 투자자는 혁신을 창조한다. 즉, 벤처 자본이 풍부할 때 혁신은 번창하게 된다. 그러나 벤처 자본은 빠른 수익 회수를 원하기 때문에, 긴 시간을 요하는 창조적인 혁신보다는 점진적인 혁신을 초래한다. 이러한 자세는 2000년 상반기에 벤처 투자자가 3,322개의 기업에 433.9억 달러의 기록적인 투자를 단행한 점에서 볼 수 있다(1999년 상반기에는 192.8억 달러의 투자에 그쳤다). 이러한 움직임은 개인 투자자가 뜻을 모아서 벤처 투자자와 같은 초기 단계 거래를 위해 경쟁하게 함으로써 투자자본시장의 판을 바꾸게 되었다. 그러나 2000년 4월에 닷컴 붕괴와 기술 주식 붕괴 후, 벤처 자본투자는 정체되었고, 벤처 투자자는 전열을 가다듬고, 포트폴리오를 변경하고, 무엇이 잘못되었는지를 알아내려고 시도했다.

벤처 투자자의 관점에서 신규 업체 자금조달 과정상의 거품이 많이 제거되었다. 2000년 4분기만 봐도 벤처 자본거래는 2000년 1분기와 2분기보다 8억 달러 정도 적었다. 2001년 2분기에는 벤처 자본거래가 총 271번 이루어졌는데 이는 직전 9분기 동안 가장 낮은 수준이다. 특히 가장 주요한 벤처 투자 기업들이 주요 투자로부터 빠지는 성향을 보였다. J.P. Morgan Partners의 경우, 6.5억 달러의 투자 여력이 있는 상황에서 2001년 상반기에 4,200만 달러 상당의 10개 투자를 단행했을 뿐이다. 벤처 투자자의 투자가 잠잠해진 데에는 크게 두 가지 설명이 있다—① 벤처 투자자는 수많은 닷컴사의 붕괴 이후로 새로운 벤처에 대한 조사를 더욱 신중하게 하고 있으며, ② 이러한 결과로 IPO 시장은 사실상 기능이 중단되었다. 벤처 투자 기업은 투자를 지속하고 있다. 다만 더욱 신중해졌을 뿐이다. 벤처 투자 기업이 어느 산업에 관심이 있건 간에 그들은 모두 벤처를 운영하는 사람들이 가장 중요하다고 동의한다—경영 팀과 이 팀이 과제를 수행할 수 있는지가 관건이다. 2001년 3분기에 가장 활발히 활동했던 벤처 투자 회사의 내역은 〈표 13-2〉와 같다.

표 13-2 2001년 3분기 가장 활발했던 벤처 투자 기업

기업	소재지	투자 횟수
J. P. Morgan Partners	뉴욕	54
Intel Corporation	캘리포니아 산타클라라	51
Bessemer Venture Partners	매사추세츠 웰즐리힐스	43
New Enterprise Associates	캘리포니아 멘로파크	42
Austin Ventures	텍사스 오스틴	34
Sequoia Capital	캘리포니아 멘로파크	33

벤처 투자자는 대부분 독창적인 기술이 있거나 빨리 성장해서 유동성을 확보해 줄 수 있는 IPO와 같은 단계에 도달할 수 있는 슈퍼스타 비즈니스에 흥미를 가진다. 그들은 제품 개발의 초기 자본투자 단계에는 거의 진출하지 않으며, 이는 기술 벤처의 경우도 예외가 아니다. 그들은 제품의 생산 가능성이 증명되고 기업가가 벤처의 위험요인을 많이 제거했음을 파악한 후에 마케팅이나 경영 단계에 합류하는 경향이 있다.

벤처 투자 기업들은 다른 종류의 자금조달 원천, 구체적으로 개인 투자자와 구별되는 특징이 있다. 보통, 벤처 투자는 전문적으로 관리되는 자금이며, 10~12년 내에 '스스로 현금화되는' 구조로 디자인된 것이다. 벤처펀드는 빠른 성장 잠재력이 있는 회사를 찾으며 투자자가 만족할 수 있는 비교적 짧은 시간에 큰 수익을 기대한다. 투자를 현금화하는 것은 IPO, 합병, 혹은 인수 같은 유동성 관련 일을 통해 이루어진다. 또한 큰 벤처 투자자가 소극적인 자세일 때는 작고 덜 알려진 벤처 투자 회사가 수년 전 과열된 IPO 시장 때보다 훨씬 싼 가격으로 좋은 투자를 하게 된다.

벤처 투자 기업은 투자하는 회사에 중요한 역할을 한다. 그들은 가끔 회사의 성장에 필요한 중요한 경영자를 발굴하고, 정기적으로 이사회에 참여해서 회사의 주요 직원을 고용 또는 해고하며, 직원 보상구조를 만들어 내기도 한다. 그들의 폭넓은 인적 네트워크는 종종 새로운 회사의 목표 달성을 위해 도움을 줄 수 있는 많은 파트너들과 연결시켜 준다. 그러나 가장 중요한 것은, 벤처 투자 기업의 엄격한 검사를 거치고 벤처자금을 받는 것 자체가 새로운 벤처에 예전에는 받지 못했던 좋은 평판과 신뢰성을 부여한다는 것이다. 이러한 평판은 회사가 파트너, 핵심 인재, 가치사슬 파트너들과의 협상이 훨씬 수월하게 진행되게 해 준다.

신생 기술 기업이 벤처 자본을 받기 전에 보여 주는 초기 단계의 성장은 미래 성장의 좋은 지표라는 것이 밝혀졌다. 전통적으로 벤처 투자 기업은 제품과 시장보다 기업가의 사업 경험과 성격을 더욱 중시한다는 것은 잘 알려진 사실이다. 그러나 최근의 연구 결과에 의하면 결론적으로 시장과 산업 요소들이 기업가와 팀보다 더욱 중요할 수도 있다고 한다. 보통, 벤처 투자 회사는 좋은 경영 팀과 타당한 제품/시장 요소들의 최상의 조합을 원한다. 연구 결과에서 하나의 일치된 관찰은, 자산 실사와 높은 절사율 때문에 벤처 투자 회사는 약 95%의 대상 기업에 대한 투자를 거부한다는 점이다.

첨단기술 기업가는 보통 신규 단계에서 벤처 투자자를 선택하는데, 이유는 벤처 투자자는 젊은 회사에 멘토, 전략적 조언, 관찰, 평판, 전문지식, 그리고 전문 경영인의 모집까지 많은 면에서 혜택을 주기 때문이다. 그러나 이러한 혜택에는 높은 비용이 수반된다. 회사에 깊이 관여된 벤처 투자자는 기업가에게 시간 소요가 높은 일을 주문할 수도 있고 기업가의 행위에 많은 영향력을 행사하려 할 수도 있다. 그들은 또한 기업의 소유와 경영구조에 적극적인 역할을 하고, 심지어 투자자의 뜻대로 행동하지 않을 경우 퇴출까지 시키는 경우도 있다. 그들은 또 자신들의 퇴각전략을 위하여 미래에 IPO나 인수 같은 유동성 관련 행위를 반드시 하게 한다.

기업 벤처의 전략은 그들의 벤처 자본조달 능력과 관련이 있다. 혁신자나 개척자는 비혁신자나 모방자보다 더욱 빨리 벤처자금을 확보할 확률이 높으며, 이것은 벤처 투자자가 항상 초기 단계에 높은 위험성이 있을 때 투자하는 것을 피하지만은 않는다는 것을 의미한다. 게다가 벤처자금을 조달함으로써 시장에 빠르게 진출할 수도 있다.

(3) 생명공학의 자금조달

생명공학 기업들은 여러 이유 때문에 신규 자금을 조달할 때 특수한 문제에 직면한다.

- 새로운 의약품을 시장에 내놓는 것은 수백만 달러의 비용과 7~9년이라는 긴 시간이

다. 또 다른 접근으로 작은 생명공학 회사가 기술의 제조와 유통을 다른 큰 생명공학 회사에 아웃소싱하고 대가로 발생한 수익의 일부를 요구할 수도 있다.

(4) 기업 펀딩

기업 벤처는 기술 벤처 회사—특히 제약 및 소프트웨어 산업에서—에 있어 주식 발행에 의한 자금조달의 또 다른 재원이다. 실제 자금조달 액수는 확인되지 않았지만 연간 100억~200억 달러로 추정된다. 닷컴 붕괴 전의 활발한 투자시기에 기업들은 첫 단계 벤처 투자의 파트너로서 경쟁에 뛰어들었다. 선도적인 첨단기술 회사들은 새로운 벤처에 대한 투자를 사업의 자연스러운 부산물로 보았다. Adobe, Dell, Oracle 같은 회사들은 그들의 상품들과 상호보완적인 회사들에 200만~500만 달러를 투자하기 위해 벤처 그룹을 차렸다. 1998년 말까지 Intel의 기업 벤처 프로그램은 전 세계적으로 거의 10억 달러에 이르는 소수 지분 투자를 했다.

첨단기술 회사들이 새로운 벤처에 투자하는 한 가지 이유는, 신생 벤처와 같거나 비슷한 산업에 있는 회사들은 벤처의 성격에 대해서 다른 기관 투자자보다 잘 알고, 정보 비대칭성은 감소하며, 투자의 실현 가능성에 대해서 더욱 좋은 판단을 내릴 수 있는 위치에 있기 때문이다. 또 하나의 이유는 큰 기업들이 그들의 핵심 역량 밖의 기술에 기반한 제품 개발을 다양화하는 노력을 한다는 것이다. 이는 작은 기술 회사에 투자함으로써 가장 쉽게 실현된다. 게다가 기업 지분 투자는 그들이 투자하는 벤처에 엄청난 가치를 부여한다. 예를 들어서, Microsoft 투자의 90%는 작은 회사와의 라이선싱 혹은 유통계약과 동반된다고 예측되고 있다.

그러나 기업 지분은 신생 기업에 여러 특수한 문제를 안겨 주기도 한다. 큰 기업을 발전시킬 목적의 기업 자금조달은 신생 벤처와 안 좋은 관계를 조성할 수 있다. 큰 회사, 보통 공개된 기업은 모회사의 주주 가치를 새로운 벤처의 가치보다 더 강조하는 경향이 있기 때문이다.

4 정부 펀딩

신생 기술 벤처의 경우, 특히 제품 개발 단계에 있는 회사의 경우에 정부와 각종 기관들은 오랜 기간 동안 매력 있는 자금조달의 재원이었다. 여기서 신생 기술 벤처들이 기술을 개발하고 상업화하는 데 도움을 줄 수 있는 정부 자금조달의 주요 재원을 검토해 본다.

(1) 중소기업 혁신연구 보조금

중소기업 혁신연구(Small Business Innovation Research, SBIR) 보조금은 Small Business Administration(SBA)에서 주는 상이다. 이는 종업원 수 500명 이하인 미국 기업들의 기술 이전과 상업화를 장려하기 위한 목적을 가지고 있다. 정부는 어떤 문제에 대한 기술적 해법을 찾기 위해서 기업과 계약을 하게 된다. 기업이 달성한 성과물은 정부와의 계약 만료 후 4년간 보호를 받는다. 예를 들어, Savi Technology는 걸프전쟁 당시에 미군에서 발송된 장비와 보급품을 추적하는 시스템을 개발하기 위해 미 국방부와 계약을 체결했다. 전쟁이 끝나고 나서 Savi는 Texas Instruments에 매각되었고, 현재 Texas Instruments는 FedEx나 Airborne Express 같은 회사에 이 기술을 마케팅하고 있다.

최근 SBIR 프로그램에 참여한 1,435개의 회사를 10년간 연구한 결과, SBIR 수상 회사들은 수상받지 못한 회사들보다 높은 고용과 매출 성장을 누리고 있었다. 그들은 또 이 기간 동안 높은 성장을 했고 벤처 자본을 확보할 확률이 더욱 높았다. 이러한 결과는 벤처자본 활동과 첨단산업이 많은 곳에서 더욱 명확했다. 몇몇 유명한 회사들은 연방 프로그램으로 자금조달을 하여 비즈니스를 시작했는데, Apple Computer, Chiron, Compaq, Federal Express, Intel 등이 그 예다.

SBIR 프로그램에는 11개의 정부기관이 참여한다. 즉, 농업, 무역, 국방, 교육, 에너지, 보건사회복지, 교통, EPA, NASA, NSF, Nuclear Regulatory Commission이 있다. 수상 과정은 세 단계를 거치게 되어 있다.

- 1단계 : 기술의 가치와 기술의 실행 가능성을 평가하기 위해 자금을 지원한다.
- 2단계 : 이 단계는 1단계를 성공적으로 통과해야만 자격이 주어지고, 상업적 실행 가능성에 대한 평가를 지속한다.
- 3단계 : 상업화 단계이며 STTR 자금을 포함하지 않는다. 이 단계에서 회사는 보통 개인 투자자나 벤처 투자자와 같은 다른 자금조달 재원을 찾는다.

(2) 중소기업 기술이전 연구 프로그램

SBA는 중소기업 기술이전 연구(Small Business Technology Transfer Research,

STTR)도 관리한다. STTR은 미국의 500명 이하 종업원을 거느리고 있는 중소 기술회사와 비영리적 연구단체 간의 공동연구를 위해 만들어졌다. 이 중 중소기업이 신청서를 제출하고 최소 40%의 업무를 책임지게 된다. 연구단체는 업무의 최소 30%를 기여해야 한다. SBIR 프로그램처럼 STTR도 세 단계가 있다.

- 1단계 : 초기 1년 동안 지속되는데 기술의 가치와 상업 실현 가능성이 평가된다.
- 2단계 : 2단계는 1단계를 성공적으로 거친 기업에만 해당되고 2년까지 상업적 실행 가능성 평가를 계속 수행한다.
- 3단계 : 3단계에서 상업화 과정에 진입하게 되며, STTR 자금이 포함되지 않고 기업은 외부 자본을 찾아 나서야 한다.

(3) 중소기업 투자회사 프로그램

SBA는 중소기업 투자회사(Small Business Investment Company, SBIC) 프로그램도 지원하는데, 이는 작은 회사들에 벤처 자본을 제공해 주는 것이다. SBIC는 SBA에 의해 허가된 개인 벤처 투자 회사들이다. 벤처 투자자, 기업연금, 은행, 개인 등 다양하고 수준 높은 투자자들에게 증권과 사채의 판매로 자금을 조달한다. SBIC는 중소기업에 자본가의 역할을 하고 독립적으로 혹은 공공이나 개인 대출 기관과 연계하여 최소 5년 이상의 장기 대출도 제공해 준다. 또한 작은 기업의 증권을 매입함으로써 자본을 제공해 줄 수 있다. 그러나 이들은 중소기업의 무한책임 사원이 되거나 기업의 의무에 대해 법적 책임을 지지는 않는다.

(4) 중소기업 관리

2000년에 SBA는 125억 달러 상당의 대출을 통해 5만 명가량의 기업주를 도와주었고, 100만 개가 넘는 회사에 무료로 경영과 기술 서비스를 제공해 주었다. SBA loan guarantee program은 기업의 자금사정이 좋지 않을 때에도 좋은 시세로 대출해 주도록 장려한다. 더욱 장기적인 제공을 하기도 하며, 이는 사업 초기의 현금흐름에 도움이 된다. SBA는 상업 은행과 파트너를 맺고 기업 대출의 75~85%를 보증해 준다. 또한 SBA를 통해 회사는 SBA의 8(a) 정부 계약 프로그램에 보증될 수 있는데, 이것은 300만 달러 이하의 서비스와 500만 달러 이하의 제조를 단독 입찰 계약을 통해 찾을 수 있게 도와준다.

SBA의 온라인 데이터베이스인 PRO-Net에는 이 부분에 대한 설명이 있다. 법적으로 SBA는 정부 계약의 23%를 중소기업에 제공해야 하는 의무가 있는데 이는 연간 400억 달러 정도되는 규모다.

5 자본조달의 비용

시작 단계의 자본조달비용은 인적 자본과 금융 자본 면에서 모두 매우 높다. 이는 매우 스트레스가 많은 과정이고 기업의 일상 업무에 방해가 되기 때문에 많은 기업가들은 내부 현금흐름을 활용하여 시작하고 사업을 천천히 진행하기로 한다. 그러나 첨단기술 회사는 부채 혹은 자산의 형식으로 외부 자본을 확보하지 않고서는 생존하고 성장하기가 매우 어렵다. 이를 염두에 두면 불합리한 높은 기대를 하지 않고 자금조달에 임하려면 무엇이 중요한지 알아야 한다.

기업가들은 회사가 필요할 때까지 기다릴 것이 아니라 충분한 시간을 두고 자금을 조달해야 한다. 현실적으로 적절한 자금조달원을 찾아내는 데에만 수개월 정도를 예상해야 하고, 자산 실사로 수개월을 더 기다려야 하며, 실질적으로 투자를 받는 데에는 6개월 정도까지 기다려야 한다. 더욱이 많은 경우에는 수개월간의 협상 끝에도 투자 협상이 실패로 돌아갈 수 있기 때문에 처음부터 다시 시작하지 않기 위해서는 대안을 준비해야 한다.

두 번째 단계 자금조달에는, 새로운 투자자들이 대부분 친구와 가족인 첫 번째 단계 투자자들의 주식을 사들이려고 할 수도 있다. 이들은 첫 번째 단계 투자자들을 상대하고 싶어 하지 않고 회사에 특별히 기여하는 게 없다고 생각하기 때문이다. 이런 경우 이들의 뜻을 따르지 않으면 투자자들은 다른 기업으로 옮겨 갈 수도 있기 때문에 기업가가 매우 난처해질 수 있다.

자금조달 과정에 관계된 어떤 비용은 선불로 기업가가 내야 할 수도 있다. 이 비용은 재무재표, 사업계획, 주식 안내서와 주식 공개매입 공시 문서 등의 준비나 법률 상담 비용, 주식공개를 마케팅하기 위한 비용 등을 모두 포함한다. 이러한 선불비용에 추가되어 투자은행 수수료를 포함한 증권 판매비용, 법무 관련 수수료, 마케팅비용, 중개 수수료, 국가나 정부기관 수수료도 있다. 자본조달의 총비용은 조달된 자본 전체의 25%까지 올라갈 수도 있다. 여기에 투자자에게 지불하는 이자나 투자 수익률을 합하면, 왜 자본을 조달하는 데 비용이 많이 드는지 쉽게 알 수 있다.

참고문헌

• 김석관(2004), 제약산업의 기술혁신 패턴과 발전 전략, 과학기술정책연구원.

• 김석관(2009), 개방형 혁신의 산업별 특성과 시사점, 과학기술정책연구원.

• 김석현(2010), 기업부문 과학기술혁신지표 연구(고성장기업의 전략과 혁신특성), 과학기술정책연구원.

• 김성수 · 이정훈 · 이치훈(2008), 기술로드맵(Technology Roadmap) 활용과 R&D 성과에 관한 실증 연구-국내기업 중심으로.

• 김위찬(2009), 혁신전략(혁신 아이디어 발굴에서 새로운 시장 창출까지, 하버드 비즈니스 클래식), 21세기북스.

• 디지털데일리(2010), 대한민국 대표기업들 PLM에 푹 빠졌다 – PLM 고도화 열풍.

• 박영택(2005), 이노베이션 스토리, 네모북스.

• 박재근(2010), 최강의 지재권 포트폴리오를 구축하라, 기술과경영.

• 서규원 · 이창양(2005), 기술혁신 활동에 대한 다중 원천들의 효과 분석, 기술혁신연구, 13권, 3호.

• 설봉식(2012), 비즈니스 지능, 두남.

• 어윤봉 · 정해식 · 박혜영(2011), 글로벌 IT 기업의 특허분쟁 현황, 정보통신산업진흥원.

• 유선희 · 성웅현(2005), 실물옵션과 R&D 과제의 성과분석 및 예측, KISTI.

• 윤덕균(2007), 초우량 기업들의 경영혁신 200년, 민영사.

• 윤상경(2010), 최근 Patent Troll의 동향과 친기업형 지식재산 전문회사의 활성화, 기술과 경영.

• 이영진 · 이광기(2008), 차세대 DFSS 방법론, 식스시그마 경영연구소.

• 이재규(2011), 고슴도치의 기업이론과 여우의 혁신전략, 21세기북스.

• 이주성(2009), 기술경영전략 Plus, 경문사.

• 이진호(2010), 알티캐스트의 MIRS전략, 기술과 경영.

• 이철원(2011), R&D 포트폴리오 관리기법 – 기술경영 실천하기, 한국산업기술진흥협회.

• 전략기업컨설팅(2006), 기업경영혁신과 경쟁력 강화 실천 기법, 전략기업컨설팅.

• 정선양(2005), 기술과 경영, 경문사.

• 정재영(2006), 와해성 혁신, 이제는 디자인이다, LG주간경제.

• 정찬식(2009), Effect of creativity on innovation: Do creativity initiatives really affect

innovative performance in Korean firms?, 연세대학교 석사학위논문.
• 조선일보(2012), "디자인 특허 침해"… 英 법정과 정반대 평결.
• 조용희(2010), 유니리버의 포트폴리오 전략, 기술과 경영 Vol. 326, pp.32–34.
• 최경운(2012), 혁신성과 높이려면 R&D 포트폴리오 제대로 관리해야, LG Business Insights.
• 최병권(2008), 창의성 발현의 10가지 비결, LG Business Insight.
• 특허청(2009), 지적재산경영 · 관리, 특허청.
• 특허청(2012), 2012/연도별 등록건수, 특허청.
• 특허청(2012), 2012/연도별 출원건수, 특허청.
• 한국경제(2005), 식스시그마 메가 컨퍼런스 '소비자 원하는 제품생산...듀폰의 혁신사례'.
• 한국경제(2007), 식스시그마 메가 컨퍼런스 '듀폰사, DFSS모델로 30억 불 이익'.
• 한국경제(2011), '리드 유저'에 귀 기울여라 페이스북, 레고처럼.
• 한국보건산업진흥원(2008), 바이오 2008을 통해 본 세계 바이오 산업 동향 및 전망.
• 한국산업기술진흥협회(2009), 기술경영 Best Practice 그림 4–7.
• 한국산업기술진흥협회(2010), 기술경영 Best Practice: Management of Technology 2010–02.
• 한국산업기술진흥협회(2011), 기술경영 Best Practice.
• 현재호(2008), 첨단기술시대의 지적재산권 관리.
• 홍대순 외(2010), 제3세대 R&D 그 이후, 경덕출판사.
• 홍대순(2012) ,"기술운명을 좌지우지하는 기술기획", TIM–Alive 9월 제3호.
• 홍성태(2003), 지적재산권과 정보공유.
• 황석원 · 정병열(2011), 과학기술혁신기반 모바일생태계 발전전략, 과학기술정책연구원.
• 황안숙(2004), 혁신전략, 형설출판사.
• CIO Biz(2009), Cover Story–세계 어디서나 실시간 협업.
• 사에구사 다다시 저, 이선희 역(2006), 성공하는 기업의 혁신노트, 바다출판사.
• Clayton M. Christensen 저, 딜로이트 컨설팅 코리아 역(2005), 성장과 혁신, 세종서적.

- Clayton M. Christensen 저, 이진원 역(2009), 혁신기업의 딜레마, 세종서적.
- Dave Allan · Matt Kingdon · Kris Murrin · Daz Rudkin 저, 권양진 역(2008), 혁신의 기술, 평단문화사.
- Edgar H Schein 저, 딜로이트 컨설팅 코리아 역(2006), 기업문화 혁신전략, 일빛.
- George Von Krogh · Kazuo Ichijo 저, 김문수 · 김선우 역(2009), 혁신의 원천 지식 창조, 한국외국어대학교 출판부.
- Harvard Business School Press 저, 현대경제연구원 역(2004), 창의와 혁신의 핵심 전략, 청림출판.
- Henry William Chesbrough · John Seely Brown 저, 김기협 역(2009), 오픈 이노베이션, 은행나무.
- Jeffrey L Cruikshank 저, 정준희 역(2007), 애플의 방식, 더난출판사.
- Melissa A. Schilling 저, 김길선 역(2010), 기술경영과 혁신전략, McGraw-Hill.
- Moid Siddiqui 저, 김종돈 역(2011), 현명한 까마귀는 목마르는 법이 없다, 나래북.
- Peter Ferdinand Drucker 저, 김명철 역(2009), 혁신 기업의 조건(아이디어를 수익으로 연결하는 전략 혁신), 21세기북스.
- Prahalad, C. K. 저, 박세연 역(2009), 새로운 혁신의 시대, 비즈니스북스.
- Robert J. Sternberg 저, 김경옥 · 김선 · 김수동 · 김정원 · 이신동 · 임혜숙 역(1997), 인지학습과 문제해결, 상조사.
- Robert W. Weisberg 저, 김미선 역(2009), 창의성(문제 해결 과학 발명 예술에서의 혁신), 시그마프레스.
- Roberto Verganti 저, 김보영 역(2010), 디자이노베이션(창조적 혁신 전략), 한스미디어.
- Shawn Quinn 저, 홍성준, 조자현 역(2007), 리딩 이노베이션, 마젤란.
- Thomas M. Koulopoulos 저, 정윤미 역(2009), 혁신의 탄생, 코리아닷컴.
- William L. Miller 저, 손욱 역(2000), 4세대 혁신, 모색.

- Aaker, D.A., & Jacobson, R.(2001), "The Value Relevance of Brand Attitude in High-Technology Markets," *Journal of Marketing Research 38.*
- Adams, M. & Boike, D.(2004), *PDMA Foundation CPAS Study Reveals New Trends, Product Development & Management Association*, Visions, XXVIII: 3, July, 26–29.
- Aeppel, T.(2007), "Seeking Perfect Prices, CEO Tears Up the Rules," *Wall Street Journal,* March 27.
- Aldrich & Fiol, "Fools Rush In? The Institutional Context of Industry Creation," 645–670.
- Aldrich, H.E. & Fiol, C.M.(1993), "Fools Rush In? The Institutional Context of Industry Creation," *Academy of Management Review 19*, 645–670.

- Allen, K.R.(2002), *Bringing New Technology to Market*, Prentice Hall.
- Allen, K.R.(2003), *Bringing New Technology to Market*, Prentice Hall.
- Amaram, M. & Kulatilaka, N.(1999), *Real Options: Managing Strategic Investment in an Uncertain World*, Boston: Harvard Business School Press.
- Ames, B.C. & Hlavacek, J.D.(1984), *Managerial Market for Industrial Firm*, Random House.
- Anand, B.N. & Shachar, R.(2004), "Brands as Beacons: A New Source of Loyalty to Multi-Product Firms", *Journal of Marketing Research 41.*
- Anderson, J., Kumar, N., & Narus, J.(2007), *Value Merchants*, Boston: Havard Business School Press.
- Aragon, L.(2001), "New VC Deals Are for the Small and Brave," *Red Herring* (October 15), www.redherring.com.
- Arnott, N.(1994), "Inside Intel's Marketing Coup," *Sales and Marketing Management*, February.
- Atal, M. & Wilson, C.(2007), "Feeling Trashed on the Web?", *Business Week*, August 30.
- Atuahene G. & Waku, K.(2005), "Resolving the Capability-Rigidity Paradox in New Product Innovation," *Journal of Marketing 69* (October), pp.61–83.
- Auervach, J.(1996), "Cutting-Edge EMC Sells the Old-Fashioned Way: Hard," *Wall Street Journal*, December 19.
- Barney, J.(1991), "Firm Resources and Sustained Competitive Advantage," *Journal of Management 17* (March), pp.99–120.
- Bellizzi, J. & Mohr, J.(1984), *Technical versus Nontechnical Wording of Industrial Print Advertising*, American Marketing Association.
- Benjamin, G. & Sandles, W.(1998), "Angel Investors: Cutting the Waters for Private Equity," *Journal of Private Equity 1*, No.3, 41–59.
- Bishop, S.(1999), "The Strategic Power of Saying No," *Harvard Business Review 77.*
- Bloomberg Data(2008), Booz & Company Analysis.
- Boer, F.P.(1999), *The Valuation of Technology*, New York: John Wiley & Sons, 266.
- Boer, F.P.(2000), "Valuation of Technology Using "Real Options," www.boer.org/files/RTMOptions2.doc, January 17, 2000.
- Boer, *The Valuation of Technology*, 129.
- Boer, *The Valuation of Technology*, 256–261. For a more in-depth look at the valuation of technology, see John L. Nesheim, High Tech Start Up. (Saratoga, CA: J. L. Nesheim, 1997).

- Boer, *The Valuation of Technology*, 261–262.
- Boer, *The valuation of Technology*, 264.
- Borden, J.(2008), "Cisco Humanizes Technology and Connects the World," *Marketing News, September 1.*
- Brandenburger, A. & Nalebuff, B.(1996), Co-opetition, Currency/Doubleday.
- Brierley, "The Financing of Technology-Based Small Firms," 64–77.
- Brierley, "The Financing of Technology-Based Small Firms: A Review of the Literature," 64–77.
- Brierley, P.(2001), "The Financing of Technology–Based Small Firms: A Review of the Literature," *Bank of England Quarterly Bulletin 41*, No.1, 64–83.
- Brush, C.G., Greene, P.G., Hart, M.M., & Haller, H.S.(2001), "From Initial Idea to Unique Advantage: The Entrepreneurial Challenge of Constructing a Resource Base," *The Academy of Management Executive 15*, No.1(February), 64–78.
- Bucklin, L.P., & Sengupta, S.(1993), "Organizing Successful Co–Marketing Alliances," *Journal of Marketing 57.*
- Carlson, N.F.(1999), "Angels of Silicon Valley," *Strategic Finance 81*, No. 4 (October), 30–34.
- Chandler, M.(2006), "Companies Find Multichannel Marketing Key," *Knight Ridder Newspaper.*
- Charles, H.(1997), "Establishing a Standards in Winner–Take–All Industries," *Academy of Management Executive.*
- Cheskin & Fitch(2003), "Fast, Focused and Fertile: The Innovation Evolution," *Research Report.*
- Christen, M. & Sarvary, M.(2007), "Competitive Pricing of Information: A Longitudinal Experiment," *Journal of Marketing Research 44.*
- Clark, D.(2005), "Intel Signs partners for 'Viiv' Brand," *Wall Street Journal*, November 30.
- Clark, D.(2005), "Intel to Overhaul Marketing in Bid to Go Beyond PCs," *Wall Street Journal*, December 30.
- Cohen, W.M. & Levinthal, D.A.(1990), "Absorptive Capacity: A New Perspective on Learning and Innovation," *Administrative Science Quarterly 35*, 128–152.
- Collis, D. & Montgomery, C.(1995), "Competing on Resources: Strategy in the 1990s," *Harvard Business Review* (July–August), 118–128.
- Copeland, T., Koller, T., & Murrin, J.(1995), *Valuation: Measuring and Managing the Value of Companies*, New York: John Wiley & Sons, 143.

- Copper, R.G., Edgett, S.C., & Kleinschmidt, E.J.(2001), *Portfolio Management for New Products*, Basic Book, N.Y.
- Cruz, M.(2001), "Tech Data Adds Pricing Tiers", *Computer Reseller News*, May 4.
- Cynthia R.(2000), *From Alchemy to IPO*, Cambridge, MA: Perseus Publishing, March 2, 117.
- Davidson, P.(2007), "Forecast of Solar Power: Sunny," *USA Today*, August 26.
- Davis, L.(2004) "Intellectual Property Rights, Strategy Andpolicy," *Economics of Innovation and New Technology*, 13:5, 399–415.
- Dhebar, A.(2007), "Speeding High-Tech Producer, Meet the Balking Consumer," *Sloan Management Review 37.*
- Dutta, S., & Weiss, A.M.(1997), "The Relationship between a Firm's Level of Technological Innovativeness and Its Pattern of Partnership Agreement," *Management Science 29.*
- Dzinkowski, R.(2000), "The Value of Intellectual Capital," *The Journal of Business Strategy 21*, No.4(July–August), 3.
- EC(2011), The 2011 EU Industrial R&D Investment Scoreboard, EC.
- GE Healthcare Home, MR Re-imagined, online at www.gehealthcare.com/usen/mr/index.html.
- Genentech's Web site: www.gene.com/gene/about_genentech/history/.
- George, S.(1994), "The Capabilites of Market-Driven Organizations," *Journal of Marketing 58* (October), pp.37–52.
- George, S.(2006), "Aligning the Organization with the Market," *MIT Sloan Management Review 48* (Fall), pp.41–49.
- Gemmeraad, P.(2001), "The Changing Role of R&D," *Research Technology Management 44*, No.2.(March–April1), pp.15–20.
- Gogoi, P.(2005), "Meet Jane Geek," *Business Week*, November 28.
- Gomes, L.(1997), "HP to Unveil Digital Camera and Peripherals," *Wall Street Journal*, Febrary 25, p.B7.
- Gompers, P.A. & Lerner, J.(1999), *The Venture Capital Cycle*, Cambridge, MA: MIT Press.
- Greene, J.(2003), "The Linux Uprising," *Business Week*, March 3.
- Gross, N., Coy, P., & Port, O.(2005), "The Technology Paradox," *Business Week*, March 6.
- Gurhan-Canli, Z. & Batra, R.(2004), "When Corporate Image Affects Product Evaluations: The Moderating Role of Perceived Risk," *Journal of Marketing Research 41.*
- Hage, J. & Aiken, M.(1970), *Social Change in Complex Organizations*, New York: Random House.

- Hamel, G. & Prahalad, C.K.(1994), *Competing for the Future*, Boston: Havard Business School Press; & Kim, W.C. & Mauborgne, R.(1999), "Creating New Market Sspace," *Havard Business Review 77* (January–February), pp.83–93.
- Harrington, J.(2005), *Business Process Improvement*, McGraw-Hill Education (India) Pvt Limited.
- Hellmann, T. & Puri, M.(2000), "The Interaction Between Product Market and Financing Strategy: The Role of Venture Capital," *The Review of Financial Studies 13*, No.4, 959–984.
- Hellmann, T.(2000), "Entrepreneurship and the Process of Obtaining Resource Commitments," working paper, Graduate School of Business, Stanford University, Palo Alto, CA, 2000.
- Helm, B.(2005), "Google Goes inside the Beltway," *Business Week*, October 10.
- Heun, C.T.(2001), "Taking Stock of VCs," Information Week(January 2), www.information week.com/home.
- von Hippel, E.(1988), *The Sources of Innovation*, Oxford University Press.
- Hitt, M.A., Keats, B.W., & DeMarie, S.M.(1998), "Navigating in the New Competitive Landscape: Building Strategic Flexibility and Competitive Advantage in the 21st Century," *Academy of Management Executive*, Nov 98, Vol.12 Issue 4, p.22.
- Homburg, C., Workman, J.P., & Jensen, O.(2000), "Fundamental Changes in Marketing Organization: The Movement toward a Customer-focused Organizational Structure," *Journal of the Academy of Marketing Science Fall*, Vol. 28, Issue 4, pp.459–478.
- Horrigan, J.B.(2007), "A Typology of Information and Communication Technology Users," Pew Internet & American Life Project.
- Hruby, M. & Lutz, M.(2002), "Valuing Technology in New Applications," Acton, MA: Technology Marketing Group Inc., www.techonology–marketing.com/index.html accessed April 21.
- Hutchinson, B.(2005), In-Store Marketing in the Consumer Electronics Industry, Brandchannel.com.
- Johnson, M.W. & Wunker, S.(2009), Seizing the White Space: Achieving. Transformational Growth Through Business Model Innovation hbk. alk. paper(Business Model Innovation for Growth and Renewal), Harvard Business School Press.
- Johnson, R.(2000), "Lending to Family Is a Risky Venture," *The Wall Street Journal*, Interactive Version(www.startupjournal.com/financing/family/200005160957–johnson.html).
- Judge, P.C.(1998), "Do You Know Who Your Most Profitable Customers Are?", *Business Week*, September 14.

- Kaplan, S. & Norton, D.(1992), "The Balanced Scorecard–measures That Drive Performance," *Harvard Business Review*, Jan–Feb.
- Keller, K.L.(2008), *Strategic Brand Management: Building, Measuring, and Managing Brand Equity*, 3ed, Prentice-Hall.
- Kenworthy, J.(2007), "Rise in Multi-channel Retailing Drives Growth of SOA Deployment in Retail Sector," *Database and Network Journal 37.*
- Killen, C., Hunt, R., & Kleinschmidt, E.(2008), "Project Portfolio Management for Product Innovation," *International Journal of Quality & Reliability Management*, Vol.25 No.1, pp.24–38.
- King, R.(2006), "Radio Shipment-Tracking: A Revolution Delayed," *Business Week*, October 9.
- Kirkpatrick, D.(1994), 'Why Compaq Is Mad at Intel,' *Fortune*, October 31.
- Kirsner, S.(1998), "Channel Concord: The Web Isn't Just for Alienating Partners Anymore," *CIO Web Business*, November 1.
- Kotler, P., Rackham N., & Krishnans, S.(2006), "Ending the War between Sales and Marketing," *Harvard Business Review 84.*
- Kumar, N., Stern, L., & Achrol, R., "Assessing Reseller Performance from the Perspective of the Supplier," *Journal of Marketing Research 29.*
- Lambe, C.J. & Spekman, R.E. & Hunt, S.(2002), "Alliance Competence, Resources, and Alliance Success: Conceptualization, Measurement, and Initial Test," *Journal of the Academy of Marketing Science 30.*
- Laney, B.(2000), "Funding Strategies for Biotechnology Start–Ups," unpublished paper, University of Southern California, San Diego, December 5.
- Leifer et al., *Radical Innovation*, 107.
- Leifer, R., McDermott, C.M., O'Connor, G.C., Peters, L.S., Rice, M., & Veryzer, R.W.(2000), *Radical Innovation*, Boston: Harvard Business School Press, 100–101.
- Lerner, J.(1999), "The Government as Venture Capitalist: The Long–run Impact of the SBIR Program," *The Journal of Business 72*, No. 3(July), 285.
- Levitz, J. & Greene, K.(2007), "Marketers Use Trickery to Evade No–Call List," *Wall Street Journal*, October 26.
- Lohr, S.(2006), "Microsoft Reveals Plan to Take Business from IBM," *New York Times*, March 17.
- Luo, X., Rindfleisch, A., & Tse, D.K.(2007), "Working with Rivals: The Impact of Competitor Alliances on Financial Performance," *Journal of Marketing Research 44.*
- MacDonald, E. & Lublin, J.(1998), "In the Debris of a Failed Merger: Trade Secrets," *Wall Street Journal*, March 10.

- Macharzina, K.(2000), "Entrepreneurship on a Global Rise," *Management International Review 40*, No.3, 199–202
- Madden, T.J., Fehle, F., & Fournier, S.(2006), "Brands Matter: An Empirical Demonstration of the Creation of Shareholder Value through Branding," *Journal of the Academy of Marketing Science 34.*
- Martin, J.(1995), *Ignore Your Customer*, Fortune, May 1.
- Maxwell, K.(2008), "Matsushita to Become Panasonic in Branding Push," *Wall Street Journal*, January 11.
- McAlister, L., Srinivasan, R., & Kim, M.C.(2007), "Advertising, Research and Development, and Systematic Risk of the Firm," *Journal of Marketing.*
- Megantz, R.C.(1996), *How to License Technology*, New York: John Wiley & Sons, 55–69.
- MGI (Mckinsey Global Institute)(2001), Understanding the Contribution of Information Technology Relative to Other Factors, U.S. Productivity Growth 1995–2000; released October.
- Microsoft Corporation(2008), Microsoft Windows XP Professional Offers Billions of Dollars in Savings to Enterprise customers Worldwide, online at www.microsoft.com/presspass/press/2002/oct02/10–09symposiumpr.mspx.
- Mintzberg, H., & Waters, J.A.(1985), "Of Strategies, Deliberate and Emergent," *Strategic Management Journal*, Vol. 6, No.3 (Jul.–Sep.), pp.257–272.
- Mock, D.(2005), *The Qualcomm Equation*, American Management Association Edition.
- Mohanbir S., Prandelli, E., & Verona, G.(2003), "The Power of Innomediation," *MITS Loan Management Review.*
- Mohr, J., Sengupta, S., & Stanley S.(2010), *Marketing of High-technology Products and Innovation*, 3ed.
- Mohr, J. & Sengupta, S.(2012), *Marketing of High Technology Products and Innovations* 3ed, Pearson.
- Mohr, J., & Spekman, R.(1994), "Characteristics of Partnership Success: Partnership Attributes, Communication Behavior, and Conflict Resolution Techniques," *Strategic Management Journal 15.*
- Monroe, K.B.(2003), *Pricing: Marketing Profitable Decisions*, McGraw-Hill.
- Moore, G.A.(1999), *Inside the Tornado*, Harper Business.
- Moore, Geoffrey(2002), *Crossing the Chasm: Marketing and Selling Technology Products to Mainstream Customers*, rev. ed., New York: HarperCollins.
- Moore, M.(2007), Incandescent Light Bulbs Fading out of Sight, *Missoulian in Business*

Monthly.

• Moorman, C. & Miner, A.S.(1998), "The Convergence of Planning and Execution: Improvisation in New Product Development," *Journal of Marketing 62* (July), 1–20.

• Morgan, H.(1994), "The Commitment–Trust Theory of Relationship Marketing," *Journal of Marketing 58*.

• Moriarty, R., & Moran, U.(1990), "Managing Hybrid Marketing Systems," *Harvard Business Review*.

• Morris, B.(1996), "The Brand' s the Thing," *Fortune*, March 4.

• Myer, R.(1989), "Suppliers-Manage Your Customers," *Harvard Business Review 67*.

• Nabil N.Z., Bulent C.G., & Hodgson, A.(2006), "Technology Roadmapping for the Next Generation Manufacturing Enterprise," *Journal of Manufacturing Technology Management*, Vol.17, Iss: 4, pp.404–416.

• Nunn, P.(2007), Toyota Prius: Ch 3, Edmunds Au-to Observer, July 16, available online at www.autoobserver.com/2007/07/toyota–prius–ch.html.

• Nussbaum, B.(2004), "The Power of Design," *Business Week*, May 17.

• O' Guinn, T., Allen, C.T., & Semenik, Richard J.(2006), *Advertising and Integrated Brand Promotion*, Thomson/South–Western.

• Olson, E.M., Slater, S.F., & Hult, T.M.(2005), "The Performance Implications of Fit Among Business Strategy, Marketing Organization Structure, and Strategic Behavior," *Journal of Marketing*, Vol.69(july) No.3, pp.49–65.

• Poppo, L. & Zenger, T.(2002), "Do Formal Contracts and Relational Governance Function as Substitutes or Complements," *Strategic Management Journal 23*.

• Primark, D.(2000), "First-Half Disbursements Continue Venture Capital' s Record-Setting Pace," *Venture Capital Journal 10*, 47.

• Pringle, D.(2002), "Nokia Signs Accord with Samsung," *Wall Street Journal*, September 3.

• Raine, G.(2003), *New Ad Agency to Focus on Tech*, San Francisco Chronicle, April 24.

• Rangan, V.K.(2006), *Cisco Systems: Managing the Go-to-Market Evolution*, Harvard Business School.

• Research Technology Management(2011), Industrial Research Institute' s R&D Trends Forecast for 2011, IRI (Industrial Research Institute); Jan–Feb 2011 pp.18–23.

• Rivette, K.G. & Kline, D.(2000), "Discovering New Value in Intellectual Property," *Harvard Business Review 78*, No.1(January–February), 54.

• Robbins-Roth, "From Alchemy to IPO," 117.

- Rorberts, E.B., & Liu, W.K.(2001), "Ally or Acquire? How Technology Leaders Decide," *Sloan Management Review 43.*
- Schilling, M.A.(2010), *Strategic Management of Technological Innovation*, McGraw-Hill Korea 3ed.
- Shane, S.(1999), "Three Dimensional Printing," a case study prepared at the Darden Graduate School of Management, University of Virginia, 1999.
- Shapiro, B. & Jackson, B.(1978), "Industrial Pricing to Meet Customer Need," *Harvard Business Review 56.*
- Shepard, D., Ettenson, R., & Crouch, A.(2000): New Venture Strategy and Profitability: A Venture Capitalist's Assessment," *Journal of Business Venturing 15*, 450.
- Smith, M.F., Sinha, I., Lancioni, R., & Forman, H.(1999), "Role of Market Turbulence in Shaping Pricing Strategy," *Industrial Marketing Management 28.*
- Smith, T.M., Gopalakrishna, S., & Smith, P.M.(2004), "The Complementary Effect of Trade Shows on Personal Selling," *International Journal of Research in Marketing 21.*
- Srinivasan, R.(2006), "Dual Distribution and Intangible Firm Value: Franchising in Restaurant Chains," *Journal of Marketing 70.*
- Srivastava, R.K., Shervani, T.A., & Fahey, L.(1998), "Market-based Assets and Shareholder Value: A Framework for Analysis," *Journal of Marketing 62* (January), pp.2–18.
- Srivastava, R.K., Shervani, T.A., & Fahey, L.(1999), "Marketing, Business Processes, and Shareholder Value: An Organizationally Embedded View of Marketing Activities and the Discipline of Marketing," *Journal of Marketing 63* (special issue), pp.168–179.
- Stanley, F., Slater, E., Olson, M., Tomas, G., & Hult. M.(2006), "The Moderating Influence of Strategic Orientation on the Strategy Formation Capability-Performance Relationship," *Strategic Management Journal 27* (December), pp.1221–1231.
- Stanley, S., Hult, M. & Olson, E.(2007), "On the Importance of Matching Strategic Behavior and Target Market Selection to Business Strategy in High-tech Markets," *Journal of Academy of Marketing Science 35* (March), pp.5–17.
- Stuart, T.E.(1998), "Network Positions and Propensities to Collaborate: An Investigation of Strategic Alliance Formation in a High Technology Industry," *Administrative Science Quarterly 43*, 668–698.
- Tickle, P., Keller, K.L., & Richey, K.(2003), *Branding in High-Technology Markets*, Market Leader.
- Trigeorgis, L.(1998), *Real Options: Managerial Flexibility and Strategy in Resource Allocation*, Cambridge, MA: The MIT Press.

- Tucker, *Strategy Innovation Takes Imagination*, 24.
- Tucker, R.B.(2001), "Strategy Innovation Takes Imaginations," *The Journal of Business Strategy 22*, No. 3(May-June), 23-27.
- Ullrich, R., & Wieland(1980), *Organization Theory and Design*, Homewood, IL: Irwin.
- Utterback, J.M.(1994), *Mastering the Dynamics of Innovation*, Harvard Business School Press.
- Vinhas, A.S. & Anderson, E.(2005), "How Potential Conflict Drives Channel Structure: Concurrent(Direct and indirect) Channels," *Journal of Marketing Research 42*.
- von Hippel, E.(1988), *The Sources of Innovation*, Oxford University Press.
- von Hippel, E.(2005), *Democratizing Innovation*, Cambridge, MA: MIT Press.
- Weaver, "SBA: More than Loands," 32.
- Weaver, P.(2001), "SBA: More than Loans," *Business Advisor* (July-August), 29-42. www.business.gov/.
- Wiggins, R. & Ruefli, T.(2002), "Sustained Competitive Advantage: Temporal Dynamics and Persistence of Superior Economic Performance," *Organization Science 13* (January-February), pp.81-105.
- Winkler, A.(1999), "The Six Myths of Branding," *Brandweek*, September 20.
- Young, C.(2000), "CEO Alert: Minefields Lie Ahead Regarding Intellectual Property, Patent Law, Competitive Strategy, and the Internet," *Inside Gartner Group 21* (June 2000), www3.gartner.com/Init.
- Young, J.(1988), *Forbes Greatest Technology Stories*, New York: John Wiley & Sons, Inc.
- Zacharakis, A. & Meyer, G.(1998), "A Lack of Insight: Do Venture Capitalists Really Understand Their Own Decision Process?", *Journal of Business Venturing 13*, 58.
- Zacharakis, A.L. & Meyer, G.D.(2000), "The Potential of Actuarial Decision Models: Can They Improve the Venture Capital Investment Decision," *Journal of Business Venturing 13*, 57-76.

찾아보기

ㅊ

기타

A

V

W

X

Y

저자소개

박희준 h.park@yonsel.ac.kr

George Washington University 컴퓨터과학과 학사

George Washington University 공학경영학과 석사

George WashingtonUniversity 공학경영학과 박사

Marymount University 경영학과 교수(전)

연세대학교 정보산업공학과 교수(현)

저서 및 역서 『집단지성의 정치경제』, 『멋진 신세계와 판도라의 상자』, 『글로벌 품질경영』, 『Creating the Discipline of Knowledge Management』

오정석 joh@snu.ac.kr

M.I.T. 경영과학과 학사

Stanford University 경영과학과 석사

Stanford University 경영과학과 박사

KAIST 테크노경영대학원 교수(전)

서울대학교 경영학과 교수(현)

저서 및 역서 『Wiley Encyclopedia of Operations Research and Management Science』, 『미래 비즈니스의 핵심열쇠-앱스토어 경제학』, 『프레드릭 테일러-과학적 관리법』, 『수익 분배의 경제학-디지털 시대, 합리적인 수익 분배 모델을 찾아서』, 『한국 PC산업의 발전과정』

이정훈 jhoonlee@yonsel.ac.kr

University of Manchester 전기전자공학과 학사

University of Manchester 정보시스템공학 석사

London School of Economics 경영정보학 석사

Cambridge University 생산공학경영 박사

LG CNS Entrue 컨설팅 책임컨설턴트

연세대학교 정보대학원 교수(현)

저서 및 역서 『R&D관리』, 『유비쿼터스기반의 비즈니스』, 『잘나가는 기업, 경영비법은 있다』

박종우 jongpark7@ssu.ac.kr

George WashingtonUniversity 경영학과 학사

George WashingtonUniversity 경영공학과 석사

George WashingtonUniversity 경영공학과 박사

숭실대학교 경영학부 교수(현)

저서 및 역서 『경영학의 이해』